本书是国家社科基金项目的成果：云贵高原少数民族地区特色产业业态创新的信息化支持研究，项目批准号：15XMZ079

国 | 研 | 文 | 库

数字经济

——基于特色产业生态创新

胡江华 ——————— 著

光明日报出版社

图书在版编目（CIP）数据

数字经济：基于特色产业生态创新 / 胡江华著. --
北京：光明日报出版社，2021.4
ISBN 978 - 7 - 5194 - 5970 - 3

Ⅰ.①数… Ⅱ.①胡… Ⅲ.①特色产业—产业发展—
研究—云南 Ⅳ.①F269.277.4

中国版本图书馆 CIP 数据核字（2021）第 068936 号

数字经济：基于特色产业生态创新

SHUZI JINGJI：JIYU TESE CHANYE SHENGTAI CHUANGXIN

著　　者：胡江华			
责任编辑：郭思齐		责任校对：张　幽	
封面设计：中联华文		责任印制：曹　净	

出版发行：光明日报出版社

地　　址：北京市西城区永安路 106 号，100050

电　　话：010 - 63169890（咨询），010 - 63131930（邮购）

传　　真：010 - 63131930

网　　址：http：//book. gmw. cn

E - mail：guosiqi @ gmw. cn

法律顾问：北京德恒律师事务所龚柳方律师

印　　刷：三河市华东印刷有限公司

装　　订：三河市华东印刷有限公司

本书如有破损、缺页、装订错误，请与本社联系调换，电话：010 - 63131930

开　　本：170mm ×240mm

字　　数：350 千字　　　　　　　印　　张：19.5

版　　次：2021 年 4 月第 1 版　　　印　　次：2021 年 4 月第 1 次印刷

书　　号：ISBN 978 - 7 - 5194 - 5970 - 3

定　　价：98. 00 元

目　录
CONTENTS

第一章

绪　论

一、研究背景

(一)国家扶贫战略的开展

1. 云贵高原的地理生态特点与经济发展的约束条件

云贵高原地区,尤其贵州地区是贫困人口集中区域。贫困不仅仅以经济收入低来测度,经济收入低仅仅是贫困的表现之一。收入低有许多原因,如不在劳动年龄阶段而不具备劳动能力与经营能力,如儿童。如果撇开这种情形,处于劳动年龄或者老年阶段,想要追求自己想要的美好生活,但是因为参与机会以及经济资源禀赋被剥夺,导致这种追求美好生活的能力低下,就可以称为贫困。区域深度贫困的主要原因可从多个方面寻求根源:

(1)长期以来闭塞、分工不发达。在云贵高原地区,少数民族人口多,因为历史与文化等方面的因素,长期处于相对封闭状况。在大规模扶贫开发之前,云贵地区基础设施水平较低,根据2010年片区规划组的统计,滇桂黔石漠化片区公路网如表1.1。

表1.1　滇桂黔石漠化片区公路网发展概况(2010年)

	指标	合计	云南	广西	贵州
	公路总里程(公里)	111834	19084	30493	62257
行政等级	国省道(公里)	11950	2628	4131	5191
	农村公路(公里)	98768	15904	26250	56614
技术等级	二级及以上公路比例	7.8%	4.4%	10.6%	7.3%
	三、四级公路比例	55.9%	75.8%	71.4%	42.1%
	等外公路里程(公里)	44102	4004	6131	33967

续表

指标		合计	云南	广西	贵州
路面等级	有铺装路面公路里程比例	8.8%	12.9%	16.0%	3.9%
	国道有铺装路面公路里程比例	58.7%	48.2%	68.3%	56.7%
	省道有铺装路面公路里程比例	28.8%	47.0%	23.5%	24.2%
乡镇通畅率		97.0%	92.6%	99.7%	96.4%
建制村通达率		97.5%	98.3%	98.8%	96.8%
建制村通畅率		30.8%	23.9%	45.3%	25.5%

数据来源:滇桂黔石漠化集中连片特困地区交通建设扶贫规划(2011—2020年),交通运输部规划研究院,2012年

乌蒙山片区规划组调查的数据如表1.2。

表1.2 乌蒙山片区公路网发展概况(2010年)

指标		合计	四川	贵州	云南
公路总里程(公里)		73854	16936	27598	29320
行政等级	国省道(公里)	6641	1342	1706	3593
	农村公路(公里)	67214	15594	25893	25727
技术等级	二级及以上公路比例	2.7%	2.8%	2.7%	2.8%
	三、四级公路比例	60.2%	67.9%	44.9%	70.0%
	等外公路里程(公里)	27419	4976	14453	7990
路面等级	有铺装路面公路里程比例	12.5%	24.0%	2.8%	14.9%
	国道有铺装路面公路里程比例	43.2%	100%	35.4%	36.6%
	省道有铺装路面公路里程比例	56.7%	82.9%	17.5%	59.9%
乡镇通畅率		78.9%	63.8%	95.5%	84.3%
建制村通达率		95.5%	94.1%	96.6%	95.5%
建制村通畅率		24.2%	24.6%	28.3%	16.8%

数据来源:乌蒙山集中连片特困地区交通建设扶贫规划(2011—2020年),交通运输部规划研究院,2012年

武陵片区公路网状况如表1.3。

表1.3 武陵片区公路网发展概况（2010年）

	指标	合计	湖北	湖南	贵州	重庆
	公路总里程（公里）	148035	27197	70118	28975	21745
行政等级	国省道（公里）	11895	2797	4857	1631	2610
	农村公路（公里）	135203	24368	64397	27319	19119
技术等级	二级及以上公路比例	5.2%	10.1%	3.9%	1.2%	8.8%
	三、四级公路比例	62.3%	77.9%	68.5%	32.2%	63.1%
	等外公路里程（公里）	48074	3267	19382	6105	19319
路面等级	有铺装路面公路里程比例	35.4%	35.4%	53.2%	3.1%	20.9%
	国道有铺装路面公路里程比例	86.1%	87.9%	91.1%	100%	14.7%
	省道有铺装路面公路里程比例	54.9%	33.2%	67.1%	76.4%	25.0%
	乡镇通畅率	98.2%	95.0%	98.4%	97.6%	100.0%
	建制村通达率	99.0%	100.0%	99.5%	95.6%	100.0%
	建制村通畅率	61.7%	58.5%	74.9%	21.4%	23.8%

数据来源：武陵集中连片特困地区交通建设扶贫规划（2011—2020年），交通运输部规划研究院，2012年

在当时，这些片的公路网普遍等级低，铺装路面公路里程占比低。高速公路断头路多，跨区联系不方便。公路运输站场尤其是农村客货运输站点普遍存在覆盖范围不足、站场规模小、等级低、功能不完善等问题。农村公路以四级公路和等外公路为主，排水、安保、防护等附属设施普遍缺乏，防灾抗灾能力差，喀斯特地貌以及雨水季节较为集中，导致泥石流等灾害频繁，因灾害导致的交通中断现象时有发生，难以有效满足广大农村群众的出行基本需求。云贵高原内河水运普遍存在航道等级低（不少航道仍为天然航道）、枢纽工程制约多、通航条件差、渡运服务水平低等问题。虽然水运运能大，但是发挥作用不大。交通运输状况较差，使得原本丰富的矿产品以及特色产品运到区外的成本高。区内人们与外界经济交流的渠道极其稀少，参与社会分工体系的机会长期以来受到相当大的限制。到2015年实施精准扶贫之前，这些区域的交通状况有所改善，如武陵片区二级以上

3

公路里程比率达76%,乌蒙山片区普通国道二级以上公路比例达到54.9%,建制村通沥青(水泥)路率达到70.1%,滇黔桂片区,普通国道二级以上公路比例达到50.3%,建制村通沥青(水泥)路率达到72.4%。

交通与基础设施水平低下,不能支撑区域融入跨区域的分工体系中,生产专业化水平低,长期以来生产方式简单,生产率水平较低。区内产业同构现象明显,分工体系不发达。区域经济发展方式封闭,长期以低效的、自给自足的农业为主要经济活动部门。改革开放以后,虽然工农业等都有较快发展,但是,人力禀赋和人均资源占有量较少、缺乏为外部世界服务的机会等,导致该区域仍然处于欠发达状况,贫困人口比较集中。从收入水平来看,仅以集中连片贫困区来看,在实施精准扶贫之前的2015年,滇黔桂片区贵州省部分人均生产总值仅相当于全国平均水平的56%;贵州省武陵片区人均GDP水平仅相当于全国平均水平的46%,贵州省乌蒙山片区仅相当于全国平均水平的44%。

(2)环境极度脆弱。该地区气候条件原本适宜于人类居住,人口密集。食物来源、燃料、房屋建设,长期依赖于当地自然植被,形成对自然资源的过度开发,造成生态环境日趋恶化,特别是长期的开垦与溶岩地形使得这个区域一度石漠化明显。环境生态的严峻形势,反过来加剧了对有限植被资源的高密度采伐,进一步恶化生态。2006年以前的调查资料表明,贵州90%以上的区县都有不同程度的石漠化现象。一些少数民族区县,由于环境的脆弱性,贫困人口高度集中。在国家集中连片的贫困地区中,云南省有乌蒙山区15个县、滇黔桂石漠化片区11个县、56个县属于滇西边境区,贵州省有滇黔桂石漠化片区40个县、乌蒙山区10个县、武陵山区15个县。在2016年公布的国家贫困县中,云南省73个,贵州省50个。这些县区大都是少数民族聚居区域。在石漠化较为严重的地方,几乎没有植被。石漠化使得可耕种土地减少,耕地有效成分不断降低,降低了农作物总产出。①

(3)农业种资源不利于高产。从生物遗传资源来看,贵州地区本地品种的粮食、蔬菜等作物以及牛、马、猪等牲畜品种虽然繁多,但是一般生长周期长、个体小。人均产出水平受到严重的制约。

(4)地形特征制约了规模化生产。典型的喀斯特溶岩地形,使得土壤形成困难,土壤浅,并且土质相近的土壤呈小块分散分布,地形极为复杂,依据土地土质与地形相近性质,进行大规模、大型机械化操作较为困难,实行农业大规模化经

---

① 王家嘉,林昌虎,何腾兵.人类活动对贵州喀斯特石漠化地区的影响[J].水土保持研究,2006,13(5):276-277,279.

营,可能性较小。绝大部分地区农业经营只能以分散、适度规模发展。也意味着云贵大多数地区,尤其是少数民族聚居的山地,基本上只能以适度规模、劳动力相对密集的方式进行农业生产。以资本"漫灌式"注入的方式发展传统农业在多数地区难以奏效。

除了以上地理生态条件,该区域是重要的少数民族人口聚集区域。

中华人民共和国成立以来,少数民族人口在贵州的总人口中一直在上升,在2000年人口普查时已经占到总人口的37.84%。(见表1.4)

表1.4 贵州省历次人口普查中关于民族人口指标的统计(单位:万人)

指标	第一次 (1953 年)	第二次 (1964 年)	第三次 (1982 年)	第四次 (1990 年)	第五次 (2000 年)	第六次 (2010 年)
汉族	1109.84	1312.89	2112.95	2114.88	2191.17	2219.85
占总人口比重(%)	73.81	76.61	74.00	65.29	62.16	63.89
少数民族	393.89	401.16	742.35	1124.23	1333.60	1254.80
占总人口比重(%)	26.19	23.39	26.00	34.71	37.84	36.11

资料来源:贵州省统计局官网

云南省2010年人口普查的总人口数45966766人,汉族人口30617580人,占总人口66.61%,少数民族人口15349186人,占总人口的33.39%。

在贫困人口集中连片区域,少数民族人口占比可能会更高。有的集中连片区域,少数民族人口达到近50%,如滇西片区2010年末,总人口1751.1万人,其中乡村人口1499.4万人,少数民族人口831.5万人。

这些片区在2015年以前,贫困人口数量多,贫困发生率高。滇黔桂片区有40个贫困县、696个贫困乡镇和4195个贫困村,农村贫困人口243.51万人,农村贫困发生率17.9%,高出全省3.6个百分点。现有农村贫困人口,大多数分布在交通不便、经济落后的石山区、深山区和石漠化区。武陵片区内有15个贫困县、263个贫困乡镇和1905个贫困村,农村贫困人口81.93万人,农村贫困发生率12.9%,比全国高5.7个百分点。片区内有10个国家级扶贫开发工作重点县,占整个武陵山片区内国家级扶贫开发工作重点县总数的26.3%。乌蒙山片区内有10个贫困县、299个贫困乡镇和2193个贫困村,农村贫困人口125.13万人,农村贫困发生率14.6%,比全国高7.4个百分点。片区内有6个国家级扶贫开发工作重点县,占整个乌蒙山片区内国家级扶贫开发工作重点县总数的18.8%。

云贵地区,特别是这些集中连片贫困区域,基本上是民族问题与贫困问题交织在一起的区域。

正是基于这些约束条件,云贵地区力图以内生方式改变贫困状况,至少在短时期内是难以达到的。因此,在颁布的国家级 14 个集中连片贫困区域的扶贫战略规划中,涉及云贵地区就有 5 个,包括滇黔桂、武陵山、乌蒙山、滇西、藏区。通过实施规划对这些区域大规模资本投入,解决基础设施以及产业发展设施的临界投入,促使这些区域跳出贫困累积陷阱。

但是,在大型投入完成以后,还得继续探索产业的内生增长方式。为此,必须找到更加有效的方式,将少数民族群体自身的优势、区域地理资源优势变成区域发展的优势,才有可能真正实现扶贫战略。对于云贵高原地区的优势,较为一致的看法是:

第一,区域地理资源优势在云贵高原地区主要是矿产丰富、水利资源丰富、气候适宜,地形地貌奇异多变,为云贵地区发展矿业、水利电力、旅游等产业提供了良好条件。对于一些要求空气干净、气温稳定的产业,云贵地区是不错的战略要地。即使是云贵高原的集中连片贫困区域,资源也是比较富集的。

如滇黔桂片区生物资源极为丰富。片区内包括世界文化自然遗产 1 个,国家级自然保护区 2 个,国家地质公园 6 个,国家级风景名胜区 11 个,国家森林公园 11 个。区内野生植物种类繁多,有 100 余种国家一、二、三级保护树种;药用植物中重点中药材 406 种,占全国统一普查的重点中药材的 89%,而黔东南州的中药材总蕴藏量达 1080 万吨,占贵州省中药材总量的 60%。片区内野生动物近千种,有国家一、二、三级保护动物 60 余种。片区西段的毕水兴能源资源富集区,以储量大、矿种多、品质高、易开发的特点而闻名全国,是贵州省最为重要的能源资源开发、化工原料加工和黄金高产基地。目前,整个片区已探明储量的矿种达 50 余种,其中重晶石和磷矿储量为全国第一,黄金产量(主要集中在黔西南州境内,黔西南州被中国黄金协会命名为"中国金州")为全国第一,煤和锑的储量为全省第一,石英砂储量位居全省前三位。此外,已发现尚待探测矿种近 20 种。

武陵山片区属亚热带向暖温带过渡类型气候,旅游资源丰富,自然景观独特,组合优良。境内有乌江、锦江、舞阳河、洪渡河、芙蓉江等主要河流,水能资源蕴藏量大。土地资源丰富,矿产资源品种多样,锰、钾、铝等矿产储量大。

乌蒙山片区境内河流纵横,地跨长江、珠江两大流域,金沙江、岷江、赤水河、乌江等长江水系发达;南盘江、北盘江注入西江,是珠江上游重要河流。水能资源蕴藏量巨大,煤、磷、铝、锰、铁、铅、锌、硫、陶土、铀、钴、钛、稀土等矿产资源富集。片区内植被类型多样,野生动植物资源丰富,盛产马铃薯、烤烟、核桃、生漆、辣椒、天麻、竹子等农特产品和中药材。①

第二，丰富而有特色的民族文化资源。在云贵高原地区，世居民族较多，云南世居民族有 26 个，贵州也有 17 个。这些世居民族在云贵高原上创造了灿烂的文化。其宗教、音乐、舞蹈、建筑、医学等各方面的文化，各具特色，为特色文化产业的发展提供了丰富的资源。

第三，丰富的物种资源与长期封闭环境，催生许多基于特别原材料、特别工艺流程、融入特定文化元素的产品与产业。这些特色产业与产品累积以及沉淀了少数民族群众长期的智慧和区域独特的文化，与其他区域显著区分。这些特色产品、产业在局部领域内体现了这些民族群众优秀的技能和特别的创意，充分体现了民族地区的少数民族群体在这些产品产业领域内的知识与技能优势。

在当今以创新驱动发展的背景下，这些特殊技能与创意应成为区域经济创新发展的重要的力量源泉，也是这些民族群众赖以参与社会分工体系的重要内生动力。同时，以适当方式开发这些产业，是增强区域可持续发展能力的重要途径。如果这些产业能够健康持续发展，也将成为少数民族群体脱贫奔小康的重要途径。

第四，国家扶贫开发战略与特色产业的作用。国家扶贫战略的实施，为云贵高原地区经济发展，尤其是特色产业的发展提供了良好的机会。极度脆弱的生态环境决定了区域不能以大规模生产降低生产成本而取得竞争优势。再加上云贵地区处于大江大河的上游区域，生态涵养对整个流域生态环境的状况有着深刻影响，决定了在云贵地区发展经济必须沿着生态方式进行。因此，在产业发展中必须以高效低碳方式展开。

近几年，该区域资本投入大大增加，基础设施水平大有改善，为区域参与国家与全球分工体系打下了良好的基础。在这种条件下，如何发挥区域特色，高效率发展产业，如何将自身特色产业融入国际分工体系，已经成为题中要义。

2. 精准扶贫与特色产业发展

(1)精准扶贫的实施，主要以产业开发扶贫作为发力点。从扶贫战略实施的切入点来看，特色产业发展成为开发式扶贫的重要选择。从本质上来讲，所谓的特色产业就是融合了区域自然、文化特色与区域内人们长期累积的生产知识与技能的产业。特色产业作为发展选择，也是经济形势发展所迫。绝大多数大宗农产品已经呈现过剩倾向。一方面，对于后发进入市场者，必须以产品与质量的差异

---

① 刘建忠,韩德军,顾再柯,等.贵州喀斯特地区的资源优势与生态问题分析[J].中国水土保持科学,2007,5(6):53 – 57.

化为主要竞争策略,以防止过剩程度加剧。另一方面,如前所述,土壤与地形条件决定了不可能通过大规模生产取得成本优势。差异化选择将进一步得到强化。选择特色产品与特色产业,是后发赶超者的不二选择。或者可以认为是通过适度规模的精致化的策略,强化特色产品生产与特色产业经营,获取溢价,提高利润与资本累积能力,为区域经济强身固本。强调适度规模,一方面,因为区域条件所迫不能够大规模开发,另一方面,规模过小,在抗击风险和降低成本方面极为不利。所谓精致化,主要是针对传统的过于粗放与产品质量难以提升的缺陷,应当予以改善而提出。也就是说,要使特色产业在发展中发挥作用,特色产业不仅仅要突出差异化,还应当突出质量水平的提升。这就需要打破传统的以所谓实惠为名、不顾质量提升的生产经营理念,转到以质量提升为主要使命的生产经营指导思想上来。对于特色产品,尤其是特色农副产品、文化产品,强调精致化策略,就是以自身有利条件锻造高质量水平产品的差异化策略。或者可以解释为以极其有限的资源生产高质量产品的方式,来博取区域的产业发展机会。

(2)国际国内特色产业发展的成功经验。国际上有许多通过发展特色产业,推动区域经济和乡村经济振兴的重要案例。如日本九州大分县通过发展当地李子、板栗等特色产品,延长特色产业链条,以一村一品和农业合作社组织的模式,取得了良好的效果。从20世纪六七十年代开始倡议,到90年代大分县的合作社成为全日本最大合作社。这一模式受到拉美、非洲、东南亚等许多国家的重视,纷纷开展一村一品、一乡一品或者一镇一品等运动,助力农村与落后区域的脱贫。①②③

在云贵高原地区,人们已经在实践中探索出一些成功的特色产业发展案例。通过生产出高质量产品,赢得溢价,进一步强化产品的高度专业化生产,并创新其他价值创造手段,使得特色产业发展进入良性循环发展模式。如贵州茅台酒、云南三七产业等。这些产业的发展模式和方法已经与传统特色产业发展模式有很大差别,通过创新,产业迅速发展。各类特色产业都可以通过创新,寻求更大发展空间。

当然特色产业不仅仅是特色农产品产业,也有一些通过发展特色手工业、特

---

① HARAGUCHI N. The One – Village – One – Product (OVOP) movement: What it is, how it has been replicated, and recommendations for a UNIDO OVOP – type project[EB/OL]. United Nations Industrial Development Organization,2018.

② NGUYEN T A T . One Village One Product (OVOP) in Japan to One Tambon One Product (OTOP) in Thailand[J]. Journal of Social and Development Sciences,2013,4(12):529 – 537.

③ 胡江华.传统文化产品质量创新策略与扶贫增长战略:来自东南亚国家的经验[J].经济研究参考,2013,8(1).

色文化产业促进区域脱贫与经济发展的案例。在美国、东南亚、拉美等许多国家发展特色产业作为一项特殊政策,在 20 世纪末与 21 世纪初开始推行,并取得了良好的效果。如美国的传统民间文化发展运动,在 20 世纪首先由美国新泽西州的一些民间文化组织发动,随后各地政府介入,通过信息化与金融政策配合等,推动了一些落后区域的经济发展,随后在美国 13 个州推广。

(3)各类特色产业规划的出台,意味着特色产业在推动扶贫与区域经济振兴中有巨大潜能。在我国,特色产业发展的巨大潜力,已经得到各级政府及其部门的认同。如农业部、国家发改委等九部门(2016)联合发布了《贫困地区发展特色产业促进精准脱贫指导意见》,认为发展特色产业是提高贫困地区自我发展能力的重要途径。发展特色产业就是要将地区的资源优势转化为产业优势、经济优势,突破农村贫困人口增收脱贫的瓶颈。具体的做法是"坚持聚力到户、受益精准、因地制宜、产业精准、科学设计、项目精准、保护生态、绿色发展、帮贫脱贫、联动联考"。目标是力争到 2020 年,贫困县扶持建设一批贫困人口参与度高的特色产业基地,建成一批对贫困户脱贫带动能力强的特色产品加工、服务基地,初步形成特色产业体系;贫困乡镇、贫困村特色产业突出,特色产业增加值显著提升;贫困户掌握 1~2 项实用技术,自我发展能力明显增强。在该文件中,提出了八个发展特色产业的措施,最重要的是科学分析贫困县资源禀赋、产业现状、市场空间、环境容量、新型主体带动能力和产业覆盖面,选准适合自身发展的特色产业。在发展方式上,该文件推荐了产业融合发展、新型经营主体带动、与贫困人口建立利益机制链接等特色产业发展方式。

在与云贵高原相关的区域扶贫战略中,对区域特色产业予以高度关注。如贵州省在滇黔桂片区扶贫规划中,强调"交通 + 特色产业"的模式。对于特色产业的发展,规划提出的办法是以市场需求为导向,挖掘地方品种,落实贫困村"一村一品"产业推进计划,建成"十大扶贫产业 + 地方特色品种"的脱贫产业体系,打造"十大扶贫产业园区",形成集生产、经营、观光、科普、体验、运动、餐饮、购物等农旅一体化园区业态。具体要求如下:每县培育 2~3 个主导产业,覆盖 50% 的乡镇,专业乡镇覆盖 70% 的村,专业村覆盖 80% 的贫困户。推进种养业标准化、生态化、专业化发展。实施专业合作社带头人能力提升工程,壮大农民专业合作社,鼓励农民专业合作社以法人身份组建囊括产业链、产品、品牌等一体化联合社,着力打造一批大社强社。引导农业产业化龙头企业通过品牌嫁接、资本运作、产业延伸等方式进行联合重组,着力培育一批产业关联度大、带动能力强的大企业。提高林业生态与经济效益,加强观赏苗木、竹产业、花卉产业、刺梨、木本粮油等经果林基地管护,实施核桃、竹产品、油茶、刺梨、猕猴桃、无患子、构树等系列林业精深加工项目,发展林产品深加工,扶持贫困户发展林草、林菌、林药、林禽、林畜、林菜、林蜂等林下经济。围绕已建成的农林产品原材料生产基地,优化劳动力、资本、土地、技术和管理等要素配置,引进和培育一批农林产品精深加工企业,进一步支持以肉、粮、油、茶、药、果、薯、蔬、椒为主的扶贫加工产业发展。支持农业产业化企业开展农产品深加工研发、生产和品牌打造,重点发展黄酮类、多酚类、谷甾醇、生物碱、不饱和脂肪酸、维生素、花青素等精深加工产品,进一步开发美容产品、保健养生产品和日用品等系列产品,推进油茶、核桃、茶叶等开发生物农药和生物肥料。

贵州省的武陵片区、乌蒙山片区扶贫规划中关于农林特色产业发展的内容、产业品种与滇黔桂地区有许多相同的地方,不同之处是强调了旅游商品加工企业发展,提出培育地方特产、民族特需品、民族文化商品、乡村旅游手工艺品生产企业,带动贫困户发展香肠、腊肉、蜡染、刺绣、陶瓷、银饰、香包、保健枕头、竹工艺品等家庭作坊,分包到户加工,扶持贫困乡村发展小微企业或工商户,以"大众创业"促进"万户增收"。

同样是乌蒙山片区的扶贫规划,云南省的规划是重点发展绿色有机食品,建设酿酒专用粮、优质烤烟、中药材、山地马铃薯、竹林、油茶、茶叶、核桃、花椒、辣椒、苦荞、苹果、脐橙、生态畜牧业等区域性特色农业基地,推进设施农业建设,促进规模化、标准化、产业化发展。挖掘地方特色生物资源、民族医药资源,引进高新技术和现代制药企业,培育发展天麻、半夏、党参、滇红花、杜仲、草乌、重楼等优势中药材加工产业,壮大现代生物制药产业。

滇西片区扶贫规划中,重点发展农业特色产业茶叶、橡胶、甘蔗、烟草、咖啡等,以及石斛、重楼、滇红花等地道中药材及香蕉、菠萝等热带水果;发展水奶牛、乌骨羊特色养殖和野猪、竹鼠等特种养殖及水产养殖。发展的特色林产业主要是核桃、油茶和小桐子等木本油料,以及红豆杉、柚木、铁力木、红椿等珍贵木用材林。

(4)特色产业发展与区域经济振兴规划。特色产业在扶贫中所发挥的潜能,打开了人们的想象空间和对这些产业发展的更高追求,各级政府都希望特色产业能够在区域经济振兴中起到更大作用。贵州省在2017年6月发布了绿色农产品"泉涌"工程工作方案。这一个行动方案的核心就是绿色品牌的创建,即围绕市场需求变化,围绕生物多样性、气候多样性、山地多样性,加强生态原产地绿色农产品保护利用,着力强龙头、创品牌、带农户,加快品种品质品牌建设步伐,加大农村"三变"改革力度,重点发展"十大类绿色农产品",大力实施"八项发展任务",促进农产品生产规模化、质量标准化、营销网络化、利益股份化,把贵州绿色农产品叫响、抓实、见效。力图通过创建品牌,通过特色农产品发展,参与全国、全球分工体系,即所谓让贵州绿色农产品走出山门、风行天下。提出这一计划方案,主要是针对贵州农特产业经营者市场与品牌意识弱的实际情况。在农特产业格局还没有形成之前,只能是鼓励更多经营者创建、经营品牌,以便于形成更大的农特产业发展格局。

云南省与贵州省先后就特色产业发展制定了特别的计划。如云南省对高原特色农业发展做出了规划,计划到 2020 年高原特色农业现代化建设取得明显进展,主要体现为高原特色现代农业产业体系、生产体系和经营体系得到完善,使得供给效率明显提升。在技术水平方面,主要通过改善产业技术设备水平,实现产业结构优化,使得生态效益、农业质量、经济效益和竞争力明显提升,把云南打造成为在全国乃至世界有影响的高原特色农产品生产加工基地。云南省的规划就是要把特色农业打造成区域重要经济支柱,相对于以往的特色产业扶贫规划,云南省的特色农业规划更侧重于特色农业的现代化体系建设。其次,把农产品加工业作为现代化的重要领域,为产业发展腾挪出更大发展空间,这一点不同于以往特色产业发展的区域规划。这些目标的实现,无疑必须以市场化、产业创新能力作为支撑。

(5)特色产业发展需要特色产业创新理论做指导。国家扶贫战略的实施使得各级政府和广大群众意识到特色农产品在增加农民收入、促进区域经济振兴中的巨大潜能。我们可以预见到,在特色农产品发展过程中,云贵地区原本封闭的经济体系将会变得更加开放,引导整个经济体系市场化加速进行。同时,以特色产业为切入点,人们的创新意识和创新能力得到提升,创新机会增加,从而,区域内生增长能力将迸发出来。

当前的政策文件,在鼓励人们创新产品和服务方面,给出了许多启发。在大多数文件中,都指出了产品与具体区域的匹配。有些文件中,指出了产业链创新的环节,如加工、物流等,有的文件还指出了产业融合等具体发展方式。

在这一背景下,急需要特色产业发展的理论为实践、政策实施提供指导。尤其是作为创新主体的特色产业经营者,需要找到更加有效的创新手段,使得产业经营富有成效。但是,在这一方面,理论创新明显滞后。至少以下几方面的问题亟待解决:

①传统的特色产业发展模式为什么不能满足新形势下产业发展的要求?在实践中提升产业效率的根本途径和根本的经营思想是什么?新的产业发展模式如何形成?

②云贵地区作为封闭的体系,需要以什么方式来突破,通过特色产业发展融

入全球化体系？

③有效的特色产业组织形式是什么？

这些问题都是产业经营者最现实的问题。如果不解决这些问题，任何产业的发展都不可能持续。

当前，特色产业发展已经成为扶贫开发、解决云贵地区民族问题的重要切入点。相关问题的研究当然具有很现实的意义。

(二)信息化、数字化浪潮给予欠发达地区业态创新的好机会

1. 业态的概念

学界认为，业态一词主要来源于日本，最早为零售业态的概念提出，是英文中的"type of operation"，这是美国原用于描述零售类型的用词。即经营方式、运作方式等。超市在中国出现以后，业态一词用于对商业运作模式的分析，用来表示零售企业为满足消费者需要，进行的要素组合而形成的不同的经营形态。

把业态引申到其他服务领域的主要有旅游研究者。如张文建(2012)对旅游业态从广义和狭义两个角度进行了定义。旅游业态狭义的定义就是旅游企业为应对旅游市场需求，在运行中形成的组织形式与要素组合。但是，单纯地从企业内部来考察业态的含义，有时难以描述一些行业整体结构的变化，如自驾游如果算是一种业态，单从旅游企业内部组织和要素组合来考察，就难以描述这种业态的内涵。因为这种业态不是企业商业形态所能概括的。需要从市场结构和行业结构的变化来描述。如果从这一角度来考察，业态就是业种与业状。这时，业种就是指一个大行业下面的细分，整个行业出现的产品与服务种类的一个概称。①

人们逐渐将业态概念推广应用于其他行业，如文化业态、农业业态，在文献中都有提及。这些业态首先是产品与服务更细致的分工形态的描述，如农业物流领域中的冷冻链业态。产品生产与服务提供的新的技术形态也称为业态，如电商业态。然后，行业交叉领域，也就是产业融合领域的现状也称为业态，农旅融合业态。其次，一些空间上具有明显特征的产业形态也称为业态，如产业集群业态、园区业态等。

在本质上，所谓业态其实是对一种生产与服务更细致的分工的一种描述，或者地域空间的分工形态的一种描述。行业细化成为新业态，这是最原始的业态概念。这种分工的细化还有一些特殊的存在方式，如有时通过技术手段创新以后，新的技术手段应用于某一行业而产生新的技术手段与老的技术手段在不同领域

---

① 张文建.旅游服务经济与业态创新[M].北京:北京大学出版社,2012.

各自展示优势,呈现的行业分野状态。如电商业态出现是网上营销从传统的营销中分离出来,而呈现出传统实体店零售及其营销体系与网上营销体系共存的状态,就把网上营销体系叫作电商业态。当电商出现以后,产生数据的方式也有变化,人们对数据收集分析与反馈应用做成一个专业服务系统,与传统的人工调查收集数据、整理分析与应用的系统区分开来,形成商业智能业态。产业融合其实表现为一个产业 A 领域的从业者从整个行业广泛的领域内分离出来,专门服务另一个行业 B,或者专业从事另一个领域 B 的资源开发、生产等,其实只不过是 A 行业中更细致的一种分工而已。其触发的因素有许多。其中之一是关键技术的突破,体现为该种技术对许多广泛领域的影响显著,引发人们对于这种技术的广泛推广,而呈现该技术在产权的实现形式上出现多样化。

这种专业分工当然依赖的是要素的新组合,形成一种新的组织形态去实现。这种新的组织形态,是以更节约、更有效的职能实现为目的而产生的。这种职能必定体现为生产者与消费者之间义务和权利重新分配,后者是职能和利益的重新调适。之所以出现这一系列的变化与调适,或者出现分工的演进,就是因为这种变化对于经济体系的局部或整体来说会更加有效。如信息通信技术中,物联网、卫星通信技术的结合,使得有些信息专家可以将农地土壤成分信息持续而动态地收集、计算、整理和可视化,供农民以及相关者使用,形成"土壤地图"业态。在这一业态中,首先是因为对土壤养分敏感的元器件出现,然后是将敏感元器件的感应变化转化为脉冲信号的装置、软件出现,并将该脉冲信号发射到卫星系统,转化为卫星信号系统,转化为各种信道信号,传送到相关终端用户。土壤地图生产者就要将相应的资产、知识和人力围绕着这一功能的实现进行投入,并进行不同要素及其所有者的职能分工和利益关系的规定,而形成组织。

制度体制的变化、需求的变化、资源现状的变化等,都有可能导致新业态出现。

2. 信息化、数字化带来的产业发展机会

第三次产业革命就是以信息技术和互联网应用为标志的产业革命。从 20 世纪六七十年代开始,计算机技术出现巨大进步,到 90 年代美国信息高速公路项目的构想,互联网技术及其应用开发在 21 世纪得到飞速发展。社会计算能力的增强,把计算机网络、物联网、卫星通信技术、光电技术等应用紧密结合在一起,催生了产业的深刻革命。

信息通信技术发展影响之大,被称为一种通用技术(general – technology)的变革,这种变革不仅仅会对单一产品与服务的功能性扩展提供机会,如智慧产品与智慧服务,同时,对整个社会的生产模式与思维形态、思维方式乃至价值观念都产生深刻变革。通过信息技术以极快的速度产生信息、传播信息,促进了信息价值的极大限度挖掘,使得传统创业从幼稚的自由竞争到成熟的垄断阶段的漫长演变过程迅速缩短,出现所谓的全盘通吃(all－or－none)的现象。掌握信息技术与信息挖掘、分析技术的企业有可能在极短时间内抢占极大的市场份额。同时,整个社会协调发展能力增强。从产业发端到成长、融入分工体系等,以极快的速度形成。正是基于这种价值形成方式的极大改变,人们认识到利用信息与知识进行创新的巨大价值。从社会需求信息的收集、需求蕴藏的巨大价值挖掘、研发响应、产品形成、投资响应、生产效率提升、市场与价值挖掘等每个环节,信息通信技术以及数据挖掘技术将越来受到重视,人们通过创新将信息技术与数字技术不断融入从创意到商业利益转化的每一个环节。组织形态与边界、新生产要素在产业链扩展和形成中的价值不断得到修正。

空间上,传统中心区域和传统边缘区域从弱联结不断强化为强联结,再加上交通方式的变革,区域空间的互动方式也正在发生改变,传统封闭的、边缘区域的要素价值及其传统人文价值也受到重视。传统意识形态与思维方式也日益受到那些锐意创新的人们的重视,人们可以从这些传统意识形态中得到新的生态生产、生活方式理念和创意、符号的多样化来源,为构建更高层次、多样化、个性化的生产、生活与文化组合提供更多思想启发和体验空间。

这些巨大变革,为传统农业的变革提供了巨大机会,也为云贵地区,尤其是少数民族地区的特色产业变革提供了机会。

信息化、数字化为特色产业脱离传统业态提供了可行的技术路径。少数民族地区大多数特色产业传统的经营模式是以家庭经营、家庭营销原产品或者初级简单加工品为主要业态。这种业态在产品质量的稳定性、销售范围、盈利空间等方面都受到制约。但是,在传统农业主导的社会中,这些特色产业以有限的单位产出获得了比其他传统农业品种单位收益更高的利润,从而使得这些产业能够为某一地区的人们专业化地将这些生产技能传承下来。到了工业化快速推进的今天,一个农民家庭再依赖这些传统业态,在极其有限的土地空间内要维持生计都有些困难,尤其在云贵高原某些生态脆弱区域,这种经营方式的吸引力更是荡然无存。由于历史上这些区域极度封闭,一些特色产品不为人知,经营者即使能够扩大土地经营范围,由于缺乏营销技能和融资能力,产业的可持续发展受到极大的限制。贵州一位政协委员调查了当地特色产业以后,就感叹:"为什么贵州这么多富有特色的产业经营得就这么困难?!"

从产业经营可持续性考察,要解决云贵地区特色产业发展的这些困境,就必须从以下几个方面入手:

(1)将生产要素的效率进一步提高,即增加有效投入,减少无效投入,如不施加无效率的肥料,不过度喷洒农药等,保持高效高质量的种质资源投入等。这种高效率必须以精准的情报数据收集体系和分析工具为前提。甚至在一些水资源缺乏的区域,水资源的高效率利用,同样需要一些高度智能化的手段作为支撑。

(2)质量提升。质量是农业提升的关键。只有能够大面积生产出高质量的产品,农业才有可能真正强大。农产品的质量当然依赖于对质量的研发,同时需要协调一致的体系。农产品,不仅仅决定于初级生产者自身的素质,还包括种资源、土壤成分、环境、用肥用药、采收、储存以及配送等各个环节与要素,还决定于整个体系对高质量产品追求的一致认同。在价格管制比较严格的体制下,高质量产品生产还是农民与经营者超越这种管制、追求高利润的途径。高质量,也是生产者不断扩大市场份额、获取溢价的重要手段。

当前农产品质量的内涵与产品安全性关联极为紧密,这与长期以来人们肆意使用农药、除草剂与一些含有激素的肥料有关,这些生产资料在农产品上的残存物有可能对消费者带来健康方面的不良影响。消费者急切要求对这种生产方式进行改进。但是,这些肥和药的减量化需要技术支持。如果采用人工手段对自然环境监测,成本高,人们不能根据环境的具体变化采取替代的手段应对,有可能带来产出的不稳定。这种成本导致一些人仍旧回到老路,生产出不安全的食品。基于这种担心,消费者需要对整个生产过程进行监控。这就需要整个生产链条的相关方协同一致,形成对安全产品价值高度认同的生产体系,同时也需要完整的质量控制与检测体系。监控结果不仅仅应被生产者和监控者使用,还应当被消费者感知。只有各方都在充分的信息知晓的情况下,整个体系才能够依据需求生产出高质量的产品,提高社会福利水平。

因此,需要在环境监测、产品信息溯源等各个环节进行技术变革,这样,凡是涉及检测、质量研发、监控等非常重要的环节,信息数字技术都有用武之地。但是,这些体系与各个环节的信息化框架的构建,需要有较高的专业水平。这些专业化投入可能形成新的业态。

(3)保持产品完整无损的包装与配送。农产品大多数以生鲜形态进行配送。生鲜产品大多较为脆弱,在储运过程中品相会受到损伤。传统储运方式难以保证生鲜农产品的质量。同时,生鲜产品还需要保持较快的速度送到终端。因此,储运空间的监控以及操作优化,需要以智能化手段做保证。订单的及时处理与运送路线的优化都需要有较高的智能化水平作为保证。目前,这些环节的专业化分工日益精细。

(4)精准的销售。消费者与产品的匹配,需要充分的产品信息披露做保证。同时,应该有整个市场信息的高效率传送。正因为这样,信息化手段在流通与消费领域的运用机会是最多的,也是目前为止业态创新最活跃的领域。

要素的高效率组合、利益相关方的信息互通互联、生产者采用的生产过程中的信息收集与分析,都与信息化、数字化及其经营业态高度相关。

(三)农村土地制度变革促进了农业经营业态出现变化

当前,农村劳动人口纷纷流向城市,土地制度需要及时改革,尤其应提倡农业的适度规模化与专业化发展。在此背景下,土地流转就会逐步频繁与活跃。当出现规模化经营以后,农业的组织形态、技术水平都会有很大变化。由于耕地的公有制度是基本的经济制度,不能改变,并且在农村实行家庭承包责任制以后,土地的产权为集体所有,农户承包经营。在实行流转时,又只能进行经营使用权流转。所谓流转,就只能以经营权租赁或者将经营使用权折成价值的形式入股企业、家庭农场和合作社,这样,合作社、家庭农场、公司就可以选择合适的规模进行经营。在土地流转以后,土地要素的组织方式相对于传统方式,有了根本的变化,这本身也是业态变化的一个方面。

除了耕地以外,家庭宅基地制度也在探索改革。人们可以利用宅基地和农家院落进行一些业态创新,如民宿、农家乐等投资,必须以宅基地与其他农地制度进行配套改革为前提,必须能够让宅基地、住宅转让的合法性得到肯定以后,才有可能取得良好的投资预期。

同样,集体经营性土地的经营权同样也可以转让,只有允许合法转让,资源才有可能通过市场配置给最有效率的经营者,取得良好的经济效益。

但是,在业态创新过程中,土地用途性质不能更改,如用来种植的土地就不能作为养殖用地,粮食生产用地不能作为其他用途等。这些规定在某些情况下限制了业态创新的能力。例如,进行设施农业业态创新,就必须要使用一部分农用地来建设必要设施房;农旅融合就需要配套的旅游设施建设用地、休闲设施用地;甚至进行电商业态创新时,相关的储藏库等都需要土地,都有可能超出政策的许可。

如果经营者通过一些措施,打政策的"擦边球",如有的经营户将农旅餐馆建成支柱支撑的空中餐厅,休闲馆建成空中休闲馆等,那么这些做法便真实地改变了土地的用途,因为,按照我国建筑建设的相关规定,这些设施都是违规建筑,都有可能遭到执法机构依法强拆,使业态创新和投资失败。

针对这种情况,2017年12月,国土资源部与发展改革委员会联合下发《关于深入推进农业供给侧结构性改革做好农村产业融合发展用地保障的通知》。这个通知的精神是保障农村农业优先发展,落实最严格的耕地保护制度和节约用地制度,完善农村土地用途管制,同时,促进农业供给侧改革,推进一、二、三产业融合用地的需要。这个通知详细规定了优先安排农村基础设施和公共服务用地,乡(镇)土地利用总体规划可以预留少量(不超过5%)规划建设用地指标,用于零星分散的单独选址的农业设施、乡村旅游设施等建设。相关农业产业园、科技园、创业园用地则尽量向城镇靠近。农田集中连片、建设用地集约紧凑。特别是该通知规定,安排一定比例年度土地利用计划,专项支持农村新产业新业态和产业融合发展。如存量建设用地用于农产品加工、农产品冷链、物流仓储、产地批发市场等项目建设或用于小微创业园、休闲农业、乡村旅游、农村电商等农村二、三产业的市、县,给予增加建设用地计划指标的奖励。但是,相关设施用地等都有严格的规范进行控制,并进行备案登记。

这种变革还需要有严格的责任制度与先进的信息化、数字化手段作为支撑,才能贯彻好与农地相关的根本国策。如分级负责制,按照这一通知的要求,省级国土资源主管部门明确不同类型设施农用地的规划安排、选址要求、使用周期,以及结束使用后恢复原状的保障措施。县级国土资源主管部门设立标示牌,标明设施农用地用途、面积、责任人和备案序号,接受公众监督。设施农用地的管理信息纳入国土资源综合信息监管平台,加强土地执法监察和土地督察,防止擅自将设施农用地"非农化"。

土地制度的逐步演变,拓展了投资者业态创新的空间。土地制度变革与流转,本身也催生对土地交易及其资源管理的相关业态的创新。

(四)农业农村出现的新矛盾内在地要求农业业态创新

农村人口不断流向城市,云贵高原地区农村人口不断流出本地区,造成区域农村劳动力不断减少,尤其是从事农业的人口不断减少。从粮食安全、食品和其他农产品总量需求和高质量产品需求不断增加的趋势来看,农业生产的效率急需要提升,需要在技术、组织结构、产业链协同等诸多方面进行创新,内在地也就要求业态的创新。

城乡差距、工业从业者与农业从业者收益差距是城乡经济矛盾和工农业部门利益矛盾的具体体现。解决这一问题的根本办法就是通过特色产业的发展以及农业与旅游、休闲等业态发展,增加土地产出附加值。这些新业态也就是围绕着农村土地、房屋以及其他资源的复合利用而创造出来的。

二、问题的提出与研究目的、内容

(一)特色产业业态创新的理论问题

1. 特色产品不等于特色产业和市场

(1)特色产品的内涵与功能、特征、质量的认知受到特殊文化的影响,传统市场受到文化地域的影响,传统市场一般局限于狭小区域。尤其是传统封闭区域的特色产品,由于受到经营者活动范围及其社会网络的影响,市场扩展十分困难。在云贵高原的少数民族地区,特色产业发展受到这些制约因素的影响更加明显。在这些区域,特色产品的生产更具有经验化和规格、标准的随意性等特征。因此,这些产品的产业化就存在巨大的困难,围绕着这些特色产品,很难形成特色产业。

首先,需要形成生产产品的质量标准,标准化是特色产品产业化的前提。其次,需要寻求质量的保障。但是,质量观念是生产者及其团队价值观念的凝结,面对市场需求变化,生产者需要通过对产品功能以及服务活动内涵的改变去实现价值,一旦这种变革发生,就需要相对地将这些功能以及服务内涵固化,也需要技术以及其他要素的组合及其时间、空间运作方式程序化,这一过程就是质量标准化的过程。其关键是对产品与服务规格、内涵的重要参数以一定的方式固定。标准化完成以后,还需要使消费者与生产者的价值认知取得高度一致。或者通过一些机制,让这些特色产品找到更好的出路,与估值更高的需求者相匹配。

实现这一匹配的手段就需要进一步挖掘特色质量与功能能够对应的知识,并创新传播方式。借鉴一些较为成功的做法,就是从业态创新入手,加速市场的扩展。由于业态创新本身是一项投资,投资用途、不同利益相关者利益联结机制的改变,或者一些资源运用方式的改变,对于当事人来说都涉及收益与成本的考量。因此,在创新之前,人们考虑的问题就是要找业态创新的有效办法。

进一步我们需要弄清楚这些业态创新的经济逻辑,即业态创新的本质、条件以及有效的业态创新促进方式。

(2)传统上,对于特色产品产业化来说,最大的困难是生产经营组织都以原子式形态存在,其业态以散、小形态为主。散小业态,最大的问题是产品标准形成的程序相对其他形式的生产者组织来说,存在更大更多的困难,尤其要在整个行业、生产经营者群体,形成一致的质量标准,困难进一步增大。在市场知识的生产方面,也无法专业化,对消费者的质量需求及其个性化需求无法满足,创新的风险很大。散小经营者抗击产业风险的能力弱,因此,创新的动力弱。

即使能够形成一致的质量标准,但是,人们在质量的一致性保持方面仍然存在成本差异。这就需要一些机制,或者一种业态方式,使这种保持质量一致性的利益让所有参与者都能获得,而不愿意参与的生产者不能获得。

从演进经济学理论的观点来看,当有众多的生产经营者参与业态创新时,人们习惯于寻求低成本的经济演进方式。因此,在业态创新过程中,如何找到业态创新的低成本方式,是需要特别重视的问题。

2.民族地区特色产业发展受到严重的约束

(1)生产技能与工艺制作技能、配方等受到特殊传承方式的保护,技能与流程、配方研发等均受到限制,难以开发出生产标准。同时对特色产品质量的检验检测传统上也主要依赖于经验,没有一套可靠的设备等。产品的外在质量或者使用质量的展示都需要依赖于消费者自身判断。如何创设一些手段展示产品质量,让消费者能够感知也是一个重要问题。

(2)特殊条件的限制。许多地方特色产品质量与原产地特殊环境相关,特殊环境的环境容量,限制了产业发展规模。这种特征,就使得产品的质量声誉与原产地挂钩。但是,由于原产地以外的生产者又极力冒充这种原产地产品,因此在对原产地产品保证其高质量这一基本的差别性以外,还需要其他一些声誉机制保护这些特色产业经营者。这就产生了相关的声誉赋能的制度。

这些制度在本质上增加了一个地方特色产业的无形资产,使得产业的资产运用组合变得更加丰富,实质上也成为一种新的业态。同时,当地一些民族文化,更是给予地方一种文化资源,丰富了业态创新的内容。但是,如何将这些资源整合形成更有效的业态,需要积极发掘。

(3)生产者经营管理能力、融资能力的限制。少数民族地区特色经营主体,存在比一般地区更困难的地方,如网络仅限于民族范围内,对市场的理解可能限于少数民族群体内部,不仅网络较小,而且存在很多观念上、技术水平上与主流市场、产业上的差距。在考察特色产业业态创新时,还需要研究这些条件的限制。

(二)研究内容的确定

1.研究对象

本研究选取云南、贵州两省的少数民族地区特色产业的业态创新现状、信息化对业态创新的支持以及存在的问题进行研究。

2.研究目标

业态创新是产业链的局部环节或者全产业链出现的产品、质量、组织与制度创新而引致的运营创新形态。特色产业必须改变传统的运用方式与组织、技术以及制度形态,才有可能推动产业可持续发展。尤其需要弄清楚产业业态创新中分工深化的支持因素。

　　本研究就是针对云贵高原少数民族地区特色产业原有的封闭、小散经营形态,通过业态创新,融入全国乃至全球市场的机制进行分析和研究。尤其针对当前市场趋势与消费升级趋势,对少数民族地区业态创新中特色产业经营者差异化策略形成、特色产业优势形成与强化着重进行探讨。

　　因此,主要的研究目标是:

　　(1)运用分工理论、比较优势理论和业态分类方法,形成业态创新分析的范式,进一步研究特色产业业态的分工本质,业态创新对特色产业优势的强化作用以及信息化的支持作用。

　　(2)分析交易成本对业态形成与创新的影响,解释信息化对特色产业业态创新的交易成本节约的影响和路径。

　　(3)弄清云贵高原少数民族地区特色产业业态创新现状和创新方式,业态创新促进产业可持续发展的作用路径,尤其是信息化、数字化在每一个环节所起的关键作用及其机制。

　　(3)调查分析云贵高原民族地区特色产业数字化、数字化支持产业业态创新过程中存在的问题,并为促进民族地区特色产业发展和民族地区经济发展政策找到切入点。

　　(三)研究思路与研究方法

　　本书根据外生比较优势理论,特选云贵高原少数民族地区特色产业进行研究,研究在封闭、传统区域内的特色优势如何内生地得到强化的问题。尤其重点选择农业特色产业进行调查研究。从业态创新的分工细化的本质出发,运用比较优势与交易效率发挥的提升,考察业态创新在特色产品提升质量,形成竞争优势的原理。在理论和规范分析中,借助杨小凯等人的超边际分析方法,以及交易成本理论分析对产业业态创新进行规范化分析。建立业态分析的三步方法。业态创新的影响及其信息化支持的现状、影响路径和效果分析的数据与素材都通过田野调查获取。通过获取的案例基础数据,分析研究民族地区特色产业业态创新中,差别化策略与比较优势形成、强化及其信息化、数字化支持状况、效率以及约束因素。通过案例分析弄清数字化影响业态创新并最终影响产业效率与社会经济发展的作用路径。

　　为突破研究重点,通过对基础数据的分析,进行民族地区特色产业发展中业态创新与数字化支持的效果及其影响因素等进行研究。第一,要解决少数民族地区数字化技术运用状况的测度问题。课题运用国际电联采纳的数字创新鸿沟的七支柱测量方法,对云贵高原地区农业领域、特色产业领域以数字化为中心的创新体系的状况进行分析。第二,在分析技术上,主要采取业态创新的技术形态、组织形态、产品质量特征、生产规程、信息化运用层次与创新效率等进行研究,即通过产业经济的行为、组织结构、技术与效率分析框架。

对于研究的难点,对民族地区特色产业创新的知识与技术、组织、信息化支持机制进行研究时,采用案例分析方法,对数字化影响产业业态创新中利益相关方的利益、能力的途径、强度等进行分析。这种分析方法既为大多数国际机构研究时采用,也是结构演进主义分析方法中所谓标杆方法的典型应用。

第二章

比较优势形成与业态创新的数字化支持

一、业态与业态创新的实质

(一)业态创新的本质

业态创新是基于产品创新、质量创新、组织创新本质要求下的要素组合新形态、新运作方式的总称。业态的本质是差别化策略基础上的专业化。前者是业态创新的本质内涵,后者是业态创新的支撑或者表现形态。业态创新表现出一种与传统业态的差异化趋势,并表现为一种专业化形态,如传统零售就是摆摊、设铺、行商等。这当中偶尔也进行大宗交易,这算不上业态创新。但是如果有人专门做这种大宗交易,为零售商与生产者之间做中介,批发业态就创新了。同样,如果将店面偶尔改革一下,让人进商场挑货,而一般情况下不让顾客自主挑选,这算不上业态创新,但是一直坚持这么做,把各种货物摆上货架,让顾客自主挑选,超市业态就产生了,这时就出现新业态了。在这种业态创新过程中,业主作为业态创新者,其服务功能、生产功能在某些领域内退出或者弱化,而专注于某一方面的生产与服务改进。如批发业态,就是在最终消费者服务领域弱化,而在产品来源收集与集中配送领域强化,出现一种新的专业化服务,通过这种服务节约整个销售领域的成本和效率。

在农业种植领域内,如果有人偶尔将高质量产品挑选出来,完成某一交易,以后仍然按照传统混合各种等级产品售卖,这不能说是出现了新业态,但是如果有人专门挑选好产品,进行分级定级售卖,这时就出现了利基市场业态。那么,这些售卖者就是强化利基市场服务,而弱化其他市场服务。如果种植者偶尔种出一年的好产品,其他年份仍然坚持传统农法,这不能说是业态创新,但是,如果他开发出专业的农法和规程,每一年都种出超级质量产品,那么,高档品生产业态就出现了。

业态概念的提出,就是对经济组织效能提升过程中表现出来的形态的抽象。

效能当然有多种衡量方式,在这里主要是指产品与服务价值提升或者市场占有,或者提升消费者对产品、服务估值。

这里的产品可能是整个产业链中以某种独立形态而存在的价值载体,或者是功能体现。前者似乎针对生产者而言,后者是对消费者而言。之所以能够在产业链中出现新产品,就是将原有产品功能分解或者在原有功能上附加新的功能,这就使得产业链上出现产品与服务创新。如刺梨汁中分离出多肽物质,并进行专业生产加工,就出现了刺梨多肽加工业态。

还有一种情况,就是劳动附在原有生产过程与服务过程中,提升生产与服务质量,使得整个产业链效能提升,并获得消费者更高估值。如果刺梨果脯在传统业态上进行改造,脆化护色,比传统干态质量更好,出现湿态果脯业态,在本质上就是质量提升的专业化。这些业态都是从传统行业中分离出来的一种新的细分领域内的专业化趋势。如传统茶叶农作法就是除草剂除草,施加化肥,用农药杀虫保证高产,但是不注重产品安全,新的专业做法就是人工除草,人工与物理、生态杀虫等,不施加农药,不轻易施加化肥,保证茶叶农残非常少,不含重金属等,保证茶叶高度安全,也就形成了所谓生态有机茶业态。

这些效能的提升是生产者或者生产组织基于知识、技能及其应用的专业化而产生。而组织创新是基于这种专业化效率的强化,或者内部分工更加明确并能将分工者进行协调而出现。

正因为如此,我们对业态创新进行描述时,首先要分清楚是基于产品创新、质量创新或者组织形态创新的类别进行归类,其次描述这种创新过程中差别化策略形成及其运作的方法,最后再分析这种创新体现为对某种业态的替代基础上的效率改进。如三七有机生产、绿色生产、无公害生产等级别,生产成本不一样,而下游加工需求者对产品质量需求也不一样,针对下游生产者的个性化订单要求,让投资者、大户加盟不同质量级别的生产基地,即形成加盟连锁农场业态。在新时期,在农业组织中生发了多种组织变革而形成的新业态,如公司＋基地,农户,合作社＋农户,公司＋合作社＋农户,党建＋合作社＋农户,党建＋公司＋合作社＋农户,公司＋科研＋合作社＋农户,等等,以党组织、公司企业组织、科研组织、合作社、农户等不同组织形态进行混合组合,形成一些新的组织形态。其中,基地是基于活动空间的某些特殊条件而固定,形成生产活动的固定场所。基地实际上是专业性生产活动的空间载体。

(二)业态创新的动机

业态创新是对传统业态的替代,其在经济本质上,是对市场、要素争夺的表现形式。格罗斯曼、赫尔普曼（1993）在其合著中把产品和质量创新称为市场替代①。熊彼特（1947）称为一种创造性毁灭等②，都是对创新者的动机，即争夺在位者市场份额的形象描述。只不过，业态创新是一种对相关市场份额的长期替代。

创新发动者是基于现有资源的利用效率低，或者将高价值产品卖给了低估值者的配置不满意，或者对组织效率低下的不满意而做出的一种创新尝试，在成功以后形成一种专业化的运营，创新者因此成为业态创新的发起者。他们从这些低下效率形成的原因以及克服这一问题的成本进行充分估计，找到一种新的扩展产品、质量与组织形态的利润空间的方式，并通过运营各种要素予以实现。这种动机当然就是寻求新的长期的盈利空间。

这种动机的来源是创新发动者对市场的深刻洞察以及拥有的独特社会资源与其他要素资源的可获得性基础上产生的。

社会资源决定于创新者的社会网络。社会网络决定了创新者在知识、技能以及创新经验上的可获得性以及市场进入的成本。社会关系网络覆盖面广，社会关系联结多，创新者获得的知识、技能和创新经验成本相对较低，正是由于他们能够比较容易获得知识、技能和经验，能够有助于他们设计正确的创新方式与路径，创新的风险减少。创新收益通过风险折扣以后就相对要高。这也通常可以观察到社会关系网络中活跃分子更容易成为业态创新者的重要原因。在农业特色产业中，社会关系强的人更容易成为业态创新的发起人，如村干部、外出务工、在其他地方有过经营管理经验的人更容易成为特色产业业态的创新者。甚至在一些山区村寨，家里有孩子在外念大学，这样的家庭更容易成为电子商务等创新者。如笔者在赫章县调查核桃产业案例时，可乐镇的一个村民因为有几个孩子在外念大学，他在孩子的帮助下在一亩田网站上注册网店，就可以运用手机在村子里帮村民售卖核桃产品，在当地影响较大，这样更进一步扩展了他的社会网络，使他的生意红火，市场份额扩大。

生产要素资源的可获得性决定于要素资源所有权制度。所有权制度以及产权制度的创新本身就是业态创新的组成部分。产权制度决定于他们获得资源的成本，如土地资源的获取成本。土地资源获取成本低，就可以节约创新财务成本。不仅如此，土地产权在交易过程中的恰当处理，可以与参与者分担风险机制联系起来，降低创新者承担的风险量，这样，不仅能够节约财务成本，还可以提高风险

---

① G. M. 格罗斯曼，E. 赫尔普曼. 全球经济中的创新与增长［M］. 何帆，等译. 北京：中国人民大学出版社，2003.

② 约瑟夫·熊彼特. 资本主义、社会主义与民主［M］. 吴良健，译. 北京：商务印书馆，2009.

折扣后的收益。如同样经营猕猴桃和刺梨,在六盘水运用"三变"扩大经营规模,就比其他州市开展同样的经营项目,其规模扩展要快得多。因为三变土地政策既有利于创新者降低土地流转费用,节省创业初期的固定资产成本,同时,农户以土地入股,加强了农户在种植过程中的管护责任心。

社会网络的扩展与土地产权的变革强化了创新者的业态创新动机。

(三)新业态的分类与业态创新

我国出台了新的业态统计类型。为了使理论与政策分析适应新的经济形势要求,国家统计局于2018年发布了新产业新业态新商业模式统计分类①。这些新业态、新商业模式、新产业分布在九大类中:现代农林牧渔业、先进制造业、新型能源活动、节能环保活动、互联网与现代信息技术服务、现代技术服务与创新创业服务、现代生产性服务活动、新型生活性服务活动、现代综合管理活动。本研究主要考虑与特色产业联系较紧密的农业相关新业态。这种分类方法强调了几点:

第一,强调新的高精尖技术的运用。如同样是设施农业,要纳入新业态中,这种设施不是简单地购置一般设施就会被认为是新业态。以大棚种植农业为例,利用大棚人为创造适于作物生长的环境,以生产优质、高产、稳产的蔬菜、花卉、水果等农产品的一种环境可控的种植活动,不包括仅提供大棚,无其他光照、保温、栽培、灌溉、施肥等技术措施的设施种植。这种区分要求业态必须以保证高产优质为目的,以运用设施建立一个质量一致、产量较高的人为环境为标志。这就对现代设施提出了严格的界定,即必须是对生产环境进行可行的控制。单单现代设施农业,就涉及现代设施种植、林业经营、畜牧养殖、水产养殖和育种。对于这种设施农业,还特别强调智能化与信息化,如设施养殖业,指应用现代化、自动化、智能化设施装备的畜禽养殖活动。这种信息化、智能技术不仅包括饲养活动,还包括配备栏舍智能化环境控制、饲喂、性能测定和防疫消毒、畜禽排泄物处理环节以及散装饲料运输、储存、检验检测等环节。

第二,对于服务业态的重视。服务业一直是业态创新非常活跃的领域。在传统领域生发的专业性服务业态创新,还有待激发和强化,如农业现代服务业态。这里的服务业态主要面向农业生产托管服务、农林牧渔业智能管理服务、专业化农业服务。农业生产托管服务主要活动是受托进行耕种防收多个环节的服务活动,以获得报酬。而对于生产经营管理的活动,则更强调大数据、物联网、互联网等现代信息技术对业态创新的关键性作用,没有这些技术的运用都不认为是业态

---

① 国家统计局.新产业新业态新商业模式统计分类[EB/OL].国家统计局网站,2018 - 08 - 21.

创新。农业服务更强调专业化、规模化与集中化。

第三,重视循环经济。如农林牧渔业废弃物以及餐厨废弃物、生活垃圾、道路垃圾、建筑垃圾等废弃物资源化利用的相关活动。涉及的业态有农产品初加工活动、其他农业专业及辅助性活动、林产品初级加工活动以及其他林业专业及辅助性活动、畜禽粪污处理活动、其他畜牧专业及辅助性活动、其他渔业专业及辅助性活动与环境卫生管理。

第四,科技研发、技术推广、知识产权与检验检测服务对业态创新的支持。包括农林牧渔研究与开发、技术推广、专利技术、知识产权质量检验等服务工作,支持业态创新者的技术与投入研发收益的保障。在质量检测领域还涉及追溯技术服务,如产品质量的追溯体系设计服务、追溯软件研发服务、追溯系统运行维护服务、追溯管理云服务、追溯认证及评价服务、追溯大数据分析应用服务,这些服务有利于消费者检索质量产品信息,增强消费者信心。近年来,会展、呼叫等业态对于农业业态创新的支撑能力在不断提升。

第五,冷链物流服务对农业业态,尤其是生鲜领域的业态创新支持至关重要,如生鲜食品定制、网上订购等,没有冷链物流几乎难以实现。这里的新业态就是指这一类服务中的包括道路运输业的冷藏运输、低温运输、恒温运输等活动;仓储业中的冷库仓储、低温库仓储、恒温库仓储等活动。

第六,市场中介新业态。农业业态的变化最终设计产业组织与产业链的治理等方面,其中各种各样的商务服务,如会计、审计、对外贸易的相关服务等,将成为农业产品与服务嵌入国际价值链不可或缺的必要活动环节。

第七,农业与旅游文化的日益融合,是农业资源复合利用的必要途径。统计体系所列举的新业态包括以农业生产过程、农村风情风貌、农民居家生活、乡村民俗文化为基础,开发农业与农村多种功能,提供休闲观光、农事参与和农家体验等服务的新型农业产业形态,范围涵盖观光农业、体验农业和创意农业,包括休闲种植业(蔬菜、园艺观赏采摘旅游)、休闲林业(林木培育休闲旅游、森林经营养护休闲旅游、水果观赏采摘旅游、坚果观赏采摘种植、中药材参观旅游)、休闲畜牧业(牲畜参观旅游、家禽参观旅游、其他畜牧参观旅游)、休闲渔业(休闲垂钓旅游、渔业捕捞体验旅游、渔业休闲参观旅游)。在一些新兴加工业态,还包括工业旅游等。

当然,在以农业业态创新为主题的创新创业、园区管理、跨行业服务等都成为新业态。

统计系统列举这些业态,当然是以行业细致分工形态为基础的一种划分,是对社会分工体系更细密的考察,也是对分工新趋势统计框架的描述。

业态创新就是传统业态向新兴业态的转变过程。研究业态创新不仅仅是对新业态本身,而且更加注重传统向新兴业态转变时产品形态、质量控制、组织结构发生变化的动态过程考察。主要研究这些变化过程中各种利益关系的变化,以及利益关系均衡格局的形成。

二、基于分工深化的业态创新

从目前统计体系的观点,以及经济行业细分及细分趋势的演变过程来看,业态创新就是分工细化的某种趋势性演变。我们可以从以下几个方面来考察业态创新的类别。

(一)产品创新性业态

对于一个行业中业态细分及其变化,可能首先发端于产品品种创新过程。在特色农业领域中的业态创新,是基于特色农业资源的新功能开发、种质资源的开发以及创意、文化的开发等。在大多数区域特色产品的开发中,是对特色产业终端产品品种创新为主要特征。如赫章核桃,在过去一直以原果作为终端产品,在近20年内,对于终端产品进行了多种开发,而形成新业态,如加工成核桃乳、核桃油、核桃酥、核桃仁等,产品终端形态丰富多样。正因为这样,整个产业声誉提升,核桃乳产品被列为北京奥运会指定饮品。其中的核桃油,作为一种高端的、健康油脂产品,直接售卖到一线城市,由于赫章核桃的特色是核桃油脂丰富,其价值就比销售原果更有价值。即使是原果产品中,一些原来没有用处的原料通过嵌入一些创意成果,也可以进行有价值的开发。如核桃仁的隔膜,被当地人称为分心木,通过医学分析具有补肾功能,这种原来被废弃的原料现在用来作为保健品售卖。而核桃壳作为一种雕刻材料,用来制作核桃文创产品,从而产生核桃文创业态。

从业态发展趋势来看,原果价格并不稳定,而核桃乳、核桃油等利润空间相对较为稳定,从长期来看,这些深加工业态更有可能代表整个产业发展的趋势。

在地方特色文化产品中也出现同样的趋势。如传统苗绣,其绣品内容基本上是花鸟虫草。松桃苗绣进行了创新,引入梵净山珍贵林木品种珙桐以及珍稀动物滇金丝猴主题系列,由于创意内容获得重大突破,产品创新取得重大突破。不仅如此,还将绣片用于服饰等,提升时尚服饰档次,从而涌现出苗绣时尚业态,价值空间得到扩展。专注于时尚男装的北京依文公司,将苗绣、土布结合到一起,设计出系列男装,命名为禅,并在北京进行了禅系列时尚表演,开拓了苗绣应用空间,并取得成功。

三都水族自治县近20年来着力于保护文化遗产马尾绣,传统马尾绣仅用于水族背带、服装的镶边等。近年来用于时尚包、时尚服装等，出现马尾绣时尚业态。依文公司致力于将布依等民族锦绣用于男装装饰，并将民间艺人的作品做成数据库，有设计师依据不同艺人作品特点分别设计成不同时尚样式。这样，每一个绣娘都可以专注于某一种风格的锦绣制作，虽然是手工，但也能通过更加专业的细化，做到节约，取得很好的效果。原先这些绣娘为了迎合市场需要，要学会许多风格的图案制作，结果每一种都做得不够精细，而且每做一种新图案都要设计、画图等，做起来很需要时间。现在，通过数据系统匹配，既可以将各类图案风格专业化，而且，还能够真正将这些多样化图案用到极致。这些绣品男装上市以后，依文公司依照主题，进行时装表演和展览，这些来自深山中绣娘的手工作品终于登上大雅之堂，融入主流文化。绣娘们收入稳定，而且得知自己的作品能够融入时尚服装中，自豪感油然而生。这些业态创新对传统文化工艺起到很好的保护和传承作用，经济效益与社会效益都得到提升。

（二）质量创新业态

在农业特色产业中，大多数经营者对于质量创新格外青睐。这主要是基于人们对食品安全质量的强烈需求。近几年来，出现了对农残严格控制的农法创新，以保证产品的质量水平，因此出现"三品一标"业态，并有可能成为整个行业的趋势。如瓮安茶叶以欧标认证为质量标志，形成欧标茶业态，取得了较好的经济效益。

在特色农产品加工业中，同样出现质量提升的新业态，如六盘水盘州市刺梨果脯加工业中出现的湿态果脯业态，将产品从高糖食品转到低糖，并强化脆性、护色等，产品质量显著提升。

（三）分拆性业态创新

分拆性业态创新是将原来业态的某一个环节分拆出来专业化，以提高整个链条产品质量，提高生产效率。如贵州地区是芦笙生产的主要区域，传统的芦笙制造除了砍竹子这一环节不由制造师傅完成以外，其他流程都由制造芦笙的两个师傅来完成。两个师傅共同完成是芦笙制造的传统，但是，传统制作中最耗体力的是簧片的制作，要把所谓响铜片用切割锯子切成小片，然后再手工打磨成恰当的长度与厚度，并最终通过校正定型。贵州从江的梁正清老人是芦笙制作的传承人，但是很多年一直招不到徒弟，因为制作芦笙太辛苦，技术要求又高。近几年来，有制作师傅投资一台切割打磨机，专门对簧片做一个初加工，将簧片做一个粗略定型加工，省去了制作师傅用手锯切割、用锤子打磨的原始加工簧片的方法，效率大大提升，同时，节省制作艺人的体力。这种响铜簧片初加工业态就是一种分拆业态。

刺梨精粉加工也是一种分拆业态。刺梨加工时,不能够将刺梨运送到远一些的地方,因为运送距离远、时间长,刺梨果就有可能受到损害或者腐烂,影响加工质量和成本。贵州地区一些企业在华南理工大学的帮助下,将刺梨果制作成精粉,使其成为一种中间材料,就可以长时间储存、远距离运输且不影响产品质量。刺梨精粉就成为一种新的业态,是整个深加工行业中的一种分拆业态。

(四)全产业链业态

在一些对原材料质量要求很高的产业中,从原材料到加工再到销售,必须进行全产业链的质量控制能力提升,形成全产业链业态创新。如三七制药产业,就是一种典型的全产业链提升业态。这在后文中还要仔细论述。

(五)融合型业态创新

融合业态是不同产业、专业和领域的人士在新的专业领域嵌入自身专业化服务,在本质上是对新专业领域内的更细致的专业化分工,属于交叉领域的专业细分,用以解决新专业领域内技术、流程存在的难以用原来领域内知识和技能来解决的问题。

如旅游与农业融合,在本质上就是旅游行业人士利用农业资源来开发旅游产品。在原来的旅游领域内所有的农事体验和农业文化、农业活动造成的新的景致等,在原有旅游领域内是没有利用的。通过农业领域内的资源、技能与文化进行旅游体验的专业开发,原来农业人士没有进行专业化开发,或者无法开发,通过旅游专业人士开发,成为一种新的旅游业态。这是旅游与农业的交叉领域的业态创新。这里,农业人士在学习旅游开发以后,对农业资源与技能、文化进行开发,这里仅仅是将旅游知识技能从旅游专业人士迁移到农民身上,再完成农业的旅游开发。如贵阳乌当区的新堡乡是一个布依民族乡,该民族乡将布依传统的庖汤习俗开发成旅游产品,让村民经营农家乐,主打庖汤和八大碗,然后,在庖汤成为当地旅游品牌以后,经营有机草莓、樱桃等采摘体验项目,取得较好的效果。

信息化与旅游、农业以及农业服务业的融合,更是形成现代农业、旅游业或者农旅融合的强力支撑。在本质上仍然是信息化领域的专业人士或者机构,将信息化技术应用到农业、旅游或者农旅融合业态中,而使这些领域内呈现一种更加细致的专业形态,即农业中信息技术、旅游中的信息化技术或者农旅融合态的信息技术。只不过,只有当农业、旅游与农旅融合业态中存在许多原有传统技术所不能解决的问题,且依靠信息化可以解决,才使得这些业态扩展出更大的价值空间。

三、专业化超边际分析方法文献

既然业态创新是一种专业化细分趋势,有必要研究专业化细分理论。近20年来,这一领域取得突出贡献的是杨小凯等人的超边际分析方法的运用。

(一)专业化分析的一步方法

内生专业化的文献快速增长,研究的主要先驱人物是罗森(1978)、贝克尔(1981)和杨小凯(1988),技术上的挑战是许多事先异质性代理的公司内与公司间劳动分工模型不能够用现有的工具解决①。

为解决事前同质代理的均衡解(大部分强调的是斯密的专业化,而不是讨论李嘉图基于事前比较优势的专业化),杨小凯(1988)提出可以用两步法从所有可能的结构中确认劳动分工的一般均衡结构(以及相关的均衡价格)。

其中,第一步是对所有专业化结构模式的均衡价格和效用通过等效用假设进行计算。第二步将效用最高的结构选为一般均衡的专业化结构,在这一结构中没有代理愿意采用这一专业化模式。几年以后,杨小凯与黄有光(1993)的专著中将两步法应用到许多特定模型中②。孙、杨、姚(1999)将两步法用到更大的一组模型中③。两步法在求解许多分工内升模型中显示出较大的威力。但是,事前的同质性成为其他许多经济问题求解的严重制约,如两群体之间的直接投资问题。甚至两步法还直接错失了一些事前同质化简单模型的均衡价格。

为了处理事前两步代理模型,孙、杨、周(1999)设计了一个两步法④,开发了基准价格的分析方法。类似于以前的两步法,第一步仍然是计算每一个结构的市场出清价格。所不同的是个体效用能够通过这一结构中各类专业化模式进行比较,在这一市场出清价格下,通过均衡结构中参数空间决定结构中的不同职业的比较。这一基准方法能够成功用于全球化与国际贸易中新出现的二元结构问题

① 加里·斯坦利·贝克尔. 家庭论[M]. 王献生,王宇,译. 北京:商务印书馆,2007;ROSEN S. Substitution and the division of labor[J]. Economica,1978, 45, 235 – 50;YANG X. A Microeconomic Approach to Modeling the Division of Labor Based on Increasing Returns to Specialisation[D]. Princeton:Princeton University,1988.

② YANG X, NG Y K. Specialization and Economic Organization:a New Classical Microeconomic Framework[M]. Amsterdam:North – Holland,1993.

③ SUN G Z, YANG X, YAO S. Theoretical foundation of economic development based on networking decisions in the competitive market[A]. Harvard Center for International Development Working Paper ,1999(17).

④ SUN G Z, YANG X, ZHOU L. General equilibria in large economies with endogenous structure of the division of labor[A]. working paper, Melbourne:Monash University,1999.

(Sachs, Yang and Zhang 2000)。① 但是,这样的模型不能用于不同市场间的替代(如中间产品与劳动市场),如李(2001)的多国企业模型中②,由于市场结构缺乏一些产品与服务,就不存在一组价格能够用于比较不同劳动分工结构中跨职业的效用比较。

对任何价格向量(p,w),p是非劳动商品价格向量,w是工资向量,代理最大化跨专业化模式效用$u(p,w)$。市场出清条件(以及事前同质化代理之间等效用条件)直接导致均衡的结构和价格,这样,就获得一个均衡中不同劳动分工结构的完全的参数子空间特征。③

对任何的给定的价格(p,w),其中价格向量$p=(p_1,\cdots p_m)$,工资向量$w=(w_1,\cdots w_n)$,每一个可能种类的专业人员都最大化其职业的效用。如最简单的情形,仅有一种类型的专家从市场买入一单位劳动,其他职业类型的人卖出其他类型的产品或劳动。由于专业化回报递增,只要交易成本不是太高,代理可以专业化生产一些产品去交换其他产品。对于任何人,如果选择卖出成品i,其最大化效用为$u_i(p,w)$,$i=1,2,\cdots,m$。如果在劳动市场j卖出劳动的间接效用记为$u_{Lj}(p,w)$,$j=1,2\cdots,n$。如果其他职业人员在市场上买入劳动的间接效用为$u_0(p,w)$,$j=1,2\cdots,n$。代理在价格信号(p,w)下,通过选择专业化模式,得到$ui(p,w)$,$i=1,2,\cdots,m,u_{Lj}(p,w)$,$j=1,2\cdots,u_0(p,w)$,$j=1,2\cdots,n$中间的最高真实收入。到底哪种模式真实收入最高,明显依赖于相对价格。把价格空间分成几个子空间(每一个空间中特定的专业化模式得到最高的真实收入),在市场出清条件下(以及事前同质事后可以不同的专业化的代理等效用条件),我们能够确认参数子空间,其中,均衡中会产生特定的专业化结构。总之,首先划分价格区间,然后,基于价格区间划分,确认参数区间作为均衡专业化结构和价格发生的条件。

用这种办法,用一步就能确认不同的内生专业化结构发生的参数子空间,计算所有的均衡价格。当然,在一些参数空间,均衡价格是影子价格,实际上市场价格不会是这种均衡价格,且事实上经常如此。

---

① SACHS J, YANG X, ZHANG D. Globalization, dual economy and economic development[J]. China Economic Review,2000 11(2): 189 – 209.

② LI G. The emergence of the multinational enterprise: a model formalizing Dunning's eclectic paradigm[C]. Melbourne: The International Symposium of Economics of e – Commerce and Networking Decisions ,2001.

③ SUN G Z. Readings in the Economics Division of Labor: The Classical Tradition[M]. World Scientific Publishing Co. Pte. Ltd,2005

1. 第一种情形:只有消费商品,代理事前同质

考虑一个简单经济,只有事前同质的代理人连续统,两种消费商品 X,Y。每一个代理有一单位劳动禀赋。X 和 Y 的生产函数分别为 $f(l_x) = l_x - \alpha$ 和 $f(l_Y) = l_y - \beta$。$l_x(l_Y)$ 是生产商品 $X(Y)$ 的劳动投入。劳动是生产的唯一投入。效用是柯布—道格拉斯函数,$u(x, y) = xy$。交易函数设定为 $g(z) = k_z$,$Z \in \{X, Y\}$,其中 $k \in (0,1)$ 刻画了交易效率。

对于给定的 X(根据 Y),$p = p_x/p_y$,代理的生产贸易决策主要选择是:(1)仅仅生产与售卖 X,买入 Y;(2)仅仅生产与销售 Y,买入 X;(3)两者都生产,但是都不销售(自给自足)。对于相对价格 p,用 $\frac{1-\alpha}{2}$($\frac{1-\beta}{2}$)的 $X(Y)$ 交换 $\frac{1-\alpha}{2}p$($\frac{1-\beta}{2p}$)的 $Y(X)$,但是,因为招致交易成本,仅仅收到数量为 $\frac{1-\alpha}{2}kp$($\frac{1-\beta}{2p}k$)的 $Y(X)$。括号中的值代表用 Y 交换 X 的情况。在这一均衡价格下,或者(1)有交易发生,这样就有劳动分工;或者(2)无交易,自给自足。情形(1)中,要求 $u_x = u_y > u_A$,均衡价格为 $p = p^* = \frac{1-\beta}{1-\alpha}$,交易效率足够高,可以支持劳动分工,$k > k^* = \frac{(1-\alpha-\beta)^2}{(1-\alpha)(1-\beta)}$。在情形(2)下,$u_A > u_x$,$u_A > u_y$,这样,$\frac{k}{k^*}p^* < p < \frac{k^*}{k}p^*$。满足这一条件的价格集非空,就有 $k < k^*$。任何满足这一条件的价格,都会使市场出清。表 2.1 更便于我们清晰了解孙的这一情形的借空间结构。

表 2.1　第一种情形中参数子空间与均衡

	$k < k^*$	$k > k^*$
均衡价格	$(\frac{k}{k^*}p^*, \frac{k^*}{k}p^*)$(影子价格集)	p^*
劳动分工结构	自给自足	存在劳动分工[有一半人口专门生产 $X(Y)$]

对于孙的这一情形,我们可以继续深入讨论。交易效率存在一个临界值,当交易效率高于这一临界值,劳动分工成为一个均衡结构,否则,自给自足是一个均衡结构。但是,交易效率的这一临界值就由生产成本来决定。这是我们要讨论的一个关键问题。

因为结构的对称性,只要考虑参数 α 对交易临界值的影响,然后可以对称地考虑 β 对 k^* 的影响。

生产函数中的参数对于交易效率的影响可以通过求 k^* 的关于 α 的导数,得到下面的结果:

$$\frac{\partial k^*}{\partial \alpha} = \frac{-2(1-\alpha-\beta)(1-\alpha)(1-\beta)+(1-\beta)(1-\alpha-\beta)^2}{[(1-\alpha)(1-\beta)]^2}$$

$$= \frac{(1-\alpha-\beta)(1-\beta)(\alpha-\beta-1)}{[(1-\alpha)(1-\beta)]^2}$$

因为 α、β 都是小于 1 的非负数,可以得到上式是小于 0 的。也就是说成本增加,导致均衡临界交易效率降低。直觉上,只有当寻求差异化策略并坚持专业化的参与者付出更高的成本时,才有可能在交易效率较低的情况下,或者交易成本较高的情况下,使分工成为均衡结构。反过来,只有当交易成本下降,临界交易效率提高,才有可能是分工均衡状态在生产者较低成本下发生。

这种情形,我们用到产品创新中,可以得到创新者要通过创新一个产品,而新创一种业态,就要在交易效率与自身付出的成本之间进行权衡。比如,可以通过更多的成本进行功能化开发,即使在产品搜索比较困难或者鉴证成本比较高的情况下,产品仍有可能得到较高的消费者估值。体现在影子价格区间的最低值与 k^* 成反比,就是当 k^* 下降,$\frac{k}{k^*}p^*$ 上升。当然,这时,影子价格区间最高估值可能下降。

如刺梨加工成高纯度维生素 C 片,这种产品即使不做大量广告,只有业内小圈子的人理解一个企业能够生产该产品,这些企业仍然能够专业化。因为业内人士明白这种技术意味着一种高额投入,意味着技术与这种高额投入相匹配,也就意味着其在行业中的较高地位。再者,这种产品也并不是给普通消费者的产品,而是给一些特殊需求者的产品。

反过来,如果不能够花高成本创造出一个新产品,与其他替代品区分度也就不会很高,而且还要花很高的成本宣传、鉴证自己的产品,让交易对手能够很容易搜索这一产品真实信息,从而得到较大市场份额支撑自己的专业化,使得新业态能够维持。

这一种情形,也可以从另一个角度理解,当创新者创新产品以后,创新者通过广告、产品溯源系统建设、高额高等级认证等,用自身的高成本声誉建设和信息传播成本,替代消费者、交易对手的信息生产成本,这样,就在对手的低信息成本、低鉴证成本下,仍然提高了市场份额。

当然,在实践中人们经常在高成本创新产品的同时,进一步通过广告、高认证费以及较高成本的渠道挖掘,扩大产品的声誉,这样进一步提高产品的区分度,当然更能够支持业态创新的可持续性。

2. 第二种情形:有生产者商品与可能有公司的事前同质性代理

考虑有一个中间产品 X 和一个最终产品 Y。每一个代理赋予一单位劳动。对每一个机构,X 的生产函数是 $f(l_x) = \max\{l_x - b, 0\}$,$Y$ 的生产函数是 $h(x_Y, l_Y) = x_Y^{\alpha} l_{yY}^{\beta}$,$\alpha, \beta \in (0,1)$,$\alpha + \beta > 1$,$l_x$、$l_Y$ 是投入生产 X、Y 的劳动投入,x_Y 是投入生产 Y 的 X 的量。$\alpha + \beta > 1$ 意味着生产 Y 是回报规模递增的。效用函数 $u(y) = y$,y 是消费的 Y 的量。X、Y 的交易函数为 $g(z) = kz$,$Z \in \{X, Y\}$,其中 $k \in (0,1)$ 是产品市场的交易效率。与第一种情形的区别是第二种情形存在中间产品。按照公司间接定价理论(杨小凯,黄有光,1995),就可能有劳动的交易,因此有可能存在公司,公司所有者有可能雇佣工人去生产产品,其中一部分产品售卖给市场,获取剩余权利。工人为工资(依据消费品 Y)售卖其劳动。但是,真正交换的是工人的生产功能,而不是劳动本身。劳动的交易函数设定为 $g_L(l) = sl$,$s \in (0,1)$ 是劳动市场的交易效率系数。

对于 X 的给定价格(依据 Y)p 和工资 w,代理可以选择:(1)不出售(自给自足);(2)生产和销售 X(买入 Y);(3)卖出 Y;(4)卖出劳动,买入 Y(作为雇员)。作为理性的人不会出售 X、Y 与劳动的两者以上。代理选择(1)(2)(4)的最大效用分别为 $u_A = \dfrac{\alpha^{\alpha} \beta^{\beta} (1-b)^{\alpha+\beta}}{(\alpha+\beta)^{\alpha+\beta}}$,$u_X = kp(1-b)$,$u_L = kw$。

对于复杂的情形(3),代理可能从市场买入一部分或者全部中间品生产 Y 并卖出 Y。在这种情况下,没有劳动交易。也可以雇佣一些工人指导他们生产部分或全部中间品,生产 Y。其决策问题为

$$u_Y = \max_{l,x,N}\{[\max\{l-b,0\} + kx + N(s \cdot 1 - b)]^{\alpha}(1-l)^{\beta} - px\} - wN$$

其中,决策变量 l 是生产中间品 X 的劳动投入,x 是从市场购买的 X 的量,N 是生产 x 的雇佣数量。由于劳动市场与产品市场的交易成本,每一个工人只有 $s \cdot 1$ 单位实际用于生产 X,实际上只收到 kx 的 X。等式中最后两项叫作预算平衡项。如果 $p < \dfrac{k}{s-b}w$,那么 $N = 0$,$l = 0$;如果 $p \geqslant \dfrac{k}{s-b}w$,那么 $x = 0$,$l = 0$。因此对于 x、N 的内点解一阶条件不成立。x 和 l(或者 l、N)内点解是鞍点,此时黑塞矩阵为负的决定因素,此时 $l = 0$,而不为 1。对任何 (p,w) 满足 $p < \dfrac{k}{s-b}w$,那么代理的决策问题就变为 $\max_{x}(kx)^{\alpha} - px$,解为 $x^* = (\alpha k^{\alpha}/p)^{\frac{1}{1-\alpha}}$,间接效用为 $u_{YX}(p,w) = [(1-\alpha)^{1-\alpha}\alpha^{\alpha}(\dfrac{k}{p})^{\alpha}]^{\frac{1}{1-\alpha}}$,对任何满足 $p \geqslant \dfrac{k}{s-b}w$,则代理的决策问

题变为 $\max_N (s-b)^\alpha N^\alpha - wN$,解为 $N^* = [\alpha(s-b)^\alpha/w]^{\frac{1}{1-\alpha}}$ 。

确认均衡中不同劳动分工结构的参数子空间。如果 u_{YX} 在均衡状态中达到，就有另一些代理卖出 X 以满足市场需求。在均衡中 X 的买卖双方效用相等，因为这些代理事前一致且能自由进出某些专业。这就要求 $p < \dfrac{k}{s-b}w$, $u_{YX}(p,w) = u_X(p,w)$, $u_{YX}(p,w) > u_L(p,w)$, $u_{YX}(p,w) > u_A(p,w)$ 。计算整理得到：$k > \dfrac{s-b}{1-b}$,

$k > k^* \equiv \left[\dfrac{\beta^\beta(1-b)^\beta}{(\alpha+\beta)^{\alpha+\beta}(1-\alpha)^{1-\alpha}}\right]^{\frac{1}{2\alpha}}$,还有 $p^* = k^{2\alpha-1}(1-b)^{\alpha-1}(1-\alpha)^{1-\alpha}\alpha^\alpha$,

影子工资率在区间 $(\dfrac{s-b}{k}p^*, (1-b)p^*)$,效用 $u_{YX}(p,w) = u_{YX}(p^*,w) \equiv$

$k^{2\alpha}(1-b)^\alpha(1-\alpha)^{1-\alpha}\alpha^\alpha$ 。如果 u_{YL} 在均衡中得到，劳动市场上有潜在的雇佣者，买卖双方的效用相等，就要求 $p > \dfrac{k}{s-b}w$, $u_{YL}(p,w) = u_L(p,w)$, $u_{YL} > u_A(p,w)$,

$u_{YL} > u_X(p,w)$ 。就有 $k < \dfrac{s-b}{1-b}$, $k(s-b) > KS \equiv \left[\dfrac{\beta^\beta(1-b)^{\alpha+\beta}}{(\alpha+\beta)^{\alpha+\beta}(1-\alpha)^{1-\alpha}}\right]^{\frac{1}{\alpha}}$,

有 $w^* = k^{\alpha-1}(s-b)^\alpha(1-\alpha)^{1-\alpha}\alpha^\alpha$,影子价格在 $(\dfrac{k}{s-b}w^*, \dfrac{1}{(1-b)}w^*)$ 。

$u_{YL}(p,w) = u_{YL}(p,w^*) \equiv k^\alpha(s-b)^\alpha(1-\alpha)^{1-\alpha}\alpha^\alpha$ 。如果 u_{YL} 、 u_{YX} 都不是均衡效用，均衡效用就大于自给自足的效用，就有 $u_A(p,w) > u_Y(p,w) \equiv$

$\max\{u_{YX}(p,w), u_{YL}(p,w)\}$, $u_A(p,w) > u_X(p,w)$, $u_A(p,w) > u_L(p,w)$ 。反过来，就要求 $k < k^*$, $k(s-b) < KS$,或 $k < \dfrac{s-b}{1-b}$ 。

对孙的这一结论,可以考虑中间产品成本对分工专业化临界市场效率的影响。在 $p < \dfrac{k}{s-b}w$ 的情况下,从

$$k^* \equiv \left[\dfrac{\beta^\beta(1-b)^\beta}{(\alpha+\beta)^{\alpha+\beta}(1-\alpha)^{1-\alpha}}\right]^{\frac{1}{2\alpha}}$$

式子中,同样可以得到中间产品生产成本对最低临界交易效率的影响。

对 k^* 求 b 的导数,可以得到：

$$\dfrac{\partial k^*}{\partial b} = \dfrac{-\beta}{2\alpha(1-b)}k^*$$

因为 α 、 b 、 β 都是小于1的真分数, k^* 是正数,所以上述导数为负数。

这一个结论说明,对于中间产品,当生产成本提高时,支持分工的临界交易效

率可以降低。这一结论可以用到特色产品原材料生产的质量提升业态。如有机种植是一种质量提升策略，通过高成本研发有机种植农法、规程，并以高成本执行这种规程，即使不做广告等，在一些高山地区种植，运输成本也较高，依然可以得到下游加工厂商的青睐，从而支持新的高质量产品业态。如贵州有机茶园没有什么广告，但是仍然得到浙江、福建等地茶叶加工商的欢迎。同样，贵州刺梨原汁、精粉等中间产品生产商，几乎都没有什么广告，产品都被抢购一空。质量就是活广告。

当然，在这种情形下，影子价格随着 b 的上升而上升，即市场真实估值上升。

创新者要以专业化运作中间品创新业态，同样也可以通过花费较高的广告费、声誉建立与认证成本等，提高自身产品的区分度，从而进一步提高业态创新效益。

从表中分类情形讨论来看，还有关于劳动市场效率对分工、公司建立的影响。不同劳动市场效率可能导致劳动组织是自发分散的还是公司制。KS 是支持公司出现的劳动市场交易最低效率。

$$KS \equiv \Big[\frac{\beta^\beta (1-b)^{\alpha+\beta}}{(\alpha+\beta)^{\alpha+\beta}(1-\alpha)^{1-\alpha}} \Big]^{\frac{1}{\alpha}}$$

b 对 KS 的影响与对 k^* 的影响的方向一致。当 b 提高，公司的最低劳动市场最低临界效率系数就会降低。在中间生产中质量创新成本越高，越需要精致化生产，劳动市场最低临界效率系数就有可能降低。这有可能体现在这样一些场合：精致化生产本身需要劳动力专业化和长时期从事某一行业、某一业态，过度的劳动力频繁交易，可能带来某些业态难以持续的问题。但是，劳动市场效率过低，乃至不能进行交易，业态创新者也难以将其经营规模保持在恰当水平，或者因为无法招收到恰当人员而无法维持一个精致化生产业态协调体系，公司难以建立。如瓮安的一些欧标茶生产公司，其茶场工人基本上很少流动。其中，黄红缨茶场工人通过网格化管理，也就是把茶厂分割成多块，每一块都交付给一个工人，这样，责任明确清晰，同时，每一个工人对自己管理的那一块茶园的情况非常熟悉，当管理人员调查茶场情况时，他们都能够将情况汇报清楚，管理者与专家就能够发布清晰的管理建议，提高茶场的看护效率，对欧标茶这种有机茶种植业态创新起到了很好的作用。（见表 2.2）

表 2.2　第二种情形中参数子空间与均衡

参数区间	均衡
$k > \dfrac{s-b}{1-b}$	$k < k^*$，均衡价格和工资，任何 $p \in \left(\alpha k \left(\dfrac{1-\alpha}{u_A}\right)^{\frac{1}{\alpha}-1}, \dfrac{u_A}{k(1-b)}\right), w \in \left(\alpha(s-b)\left(\dfrac{1-\alpha}{u_A}\right)^{\frac{1}{\alpha}-1}, \dfrac{u_A}{k}\right)$ 都导致自给自足
	$k > k^*$，均衡价格：$p^* = k^{2\alpha-1}(1-b)^{\alpha-1}(1-\alpha)^{1-\alpha}\alpha^{\alpha}$ 均衡工资（影子价格）：任何$\left(\dfrac{s-b}{k}p^*, (1-b)p^*\right)$导致生产 X 和生产 Y 的专业生产者之间分工，X、Y 专业生产者占人口比率为$\dfrac{\alpha}{1-\alpha}k^{\frac{1}{1-\alpha}}$
$k < \dfrac{s-b}{1-b}$	$k(s-b) < KS$，均衡价格与工资率：任何 $p \in \left(\alpha k \left(\dfrac{1-\alpha}{u_A}\right)^{\frac{1}{\alpha}-1}, \dfrac{u_A}{k(1-b)}\right), w \in \left(\alpha(s-b)\left(\dfrac{1-\alpha}{u_A}\right)^{\frac{1}{\alpha}-1}, \dfrac{u_A}{k}\right)$ 都导致自给自足
	$k(s-b) > KS$，工资率$w^* = k^{\alpha-1}(s-b)^{\alpha}(1-\alpha)^{1-\alpha}\alpha^{\alpha}$ 均衡价格（影子价格）：任何$p \in \left(\dfrac{k}{s-b}w^*, \dfrac{1}{(1-b)}w^*\right)$导致有公司的劳 动分工，雇佣工人（用于生产 X）和老板（生产和销售 Y）的比率为$\dfrac{\alpha}{1-\alpha}k$
$k > \dfrac{s-b}{1-b}$	$k < k^*$：影子价格 p, w，自给自足
	$k > k^*$：均衡价格 p^* 和影子 w，劳动分工，没公司
$k < \dfrac{s-b}{1-b}$	$k(s-b) < KS$：影子 p, w；自给自足
	$k(s-b) > KS$：均衡 w^* 和影子 p，有公司的劳动分工

3. 第三种情形：仅有一种消费品的事前异质性代理

Sun，Yang，Zhou（1999）的模型，有无数个两种不同类型的代理，两者人口比率为1∶1。每一个代理都赋予一单位劳动，去生产两种消费品 X_1、X_2，类型 1 和类型 2 代理的效用函数都是 $u(x_1, x_2) = x_1 x_2$。x_1、x_2 分别是 X_1、X_2 的数量。第一类型的人生产函数分别为 $f_{1x_1}(l_{1x_1}) = (l_{1x_1})^2$、$f_{1x_2}(l_{1x_2}) = l_{1x_2}$，类型 2 的代理生产函数分别为 $f_{2x_1}(l_{2x_1}) = l_{2x_1}$、$f_{2x_2}(l_{2x_2}) = (l_{2x_2})^2$。代理 1 在生产产品 X_1 上有李嘉图优势，代理 2 在生产 X_2 方面有比较优势。类型 1、类型 2 的交易技术是 $g_{1x_i}(x_i) = k_1 x_i (i = 1,2)$，$g_{2x_i}(x_i) = k_2 x_i (i = 1,2)$。Sun，Yang，Zhou（1999）求解了这一模型。对于每一类代理，选择如下：(1)自给自足，两种类型的代理效用为 $u_A =$

$4/27$;(2)生产、售卖 X_1,买入 X_2,类型1、类型2代理的间接效用分别为 $u_{1_{x_1}}(p)$、$u_{2_{x_1}}(p)$;(3)生产、售卖 X_2,买入 X_1。类型1、类型2代理的间接效用分别为 $u_{1_{x_2}}(p)$、$u_{2_{x_2}}(p)$。在选择(2)时,类型1的代理用 $1/2$ 的 X_1 交换 $1/(2p)$ 的 X_2,$u_{1_{x_1}}(p) = \dfrac{k_1}{4p}$,类型2用 $a/2$ 的 X_1 交换 $a/(2p)$ 的 X_2,效用为 $u_{2_{x_1}}(p) = \dfrac{k_2 a^2}{4p}$。选择(3)时,两种类型的代理都用 $1/2$ 的 X_2 交换 $p/2$ 的 X_1,$u_{1_{x_2}}(p) = \dfrac{k_1 p}{4}$,$u_{2_{x_2}}(p) = \dfrac{k_2 p}{4}$。在选择(2)(3)时,由于交易成本,代理只能获得从市场上购买的商品的一部分。先分析类型1的代理的决策。给定价格信号 p,选择(1)就要求 $u_A(p) > u_{1_{x_1}}(p)$,也就是 $\dfrac{16}{27 k_1} < p < \dfrac{27 k_1}{16}$,可以得出 $k_1 < k_0 \equiv \dfrac{16}{27}$。选择(2)就要求 $u_{1_{x_1}}(p) > u_A(p)$,$u_{1_{x_1}}(p) > u_{1_{x_2}}(p)$,就是 $p < 1$ 和 $p < \dfrac{k_1}{k_0}$。选择(3)就要求 $u_{1_{x_1}}(p) > u_A(p)$,$u_{1_{x_1}}(p) < u_{1_{x_2}}(p)$,就是 $p > 1$,$p > \dfrac{k_1}{k_0}$。类似地,对于类型2的决策,选择(1)时,$\dfrac{a k_0}{k_2} < p < \dfrac{a k_2}{k_0}$,就有 $k_2 < k_0$。选择(2)时,$p < a$,$p < \dfrac{a k_2}{k_0}$。选择(3)时,$p > a$,$p > \dfrac{a k_2}{k_0}$。同时考虑类型1、类型2的决策,就能确定二者之间发生交易的参数子空间。如果没有交易发生,实际上二者都是自给自足。也就是二者都选择(1),对于价格 p,$\dfrac{k_0}{k_1} < p < \dfrac{k_1}{k_0}$,$\dfrac{a k_0}{k_2} < p < \dfrac{a k_2}{k_0}$。就可以得出 $k_1 < k_0$,$k_2 < k_0$,$k_1 k_2 < a k_0^2$,均衡价格集是:$(\max\{k_1/k_0, a k_2/k_0\}, \min\{k_0/k_1, a k_0/k_2\})$。如果在价格 p 有交易,$X_1$ 的卖家或者是类型1或者是类型2。假设类型1有一半或者全部是 X_1 的卖家,而类型2不是 X_1 的卖家。

此时 $p \leqslant 1$,$p \leqslant k_1/k_0$。这种情况下,市场出清要求一些类型2的代理和其他类型1的代理买入 X_1,卖出 X_2。就有两种情况:(A)类型2代理(部分或全部)供给 X_2;(B)没有类型2的代理供给 X_2(仅靠类型1的人供给)。

情形(A)要求 $\max\{a, a k_0/k_2\} \leqslant p \leqslant \min\{1, k_0/k_1\}$,因此,$k_1 \geqslant a k_0$,$k_2 \geqslant a k_0$,$k_1 k_2 \geqslant a k_0^2$。类型1代理 X_1 卖家卖出 $1/2$ 单位的 X_1。每一个类型2代理的 X_2 卖家需要 $(p/2)$ 单位的 X_1。两种类型的代理人口相等。因此,当 $k_1 < k_0$ 时,就意味着 $p \leqslant k_1/k_0 < 1$。均衡中,供给 X_1 的人只有该类型的一部分。但是价格不能严格低于 k_1/k_0。否则每个类型1的代理都会选择作为 X_1 卖家。这样,均衡

价格为 $p = k_1/k_0$，类型1代理中占比为 k_1/k_0 的人供给 X_1。占比为 $(1 - k_1/k_0)$ 的人自给自足，类型2的人供给所有 X_2。类型2的代理人获得全部分工利益。当 $k_1 \geq k_0$，$p = 1$（每个类型1代理人卖出 $1/2$ 单位 X_1），如果 $p < 1$，类型2代理人对 X_1 的需求小于总供给，所有类型1的代理供给 X_1，所有类型2代理需求 X_1。情形（B）要求 $p = 1$，$k_1 \geq k_0$，$k_2 < a k_0$，类型1中有一半人供给 X_1 需求 X_2，另一半人相反。类型2的代理不涉及分工。考虑一部分或全部类型2的人选择作为 X_1 的供给者，就有 $p \leq a$，$p \leq \dfrac{a k_2}{k_0}$，市场要出清，就有一部分类型1、类型2的人一定需要 X_1。但是，在均衡中类型1的人不可能这么做，否则，$p \geq 1$，这与 $p \leq a$ 矛盾。因此，X_1 的需求者一定是类型2，因此，$p \geq \dfrac{a k_2}{k_0}$，$p > a$。因此 $p = a$，$k_2 \geq k_0$。

因类型1的人不是 X_1 的供给者，要求 $p \geq 1$，$p \geq \dfrac{k_1}{k_0}$，就是 $k_2 \geq k_0$，$k_1 \geq a k_0$，在 $p = a$ 处，类型2中一半人供给 X_1 需求 X_2，或者相反。没有类型1的人涉及贸易。（见表2.3）

表2.3　第三种情形中参数子空间与均衡

	$k_1 < k_0$	$k_1 > k_0$
$k_2 > k_0$	当 $k_1 k_2 < a k_0{}^2$，均衡价格集为 $(\max\{k_1/k_0, a k_2/k_0\}, \min\{k_0/k_1, a k_0/k_2\})$ 分工结构：自给自足	当 $k_2 < a k_0$，均衡价格：$p = 1$ 类型1一半卖 X_1，一半卖 X_2 类型2自给自足
	当 $k_1 k_2 \geq a k_0{}^2$，均衡价格为 $p = k_1/k_0$ 分工结构：类型1代理中占比为 k_1/k_0 的人供给 X_1。占比为 $(1 - k_1/k_0)$ 的人自给自足 类型2的人供给所有 X_2	当 $k_2 \geq a k_0$ 时，均衡价格 $p = 1$ 分工结构：类型1全出售 X_1 类型2代理供给 X_2
$k_2 < k_0$	当 $k_1 < a k_0$ 时，均衡价格 $p = a$，结构：类型1自给自足；类型2一半人供给 X_1，一半人供给 X_2	价格 $p = 1$ 分工结构：类型1全出售 X_1 类型2代理供给 X_2
	当 $k_1 \geq a k_0$ 时，均衡价格 $p = k_1/k_0$， 分工结构：类型1代理中占比为 k_1/k_0 的人供给 X_1。占比为 $(1 - k_1/k_0)$ 的人自给自足 类型2的人供给所有 X_2	

当交易效率低时,自给自足是仅有的均衡。交易技术改进以后,劳动分工开始出现,专业化开始出现。最终,更有效的交易技术导致劳动分工,类型 1 全出售 X_1。类型 2 代理供给 X_2。如 Sun,Yang,Zhou(1999)所详细讨论的,这个例子可以解释区域 1、区域 2 之间的李嘉图式的贸易分工。交易条件的持续变化,导致贸易结构与劳动分工水平的不连续变化。如果交易条件足够改善,区域间贸易出现。在某些参数区间,出现内生的双重结构交易效率高的区域就会出现两个子区域,一个子区域将产品与区域进行交易,另一个子区域内部自给自足。

孙的第三种情形,用到业态创新中,意味着业态创新效率是交易技术之争。比如,同样是绿色有机种茶技术,如果有人采用成本比较低的认证技术,而另外有人用成本比较高、相对更严格的认证技术,那么,后者将更有可能得到市场支持,而使得业态创新更具可持续性。如贵州茶叶生产,现在大多已经采用较严格的有机种茶规程。但是,所谓欧标茶,在一般有机茶种植规程上,对选地、用肥、选种等方面采取相对更严的标准,从而获得更高市场声誉,其市场价格和销售业绩明显优于其他有机认证等级的业态创新者。业态创新者的声誉建立对于消费者来说,就是鉴证成本与搜索成本的节约,是一种交易技术的改进。

当然,交易技术的改善远不止声誉机制,交易成本总体降低,是交易技术改进的最终体现。业态创新者对于消费者所有交易成本的节约的交易技术投资,可以看成是其业态创新的一部分,是业态运营的具体内容之一。甚至,交易技术创新的专业化也是一种业态,如电商、质量信息平台、专业检测、溯源系统等,这些业态创新为其他生产新业态提供支撑。

比这一个例子更妥当的是从江县丰乐香猪养殖场,由于香猪名声较高,丰乐公司也有了自己的销售渠道和销售方式,附近乡镇农户也饲养香猪、香鸡、香羊等,大多是自给自足,偶尔卖到镇上,这些农户能够专业做香猪、香鸡和香羊销售的比较少,而且卖不动时,就把香猪、香鸡、香羊卖给丰乐公司,丰乐公司除出售自己养的香猪,还为农户和其他专业户销售并获得了较好的销售收益。对于香鸡养殖者、香羊养殖者,其销售技术不如丰乐公司,就把自己养殖的部分鸡和羊卖给丰乐公司销售。

此外,松桃县的苗绣是传统手工,曾经这里的苗家妇女都能够制作绣品,但是一般都是给家里和亲人的服装做装饰。现在也有一些妇女兼做刺绣工作,她们与松桃苗绣公司签订协议,从苗绣公司以协定的价格购买绣品原材料,绣品做完以后,绣娘可以自己卖掉绣品,也可以按照绣品等级,预定价格卖给苗绣公司,由苗绣公司出售或者加工,这是因为苗绣公司自己有销售渠道,其交易技术优于一般绣娘这一销售技术较强的业态创新者,就可以持续地专业化运营自己的新业态,而营销技术差一点只能卖掉一部分自己的产品或者依赖于那些销售技术较强的新业态运营者,其专业户运营的持续性还是令人担忧的。

交易技术的改善,最本质的是让消费者获得产品信息、交易签约、执行等各环节节约成本,凡是让消费者信任产品、易获得产品的做法都属于这种技术的改善。

根据孙的第三种情形,交易技术的竞争不仅用于事前同质性代理的业态创新,还可以用于事前异质性代理情形。不同产品,或者同种产品的不同质量层次业态之间,都有可能涉及交易技术的竞争。

4. 第四种情形:有生产者商品,有公司的事前异质性代理

一个经济有两种类型代理。一种中间产品 X 和最终商品 Y,与例2不同的是,允许劳动市场的交易效率可以有差别,$s_1 \neq s_2$,s_1、s_2 是两种类型代理假设的劳动市场的交易效率。假设 $s_1 > s_2 > 0$(例2中这两个效率是相等的)。为简化算法,排除代理雇佣工人生产 Y 的可能性。价格信号 (p,w) 的 p 是商品 X,w 是工资率,这二者都要以商品 Y 计算。每一类代理选择的策略类型有:(1)自给自足;(2)生产和售卖 X(买入 Y);(3)卖出 Y;(4)卖出劳动,买入 Y。没有代理会卖出 X,Y 和劳动的两种以上。也没有 Y 的卖家会买入 X 并雇佣工人生产 X。u_A 是代理选择(1)的最大效用,u_{iX}、u_{iL} 是代理 $i(i=1,2)$ 选择(2)(4)的最大效用,u_{iYX} 是 i 型代理选择(3),即从中间产品买入 X 的最大效用,u_{iYL} 表示 i 型代理雇佣工人生产 X 的最大效用。$u_A(p,w) = \dfrac{\alpha^\alpha \beta^\beta (1-b)^{\alpha+\beta}}{(\alpha+\beta)^{\alpha+\beta}}$,$u_{iX}(p,w) = kp(1-b)$,$u_{iL}(p,w) = kw$,

$u_{iyx}(p,w) = \left[(1-\alpha)^{1-\alpha} \alpha^\alpha (\dfrac{k}{p})^\alpha \right]^{\frac{1}{1-\alpha}}$,$u_{iYL}(p,w) = \left[(1-\alpha)^{1-\alpha} \alpha^\alpha (\dfrac{s_i-b}{w})^\alpha \right]^{\frac{1}{1-\alpha}}$,给定 (p,w),每个代理选择专业化模式最大化其效用。

在 (p,w) 下,如果没有贸易,那么,$u_A > \max\{u_{iX}, u_{iL}, u_{iYX}, u_{iYL}\}$,$i=1,2$,就可以得到:

$$k < k^* \equiv \left[\frac{\beta^\beta (1-b)^\beta}{(\alpha+\beta)^{\alpha+\beta}(1-\alpha)^{1-\alpha}} \right]^{\frac{1}{2\alpha}}, \quad k(s_1-b) > KS \equiv$$

$\left[\dfrac{\beta^\beta (1-b)^\beta}{(\alpha+\beta)^{\alpha+\beta}(1-\alpha)^{1-\alpha}} \right]^{\frac{1}{\alpha}}$,均衡价格 $p \in (\alpha k(\dfrac{1-\alpha}{u_A})^{\frac{1}{\alpha}-1}, \dfrac{u_A}{k(1-b)})$,$w \in$

$(\alpha(s_1 - b)(\frac{1-\alpha}{u_A})^{\frac{1}{\alpha}-1}, \frac{u_A}{k})$。

如果均衡中仅有产品贸易,而没有劳动交换,那么 X、Y 的售卖者效用水平在同一类代理之间是相同的,$u_{iX} = u_{iYX} > \max\{u_{iX}, u_{iL}, u_{iYX}\}$,$i = 1,2$。反过来,意味着 $k > k^*$,$k > \frac{s_1 - b}{1 - b}$,均衡价格 $p = p^* = k^{2\alpha-1}(1-b)^{\alpha-1}(1-\alpha)^{1-\alpha}\alpha^\alpha$,影子工资集为 $(\frac{s_1 - b}{k}p^*, (1-b)p^*)$

如果商品 X 和劳动(还有 Y)在均衡中交换,所有类型 1 是雇佣来生产 X 的 Y 商品售卖者,那么,从市场购买工人、生产 X 的 Y 售卖者,以及 X 的供给者都是类型 2 的代理:$u_{1YL} > \max\{u_A, u_{1L}, u_{1YX}, u_{1X}\}$,$u_{2L} = u_{2Y} = u_{2YX} > \max\{u_A, u_{2YL}\}$,从中可以得到:$k > {}^*k$,$\frac{s_2 - b}{1 - b} < k < \frac{s_1 - b}{1 - b}$,均衡价格 $p = p^*$,工资率 $w = (1-b)p^*$。当 $w_2^* < w < w_1^*$ 时,可以把模型看作是两区域分工模型,代理 1、代理 2 分别来自区域 1、区域 2。要素的贸易条件不同,来自区域 2 的工人从区域间分工中可以享到收入,比没有分工条件下代理 2 所办工厂中所得到的收入更高。区域 1 的代理间将从区域中工人更低的工资支付。可以解释跨国公司与 FDI 的内生性。在类型 1 和类型 2 的 Y 售卖者共存的情况下,工人只能是类型 2 的代理。这样,$u_{1YL} > \max\{u_A, u_{1L}, u_{1YX}, u_{1X}\}$,$u_{2L} = u_{2YL} > \max\{u_{2X}, u_A, u_{2YX}\}$,也就有 $k < \frac{s_2 - b}{1 - b}$,

$k(s_2 - b) > KS$,均衡工资率为 $w = w^* = k^{\alpha-1}(s_2 - b)^{\alpha-1}(1-\alpha)^{1-\alpha}\alpha^\alpha$,均衡价格集是 $(\frac{k}{s_2 - b}w^*, \frac{1}{1 - b}w^*)$。但是,类型 1、类型 2 的人口比为 1:1,类型 1 的代理只雇佣他人,而类型 2 的人口却只当工人。在一个有限经济体中这就成为一个问题。但是,一般是研究一个大经济体,每一类代理是一个连续统,那么,均衡处的人口比就不是一个问题。在本例中,就只有类型 1 的卖家,类型 1 和类型 2 都有可能是工人。因此,$u_{1YL} > \max\{u_A, u_{1YX}, u_{1X}\}$,$u_{1YL} > u_{1L}$,$u_{2L} > \max\{u_{2X}, u_A, u_{2YX}, u_{2YL}\}$,从中可以得到 $k > \frac{s_1 - b}{1 - b}$,$k(s_1 - b) > KS$,均衡工资率是一个连续统 $\max\{w_2^*, u_A/k, k^{2\alpha-1}(1-b)^\alpha(1-\alpha)^{1-\alpha}\alpha^\alpha\}$,影子价格集 $(\frac{k}{s_1 - b}w^*, \frac{1}{1 - b}w^*)$。

(见表 2.4)

表 2.4 第四种情形的均衡价格与分工结构

	$k(s_1 - b) < KS$	$k(s_1 - b) > KS$
$k < k^*$	均衡价格与工资率(二者都是影子价格):任何属于 $$p \in (\alpha k (\frac{1-\alpha}{u_A})^{\frac{1}{\alpha}-1}, \frac{u_A}{k(1-b)}), w \in (\alpha(s_1 - b)(\frac{1-\alpha}{u_A})^{\frac{1}{\alpha}-1}, \frac{u_A}{k})$$ 分工类型:自给自足	均衡工资率:任何属于 $w \in (\max\{w_2^*, u_A/k, k^{2\alpha-1}(1-b)^{\alpha}(1-\alpha)^{1-\alpha}\alpha^{\alpha}\}, w_1^*)$,影子价格 $(\frac{k}{s_1-b}w, \frac{1}{1-b}w)$ 劳动与 Y 都用来交易(公司存在) 类型 1:公司所有者和工人(对 $w = w_1^*$,有些人拥有公司有些人是工人,$w < w_1^*$ 时,所有人都是公司所有者) 类型 2:工人
$k > k^*$	均衡价格 $p = p^*$ 影子工资率任何属于 $w \in (\frac{s_1-b}{k}p^*, (1-b)p^*)$,贸易的有 X、Y(无公司)。两种类型的代理自由选择成为 X、Y 的售卖者,但是成为每种商品的售卖者的人数是不确定的	当 $k > \frac{s_1-b}{1-b}$,$p = p^*$ 时,影子工资 $(\frac{s_1-b}{k}p^*, (1-b)p^*)$ 贸易的有 X、Y(无公司)。两种类型的代理自由选择成为 X、Y 的售卖者,但是成为每种商品的售卖者的人数是不确定的
		当 $\frac{s_2-b}{1-b} < k < \frac{s_1-b}{1-b}$,$p = p^*$,$w = (1-b)p^*$ 商品 X、Y 和劳动都都贸易,公司存在 类型 1:公司所有者,劳动买入者,Y 的销售者 类型 2:Y 供给者(无雇佣)X 供给者和工人
		$k < \frac{s_2-b}{1-b}$ 时,影子价格 $(\frac{k}{s_2-b}w_2^*, \frac{1}{1-b}w_2^*)$ 与均衡工资 $w = w_2^*$,贸易品有劳动与 Y(有公司) 类型 1:公司所有者 类型 2:公司所有者与工人

　　特别是,当 $w = w_1^*$,一些类型 1 的人一部分是工人,而类型 2 的人都是工人。但是,对于任何均衡 $w < w_1^*$,仅仅全部类型 2 是工人。有无限的均衡工资率和影子价格,这一结论依赖于两种代理都是连续统的假设。如果人口是有限的,那么,劳动市场出清的条件会导致有两种人口比率决定的唯一工资率,只要 Y 的出售者面对的整数问题均衡存在。

简化表

	$k(s_1 - b) < KS$	$k(s_1 - b) > KS$
$k < k^*$	均衡价格 p 与工资率 w（二者都是影子价格） 自给自足	均衡工资率 w 连续统，影子价格 p 劳动分工（公司存在，无中间品贸易）
$k > k^*$	均衡价格 p 影子工资率 w，劳动分工（无公司）	当 $k > \dfrac{s_1 - b}{1 - b}$，均衡 p，影子工资，存在劳动分工（无公司）。
		当 $\dfrac{s_2 - b}{1 - b} < k < \dfrac{s_1 - b}{1 - b}$，均衡工资 w 和均衡价格 p，存在劳动分工（公司存在，X 被贸易）
		$k < \dfrac{s_2 - b}{1 - b}$ 时，影子价格 (p) 与均衡工资 w，贸易品有劳动与 Y（有公司）类型 1：公司所有者 类型 2：公司所有者与工人劳动分工（公司存在）

中间品生产成本 b 对支持分工的临界交易效率的影响与前述第二种情形类似。KS 也可以与第三种情形类似。

这一种情形用于特色农业领域的业态创新，就是指产业链中间环节与终端之间的分工与组织形态的变化问题及其商品市场、劳动市场条件。如种植产业与加工业。种植产品是中间品，加工品是最终产品。如果种植产品质量鉴证方便，交易成本低，一般种植业与最终产品生产者就有可能分工。但是，鉴证成本高，特别是高端种植产品的加工者，就有可能不会信赖他人种植，就会自己投资种植。至于是否需要组建公司，决定于劳动市场效率。如果生产产品在保持产品质量高度一致性的要求，对于劳动者的特殊技能也就需要保持一致的较高要求，那么，只有公司能够按照标准要求培训方可以达到，这时，这种情形劳动市场效率就要求高，必须有公司专业化生产。但是，如果产品质量可以多样化，而产品质量可以个性化生产，那么，劳动市场的匹配能力可能达不到这种要求，这时，也可以分散生产，而不必公司化。如风格、品味不同的食品加工，可以采取分散加工。但是，如果是有机食品的高端产品加工，那么，产业链自始至终都以公司生产。

又如对于三七的需求，有些药厂要求三七质量高，尤其是安全性高，这时，除非是那些声誉相当高的种植者，这种种植者通过自己的高成本投入，建立声誉，使得下游需求者可以低成本获得高质量产品信息，比如，有些拥有较高安全质量认证的三七生产者，能够成为这些药厂三七的供应者，这时，中间产品与最终产品可以分别专业化。而且,如果三七质量需求规模大,种植参与者必须经过严格培训才能种植出符合质量要求的三七,这时,三七种植场更有可能采取工程化种植,即在严格的标准化要求下,按照严格的流程进行种植,这时,一般也不能分散种植出质量一致的这么高要求的三七,更合理的办法是在公司制、农场制下进行生产。在这种情形下,只要较高效率地找到愿意遵守公司纪律、愿意接受学习的工人,就可以。但是,如果三七生产者都以为自身的生产技巧很高,不愿意加入公司,要自己单干,那么在劳动市场很难找到合适的工人来进行高度一致的纪律与技能要求下的三七生产。

孙的方法能够一步到位进行专业化收益与交易成本比较,在算法上比较简单。但是,模型对于更细致的分层专业化均衡分析较为困难,在这些情况下仍然要回到两步法超边际分析方法。尤其在讨论内生比较优势与外生比较优势对专业化的影响时,更是如此。以下我们参照杨小凯等人的研究成果,对内生与外生比较优势对专业化状态均衡的讨论进行比较。

(二)专业化优势的两种理论:内生专业化与外生专业化

新业态从某一角度看,就是一种新的专业化趋势。专业化对于效率的提高,在古希腊哲学著作中,就已经出现过,如德拉克利特、柏拉图等人的著作中。色诺芬说明了一个大城市相对于一个较小城市允许更大的职业分工,从而使产品质量更好,数量更多,色诺芬说明了家庭男女的分工问题。与色诺芬类似,柏拉图也将城市的产生和发展理论建立在劳动分工收益递增的概念之上。事实上,柏拉图有意识地发展了一种理论:关于城市是如何通过劳动分工和节约交易成本而产生和发展的。也许更引人注目的是,在柏拉图的模型中,出现了新的职业,如专业商人、法律人士、军人等。[1][2][3]

亚当·斯密和李嘉图的著作中,对此有过深刻的论述[4]。如亚当·斯密对专业化提高生产效率举非常精辟的制针的例子说明,并且指出了分工与市场范围有关,尤其是与人口规模相关。斯密更多地关注市场机制在社会分工中的协调作用以及绝对优势对于分工的影响。斯密的思想主要是从分工对效率的影响入手,

[1] XENOPHON. Oeconomicus:A Social and Historical Commentary. [M]. Translated by Sarah B. Pomeroy. Qxford:Clarendon Press,1994:141,143,145,147.

[2] COOPER J M, HLITCHINSON D S. Plato:Complete Works[M]. Indianapolis: Hackett Publishing Company, 1997:1008 – 1013.

[3] ROSS W D,JOWETT B, FORSTER E S,et al. The Works of Aristotle. Vol. X[M]. Oxford:Clarendon Press,1921:1257.

[4] 亚当·斯密. 国民财富的性质和增进的原因 [M].郭大力,王亚南,译. 北京:商务印书馆,1997.

并说明货币制度与交易成本、绝对优势影响分工和分工选择,这是一种内生的劳动分工思想。

（三）外生比较优势技术优势与交易成本

外生的比较优势模型最初是用来解释国际贸易形成的原理。在本课题中,可以用来说明地区特色优势与专业化生产的原理。区域内之所以能够进行专业化特色生产,无非是基于外生的比较优势,或者外生的绝对优势。之所以说是外生的比较优势,对于一些落后地区,也许在生产的任何方面都难以与其他区域匹敌,但是,在某些特色产品领域,其生产效率相对处于优势。这种优势可能是由于特殊的禀赋条件,也有可能是长期世代相传的技艺和知识优势而形成。这时,区域可能在某些市场条件下进行专业化生产。这种优势在李嘉图、*HO* 技术优势模型中体现出来①②。对于这种模型,杨小凯等人设计了一个正式模型进行说明。其模型的基本建立步骤:建立两个相互比较的经济群体的经济③。通过群体划分、优势比较等,来刻画人群或者区域的异质性;划分经济框架,即分工、部分分工与自给自足等框架;超边际分析与一般均衡分析,一般是通过不同角点解处的不同群体的效用比较,说明不同框架作为均衡的条件。尤其是通过分工效益与交易成本带来的损失比较来得出每一个框架成为经济均衡结构的条件。如果出现分工框架作为其均衡结构,就得出了区域专业化生产的情形,也就形成地域特色产业以及新的业态。

1. 经济分工与经济框架

（1）经济的刻画。假设经济中只有两个群体 1 和群体 2,生产者、消费者总人数分别为 M_1、M_2,群体 2 在生产 X 和 Y 上都处于劣势。但是,两个群体的 Y 生产力差别比 X 的差别要大,那么,群体 2 在生产 X 方面有比较优势,尤为在生产 X 方面的劣势比生产 Y 的劣势要小,群体之间分工交易由外生的比较优势诱导产生。消费者—生产者框架不仅避免了多重均衡,还可以解释群体贸易中专业化模式的选择。在这个框架中,即使群内外交易系数相同,个体还是可以选择是否进行群际贸易,当交易成本足够大,均衡的经济结构是自给自足。假设一个体系涉及交易成本,使得一个人从市场上买一单位的货物,实际只得到 k 单位,$k \in [0, 1]$。其

① RICARDO D. The Principles of Political Economy and Taxation[M]. London: J. M. Dent & Sons Ltd. , 1965: 81 – 82.

② OHLIN B. Interregional and International Trade[M]. Cambridge: Harvard University Press, 1933.

③ SACHS J, YANG X K. Development Economics: Inframarginal versus marginal analyses[M]. Blackwell , 2000.

中,$1-k$ 部分是因为交易成本使得每个消费者损失的部分。交易成本包括运输、执行交易、仓储以及非准时交易造成的费用。但是,交易成本系数 $1-k$ 是个体决策前可以看得见的内生交易成本系数。

(2)内生交易成本的两个定义。有两个内生交易成本的定义。第一,交易成本之所以内生,是因为交易成本水平是在个体决策以后才能看到。在生产者—消费者模型中,虽然交易成本系数是外生的,但是,均衡处整个社会的生产者与消费者总交易成本是内生的,因为交易次数是内生的。第二,狭义的内生交易成本是指一种特定类型的内生交易成本,即一般均衡与帕累托最优背离造成的。在本模型中,按照第二种定义理解交易成本。两个群体可以被视为两组事前不同的个体。作为消费生产者,个人消费两种商品 X 和 Y,并决定他们自己的生产和贸易活动的结构。

(3)经济的框架。i 群体的每个人的效用函数是

$$U_i = (x_i + k x_i^d)^{\beta} (y_i + k y_i^d)^{1-\beta}$$

其中,x_i、y_i 是自己供给的 X 商品、Y 数量,x_i^d、y_i^d 是从市场购买的商品数量,k 是交易效率系数。假设消费者—生产者在群体 i 的生产函数为:

$$x_i^p \equiv x_i + x_i^s = a_{ix} l_{ix} \text{ 和 } y_i^p \equiv y_i + y_i^s = a_{iy} l_{iy}$$

其中,x_i^p、y_i^p 分别是 i 群体个体生产的两种商品的数量,l_{ij} 是 i 群体配置在生产商品 j 的劳动数量,也叫作 i 群体个体在生产 j 商品上的专业化水平。i 群体的个体劳动禀赋约束为 $l_{ix} + l_{iy} = 1$。群体 1 在生产 x 商品方面有比较优势,就有:

$$\frac{a_{1x}}{a_{1y}} > \frac{a_{2x}}{a_{2y}}$$

i 群体个体的消费、生产和贸易决策涉及六个选择变量 x_i、x_i^s、x_i^d、y_i、y_i^s、y_i^d ≥ 0。有三个框架:

框架 A_i(自给自足)。x_i、$y_i > 0$,$x_i^s = x_i^d = y_i^s = y_i^d = 0$,$i = 1,2$。这也就意味着所有商品都由自己供给。这样的社会组织模式就叫作自给自足,结构 A。

局部专业化比较优势记为 $(xy/y)_1$ 和 $(xy/x)_2$。框架 $(xy/y)_1$ 与群体 1 的个体相关,指的是 x_1、y_1、x_1^s、$y_1^d > 0$,$x_1^d = y_1^s = 0$ 的情形,这一群体的个体自我供给 X 和 Y,卖出 X,买入 Y。也就是在群体 1 有一部分人,或者每一个人自己生产 X 和 Y 产品供自己用,但是,还生产一部分 X 与群体 2 的人交换 Y。$(xy/x)_2$ 是与群体 2 的个体相关的,指的是 x_2、y_2、x_2^d、$y_2^s > 0$,$x_2^s = y_2^d = 0$。

对于两个群体两种商品的经济,所谓分工就是指的一个群体的个体可以选择一种专业化模式,但是两个群体的个体框架是不一样的。这就意味着专业化还不足以称之为劳动分工。如果人口划分为两种框架 $(x/y)_1$、$(y/x)_2$(两种都专业

化生产 Y),都不能说是劳动分工。类似地,两种类型的人都涉及生产 X 的专业化,也不能说是劳动分工。

有两个结构涉及局部劳动分工。结构 Ba 包括 $(xy/y)_1$ 和 $(y/x)_2$。结构 Bb 包括 $(xy/x)_2$ 和 $(x/y)_1$。

完全的劳动分工结构 C 包括 $(x/y)_1$ 和 $(y/x)_2$。

假设一个群体只有一个人。对结构 Ba,群体 1 完全专业化生产 X,群体 2 的个体生产两种商品。

经济的一般均衡定义为资源配置和贸易网络结构,满足:(1)给定一个有关生产、贸易和消费数量和结构的价格集,每个个体最大化其效用;(2)价格集清空市场。

个体基于超边际分析做出最大化其效用的决策。对每个框架,个体用边际分析求解其最优生产、贸易、消费数量,然后应用总成本效益分析跨框架进行比较,选择给予他最高效用的框架。上述四个结构的每一个结构都有一个局部均衡或者角点解,一般均衡就是这四个角点均衡之一。由于超边际分析的复杂性,需要用两步法才能得到均衡解。第一步用非线性规划求解个体的效用最大化问题,运用市场出清条件求解四个结构中每个结构的局部均衡;然后用总成本收益分析确认一般均衡。(见表 2.5)

例如,给定结构 Ba,群体 1 中个体的选择结构 $(xy/y)_1$ 决策问题是

$$\max_{x_1, x_1^s, y_1, y_1^d, l_{1x}, l_{1y}} U_1 = x_1^{\beta} (y_1 + k\, y_1^d)^{1-\beta}$$

$$s.t.\ x_1 + x_1^s = a_{1x} l_{1x}\quad y_1 = a_{1y} l_{1y}\quad y_1^d = p\, x_1^s\quad l_{1x} + l_{1y} = 1$$

其中决策变量可能是正数和 0,其中 $p \equiv p_x/p_y$ 是用 Y 计算的 X 的价格。将约束代入效用函数中,消去 x_1、y_1、y_1^d、l_{1x},得到

$$U_1 = (a_{1x} l_{1x} - x_1^s)^{\beta} [a_{1y}(1 - l_{1x}) + kp\, x_1^s]^{1-\beta}$$

表 2.5　相对比较模型的四个角点解均衡

结构	相对价格 (p_x/p_y)	相关参数区间	人均真实收入(效用)	
			群体 1	群体 2
A	N.A.		$U_1(A) \equiv (\beta a_{1x})^{\beta}$ $[(1-\beta) a_{1y}]^{1-\beta}$	$U_2(A) \equiv (\beta a_{2x})^{\beta}$ $[(1-\beta) a_{2y}]^{1-\beta}$
Ba	$\dfrac{a_{1y}}{k\, a_{1x}}$	$k < k_1 \equiv$ $\dfrac{M_1(1-\beta) a_{1y}}{\beta a_{2y} M_2}$ < -1	$U_1(A)$	$U_2(A)\left(\dfrac{k^2 a_{2y} a_{1x}}{a_{2x} a_{1y}}\right)^{\beta}$

结构	相对价格 (p_x/p_y)	相关参数区间	人均真实收入（效用）	
			群体 1	群体 2
Bb	$\dfrac{k\,a_{2y}}{a_{2x}}$	$k < k_2 \equiv$ $\dfrac{\beta\,a_{2y}\,M_2}{M_1(1-\beta)\,a_{1x}}$ < 1	$U_1(A)\left(\dfrac{k^2\,a_{2y}\,a_{1x}}{a_{2x}\,a_{1y}}\right)^{1-\beta}$	$U_2(A)$
C	$\dfrac{\beta\,a_{2y}\,M_2}{M_1(1-\beta)\,a_{1x}}$		$U_1(A)$ $\left(\dfrac{\beta k\,M_2\,a_{2y}}{M_1(1-\beta)\,a_{1y}}\right)^{1-\beta}$	$U_2(A)$ $\left[\dfrac{k\,M_1(1-\beta)\,a_{1x}}{a_{2x}\beta\,M_2}\right]^{\beta}$

如果 $p > a_{1y}/k\,a_{1x}$，且 x_1^s 的最优值由 $\partial U_1/\partial x_1^s = 0$ 得到，对于任何正的 l_{1x}，就有 $\partial U_1/\partial l_{1x} > 0$，则效用随着 l_{1x} 递增，或者 l_{1x} 的最优值在其上界值。这就意味着由于劳动时间禀赋的约束，如果 $p > a_{1y}/k\,a_{1x}$，个体就不可能生产 Y，只能专业化生产 X，也就是，群体 1 的个体此时只会选择 $(x/y)_1(xy/y)_1$，而不会选择 $(xy/y)_1$。类似地，可以得到当 $p < a_{1y}/k\,a_{1x}$，群体 1 的个体会选择 A_1 而不会选择 $(xy/y)_1$。只有当 $p = a_{1y}/k\,a_{1x}$ 时，群体 1 的个体选择 $(xy/y)_1$。这个条件类似于不变规模报酬下的标准一般均衡中的零利润条件。在这个条件下，一阶条件 $U_1/\partial x_1^s = 0$ 获得 x_1^s 的最优值，x_1^s 是 l_{1x} 的函数。代入决策的约束条件，就有：

$p = a_{1y}/k\,a_{1x}$，$x_1 = \beta\,a_{1x}$，$x_1^s = a_{1x}(l_{1x} - \beta)$，$y_1 = a_{1y}(1 - l_{1x})$，$y_1^d = a_{1y}(l_{1x} - \beta)/k$。

直观上，线性规划解意味着用 Y 表示的 X 的价格，通过世界市场交易成本的折现，如果低于类型 1 的个体在自给自足中的边际转换率 a_{1y}/a_{1x}，个体就选择自给自足模式。如果 $p > a_{1y}/k\,a_{1x}$，边际效用随着 l_{1x} 增加而增加。因此，最优决策时专业化生产 X。但是，对于 $p = a_{1y}/k\,a_{1x}$，个体在自给自足与 $(xy/y)_1$ 之间无差异。如果均衡中市场出清条件保证职业框架 $(xy/y)_1$ 的供求能够实现，就采用 $(xy/y)_1$。在 $(xy/y)_1$ 框架中，就有自己供给的 x_1 和卖出的 x_1^s 的 X 量的权衡。前者直接对效用有贡献，后者则通过交换 Y、增加 Y 具有间接效用贡献。效率的平衡由一阶条件决定，这个一阶条件意味着 x_1^s 的边际直接效用成本等于其边际间接效用。

在这个解中，l_{1x} 的最优值是不确定的。其均衡值由市场出清条件决定。这就类似于规模回报不变技术条件下的一般均衡模型，其零利润条件决定了价格和市场出清条件,与需求函数仪器决定了均衡数量。

群体 2 的个体决策问题是:

$$\max_{x_2^d, y_2, y_2'} U_2 = (k\, x_2^d)^\beta y_2^{1-\beta}$$

$$s.\,t.\ y_2 + y_2^s = a_{2y} y_2^s = p\, x_2^d$$

一阶条件意味着:

$$x_2^d = \frac{k\, a_{2y}\, a_{1x}}{a_{1y}}\beta y_2 = (1-\beta)\, a_{2y} y_2^s = p\, x_2^d = \beta\, a_{2y}$$

$p \equiv p_x / p_y$ 是用 Y 计算的 X 的均衡价格。

从市场出清条件 $M_1 x_1^s = M_2 x_2^d$ 可以得到:$l_{1x} = (k\, a_{2y}\, M_2\beta / a_{1y}\, M_1) + \beta$,小于 1,当且仅当 $M_1(1-\beta)/M_2\beta k$。也就是说,仅当 $M_1(1-\beta)/M_2\beta k$ 时 Ba 会被选择。用上述办法可以得到角点解均衡 A, Bb, C。结果如表 2.5。

2. 决策分析与发展均衡分析

在标准均衡模型中,在给定价格下个体选择生产、贸易、消费的商品数量,但同时均衡价格本身由个体的商品与要素的数量决策决定。一般均衡是商品与要素数量、价格互动的结果。在专业化内生模型中,每个个体决策涉及多个框架。内生专业化模型体现了多个角点解的特征。个体只能选择多重均衡之一。这类模型的均衡概念不仅涉及价格与数量的互动、不同商品市场的互动、个体自利决策的互动,而且涉及同时决定劳动分工网络大小、网络的供求两方面,生产力和人均真实收入的机制。

网络效应有关的现象指的是:在一个包含多个子系统的系统中,系统效率不仅决定于每个子系统的效率,而且决定于网络中的参与者人数。每个个体的决策也依赖于网络中参与者数量,反过来,网络参与数量决定于个体是否参与网络的决策。这种相互依赖可能间接通过价格体系而产生。斯密与杨的著作对劳动分工做了经典论述。斯密更加感兴趣的是看不见的手在劳动分工网络中、在利用网络效应中和促进经济发展中的协调作用,而不仅仅对给定分工模式和给定生产力中资源配置作用。杨(1928)多次强调劳动分工的收益是网络效应,而不是公司的规模或者产业部门的规模。这种分析是把劳动分工当成一个整体来分析。①

作为消费的个体,宁肯多样化消费,在自给自足的选择下,个体不可能专业化。这时他就不可能卖出他想卖出的,也不可能消费他不能生产的。这就意味着

① YOUNG A . Increasing Returns and Economic Progress[J]. The Economic Journal, 1928, 38:527–42.

专业化水平不仅决定了生产力水平,而且决定了其他产品的市场,因而决定了其他人的生产力和专业化水平。这就是典型的网络效应。网络效应可以用一般均衡方法来理解。

一般均衡是一个角点均衡,个体在角点相对价格下没有激励偏离这一框架。用总成本收益比较分析,得出每一个群体出口其比较劣势产品就不是一般均衡。如上一节中,群体 1 出口 Y(即选择框架 $(x/y)_1$),群体 2 的个体出口 X(即选择框架 $(y/x)_2$)。这种架构发生在一般均衡中,框架 $(x/y)_1$ 是群体 1 的个体最愿意选择的,$(y/x)_2$ 是群体 2 最愿意选择的,符合的条件是:

$U_1(y/x) > U_1(x/y)$ 当且仅当 $p < (a_{1y}/a_{1x}) k^{2\beta-1}$;

$U_2(x/y) > U_2(y/x)$ 当且仅当 $p > (a_{2y}/a_{2x}) k^{2\beta-1}$。

这两个不等式意味着 $(a_{2y}/a_{2x}) > (a_{1y}/a_{1x})$,这与 $(a_{2y}/a_{2x}) < (a_{1y}/a_{1x})$ 矛盾。类似地,其他结构中比较劣势的专业化也不是均衡。

用总成本收益法和一般均衡的定义发现均衡中所出现的结构。考虑结构 Ba。Ba 如果要成为一般均衡,就需要三个条件。

首先,角点相对价格 $p = a_{1y}/k a_{1x}$,群体 2 的个体宁愿选择专业化生产 Y(框架 (y/x)),而不愿意选择别的结构如自给自足(框架 A)或者专业化生产 X(框架 (x/y)),换句话说,就是下列条件成立:

$U_2(y/x) \geqslant U_2(A)$ 成立当且仅当 $k \geqslant k_0 \equiv [(a_{2x}/a_{2y})/(a_{1x}/a_{1y})]^{0.5}$;

$U_1(xy/y) \geqslant U_1(y/x)$ 成立当且仅当 $k \geqslant k_3 \equiv [(a_{2x}/a_{2y})/(a_{1x}/a_{1y})]^{0.5/\beta}$。

其次,一般均衡要求群体 1 的所有个体宁愿选择框架 (xy/y),而不是其他,也就是:

$U_1(xy/y) \geqslant U_1(x/y)$ 成立当且仅当 $a_{1y}/a_{1x} \geqslant kp = a_{1y}/a_{1x}$;

$U_1(xy/y) \geqslant U_1(y/x)$ 成立当且仅当 $1 \geqslant k$。

最后,群体 1 没有个体完全专业化生产 X,就是:

$l_{1x} < 1$ 成立当且仅当 $k < k_1 \equiv a_{1y} M_1 (1-\beta)/a_{2y} M_2 \beta$

$k_3 \geqslant k_0$,就有条件:

(1) $x, y, x^d, x^s, y^d, y^s > 0$

(2) $\max\limits_{x,y,l_x,l_y} u = xy$

$s.t. x = l_x^a \quad y = l_y^a \quad l_x + l_y = 1$

(3) $k > k_0 \equiv 2^{2(1-\alpha)}, p_y/p_x = 1$

这些条件成立的前提是 $k \in (k_0, k_1)$。因为 $k_0 < k_1$ 成立的条件是 $\dfrac{M_1(1-\beta)}{\beta M_2}$

$> [(a_{2x} a_{2y})/(a_{1x} a_{1y})]^{0.5}$ 。

表 2.6　一般均衡与比较优势模型中超边际静态比较

参数区间	$k < k_0$	$k > k_0$			
		$\dfrac{M_1}{M_2} > [(\dfrac{a_{2x} a_{2y}}{a_{1x} a_{1y}})]^{0.5} \dfrac{\beta}{1 - \beta}$		$\dfrac{M_1}{M_2} < [(\dfrac{a_{2x} a_{2y}}{a_{1x} a_{1y}})]^{0.5} \dfrac{\beta}{1 - \beta}$	
		$k \in (k_0, k_1)$	$k \in (k_1, 1)$	$k \in (k_0, k_2)$	$k \in (k_2, 1)$
均衡结构	A	Ba	C	Bb	C

结构 Ba 的角点均衡是一般均衡的条件是 $k_0 < k_1$ ，和 $\dfrac{M_1(1 - \beta)}{\beta M_2} > [(a_{2x}$

$a_{2y})/(a_{1x} a_{1y})]^{0.5}$ ，其中 $k_1 \equiv \dfrac{M_1(1 - \beta) a_{1y}}{\beta a_{2y} M_2}$ 。可以确认其他结构中均衡发生的

条件，总结在表 2.6 中。其中，

$k_0 = [(a_{2x} a_{1y})/(a_{1x} a_{2y})]^{0.5}$ ， $k_1 \equiv a_{1y} M_1(1 - \beta)/ a_{2y} M_2 \beta$ ，

$k_2 \equiv \dfrac{\beta a_{2y} M_2}{M_1(1 - \beta) a_{1x}}$ 。

在这里，就用所有个体的专业化水平和职业框架的多样化来定义劳动分工水平。如果一个结构中个体的专业化水平不低于另一个结构中的专业化水平，前者的一些个体的专业化水平高于后者，就说前者的专业化水平高于后者。如果一个结构的所有人的专业化水平低于另一结构，但前者职业结构比后者更加多样化，就说前者的分工水平高于后者。但是如果在一个结构中一些人的专业化水平高于另一个结构，但是另一些人在前者的结构中专业化水平低于后一个结构中，这两个结构的劳动分工水平就难以比较了。

表 2.6 意味着当交易效率系数从较小值 k_0 ，增加到 k_1 ，再到更高的值 k_2 ，一般均衡就从自给自足跳跃到局部分工，然后再跳到完全分工。过渡结构是 Ba 还是 Bb ，取决于两个群体的相对大小，而不是相对品位和相对生产率。均衡结构的非连续跳跃与内生变量跨不同角点均衡对应于参数变化做出变化，这种分析方法就叫作一般均衡的超边际比较静态学。[①] 因为已经假设 $(a_{2y}/ a_{2x}) < (a_{1y}/ a_{1x})$ ，即群体 1 在生产 X 上有比较优势，那么用 $r = r_1 r_2 = \dfrac{a_{1x}}{a_{2x}} \dfrac{a_{1y}}{a_{2y}}$ 作为外生技术比较优

---

① DIXIT A, NORMAN V. Theory of International Trade[M]. Cambridge：Cambridge University Press，1980.

势的测度,对 k_0, k_1, k_2 求关于 r_1, r_2 导数,就可以得到 $\dfrac{\partial k_0}{\partial r_1}, \dfrac{\partial k_0}{\partial r_2}, \dfrac{\partial k_1}{\partial r_2}, \dfrac{\partial k_2}{\partial r_1} < 0$。

那么,对于给定的 k,比较优势越大,就越有可能使 $k > k_i (i = 0,1,2)$,或者劳动分工水平越有可能更高。

结构 C 是一般均衡的条件意味着 $k_1 < 1$,$\dfrac{M_1}{M_2} > [(\dfrac{a_{2x} a_{2y}}{a_{1x} a_{1y}})]^{0.5} \dfrac{\beta}{1 - \beta}$,或者

$k_2 < 1$,$\dfrac{M_1}{M_2} < [(\dfrac{a_{2x} a_{2y}}{a_{1x} a_{1y}})]^{0.5} \dfrac{\beta}{1 - \beta}$ 这就意味着:

$$\dfrac{a_{2y}}{a_{1y}} \dfrac{\beta}{1 - \beta} > \dfrac{M_1}{M_2} > [(\dfrac{a_{2x} a_{2y}}{a_{1x} a_{1y}})]^{0.5} \dfrac{\beta}{1 - \beta},$$

或者 $\dfrac{a_{2y}}{a_{1y}} \dfrac{\beta}{1 - \beta} < \dfrac{M_1}{M_2} < [(\dfrac{a_{2x} a_{2y}}{a_{1x} a_{1y}})]^{0.5} \dfrac{\beta}{1 - \beta}$。

这就意味着两群体的相对人口规模既不会太大,也不会太小。由于一个群体的个体在结构 C 中的专业化程度高于结构 Ba 或结构 Bb,而由于分工水平与个体的专业化水平正相关,结构 C 具有更高的分工水平。

如果自给自足是一般均衡,那么每个个体的边际替代率等于边际转换率。这意味着:

$\beta y_i / (1 - \beta) x_i = a_{iy} / a_{ix}$ 或者 $(x_1 / a_{1x})/(y_1 / a_{1y}) = \beta/(1 - \beta) = (x_2 / a_{2x})/(y_2 / a_{2y})$

结合生产函数 $x_i = a_{ix} l_{ix}$,$y_i = a_{iy} l_{iy}$,$l_{ix} + l_{iy} = 1$,这就意味着 $l_{1x} = l_{2x} = \beta$,$l_{1y} = l_{2y} = 1 - \beta$,消去 β,自给自足均衡的生产规划必须满足:$Y = y_1 + y_2 = (a_{1y} + a_{2y})[1 - X/(a_{1x} + a_{2x})]$。其中,$X = x_1 + x_2$,斜率为 $dY/dX = -(a_{1y} + a_{2y})/(a_{1x} + a_{2x})$。自给自足的总生产力就低于生产可能前沿的劳动分工。当加以条件改善,均衡的总生产力就会间断性地跳跃到生产可能性前沿。这就说明即使没有规模经济或者总生产函数集是凸的也存在分工经济。均衡中决策者选择的生产力在交易条件改善的时候会内生增长的。交易效率低的时候,生产可能前沿不是帕累托最优的,因为劳动分工经济与交易成本之间需要权衡。

罗森(1978)把劳动分工叫作超可加性,就是人际间互补的经济。均衡的社会总生产力随着均衡的劳动分工网络的扩大而增加。布坎南(1994)称为"广义的递增回报",阿尔文·杨(1928)称为"社会递增回报",在没有规模经济的情况下可以存在。个体的专业化水平和个体职业框架多样化是网络的两个方面。

个体一般均衡的比较静态学提供了经济发展的一般均衡机制。外生比较优势和交易效率是经济发展的驱动力。如果交易效率改善,没有必要通过外生的生产函数改变和禀赋改变就可以实现经济发展。对于经济发展过程中的结构变化,

外生的风味变化也是不必要的。当交易效率系数从较低水平的k_0，变到较高水平k，再增加到较高水平而大于k_1、k_2，则一般均衡就会从自给自足跳跃到局部劳动分工，再到完全的劳动分工。在自给自足的生产方式下，个体只能生产自己所消费的，不存在不同职业的分工。当交易条件改善，不同专业职业在劳动分工演进中出现。这个过程可以看成是结构变化。本质上，结构变化是个体专业化水平提高和职业框架结构多样化的过程，市场一体化程度提高，不同商品市场的种类和数量增加，新兴贸易商品增加，个体间的依赖程度和连接增加，市场范围扩大，相关劳动分工网络也扩大，生产集中程度提高，生产力水平提高。

当交易条件改善，一般均衡从Ba跳跃到C，更高专业化水平的职业框架(x/y)替代(xy/y)，这个过程叫作毁灭性创造过程(熊彼特,1934)①，涉及新职业的出现与老职业的消失。

考虑贸易恶化的情形。贸易恶化意味着一国从贸易中获得的利益下降。假设$\dfrac{M_1}{M_2} > \left[\left(\dfrac{a_{2x}\,a_{2y}}{a_{1x}\,a_{1y}}\right)\right]^{0.5}\dfrac{\beta}{1-\beta}$，$k$的初始值是$k' \in ((a_{2x}\,a_{1y}/\,a_{1x}\,a_{2y})^{0.5},\ (M_1/M_2)(a_{1y}/\,a_{2y})\beta/(1-\beta))$，因此，均衡架构是$Ba$，群体1出口$x$，进口$y$，相对价格$p_x/p_y = a_{1y}/k'a_{2y}$。假设交易效率改进，$k$变为$k'' > (M_1/M_2)(a_{1y}/a_{2y})\beta/(1-\beta)$而大于$k'$，因此均衡结构跳跃到$C$，相对价格为$(M_1/M_2)(a_{1y}/a_{2y})\beta/(1-\beta)$。

如果价格$k' < (M_1/M_2)(a_{1y}/a_{2y})\beta/(1-\beta)$，交易效率改善将均衡结构从$Ba$跳到$C$，群体1的贸易项目就会恶化。遮掩的结构变化的参数子空间就不是空的。因此，在参数子空间内，交易效率改善，尽管交易项目恶化，群体1从自给自足中得到的人均真实收入增加。这是因为贸易条件改善扩大了劳动分工网络，提高了均衡总生产力，生产力收益超过了贸易恶化带来的影响。

推论：一般均衡结构是由两个群体的相对生产率、相对偏好、相对人口规模和交易效率水平决定的。给定参数，在交易效率的改进可以使一般均衡结构从自给自足跳到部分分工再到完全分工劳动。在给定的交易条件下，两群体的相对人口规模和相对口味越大，比较优势程度越大，均衡分工水平越高。在给定的交易条件下，相对人口规模越大，相对偏好和相对生产率越平衡，分工均衡水平越高。随着均衡的分工水平提高，均衡的社会整体生产率不断提高。在向更高分工水平发展的过程中，即使贸易条件恶化，一个群体也可以从贸易中获得更多的收益。

在外生比较优势模型中，一般均衡价格不能由传统边际成本定价规则确定。

---

① SCHUMPETER J. The Theory of Economic Development[M]. New York：Oxford University Press,1934.

当结构 Ba（或 Bb）是一般均衡时，用 y 计算的 x 的市场价格等于群体 1（或群体 2）的边际机会成本，包括（或不包括）交易成本。当结构 C 是一般均衡时，x 的市场价格是由两个群体的总需求和供给决定的，并不等于任何一个群体生产 X 的边际机会成本。这一观察证实了 $Coase$ 的说法，在确定价格时除了边际分析还应使用总成本效益分析。

为了证明斯密关于"看不见的手"能够有效地协调个体选择专业化模式决策的猜想，就必须证明一般均衡是帕累托最优的。帕累托最优是一种资源分配和一种分工的网络结构，没有任何人可以在不减少其他人效用的情况下提高其自身效用。显示性偏好的论点可以用来证明，在李嘉图经济与消费生产者中，一般均衡是帕累托最优的。

假设均衡不是帕累托最优，这样就存在一个可行的资源分配，即帕累托优于一般均衡资源分配。周、孙和杨（1998）证明了内生专业化模型的一般均衡存在定理。一个经济中，事前不同的消费生产者是一个连续的集合，偏好是理性的、连续的、不断增长的，并且在生产中允许不变的回报和局部的收益递增。李嘉图模型与专业化经济的斯密模型只是特例。如果交易成本大于结构中的外部比较优势，或者这种结构中的角点均衡不是帕累托最优的，那么，自利决策者在选择结构中组成部分的职业配置存在协调困难。在这种情况下，不存在一套相对价格来支持个人在该结构的职业组成配置选择中的瓦尔拉斯决策。这一定理不仅意味着一个给定的分工结构的资源分配是有效的，而且分工结构在均衡中是有效的。对于一个给定的分工结构，称一个角点均衡为有效的资源分配，并称分工的一般均衡结构是一个有效的组织或有机体。组织效率的概念涉及经济发展的超边际分析。分配效率的概念与资源配置的边际分析有关。结果表明，对于内生专业化的模型，如果个体数目因为整数解问题不是一个连续统，一般均衡就可能不存在。

（四）外生技术比较优势与业态创新

外生的技术比较优势，提供了特色产业发展的一个基本条件之一。在民族地区、偏远地区，很多情况下存在一些特殊产品的生产技能传承现象，这些技能经过世代相传的继承与发扬，形成了不为外界理解的内涵。不仅如此，外界相关领域内的主流技术还难以被这些偏远群体所接受，技术上极大的差异成为这些特色产业存在和发展的重要条件。如苗侗地区的芦笙与汉族地区的汉笙，在制作材料与工艺上有很大差别。汉笙注重声音的准确与乐器的耐用性，因此采用纯金属材料制作，而芦笙用来表现苗侗喜庆与即兴表演的需要，对于音准、耐用性没有过多要求，而对于响度却有着很大的兴趣，他们制作芦笙时材料大多采用竹木，除簧片以外。正是因为苗侗与汉族地区存在的巨大技术差异,这两种业态都能够存续而且分工严密,二者几乎都难以替代。但是,苗侗芦笙由于质量方面的价值观念与区域外的价值观念差距较大,芦笙制作者与外部消费者之间进行交易就显得非常困难,因此,外部市场扩展相对较为艰难,目前仅仅作为旅游纪念品可以占领一小部分外部市场份额。

另一个例子是苗侗地区酸汤鱼食品产业。苗侗地区多年来累积的酸汤制作技术,目前很难被其他地区的人们所超越。虽然其他地区也可以研发乳酸发酵技术,模仿制作类似酸汤,但是,一些核心的技艺还是很难突破。贵州苗侗地区以此作为产业核心技术,发展酸汤鱼连锁产业。在文化上和交易技术上,苗侗酸汤鱼技术与现代健康理念紧密相关,产品质量得到广大消费者的高度认同,交易鉴证成本极大降低,酸汤鱼连锁业态迅速扩张,目前,在全国主要城市都有凯里酸汤鱼连锁店。

这两个案例对比可以知道,技术优势是特色产业存在的重要基础之一。但是,这种特色产业要通过业态创新占领外部市场,生产者还需要在价值观念上进行扩展,与外部市场的价值观念相融合,才有可能极大地降低交易成本,扩大市场份额。

这也就涉及上述推论中的风味问题,当风味差距较大,专业化是可能存在的,但是,如果交易成本过大,价值观念相差很大,相互在产品价值估值上出现较大分歧,就很难产生群体间的交易,如果两个群体出现价值观上的融合,那么这种交易就会频繁发生,特色产业就有可能通过业态创新占领外部市场份额。

在民族与区域特色产业业态创新过程中,设计特色产品交易最大的交易成本造成的价值损失可能要归结为双方的价值观,也就是对产品价值的估计依据。为此,需要找到双方价值观的交集,在这一交集下进行价值评估可以找到双方都能够接受的估值水平。

一般的解决方式可以用以下途径解决:

第一,少数民族经营者学习和了解外部市场价值观的变化。我们可以了解到的是大部分特色产业业态创新的发动者一般都在区域以外地区打工、办店以及具有其他经营活动经历。他们能够敏于捕捉市场变化,对于市场上消费者最主要的价值观重大变化非常熟悉和了解。

第二,经营者和投资者来自少数民族区域以外。这些人通过投资于少数民族地区特色产业,进行业态创新。这些人自身的文化特质就是与外部需求者高度吻合的,他们对于特色产品创新的要求,就是通过寻求这些特色产品的一些特征和质量改进来实现的。

第三,经营团队中引入区域外部人士。如少数民族工艺品嵌入时尚以及其他产品中的业态创新,其关键在于创意的来源与运用,这些创意与运用方案的思想来源,可能更多来自区域外部人士。

(五)比较禀赋优势与交易效率

考虑两群体禀赋和交易条件不同的赫克歇尔—俄林模型(H－O 模型)。H－O 模型显示,在没有技术比较优势的情况下,分工经济可能来源于群体间的禀赋差异。用超边际与边际分析可以得到,H－O 模型一般均衡的比较静态表明随着水平分工和交易条件的改进,均衡的生产力水平会提高。

1. 有交易成本的 H－O 模型

考虑交易成本和两群体比较禀赋优势的 HO 模型。完美的竞争在商品和要素市场中普遍存在,而要素在一群体内部是流动的,但在群体之间是不动的。i 国($i=1, 2$)有劳动力禀赋 L_i 和资本 K_i,可以用来生产两个消费品 X 和 Y。i 群体代表消费者的决策问题:

$$\max U_i = X_i^{\theta} Y_i^{1-\theta}, s. t. p_{ix} x_i + p_{jx} x_{ji} + p_{iy} y_i + p_{jy} y_{ji} = w_i L_i + r_i K_i$$

其中,$X_i = x_i + k_i x_{ji}$,$Y_i = y_i + k_i y_{ji}$ 分别是两种消费的商品数量。p_{st} 是商品 t 在 s 群体的价格。

x_i、y_i 是从 i 群体内市场购买的两种商品数量。x_{ji}、y_{ji} 是分别从其他群体购买的两种商品的数量,或者是从 j 群体交割到 i 国的商品数量。w_i、r_i 是 i 群体工资率和资本租金率,x_i、y_i、x_{ji}、y_{ji} 可以是0,允许有角点解。由于交易成本的原因,同样的商品在两群体间存在价格差别。如进口到 s 群体的 t 商品价格 p_{st}。因为有角点解,所以消费者决策是依赖于框架的。

除了自给自足,H－O 模型有八种不同的贸易结构。用第一个字母表示由群体 1 生产的货物,第二个字母表示群体 2 生产的货物,而下标 i 表示 i 群体,我们有以下结构:$x_1 y_2$(群体 1 生产 x 和群体 2 生产 y);$y_1 x_2$(群体 1 生产 y 和群体 2 生产 x);$xy_1 y_2$(群体 1 生产两种商品和群体 2 生产 y);$xy_1 x_2$,$x_1 xy_2$,$y_1 xy_2$,$yx_1 xy_2$(每个群体生产两种商品和群体 1 出口 x 和进口 y);$xy_1 yx_2$(每个群体生产两种商品和群体 2 出口 y、进口 x)。最后两个结构被称为内点结构,因为它们是基于每个群体内点解的。前六种结构涉及至少一个群体的角点解,因此称为角点结构。内点结构的概念涉及多元化锥的概念,在 20 世纪 50 年代就开发出来了(Lerner,1952;麦肯齐,1955)。它被定义为一国在一定价格下生产两种商品的要素禀赋范围。

首先考虑 $yx_1 xy_2$,$x_{21} = y_{12} = 0$。两个群体代表性消费者的决策问题一阶条件是:

$(\partial u_1/\partial x_1)(\partial u_1/\partial y_1) = p_{1x}/p_{1y}$, $(\partial u_1/\partial x_1)(\partial u_1/\partial y_{21}) = p_{1x}/p_{2y}$;

$(\partial u_2/\partial x_2)(\partial u_2/\partial y_2) = p_{2x}/p_{2y}$, $(\partial u_2/\partial x_{12})(\partial u_2/\partial y_2) = p_{1x}/p_{2y}$ 。

得到 $p_{2y} = k_1 p_{1y} = k_1$, $p_{1x} = k_2 p_{2x}$ 。

假设群体 1 生产的商品 y 是计价单位,则 $p_{1y} = 1$, $p = p_{1x}$, $p_{2x} = p/k_2$, $p_{2y} = k_1$ 。假设群体 i 生产 x 和 y 生产函数为 $x_i^s = L_{ix}{}^\alpha K_{ix}{}^{1-\alpha}$, $y_i^s = L_{iy}{}^\beta K_{iy}{}^{1-\beta}$,其中, x_i^s 、 y_i^s 分别是两群体商品产出水平。 $L_{ij}(i = 1,2; j = x,y)$ 是劳动数量, K_{ij} 是 i 群体配置于生产 j 的资本。受生产技术约束,群体 i 生产 x 的代表性公司最大化其利润(见图 2.1)。

$$\max_{L_{ij}, K_{ix}} \pi_{ix} = p_{ix} x_i^s - w_i L_{ix} - r_i K_{ix} = p_{ix} L_{ix}{}^\alpha K_{ix}{}^{1-\alpha} - w_i L_{ix} - r_i K_{ix}$$

生产 y 的代表性公司决策问题类似。由于规模报酬不变,所提供的商品和所需因素的最佳数量都是不确定的。但两个群体两类企业的四个决策问题的一阶条件:

$$\partial \pi_i/\partial L_{ij} = w_i , \partial \pi_i/\partial K_{ij} , i = 1,2; j = x,y \tag{1}$$

能用来把要素价格和相对要素配置表达成为商品相对价格的函数。

$$w_1/r_1 = (a_1 B/a_{1x} Ap)^{1/(\beta-\alpha)} , w_2/r_2 = (a_{2x} Ap/a_{2y} B k_1 k_2)^{1/(\beta-\alpha)} \tag{2}$$

其中, $A = \alpha^\alpha (1 - \alpha)^{1-\alpha}$, $B = \beta^\beta (1 - \beta)^{1-\beta}$ 。每一个群体要素市场出清条件是:

$$L_{ix} + L_{iy} = L_i \text{ 和 } K_{ix} + K_{iy} = K_i$$

这一条件与公司决策一阶条件一起,用于求解要素配置,并把这一配置作为商品相对价格的函数:

$$L_{ix} = [\alpha\beta r_i K_i(\beta-\alpha) w_i] - [\alpha(1-\beta) L_i/(\beta-\alpha)] , K_{ix} = [(1-\alpha) w_i L_{ix}/\alpha r_i] , i = 1,2$$

$$L_{iy} = [\alpha\beta/(\beta-\alpha)]\{[(1-\alpha) L_i/\alpha] - (r_i K_i/w_i)\} , K_{iy} = [(1-\beta) w_i L_{iy}/\beta r_i]$$

其中,要素相对价格是商品相对价格 p 的函数,如(2)所示。商品 x 的世界市场出清条件:

$$x_1 + x_2 + x_{12} = x_1^s + x_2^s$$

决定了均衡的相对价格 p 。商品 y 的市场出清条件因瓦尔拉斯法则独立于这个方程。假设 $\beta > \alpha$,那么在均衡中, $K_{ix}/L_{ix} > K_{iy}/L_{iy}$,则 X 产业是资本密集型而 Y 产业是劳动密集型的。还可以假设群体 1 是相对资本丰足的,或者说 $K_2/L_2 < K_1/L_1$ 。

首先考虑结构 yx_1xy_2 中的一般均衡,然后考虑 xy_1yx_2 ,确认自给自足以及作为一般均衡的角点解参数子空间。结构 yx_1xy_2 的内点均衡如下:

$$X_i = A[\beta K_i - (1 - \beta) L_i/\gamma] \gamma^\alpha/(\beta - \alpha) \tag{3}$$

$$Y_i = B[(1 - \alpha)(L_i/\gamma) - \alpha K_i] \gamma^\beta/(\beta - \alpha)$$

$$L_{ix} = [\alpha/(\beta - \alpha)][\beta \gamma K_i - (1 - \beta) L_i]$$

$$L_{iy} = [\beta/(\beta - \alpha)][(1 - \alpha) L_i - \alpha \gamma K_i]$$

$$K_{ix} = [(1 - \alpha) w_i L_{ix}/\alpha r_i]$$

$$K_{iy} = [(1 - \beta) w_i L_{iy}/\beta r_i]$$

$$p = B \gamma^{(\beta - \alpha)}/A$$

$w_1/r_1 = (Ap/B)^{1/(\beta - \alpha)}$,$w_2/r_2 = (Ap/Bk_1 k_2)^{1/(\beta - \alpha)}$，其中 $A = \alpha^\alpha (1 - \alpha)^{1-\alpha}$，$B = \beta^\beta (1 - \beta)^{1-\beta}$。

$$\gamma \equiv \frac{[1 - \beta + (\beta - \alpha)\theta] L_1 + [1 - \beta + (\beta - \alpha)\theta/k_2](k_1 k_2)^{(1-\alpha)(\beta-\alpha)} L_2}{[\beta(1 - \theta) + \alpha\theta] K_1 + [\beta - (\beta - \alpha)\theta/k_2](k_1 k_2)^{(1-\alpha)(\beta-\alpha)} K_2}$$

X_i、Y_i 分别是 i 群体代表性消费者消费的两种商品的数量，$X_1 = x_1$，$X_2 = x_2 + k_2 x_{12}$，$Y_1 = y_1 + k_1 y_{21}$，$Y_2 = y_2$。HO 定理（赫克歇尔，1919；俄林，1933）指出，一个群体利用其丰沛的要素密集地生产商品并出口。根据 HO 定理，并且 $\beta > \alpha$（x 部门是资本密集型）的假设，意味着如果 $K_2 > L_2$，群体 1 出口商品 X 和进口 Y。考虑所有可能的结构，这意味着结构 yx_1xy_2，xy_1y_2，x_1xy_2，或 x_1y_2 出现在一般均衡。

令 L_{ix}、L_{iy} 的均衡值大于等于 0，把参数 β，α，θ，K_i，L_i，k_i 的九维空间化成子空间。如 L_{ix}，$L_{iy} > 0$，$i = 1,2$。我们可以将内点结构的参数子空间确定为一般均衡结构。设 L_{ix}，$L_{1y} > 0$，$L_{2y} = 0$，就能确定 xy_1x_2 为一般均衡结构的参数子空间。所有可能的交易结构如图 2.1 所示，其中每个面板的左圆代表群体 1，右圆代表群体 2；圆圈之间的线代表货物流动。群体 1 出口 Y、群体 2 出口的 X 内点结构 xy_1yx_2 和群体 1 出口 X 和群体 2 出口 Y 的结构 yx_1xy_2 的两结构之间区别在表中已经列出，但前者与 HO 定理不一致。

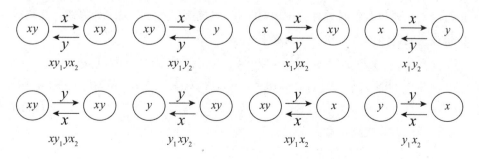

图 2.1　外生禀赋比较优势可能结构

结构 xy_1x_2, y_1xy_2, y_1x_2 与 HO 定理是不相容的。在这种情况下,资本丰富的群体 1 出口劳动密集型的产品 Y,我们首先确定使三个结构是一般均衡结构的参数空间为空的条件。$L_{ix}, L_{1y} > 0, L_{2y} \leqslant 0$ 时,结构 xy_1x 会被选择当且仅当 $K_2/L_2 > K_1$ L_1,但这与 $K_2/L_2 < K_1/L_1$ 矛盾。因此,可以看到 xy_1x_2 被选择的参数子空间为空的条件:

$$K_2/L_2 < K_1/L_1 \text{ 和 } \beta > \alpha \tag{4}$$

同样地,可以证明结构 y_1xy_2, y_1x_2 与 HO 定理不相容,如果(4)成立时不可能为一般均衡结构。还可以证明,如果(4)成立,其他结构为均衡结构的参数子空间非空。

如果内点结构在均衡中发生,则必有 $L_{1x} > 0, L_{1y} > 0, L_{2x} > 0, L_{2y} > 0$。这些条件相当于:

$$\gamma \in ((1-\beta)L_1/\beta K_1, (1-\alpha)L_1/\alpha K_1), \text{ 仅当 } \beta > \alpha \tag{5.a}$$

$$\gamma/k_1k_2 \in ((1-\beta)L_2/\beta K_2, (1-\alpha)L_2/\alpha K_2), \text{ 仅当 } \beta > \alpha \tag{5.b}$$

$$\gamma \in ((k_1k_2)^{1/(\beta-\alpha)}(1-\beta)L_2/\beta K_2, (1-\alpha)L_1/\alpha K_1), \tag{5.c}$$

仅当 $(1-\alpha)L_1/\alpha K > ((k_1k_2)^{1/(\beta-\alpha)}(1-\beta)L_2/\beta K_2$

$$\gamma \in ((1-\beta)L_1/\beta K_1, (k_1k_2)^{1/(\beta-\alpha)}(1-\alpha)L_2/\alpha K_2), \tag{5.d}$$

仅当 $(k_1k_2)^{1/(\beta-\alpha)}(1-\alpha)L_2/\alpha K_2 > (1-\beta)L_1/\beta K_1$

其中,γ 由(3)给出,$\partial\gamma/\partial k_1 > 0, \partial[\gamma/(k_1k_2)]/\partial k_2 < 0$,(5.a)—(5.c)意味着 k_1、k_2 两群体交易系数 (k_1k_2) 不能太大,也不能太小。K_1L_2/L_1K_2 相对于其他参数不能太大,也不能太小。(5.d)意味着 (k_1k_2)、K_1L_2/L_1K_2 不能太小。因此,如果两群体交易效率既不太大也不太小,如果禀赋比较优势不太明显也不太微不足道,结构 yx_1xy_2 发生在均衡。

考虑结构 yx_1xy_2 和自给自足之间的分界线。因为两个结构都满足 $L_{ij} > 0, i = 1,2; j = x,y$,所以我们必须计算国内对 x 和 y 的超额需求,以确定分界线。将均衡价格代入到群体内需求和供给函数中:

$$x_1^s \geqslant X_1 \text{ 当 } \gamma \geqslant \gamma_1 \equiv [(\beta-\alpha)\theta + 1 - \beta]L_1/K_1[\beta(1-\theta) + \alpha\theta] \tag{6.a}$$

$$y_2^s \geqslant Y_2 \text{ 当 } \gamma \leqslant \gamma_2 \equiv [(\beta-\alpha)\theta + 1 - \beta](k_1k_2)^{1/(\beta-\alpha)}L_2/K_2[\beta(1-\theta) + \alpha\theta] \tag{6.b}$$

这两个不等式意味着:

$$\gamma_2 \geqslant \gamma \geqslant \gamma_1 \text{ 当且仅当 } \gamma_2 \geqslant \gamma_1 \tag{7}$$

不难看到 $\gamma_2 > \gamma_1$ 当且仅当:

$$\eta \equiv (k_1k_2)^{1/(\beta-\alpha)}\mu = (k_1k_2)^{1/(\beta-\alpha)}(K_1L_2/L_1K_2) > 1 \tag{8}$$

其中，η 是两群体交易系数的产品，μ 代表禀赋比较优势程度。对于 $k_1 k_2 = 1$，当且仅当(4)成立时，有 $\gamma_2 > \gamma_1$。如果(4)成立和两群体交易成本不超过禀赋比较优势时，结构 $yx_1 xy_2$ 可能发生在均衡处。

当 k_1、k_2 从 1 开始递减时，γ_2 趋向 γ_1。如果 k_1、k_2 足够小，那么 $\gamma_1 = \gamma_2$，这就意味着当且仅当 $\gamma_1 = \gamma_2 = \gamma$ 时，$\gamma_2 \geq \gamma \geq \gamma_1$ 成立。回顾(6)，这意味着两群体内部的超额需求是 0，或者说自给自足出现在均衡状况。因此，结构 $yx_1 xy_2$ 和自给自足之间分割线是：

$$\eta \equiv (k_1 k_2)^{1/(\beta - \alpha)} (K_1 L_2 / L_1 K_2) = 1$$

对于 $\eta \leq 1$，均衡结构就是自给自足。(8)和(6.c)意味着仅当 $\beta(1 - \alpha)/\alpha(1 - \beta) > \eta > 1$ 时结构 $yx_1 xy_2$ 会在均衡处出现。

另外，我们可以验证任何群体的交易效率足够低时自给自足发生会在均衡处出现。首先，$d\gamma/d k_1 > 0$，对于 $k_1 k_2 = 1$，$\gamma > \gamma_1$。当 k_1 从 1 趋于 0 时，γ 单调地从一个大于 γ_1 的值趋于 γ_1。当 γ 达到 γ_1 时，结构 $yx_1 xy_2$ 的均衡价格与自给自足的价格相同。当 k_1 足够趋近 0 时，群体 1 选择自给自足，一般均衡就是自给自足。同样，当 k_2 足够趋于 0 时，群体 2 选择自给自足，因此一般均衡是自给自足。因此，当交易效率足够低时，一般均衡是自给自足。当交易效率提高时，均衡就从自给自足跳到贸易结构。

为排除结构 $yx_1 xy_2$，假设在消费者决策问题中 $x_{12}, y_{21} = 0$。$x_{21}, y_{12} > 0$ 在结构 $yx_1 xy_2$ 中求解局部均衡，均衡价格为 $p_{1y} = 1, p_{1x} = p, p_{2y} = k_2, p_{2y} = k_1 p$。群体 1 关于 X 的国内需求过剩和群体 2 关于 Y 的超额需求为正，当且仅当

$$\mu = K_1 L_2 / L_1 K < (k_1 k_2)^{1/(\beta - \alpha)}.$$

这与假设(4)相悖，因为 $k_i \in [0,1]$，$\beta > \alpha$。这意味着结构 $yx_1 xy_2$ 发生在均衡的参数子空间为空。这就意味着该结构不在均衡结构中。

可以证明结构 $x_1 xy_2$ 发生在均衡的参数子空间为：

$$(1 - \alpha) L_1 / \alpha K_1 < \gamma < (k_1 k_2)^{1/(\beta - \alpha)} (1 - \alpha) L_2 / \alpha K_2 \qquad (9.a)$$

$$(1 - \alpha) L_2 / \alpha K_2 < \gamma / (k_1 k_2)^{1/(\beta - \alpha)} > (1 - \beta) L_2 / \beta K_2 \qquad (9.b)$$

(9.a)成立仅当 $k_1 k_2$ 足够大，禀赋比较优势程度 $K_1 L_2 / L_1 K_2$ 相比于其他参数不是太大。因为 $d[\gamma/(k_1 k_2)^{1/(\beta - \alpha)}]/d k_2 < 0$。(9.b)意味着 k_2 不能太大也不能太小，禀赋比较优势程度 $K_1 L_2 / L_1 K_2$ 相比于其他参数不是太小。如果群体 2 的交易效率和比较优势既不会太高，也不会太低，而群体 1 交易效率高时，结构 $x_1 xy_2$ 发生在均衡。也就是说，如果 k_1 大于 k_2，那么，群体 1 完全专业化，群体 2 生产两种商品。这一结构中，国际贸易项目完全由群体 2 的国内贸易项目决定，大多数贸易收益就流向只生产 1 种产品的群体。

结构 xy_1y_2 发生在均衡处的参数子空间为

$$(1-\beta)L_1/\beta K_1 < \gamma < (1-\alpha)L_1/\alpha K_1 \tag{10.a}$$

$$(k_1k_2)^{1/(\beta-\alpha)}(1-\alpha)L_2/\alpha K_2 > \gamma > (1-\beta)L_1/\beta K_1 \tag{10.b}$$

(10.b)成立仅当 k_1k_2 足够大,而禀赋比较优势程度 K_1L_2/L_1K_2 相比于其他参数不是太小。因为 $d\gamma/dk_1 > 0$,(10.a)意味着 k_1 不能太大也不能太小,禀赋比较优势程度 K_1L_2/L_1K_2 相比于其他参数不是太大。因此,如果群体 1 的交易效率和比较优势既不太高也不太低,而群体 2 的交易效率高。也就说,如果 $k_2 > k_1$,群体 1 生产两种商品,群体 2 完全专业化。

表 2.7 是每一个结构成为均衡结构的参数子空间。

表 2.7 一般均衡与超边际比较静态学

η	<1	∈ $[1, \beta(1-\alpha)/\alpha(1-\beta)]$			> $\beta(1-\alpha)/\alpha(1-\beta)$		
K	k_1、k_2 小	k_1 大,k_2 既不太大,也不太小	k_1、k_2 既不太大,也不太小	k_2 大,k_1 既不太大,也不太小	k_1 大,k_2 既不太大,也不太小	k_1、k_2 都大	k_2 大,k_1 既不太大,也不太小
均衡结构	自给自足	x_1xy_2	yx_1xy_2	yx_1y_2	x_1xy_2	x_1y_2	xy_1y_2

其中,$\eta \equiv (k_1k_2)^{1/(\beta-\alpha)}\mu = (k_1k_2)^{1/(\beta-\alpha)}(K_1L_2/L_1K_2)$,$\beta(1-\alpha)/\alpha(1-\beta) > 1 > \alpha(1-\beta)/\beta(1-\alpha)$。$\eta$ 是两群体交易效率的产物,μ 代表禀赋比较优势程度。表 2.7 表明在假设(4)下,自给自足和四种不同的贸易模式在均衡处发生取决于参数值。所有这四种贸易模式刻画了群体 1 出口 X 的特点。均衡中另外四种贸易模式在均衡处发生的群体 2 的特点也进行了刻画。

表 2.7 中的所有角点结构与 HO 定理一致。例如,在结构 xy_1y_2,资本充裕的群体 1 出口资本密集型商品 X,劳动力资源丰富的群体 2 出口劳动密集型产品 y,如图 2.1 所示。可以看到,对于每一个角点结构,市场出清条件确保一种贸易模式能够明确每个群体出口的商品种类。这意味着对于表 2.7 中的所有角点结构,HO 定理都成立,即使参数值在限定结构的参数子空间之间移动。

同样用分析李嘉图模型的相同方法,可以证明,均衡的自给自足生产进度低于 PPF,因为自给自足加上了边际替代率对每个群体必须相等和边际转换率对每个群体必须相等的约束。因此,随着贸易条件的改善,均衡的劳动分工和贸易的水平的提高的结果是总的生产率提高。另一种经济发展的一般均衡机制是:随着交易条件的改善,均衡生产率的提高是由于群体或个人之间的禀赋比较优势的利用。

推论:在任何群体如果交易效率足够低,和/或禀赋比较优势较小,自给自足就会在均衡处出现。如果两个群体的交易效率稍有改善,或者(或)比较优势略有提高,均衡就会转移到低水平分工,此时每一个群体都生产两种商品。如果一个群体的交易效率进一步提高,或者比较优势进一步提高,均衡就会转变为一个双重结构,在这个结构中,这个群体完全专注于贸易,并从中获得最大收益,而另一群体则生产两种商品。当两个群体的交易效率和/或比较优势的程度得到充分提高时,均衡会跳跃到一个高水平的分工状况,每个群体只生产一种商品,贸易收益则由两群体共同分享。分工和贸易依存度的这种变化提升了均衡的总生产率。

从表2.7中还可以推出,对于 $k_1 = k_2 = 1$,如果在这两个群体的资源禀赋比较优势和交易效率既不大也不小,或者如果内点结构 yx_1xy_2 在均衡处出现,群际贸易会使贸易群体的要素价格均衡,就是因素本身不跨群体流动(萨缪尔森,1948)。如果 k_1、k_2 不为1(或交易成本不为0),那么每个群体要素价格均等也不会成立。此外,如果一个角点结构在均衡状态下出现,或者在任何群体的交易效率和/或禀赋比较优势太大或太小时,要素价格可能跨国不相等。

如果群体之间、商品与商品之间的全要素生产力不同,那么,即使在内点结构 yx_1xy_2 没有交易成本时,相对要素价格也会不同。

SS 定理来源于 H－O 模型中的一个内点结构,在这一模型中,两个群体都生产商品,而商品价格被假定为外生。该定理指出,如果资本密集型商品的价格(或劳动密集型)上升,资本的价格(或劳动)上升,并在商品价格中以更大比例的上涨,而劳动力价格下降(或资本价格上升)但相对商品价格一定以更高比例的下降(斯托伯和萨缪尔森,1941)。这个定理与经验证据极不一致。由于一个群体的比较优势商品价格随着群体间贸易的开放而提高,因此,"贸易定理"的一个推论是,群体间贸易有利于一群体的丰沛要素,有害于其稀缺因素,从而使关税有利于一个群体的稀缺要素。这一预测与一般常识不相符,按照常识,保护劳动密集型产业可能将收入分配略微偏向工人,但会降低总收入,因此,通常会损害他们的利益。在这一观点下,SS 定理为解释群体间贸易的收入分配效应提供了理论基础。表2.7超边际比较静态分析表明,常识可能比 SS 定理更接近现实。

冰山交易成本相当于一个税收系统。因此,模型可以用来分析产生较大官僚成本的关税的影响。SS 定理忽略了可能的边际效应的关税和对贸易结构不连续转变的交易成本。表2.7所示,相关的交易成本可能会导致结构 x_1y_2、自给自足、yx_1xy_2 之间跳跃,这种跳跃可能与 SS 定理不一致。

推论意味着一个群体相对于另一个群体单方面降低交易效率,一般均衡可以从结构 x_1y_2 转变为非对称结构,这个群体生产两种商品,大部分的贸易收益流向其他群体。这是因为在非对称结构中,群际贸易条件取决于生产两种货物的群体内贸易条件。这说明,即使关税可能会边际地改变贸易和增加稀缺要素收入方,它可能减少贸易水平和相关收益而超边际地伤害所有居民。

即使在内点结构,如果价格变动是由交易条件变化所引起的,SS 定理可能不成立。假设均衡发生在结构 yx_1xy_2,以至于均衡价格由(3)决定。群体 2 的贸易条件是 $P \equiv p_{2y} / p_{1x} = k_1/p$,$p_{2y}$ 是群体 2 的商品 y 根据群体 1 的商品 y 的价格。$p = p_{1x}$ 是 x 根据群体 1 的商品 y 计算的价格。对 r_2/w_2 求微分;

$$d(r_2/w_2)/d\,k_2 = \partial(r_2/w_2)/\partial\,k_2 + [\partial(r_2/w_2)/\partial P](dP/d\,k_2)$$

其中,$\partial(r_2/w_2)/\partial\,k_2 < 0$,$\partial(r_2/w_2)/\partial P < 0$,$dP/d\,k_2 = -k_1dp/p^2d\,k_2$ 的符号是模糊的,$dp/d\,k_2$ 在某些参数子空间内是正的,在一些子空间内是负的。如果 $dp/d\,k_2$ 为正,则 $\partial(r_2/w_2)/\partial\,k_2$ 的符号与 $[\partial(r_2/w_2)/\partial P](dP/d\,k_2)$ 符号相反。因此,当 k_2 对 r_2/w_2 的间接效应大于直接效应,则贸易定理不成立。如果价格波动是由交易条件的变化引起的,那么即使是在多样化锥内,SS 定理的预测也可能是错误的,因为这两个群体的价格差异、交易条件、生产和消费之间的反馈回路被 SS 定理忽略了。

如果价格变动是由非中性技术变化引起的,或者是在比较技术和禀赋优势模型中的全要素生产率变化引起的,SS 定理就不可能存在于多样化锥内。

2. HO 定理与特色产业业态创新

HO 定理对于禀赋优势与交易成本的比较,成为特色产业业态创新的又一个解释。

特色产业的形成更多与区域的禀赋条件有关,尤其是农业特色产业方面。如地理标志产品或者原生地保护产品等,都属于产品质量特征与地理特点相关。特色产品原生地与其他地域就有着某些禀赋方面的强烈对比。业态创新更多的是为了突出这些禀赋优势。

HO 定理中的禀赋优势将同类要素看成无质量差异。在我们的特色产业考察中,禀赋优势并不是资本禀赋与人力资源禀赋的跨类型禀赋优势,而是同种类型资源与要素禀赋在质量上的差别。在特色产业发展中,不同区域的土壤、气候等条件的巨大差异,造成某些物种种养殖、农产品加工方面在质量上出现极大差异。如云南文山三七,如果移植到其他区域,其有效功能成分就要相差很多。贵州的刺梨移植到周边地区,有效功能成分同样要下降。贵州茅台镇的酱香型酿酒技术放到离此不远的播州区也就无法酿造同样质量水平的酒。但是,这些产品质量优良的产区,其产品特征很难表现在外观上,更多表现在内含成分上。从禀赋质量优势映射到产品优势,其外显需要更多的手段和技术实现。基于这样的原因,区域以外的其他生产者就有冒充特色产业区产品的激励,以求得较低品质产品的较高市场估值。因此,外部消费者就需要对特色产品以及类似的外部区域产品进行区分。在外部消费者估值时,难以依据简单的感官判断,这就增加了产品质量的鉴证成本。如果在特色产品上附加专业性鉴证技术成果,使得这种产品质量能够通过简单手段将特色产品区分开来,特色产品估值水平就有可能得到提高。从而,特色产业区禀赋优势体现在特色产品最终市场估值水平优势上。

这种附加在特色产业上的鉴证技术生产或者其他区分特色产品的服务活动专业化,就形成特色产业的新业态。这些鉴证技术生产或者服务的专业化活动有可能镶嵌在原来产业内部,使得原产业出现一些结构性变化,即拥有这些技术生产专业化部门的特色产业经营厂家和农场出现不同于其他没有这一类专门技术的生产厂商,导致产品估值出现较大差异。或者这些生产鉴证技术与服务的部门专门独立和分工进一步细化,呈现显著的新分工部门。无论是嵌入式的鉴证技术服务还是分离式的这些技术生产与服务,其本职职能是降低交易成本,提高特色产业的交易效率,维持和深化特色产业的专业化。

（六）内生比较优势模型

杨小凯利用内生比较优势的一个简单模型来描述经济发展的斯密机制。假设人口规模非常大,专业化经济局部回报递增,瓦尔拉斯体系在经济中盛行。所有的决策者都是价格的接受者,而均衡价格由瓦尔拉斯拍卖机制决定。个人事前同质是一个非常强的假设,因为我们在现实世界中很少看到两个人完全相同。专家之间的差异表面上是事前的差异,但实际上是事后的差异,这些差异是在个人选择不同职业后形成的。

个人是完全相同的假设,有助于突出内生比较优势的发展含义。在斯密的模型中,即使所有的人在所有的方面都是事前相同的,事后的差异会内生性地出现在分工演进中。这使得许多不能由李嘉图模型预测的故事,如专业的中间商、货币、商业周期、失业、企业,以及生产和交易层次结构等,在此模型中得到解释。

1. 简单的内生比较优势的斯密模型

假设消费者—生产者集是一个质量为 M 的连续统,这意味着经济中的人口规模非常大。因此,不会有关于不同类专家人数的整数问题。每个消费者—生产者都有以下效用函数:

$$u = (x + k x^d)(y + k y^d) \tag{1}$$

其中,x、y 分别是自我供给的商品 x、y 的数量,x^d、y^d 分别是从市场购买的这两种商品的数量,$(1-k)$ 是冰山交易成本系数,k 是外生的交易效率系数,表示治理交易的情况,代表着基础设施条件、城市化程度、交通条件和一般的制度环境。

每个生产者—消费者的生产函数和禀赋约束为

$$x^p = x + x^s = l_x{}^\alpha, y^p = y + y^s = l_y{}^\alpha, \alpha > 1 \tag{2.a}$$

$$l_x + l_y = 1 \tag{2.b}$$

其中,x^p、y^p 分别是生产的两种商品的数量,x^s、y^s 分别是售出的两种商品的数量,l_i 是个体配置于生产商品 i 的劳动的比例,也代表其生产商品 i 的专业化水平。个体的事前同质性体现在其每个产品的生产函数和相同的工作时间禀赋,即没有外生的比较优势。

x_i^p 表示个体 i 的商品 x 的产出,y_i^p 表示个体 i 的商品 y 的产出,l_{ij} 是个体 i 的生产商品 j 的专业化水平。存在所谓的专业化经济,就是指个体生产力水平随着其生产商品的专业化水平而递增。这体现在生产函数中的 $\alpha > 1$。考虑两个个体的转换曲线,基于(2),每个个体 i 的转换函数是:

$$y_i^p = (1 - x_i^{p1/\alpha})^\alpha, x_i^p, y_i^p \in [0,1]$$

y_i^p 关于 x_i^p 的一阶、二阶导数意味着转换曲线 AB 是向下倾斜和凸的。

这种转变曲线的特征是边际机会成本递减和边际增长率递增。这意味着随着 x 的增加,x 每增加边际单位,y 必定减少的量减小。或者,它意味着 y 的每个单位可以转化成 x 的递增。

图 2.2 中画出两个人在不同经济结构下的总生产计划。因为所有的人都事前相同,如果每个人自给自足提供了所有的货物,都必须有相同的劳动分配模式。这个模型中自给自足总生产计划,由(2)定义,$l_{1x} = l_{2x}$,$l_{1y} = l_{2y}$ 能在图中如曲线 ECG 那样。J、I 由射线 OH 与 AB、ECG 交点,$OJ = 2OI$。如果一个人专门生产 Y,而另一个人生产 x 和 y 的混合,那么总的转化曲线是由图中的曲线 EF 所示。同样,我们可以计算出一个个体完全专业生产 x,另一个生产 x 和 y 混合的结构的总转换曲线 FG。劳动分工的总转换曲线是曲线 EFG。分工经济是曲线 EFG 和曲线 ECG 之间的差异,如图 2.2 中的阴影区域。

图 2.2 提供了确定内生绝对优势和比较优势的基础。在这个模型中,所有个体都是事前相同的,因此两个个体之间的生产率或禀赋之间事前没有差别,即没有外生的比较优势。如果两个人自给自足,那么生产模式是相同的。因此,他们的生产力都是一样的。但是,如果他们选择完全分工(如图 2.2 中的点 F),例如,如果个体 1 只产生 x,而个体 2 只产生 y,那么 $x_1^p = 1$,$y_1^p = 0$,$x_2^p = 0$,$y_2^p = 1$。这意味着,成员 1 在生产 X 的劳动生产率大于成员 2,成员 2 生产 Y 的劳动生产率大于成员 1。这些事前生产力相同的个体之间的事后生产力差异是由于他们决定选择不同生产模式的结果。这种生产率的差异,源于个人对专业化模式的选择,代

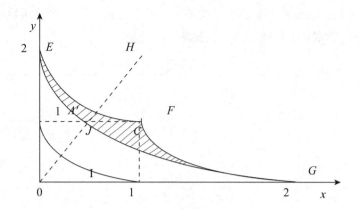

图 2.2 内生绝对优势与比较优势转换曲线

表着内生比较优势。对于这个特定的例子,内生比较优势也是内生的绝对优势。

一方面,一个人专业化生产一种商品的利益体与其活动范围不经济正相关。另一方面,一个公司的经营范围和成员的专业化水平可以同时提升,如果所有个体的专业化水平、不同种类专业人员的数量,以及不同类型的专业人员在数量上同时增加。由于专业活动和专业活动的多样性是分工的两个方面,同时所有个人的专业化水平的提高和公司内不同专业职位的数量的增加可以看作是公司内部分工水平的提高。因此,如果一个公司的生产率的提高是通过所有成员更高水平的专业化相关的较高水平的分工产生(包括范围较窄的每一个人的活动)和公司内专业职位更加多样化(涉及范围更广的公司的活动产生),那么就可以说存在着分工经济。

个人的预算约束是:

$$p_x x^s + p_y y^s = p_x x^d + p_y y^d \qquad (3)$$

其中 p_i 是商品 i 的价格。因此,(3)的左边是市场的收入,右边是支出。考虑角点解,有非负约束:

$$x, x^s, x^d, y, y^s, y^d, l_x, l_y \geqslant 0 \qquad (4)$$

这种约束将非线性规划与经典数学规划区分开来。(1)中每个消费者关于 $x, x^s, x^d, y, y^s, y^d, l_x, l$ 效用最大化,服从(2)的生产条件,(3)的预算约束,和(4)的非负约束。由于 l_x, l_y 独立于其他决策变量的值,六个决策变量中,每一个都可以是 0 个或正数。当决策变量取值为 0 时,就选择角点解。

表 2.8 列出了六个决策变量零和正值的几种可能的配置剖面。这些决策变量值跨剖面不连续,就不存在一步求解最优值方法。非线性规划求解的一般程序如下。一是库恩—塔克定理和其他最优决策用于排除一些可能的决策剖面。二

是用边际分析方法分析剩下的最优决策。最后对待选的剖面目标函数局部最优值进行比较,确定全域最优决策。这就是最优决策。

表 2.8　六个决策变量非负的策略剖面

x	x^s	x^d	y	y^s	y^d
+	+	+	+	+	+
0	+	+	0	+	+
0	+	0	0	+	+
+	0	0	0	+	+
●	●	●	●	●	●
+	0	0	0	0	+
0	0	0	0	0	+

文氏定理:最优决策可以通过卖出不多于一件商品来实现。它不涉及买卖相同的商品,也不涉及购买和生产同样的商品。有学者证明了与一类具有一般效用函数和生产函数的斯密一般均衡模型相关的定理。

第一条:最佳决策不涉及买卖相同的商品。

第二条:最佳决策不涉及购买和生产同样的商品。

第三条:个体最多卖出一种商品。

定理的直觉意义很明确。买卖同一种商品是要耗费交易成本的,因此也是无效的。同时,这也使得专业化经济效益不能充分利用,也是无效的。

结合定理、预算约束和效用为正的要求,就能将待选最优决策数目从 64 个减少到 3 个。例如,表 2.8 中 6 个决策变量的零和正值的第一个剖面与唯一的内点解相关联。这个剖面涉及买卖同样的商品,显然违反了上述定理。这意味着,在斯密的模型中,内点解不可能是最优的,边际分析对内点解是不适用的。第二、第三和第四剖面违反该定理中的第一条,而第五和第六剖面违反了预算约束和正效用水平的要求。

对于每个框架,都有一个角点解。每个个体都应用边际分析来求解每个框架的角点解。每个角点解提供了一个给定的水平和专业化模式的最佳资源分配。然后,每个人进行跨配置的总效益成本分析,以选择最佳的角点解。

选择最优配置就是选择最优的专业化水平和模式。个体需要考虑几种构型:(i)自给自足,或者架构 A。这种配置意味着所有自备商品的数量都是正的,所有交易商品的数量都是零。构型 A 的决策问题为:

$$\max_{x,y,l_x,l_y} u \equiv xy$$

$$s.t.\ x = l_x^a\ ,\ y = l_y^a, l_x + l_y = 1$$

如果这是一个凹曲线,结合一、二阶条件其均衡解为 $l_x = 1/2$。$u(A) = 2^{-2a}$。但是,如果是凸曲线,二阶条件不成立,则决策问题只有角点解。在现实世界中,对于给定的劳动分工水平和分工方式的一些资源分配问题,尽管表面上看起来是相反的,但实际上并不涉及真正的权衡,因为内部最优的二阶条件可能并不满足。在这种情况下,一阶条件给出的冲突力量之间的妥协可能过于保守,也可能不是有效的。即使满足局部最大值的二阶条件,局部最大值也不一定是全局最大值。在某些条件下,个体选择完全专业化可能是一个最优解。

第一个专业化构架是 (x/y),表示生产商品 x,销售 x,购买 y 的专业化,由 x,$x^s, y^d, l_x > 0$, $x^d = y^s = y = l_y = 0$。该框架的决策问题:

$$\max_{x,x^s,x^d} u = xk\,y^d$$

$$s.t.\ x + x^s = l_x^a, l_x = 1\ (生产条件)$$

$$p_y\,y^d = p_x\,x^s\ (预算约束)$$

边际分析的一阶条件 $du/dx^s = 0$ 给出了配置的最优决策 (x/y):

$$x^s = \frac{1}{2}\ ,\ y^d = \frac{p_x}{p_y}\ ,\ x^s = \frac{p_x}{2\,p_y}\ ,\ u_x = \frac{k\,p_x}{4\,p_y}$$

而且,二阶条件满足。

表 2.9　三种角点解对比

框架	角点需求信息	角点供给	自我供给数量	专业化水平	间接效用函数
A	0	0	$x = y = 1/2$	$l_y = l_x = 1/2$	$u_A = 2^{-2a}$
(x/y)	$y^d = \dfrac{p_x}{p_y}$	$x^s = \dfrac{1}{2}$	$x = 1/2$	$l_x = 1$ $l_y = 0$	$u_x = \dfrac{k\,p_x}{4\,p_y}$
(y/x)	$x^d = \dfrac{p_y}{2\,p_x}$	$y^s = \dfrac{1}{2}$	$y = 1/2$	$l_x = 0$ $l_y = 1$	$u_y = \dfrac{k\,p_y}{4\,p_x}$

表 2.9 中,需求量是所购商品价格的减函数和所售商品价格的增函数。同时,需求是供给的增函数。Young(1928)将需求和供给的最后一个特征称为互惠需求定律,这意味着需求和供给是劳动分工的两个方面。如果个人选择自给自足,市场上就没有供求关系,因为自我需求就是自我供给。如果一个人选择专业化生产 x,然后他需求为 y 和供给 x。根据 Young 的观点,需求和供给的分析分离出个人决策选择专业化水平只是一个局部视图,不符合一般均衡的概念,因此常常误导。按照求解角点解 (x/y) 的步骤,可得解为:

$$y^s = \frac{1}{2}, \quad x^d = \frac{p_y}{2\,p_x}, \quad u_y = \frac{k\,p_y}{4\,p_x}$$

从这两种配置的角度来看,一种商品的专业生产者的效用随该商品的价格上升而增加,随其购买的商品的价格上升而减少。这就是所谓的专业化法则。

一个人的需求和供给函数最终是从多个角点解中选择最优方案所决定的。由于所有决策变量的最优值在配置中是不连续的,因此个体必须比较所有角点解的局部最大效用水平,以找到最优角点解。

根据这些信息,个人可以跨框架比较效用水平,来选择专业化水平。

如当 $u_x \geq u_A$ 且 $u_x \geq u_y$,或者 $\frac{k\,p_x}{p_y} \geq 2^{2(1-a)}$ 且 $\frac{p_x}{p_y} \geq 1$,个体选择框架(x/y),

当 $u_y \geq u_A$ 且 $u_y \geq u_x$,或者 $\frac{k\,p_y}{p_x} \geq 2^{2(1-a)}$ 且 $\frac{p_y}{p_x} \geq 1$,个体选择框架$(y\,/\,x)$,

条件(6)只有当 $k > k_0 \equiv 2^{2(1-a)}$ 且 $\frac{p_y}{p_x} = 1$ 时,两个条件同时成立。

由于只有同时选择职业配置(x/y)和职业配置(y/x)才能实现劳动分工,而且由于专业化的网络效应,个人只有在(5)成立的情况下才会选择专业化。当相对价格满足这一条件时,两种配置下的个体无关紧要,因为两种配置下的效用是相同的。在平衡中,不同职业之间的效用均衡必须成立,因为个人在所有方面都是事先相同的。当条件(6)成立时,个体会选择构型A,即自给自足:

$$u_x < u_A \text{ 且 } u_x < u_y, \text{ 或者当 } k2^{2(1-a)} < \frac{p_x}{p_y} < \frac{2^{2(1-a)}}{k} \qquad (6)$$

当且仅当 $k < k_0 \equiv 2^{2(1-a)}$ 。

2. 内生比较优势模型对特色产业业态创新的意义

内生比较优势在解释从业者对职业选择、投资者对资金投向的决策方面都具有重要意义。在斯密的国富论中,把分工看作人们倾向于交易的动机所驱动。由于人们可以充分利用自身优势分工生产。同时,与其把比较优势看成是分工的原因,还不如说是分工的结果。他说,其实人们天生的禀赋没有那么大,人们后天禀赋的差异不如看成是分工的结果。在上述模型中,人们通过选择不同的职业分工,来决定最高的效用水平。但是,模型反映的分工以后各方效用水平的提升是由于充分发挥了比较优势的结果。而模型对专业化带来的技能上升比没有专业化的技能上升水平要快,进一步巩固了这种分工状态,或者进一步提升分工水平。这种二阶效应,在模型中并没有反映。尽管如此,也能够很好解释特色产业业态创新的效应。

特色产业的一些业态创新,实际上是选择细分行业,这些更加细致的分工是基于对某一细分领域优势的培养。如特色产业的"三品一标"就是基于对高质量生产优势的培养。有机、绿色等生产方式并非这些经营者一开始就做得非常成功,即使质量水平得到提高,成本也有可能提得很高。不仅如此,产品质量的测度以及质量知识的传播,这些从业者有时也难以做得非常成功,乃至于高质量产品与低质量产品同时出现在市场上时,人们无法分辨它们之间的差别。因此,这些高质量水平的生产者在决定进入细分行业以后,需要不断累积优势,才能够最终与其他生产者的质量生产水平真正区分并能够被消费者以较低成本辨别。

四、比较优势分工理论与业态创新分析范式

(一)比较优势与业态创新分析范式

内生比较优势与外生比较优势对于业态创新的影响,可以概括为:外生优势在选择细分行业之前就已经存在,如技术累积、禀赋优势等,通过这种优势进行业态创新,进一步突出这种优势的价值创造能力;内生比较优势可以说成是选择细分行业以后累积的优势。

二者的区分也不见得严格。在选择了细分行业以后,任何经营者都是通过累积比较优势,最终不断强化价值创造能力。从这一角度来看,内生比较优势在经营者成长的过程中是不可或缺的。同时,为了巩固自身的市场地位或者进一步开拓市场空间,经营者必须要依据自身优势,采取更加细化的差异化策略,求生存求发展。前一过程就是内生比较优势形成和利用的过程,后一过程则是外生比较优势利用过程。

从经营者层面来看,外生比较优势与内生比较优势是一个相互叠加和螺旋式上升过程。每一次细分行业的选择,都是一次利用自身优势和进一步形成优势的业态创新过程。

比较优势分工理论可以为业态创新分析提供一个非常完整的范式:

(1)差异化策略的选择。这是业态创新的主要标志。

(2)考察这种业态或者差异化实现是基于内生比较优势形成还是利用外生比较优势。利用比较优势或者为了形成比较优势,区分的办法是:内生比较优势是寻求差异化策略,并将这种差异化策略通过一种优势的形成来实现。在选择细分行业时,经营者优势并未形成,而外生比较优势则是已经形成了某些优势,在此基础上进一步去寻求一种将这种优势内生地强化。前者是先有选择,然后形成优势;后者是先有优势,然后再有选择。选择了以后再形成新的内生优势,或者强化原有优势。

(3)比较优势形成的支撑。这是比较优势形成的有形载体。这些支撑条件包

括特殊的禀赋形成、技术条件与组织制度支持。

（二）少数民族地区特色产业业态创新的比较优势含义

少数民族地区一般是少数民族世居之地，多少年来的生活与生产经验累积、技能累积，形成了在某些生产生活领域内的比较优势。在这些地区大多数特色产业经营者选择这些领域作为自身优势发挥的空间，其本质是利用外生的比较优势。

云贵高原少数民族地区大多数是石漠化较为严重、生态形势严峻的区域。但是，也有一些地理上的优势，如气候湿润多变、地形复杂、土壤条件十分丰富，形成丰富多彩的物种条件，而且，有些物种在这些区域生长不仅茂盛，而且某些功能含量相对其他地区，形成了某些生产品种的优势条件。在这些领域的禀赋条件不是体现在诸如哪类要素多寡的比较优势，而是生产要素的特殊质量方面的比较优势。通过少数民族群体长期的生产经验累积，形成了某些领域的生产比较优势。在今天，经营者选择在这些领域进行经营，实际上就是基于外生比较优势的利益来进行决策的。如何进一步突出这些比较优势，是业态创新的核心。

在选择业态时，在原有比较优势的基础上，进一步进行差异化。如手工艺品的创意领域、应用场景的差异化以及实现这种差异化的组织机构、服务形态等，都可以视为这一产业领域的业态创新。

如农业上，大量的地理标志保护产品，都已经很明显地表现出地理条件上的优势，由于这种优势已经形成了质量的特殊属性。地理保护标志产品产业由于附加了保护标志，就得到了制度的保护，形成了一种新的区域公共产权，这本身相对于传统的生产方式，已经附加了一种产权创新，体现出一种新业态。但是，为了进一步突出这些优势，在原有传统生产方式的基础上，进一步进行有机、绿色的改进，突出质量上的进一步差异化，寻求与传统产品不同的价值观念创新，以及产业链条的延展和拓新，当然让我们看到更加丰富的业态创新。

五、信息化与数字经济对比较优势形成、强化的支持——生产环节的业态创新

特色产业比较优势形成的标志是质量与产出的稳定性，尤其是质量。这种稳定性需要资源要素投入品质的稳定、劳动力的高素质以及控制条件的可靠性。

（一）要素质量控制的数字化与特色产品质量稳定

要使特色农业原产品的质量稳定，需要土地、水资源、肥料、杀虫投入等资源质量、有效含量符合要求并且常年稳定。如果资源质量不符合特色产品生产要求，就有必要对相关成分进行补充。如果要素质量在不同空间上分布不均匀，但是按照统一标准进行补充或者减量,就有可能造成有些地方成分过量而影响产出,有些地方量不足造成质量不达标,同时,如果采用统一的补充标准还有可能造成投入要素的浪费。但是,这些成分的稳定性检验需要耗费大量人力。尤其可能需要连续采集土壤、水、空气以及不同作物与畜禽样本进行检测。在获得相关投入资源质量和属性上的信息以后,就可以采取相关要素投入方案,使得不同空间上的要素质量达到要求。更有甚者,某些属性的高价值信息可能密度低,人们在坚持采集信息时,可能恰恰遗漏频率以及具体采样时间这些关键的有价值的信息,就有可能使得产品质量控制呈现不稳定特征,影响产品估值和质量声誉。生产领域内相关要素资源的信息持续采集与分析,将有可能成为特色产品质量稳定性的关键。当前,一些先进的做法就是智慧化生产。用物联网、互联网等手段,自动收集资源要素信息,通过建立稳定的投入模型,在生产过程中充分利用这些自动收集的信息,使得要素成分补充合理,使得各类要素质量在空间上分布均匀而且符合生产要求。

更加直接的控制是对作物与畜禽体的实时监测,使得产品在不同生长阶段的质量得到持续的监控,以保证最终产品质量保持特色。如贵州赫章县优农谷公司几年来用数字化智慧手段养殖可乐香猪。可乐香猪是赫章可乐镇汉墓群的陶制雕塑中的形象,是该县延续了几千年的特色猪种,传统养殖方式是牧养。但是,过度牧养可能导致能量过分消耗,影响产量,并且肉质不稳定。该公司联合科研院校开发牧养与圈养相结合的方式,改良肉质,节约饲料,摸索出产出与质量相当稳定的养殖方式,其中,最可靠的方式就是用数字化手段实时监控,根据获取的数据对于可乐猪不同阶段的营养配置、牧养与圈养时间配置都进行了不断优化,得出最优的牧养时间与圈养时间,营养配置方式等。

优化资源要素质量,实际上就是提升生产函数中相关要素的产出弹性。在专业化模型中,如果把所有要素的质量都换算成劳动投入的效率,实际上是通过提高劳动投入的产出弹性来实现整个生产函数的改善,从而支持专业化分工的。也就是说,对于 $x = l_x^a$,$y = l_y^a$,要素质量提升最终就是在投入同样的 l_x、l_y,x、y 都会增加。也就是这些要素质量的改善就是通过提高 a,来提高 x、y,在个体选择分工作为均衡框架时,$2^{2(1-a)}$ 中,a 越大,$2^{2(1-a)}$ 越小。在同样的交易效率下,更有可能支持分工成为均衡框架。

在直觉上,当要素资源投入质量较高时,投入同样的劳动,就可以得到质量更高的产品。如果所有产品基本上处于较高质量水平,那么,在售卖时,就可以得到更高的估值。在要素资源监测方面使用信息化数字化手段,人们就能更好控制要素投入,从而能够通过提高产品质量而提升劳动投入的产出弹性。

（二）要素节约与信息化、数字化支持

1. 水资源节约

云贵高原有许多地区石漠化严重，土壤层薄，土壤保水蓄水能力差。而且许多地区降水不均匀。在石漠化治理过程中，大多数地区都是通过发展特色种植业，既可以固着土壤，改善生态条件，还可以创造良好的经济效益。但是，由于降水不均匀，再加上由于喀斯特地貌，修筑水库也难以找到合适地点，在干旱季节容易造成严重的工程性缺水。所以一些缺水地方依赖于修建水窖蓄水。但是灌溉农作物就必须使用最节约的手段。

蓄水有限，又要保证灌溉用水，就有必要对灌溉系统进行改进，能够依据土壤中含水量补水。在灌溉系统中，可以运用智慧手段，结合滴灌技术，节约用水。海升集团在贵州省威宁县进行马铃薯、红富士苹果种植，就用到智慧水肥一体化滴灌技术，保证了特色产品的质量和产量。

智慧滴灌技术使得劳动投入的产出弹性提高。在没有智慧滴灌技术的情况下，会出现几种情况，其中之一是在干旱年头，产品有可能在没有足够水分的条件下，质量较差，或者甚至在没有成熟时萎缩，产量得不到保证。

智慧信息化手段保证了水资源的充分利用，同时，还节省了能源。

数字化手段通过保证最终产出的高质量以及产出的高水平，提高劳动投入的产出弹性。

2. 劳动用工的节约

劳动力节约，是产业发展持续的必要条件。随着工业化步伐的加快，劳动力逐渐短缺。特色产业也概莫例外。

在一些特色产品加工业中，为了节约劳动力，基本上开始采用自动化、数字化加工体系，生产车间用工人数急剧减少。刺力王公司在盘州的加工基地，一个大型的刺梨汁加工车间，基本上采用全自动化和数字化加工体系，整个车间只有两个工人看守机器，另外几个工人再把包装好的刺梨汁用叉车运出车间装车。劳动力高度节约。

在进行数字化自动化改造过程中，产品需要高度标准化。这样，企业就可以通过大量资本投入节约人工。

资本是过去的活劳动凝结，通过投入资本替代活劳动。但是，这种节约是建立在产品生产、包装、打捆等高度标准化的基础上。通过资本的密集投入，使得活劳动投入的产出弹性扩大，支持了产品产业优势的形成。

自动化数字技术在产品初加工环节也逐渐采用，在贵州省麻江县的蓝莓生产基地,生产系统自动进行蓝莓清洗、分拣、包装等,直接将不同等级的蓝莓分选出来,并进行包装。通过分选包装,每一盒新鲜蓝莓颗粒大小基本相同,品相耐看,很受消费者喜爱。如果依靠人工,在清洗、分拣、包装等环节不仅费时,而且保持蓝莓表皮不破坏、颗粒均匀等方面,其质量肯定不如自动化数字化设备做得好。自动化加工包装系统对人工的替代,不仅仅加快了加工速度,更重要的是可以提供质量水平非常高的服务,产品估值显著提高。

许多特色鲜果行业,甚至大米加工行业也都用到这一类技术。即使是初加工领域,也逐步通过数字化改造形成精加工业态。

(三)生产条件控制水平的改善与数字化

农业历来是靠天吃饭,气候条件变化对农业的产出质量和产量有着非常重要的影响。人类对气候条件的控制能力决定着农业产业化进程。

对气候条件的控制技术最初在育苗环节使用,如温室育苗,然后推广到蔬菜与花卉等生产周期相对较短、对气候条件高度敏感的产业。控制手段由简单的避风避雨、用蒸汽升温等手段,逐步过渡到智慧控制,包括水肥条件、气温、空气湿度控制以及虫害数据采集等各个环节,智慧温室大棚农业已经成为现代农业最新、现代农业技术高度集成的业态。云贵地区原本花卉品种丰富,气候相对比较温和,但是,也有少数短暂的恶劣天气,影响花卉正常生长。尤其是贵州地区,还有比较频繁的冰雹与"倒春寒"天气,对于"娇贵"的花卉影响极大,有时甚至是致命的影响。贵州贵阳市乌当区现代农业园区,以花卉种植与技术推广为主要业态,大多数花卉生产业主都以智慧温室大棚种植作为主要业态。

这种智慧温室大棚同样是以信息化技术包括物联网、自动化控制系统以及农业专家技术分析集成为一体的现代化农业技术。在云贵地区主要在鱼苗、特色水产养殖、特色食用菌种植、名贵药材种植等领域运用较为普遍。这些领域原本资本投入高,气候影响给这些领域的投资带来极大风险,包括质量与数量的极不稳定,许多领域甚至都没有人工种养,基本上靠野生采集为主要供给方式,供给的不稳定性可想而知。现代智慧温室大棚技术彻底改变了这一状况,为农业生产的现代化提供了先导性示范案例。

除了这种温室大棚技术,一般的物联网技术也在农业生产条件控制与生产信息收集过程中广泛使用,尤其是绿色防控领域。如贵州绿茶已经成为地理保护标志,为了保护贵州绿茶的声誉,茶叶生产区空气监控就采用物联网技术,每一个茶叶产区都有空气质量检测器,采集产区空气质量信息,供农业部门与经营者分析使用,以保证茶叶生产环境的安全性。

　　生产条件控制的主要目的就是控制产出质量与数量的高度稳定性,同样是保证投入与高质量产出之间的稳定对应关系。通过这种控制,保证了专业化生产过程中劳动投入的产出弹性的提升,保证专业化生产与经营的可持续性。

　　(四)物流仓储的现代化业态

　　产品在流通过程中,仍然会产生许多不确定性,尤其是操作上、配送时间上的准确性、储存时的质量维持等,对产品价值的保值增值起着至关重要的作用。

　　物流的作用是将产品按照订单以及产品销售规律,以低成本、短时间送到目的地。一般地,现在的商家按照订单分路线送到顾客手中。但是,订单的分布可能随机产生,商品配送又需要耗费时间和成本,成本最终要摊分到消费者身上。商品的竞争力不仅体现在产品质量上,还体现在物流等服务质量以及服务成本上。尤其是生鲜产品的配送,产品从采收到配送至消费者手中需要控制在产品保鲜期内,甚至更高要求,如当日送到。这就需要计算系统、网络系统、定位系统以及订单系统、支付系统以及配送系统等诸多信息化系统的协同工作,以及物流企业与特色产品经营企业精准管理水平。云贵高原特色产业的物流业态创新启动早。如云南斗南花市,运用航空等快速递送渠道配送鲜切花;贵州近几年运用快递物流递送鲜果,如猕猴桃、百香果等,本省基本上做到鲜果当日送达消费者。

　　对于加工型产品,如茶叶、大米等从加工到递送,不仅要选用最节约成本和时间的方式,还需要供应链企业巧妙布局仓库。如贵州的西部农业现货市场,其主要交易的产品包括茶叶、鲜果、药材以及各类特色农产品,公司运用"云仓储"布局仓储地点,保证订单在短时间内完成。特色大米的仓储从作业到换库、温控等,均采用高度信息化和智能化体系进行调度,保证库存大米的质量,保证物流服务不出差错,降低成本。

　　云贵高原历史上是交通极不方便的区域,其物流发展到今天,能够为商品流通中的定制化、快速、精准服务提供保障,其业态经过了不断创新。当交通、通信、仓储等基础设施不断完善,物流业态创新还将继续,系统化、智能化和数字化是大趋势。

　　物流仓储的新业态,就是解决产品能够准确、快速配送到消费者手中,这些业态的最终效果就是将原初的产品实现为一个完整的商品。这些服务的质量使消费者的最终消费体验质量更加稳定,并维持在较高的水平,也使消费者能够提高对商品的最终价值和消费意愿。从最终价值评估来看,也使得生产经营者能够获得更高的销售额,从而实现劳动投入产出弹性。

　　信息化与智慧手段在特色产业各个环节都可以找到相关应用案例。在每一个特色产业链中,可能出现多个环节的应用和业态创新。这些业态创新对产业比较优势的形成以及强化起到支撑作用,为人们专业化从事这些产业起到支撑作用。

第三章

交易成本与少数民族地区特色产业业态
创新的信息化、数字化支持

在分工理论中,一再强调分工比较优势带来的利益与交易成本的对比是分工水平选择的决策依据。在考察产业业态创新时,我们除了考察比较优势及其类别对差异化策略的影响,还需要重点考察交易成本降低的方式与支持手段。在此,有必要进行交易成本理论的深入讨论。

一、交易成本的分类

科斯(1937)认为,运用市场机制组织生产也是有成本的,最初定义这种成本为价格发现成本,是为每次交易进行谈判与订立分离合同的成本①。交易成本不仅关乎资源配置,还包括产权配置和经济组织结构的意义(Eggertsson, 1990)。

(一)交易成本概念

1. 诺斯的交易成本理论

诺斯把交易成本看作是订立和实施作为交易基础的合同的成本②③④。他认为,约束各类委托人与代理人对利益最大化追求的制度、组织,使文明成为可能。但是,订立、行使作为这些制度基础的合同规则,成本极高。如交易产品与服务有许多有价值的特征,能给予购买者效用,但是在合同交易中,这些价值的测度往往需要较高的成本。如果不能够准确测度这些特征,交易各方就有机会占对方便宜。凡是难以测度这些价值特征的交易场合,委托代理问题就比较突出,就有较

① COASE R. The Nature of the Firm[J]. Economica, 1937(4):386-405.

② NORTH D. Institutions, Institutional Change and Economic Performance[M]. New York:Cambridge University Press,1990.

③ NORTH D. Measuring the Transaction Sector in the American Economy[M]//EUGERMAN S, GALLMAN R. Long Term Trends in the American Economy. Chicago: University of Chicago Press,1986.

④ 埃瑞克·G.菲吕博顿,鲁道夫·瑞切特. 新制度经济学 [M].孙经纬,译.上海:上海财经大学出版社, 1998.

大可能使得交易偏离社会有效的方向。诺斯因此得出结论,约束代理人与测度代理人产出的成本很高等问题,造成了一个代理问题中根本性的两难局面,决定了设计交易结构的制度的形状。

合同交易成本的另一方面是合同实施成本。由于合同本身不完善,如哪些因素构成合同履行就难以证明,再加上监督合同执行的法庭官员本身也是代理,对合同是否实施也可能依据自身的价值观念来判断,因此,合同实施就存在许多不确定因素。正是因为测度绩效受价值观影响,制度规则因此会受到思维形态的影响。在这一方面,诺斯的制度理论对于因地理条件等限制造成的习俗、传统和语言造成的思维形态是否一致,是非常重视的。他认为,当一个社会的成员思维形态高度一致时,即使正式制度不是很清晰,也能够使合同执行水平保持在一个适当的水平。但是,如果社会成员思维形态出现分歧较多,当分工更细化时,对规则的制定与认同就需要花费较高的成本,同时,还需花费较高成本用于合同执行。基于这一原因,当测度绩效成本较高时,思维形态上的一致性成为制度形式的基本影响力量。

诺斯的基本逻辑是非常清晰的,即测度成本高昂,容易导致实施的不确定性和机会主义,需要思维形式的一致性进行协调。

2.威廉姆斯的交易成本经济学理论

威廉姆斯常引用的是奈特的不确定性理论[①]。他把奈特的不确定性来源归结为两种。一种是初始不确定性来源,即事物客观上的自然状态不确定性。这一种不确定性,就是保险问题类似的可以用技术手段去解决的那一类不确定性。也就是哈耶克常说的那种盯着统计数字去适应,就可以得到解决办法的不确定性。而更严重的是另一种不确定性来源,就是交易时交易者有意扭曲地提供非真实信息带来的不确定性。这一种威廉姆斯称为次级不确定性。这种不确定性也就是哈耶克称为盯着统计数据也解决不了的经济问题。

这种不确定性是由于人类理性的有限性,一方面,人们对现实世界的认知能力有限,另一方面,人们又在追求利益最大化,并且,在认知上也在努力节约自己的脑力。在最大化利益的动机上,威廉姆斯认为最强的动机是机会主义,即所谓的欺骗性地追求自利,通过不完全或者有意扭曲地披露信息。正是由于这些动机以及自然状态的不确定性,就使得经济活动和组织问题变得非常复杂。信息结构是交易成本的重要变量。

引起交易成本变化的另一个重要因素是所谓的资产的专用性,即为完成某类

---

① 奥利弗·E.威廉姆斯.资本主义经济制度[M].段毅才,王伟,译.北京:商务印书馆,2002.

特殊交易而进行的耐久性投资。在这种交易中,双方身份重要,即保持双方的持久交易关系是有价值的。支持这一类交易需要各种合同和组织保护。高额的专用资产投入,使得事前竞争性投标情形变为垄断供给情形,使得交易的性质发生根本性转变。

围绕着资产的专用性、不确定性以及交易频率的三个维度的交易特性,威廉姆斯讨论交易治理的几种形式。对于非专用交易,如标准化产品,不论偶然的交易合同还是经常性交易合同,主要使用市场交易来治理。而对于非标准、偶然的交易,购买者不太可能根据自身的直接经验保护交易,防范投机。对于混合式的偶然交易和高度专用式的偶然交易都需要三方治理,由于专用投资以及专用治理都比较昂贵,这种交易治理的关键就是维持交易关系。对于中间品市场交易行为一般采用两种交易方式:一是双方结构,其中双方都自主行事,二是统一结构,再由组织的统一的权威关系的企业内部进行交易。

威廉姆斯的理论至少给出了特色产品业态创新的方向,一是对特色产业产品的信息解释要充分,以减少交易双方的机会主义行为,业态创新就是建立这种信息显示机制,尤其减少售卖方对于产品信息的扭曲和虚假披露。二是对产品尽量实行标准化生产和标准化分类,尽量以市场治理结构来治理交易。三是对于工艺类专用产品交易,可以采用专用结构和双方治理结构,这就需要交易双方通过不断沟通和相互调适,维持交易关系。对于高品质特殊需求的农产品,也可以通过一些特殊的沟通和合同治理来维持,如认种认养制等。

(二)交易成本分类

埃根森(Eggertsson,1990)等指出,引起交易费用的通常与产权交换有关的活动是:寻找资料、议价或谈判、监测或监督合同、执行合同、外部仲裁和防止不当使用租金的保护。此外,在一个信息十分完善的世界中,不需要这种活动,因此也不需要交易费用①。交易费用通常与产权交换有关,一般指寻找资料、议价或谈判、监测或监督合同、执行合同、外部仲裁和防止不当使用租金的保护。此外,在一个信息十分完善的世界中,不需要这种活动,因此也不需要交易费用。

引起交易成本的其他因素,如交换伙伴的特征和交换环境,在区分各种类型的交易费用方面也是重要的。交易成本也可以是机会成本,具有固定成本和可变成本的特征(Eggertsson, 1990)。交易费用还可以分为市场交换的事前费用和事

---

① EGGERTSSON T. The Cost of Transacting and Allocation of Resources, Economic Behavior and Institutions[M]//FREEMAN R B, MEDOFF J L. What do Unions Do? New York: Basic Books,1990.

后费用两大类。包括事先安排合同、事后监督和执行合同的成本。乔治·S.里弗斯(George S. Rivers)对交易成本进行了详细的分类,并对各类成本的影响因素进行了分析。①

1. 市场交换的事前交易成本

这种交易成本直接与科斯所指的合同实际成本相关,分为检索成本或信息成本、谈判成本或议价成本(Hallwood, 1990)。②

(1)信息检索成本。要获取全世界所有交易可能性的全部范围的精确信息一般是不可能的,因为传播这种可能性涉及巨大费用。搜索成本定义为:获取有关产品或特定服务的信息,以及数量、质量或价格相关问题的信息所涉及的成本;寻找与他们进行贸易谈判的潜在的买家或卖家的成本。如果涉及国际营销。搜索成本包括:获取交易商品数量和质量信息的成本,以及每一类商品的现行价格;境外代理的相互成本;获取有关各自国家的法规和政策信息的成本(如环境、卫生法规和汇率、关税或贸易壁垒政策);确定适当贸易伙伴的费用。里弗斯认为,搜索成本与交易价值呈正相关。

搜索成本包括固定的收集信息成本。这就可能产生规模经济效应。一旦收集起来,任何数量的买家或卖家都可以使用这些信息。因此,使用信息的买方或卖方的数量越大(交易量越大),交易的频率就越高——这将降低单位搜索成本。

不仅如此,供应商数量增加,提升了竞争,使得获取中间投入(即更低的搜索成本)的成本更低。因为更多的供应商为购买者提供了更多的寻找替代供应商机会。

空间上集中业态可以降低信息成本。随着市场的集中和企业地理密度的增加,传播信息的单位成本下降。

信息生产业态也可以降低信息成本。

搜索成本与交易量(买卖双方的数量)和交易频率成反比。因此,交易量、价值和交易频率都可以作为衡量劳动力市场和中间产品(服务)市场信息成本的代理指标。

(2)合同谈判费用。科斯(1937)认为,当购买商品或服务的人规定另一缔约方应该做什么(由于测量困难)变得更不可能、更不可取时,企业就会将生产内部

---

① RIVERS G S. An Indirect Approach to the Identification and Measurement of Transaction Costs [M]//NG Y – W,SHI H L,SUN G Z. The Economics of E – Commerce and Networking Decisions. Basingstoke:Palgrave Macmillan,2003:267 – 297.

② HALLWOOD P C. Transaction Costs and Trade between Multinational Corporations:a Study of Offshore – Oil Production[M]. Boston:Unwin Hyman,1990.

化。谈判成本背后的基本理念源自"物有所值"的交换概念。尽管价格是交换的关键变量,但还必须就商品或服务的质量、交换发生的地点和时间以及支付方式达成协议(诺斯,托马斯,1973)①。因此,中间产品(服务)市场贸易的谈判费用可定义为:一方在谈判价格、质量、交换时间和地点或支付方式时预先分配的支出金额,以争取事后盈余的最高份额。

在谈判前为获得最大的事后盈余,对信息和知识进行的投资就是谈判成本。霍尔伍德(Hallwood,1990)指出,即使有对称的信息,将价格固定在交换的数量上也是有成本的。确定价格的费用可能包括聘请一名拍卖师、经纪人或交易商,由买卖差价予以补偿,也可能包括精算或成本会计计算方面的开支。阿卜杜勒－拉蒂夫和纽金特(Abdel－Latif 和 Nugent,1996)也指出②,语言、文化和品位的差异会增加谈判成本。

交易次数少的商品不仅是因为可资借鉴的经验少,导致直接生产信息和知识的成本高,而且交易次数少的商品标准化程度相对较低,双方就有关质量规定的探讨以及价值计算知识上取得认同的谈判时间会增加。

在中间产品(服务)市场,谈判成本(价格固定成本)与商品(服务)标准化程度和交易频率成反比。

随着贸易量的增加,非价格贸易条件也变得标准化。通过增加供应商的数量,可以认为信息系统资产的可收缩性和标准化增加了,从而减少了企业内部对此类资产的集中协调的需要。此外,诺斯和托马斯(1973)认为,随着市场交易规模的扩大,建立一套标准的贸易惯例或条款,从而降低谈判成本,变得越来越有利可图,也越来越可行。

谈判成本与中间产品(服务)市场的交易量(买方和卖方的数量)成反比。

信息对称的情况下涉及中间产品(服务)的交换,交易数量、交易频率和标准化程度可以作为衡量谈判成本的代理指标。

在谈判桌上,信息不对称会导致逆向选择和道德风险问题。信息不对称可能导致租金被不适当地占用——如果卖方披露太多,则由买方占用;如果买方没有得到充分的信息,则由卖方占用(Alston and Gillespie, 1986)③。

① 诺斯,托马斯. 西方世界的兴起[M]. 厉以平,蔡磊,译. 北京:华夏出版社,2009.

② ABDEL－LATIF A M,NUGENT J B. Transaction Cost Impairments to International Trade:Lessons from Egypt[J]. Contemporary Economic Policy, 1996,14(2):1–14.

③ ALSTON L J,GILLESPIE W. Resource Co－ordination and Transaction Costs:A Framework for Analysing the Firm/Market Boundary[J]. Journal of Economic Behavior and Organization, 1989,11(2):191–212.

2. 市场交易的事后交易成本

(1)合同的执行成本。有些商品在消费之前很难确定其质量。自然状态随机变化带来的不确定性、防范机会主义是导致商品(服务)测度成本的一个原因,但产品特质是增加事后合同监督成本的另一个原因(Hallwood, 1990)。霍尔伍德将产品特质状态定义为具有多属性或可变多属性的商品或服务。这种状态使产品或服务的选择过程复杂化,从而提高了测量成本。

监督管理成本、执行(法务)成本与以下因素正相关:随机变化的概率、劳动服务属性的范围和可变性、偷懒的可能性、消费过度的概率。执行成本与下列因素负相关:交易量、交易频率。

(2)中间产品(服务)交易成本。中间产品(服务)市场合约执行成本与下列因素正相关:随机变化的概率、商品/服务属性的范围和可变性、欺诈的概率。与下列因素负相关:交易量、交易频率。

中间产品(服务)市场的执行费用与交换的产品(服务)的随机变化程度正相关。这种执行的费用不仅包括衡量产出的数量和/或质量的直接费用,而且包括由于计量本身的错误而从贸易中获得的收益。然而,随着测量精度的提高,成本也随之增加。因此,为了提高效率,买方和卖方可以容忍一定的测量误差。并且通过产品保证(担保)、品牌名称(商标)和版税协议等共享合同等机制来补偿这些误差。诺斯和托马斯(1973)指出,执行成本和搜索成本一样,都是固定的交易成本组成部分,随着交易数量的增加,会受到规模经济的影响。Wang(1999)[1]指出,声誉可以保护消费者免受供应商欺诈损害;然而,为了让这种方法奏效,"博弈"次数必须增加,并且要经常进行,而且在下一轮博弈开始之前,作弊行为必须在某一轮中被检测出来。

交易的数量和频率可作为衡量中间产品(服务)市场执行成本的代理指标。如果产品是最终产品,那么该产品的测量成本就会降低。但是,在中间产品和服务方面的交换被市场劳动力交换所取代(张,1983)[2]。此外,这些商品和服务很难识别,而且是"内部"生产的,因此测量成本并没有消除。事实上,由于还有市场交换,价格机制仍然有效。张(1983)指出,公司并没有取代市场,而是用另一个市场的交易取代。这里的主要思想是,涉及商品和服务交换的计量成本被涉及劳动

---

① WANG N. Measuring Transaction Costs: An Incomplete Survey[Z]. Ronald Coase Institute Working Papers, 2013.

② CHEUNG S N S. The Contractual Nature of the Firm[J]. Journal of Law and Economics,1983, 26(1): 2 – 12.

力交换的计量成本所取代。

（三）外部仲裁费用

仲裁被定义为"一个准司法过程的唯一目的是……纠纷的裁决一个公正的裁判类似于法官在法律行动"（贝尔，1982，pix）①。在事前非对称信息，各方事务可能采取这样一个第三方的事后。如果事后发生关于盈余份额的争端，买卖双方可同意通过法院诉讼、法庭听证会或其他仲裁机构（如劳资关系委员会或基本工资委员会）接受仲裁（Plowman，1992）②。

外部仲裁成本与当事人之间的信息不对称程度和/或中间产品（服务）市场契约的不完全性呈正相关。

外部争端解决机制的费用定义为：一方基于法律或其他外部仲裁理由拨给市场交易所的支出金额，以排除另一方事后对该交易所的"不公平行为"。这可能与价格、质量、交换时间或地点和/或付款方式有关。

（四）资产专用性投资的租金成本（持有成本）

由于交易地点或交易特点的原因，需要进行特定资产的投资，以便在买方和卖方之间进行交换（Williamson，1981）。如果买方和卖方之间的交易地点足够小，以便利用减少的运输费用，投资就会成为具体地点的投资（梯若尔，1989）③。关于交易的特点可以看出，一方或双方可能需要发起特定于人或特定于物的投资，从而使这种人力或实物资本成为专门为所涉交易量身定做或定制的（Joskow，1988）④。一般来说，一项特定的资产可以定义为"其替代用途价值明显低于其当前用途价值的资产"（Nam，et al，1996）⑤。随着时间的推移，这种特定于交易的投资，无论是地点原因还是出于特殊目的，都会导致资产的不流动（Joskow，1988）。也就是说，专用性投资在转换到其他用途、环境的交易情景时，都有可能造成损失。

通常情况下，买家可以在竞争激烈的环境中从一个巨大的池中进行选择。如果交易的产品非常标准，那么在任何时候都有许多可供选择的买家和卖家，生产

---

①　BAER W E. Winning in Labour Arbitration[M]. Chicago, IL：Crain Books,1982.

②　PLOWMAN D H. Australian Wage Determination：Select Documents［C］. UNSW Industrial Relations Resource Series, 1992.

③　TIROLE J. The Theory of Industrial Organization［M］. Cambridge：The MIT Press,1989.

④　JOSKOW P L. Asset Specificity and the Structure of Vertical Relationships[M]// WILLIAMSOW O, WINTER S. The Nature of the Firm . New York：Oxford University Press ,1988.

⑤　NAM K, RAJAGOPALAN S, RAGHAV R H,et al. A Two–Level Investigation of Information Systems Outsourcing[J]. Communications of the ACM, 1996, 36(9)：7–39.

商之间的合同将是非正式的。然而,现货市场事后失灵,因为交易成本的特殊性,买卖双方之间的特殊交易很快就变成了双边垄断关系。对于这种特殊的商品和服务交易,特定关系投资的实现收益取决于交易的成功执行(Williamson,1986)。然而威廉姆森(1986)认为,特殊交易和事前合同的不完整性的结合可能会带来"事后机会主义"的风险。事实上,如果合同没有规定所有未来的意外情况,对买方或卖方有利的情况的改变允许一个经济代理人事后投机地行事,并从另一个代理人那里收取租金。如果客户公司与供应商存在拉关系,那么供应商的机会主义行为可能会给客户造成重大损失。合同可能是不完整的,因为不确定性、信息不对称和无形资产的不可收缩性,如创业知识(Yang,1992)。丹佐(Denzau,1992)认为,市场协调经济代理人分散决策的能力受到代理人机会主义行为的阻碍①。经济学家将这种不合作造成的损失严格定义为交易成本。因此,除非买方和卖方采用一种方法来克服签订一份更完整的事前现货合同的成本,否则经济中的投资激励机制仍将存在缺陷,因为进行的事前投资数量不足(Grossman and Hart,1986)②。由于这些特定资产的回报对客户公司来说也是高度特定的,供应商可能不愿意投资于这些资产,因此需要内部提供。

为了避免拖延问题(以及随后的事前投资不足),需要减少事后机会主义行为的诱因,方法是通过考虑到未来更大的意外情况,使事前合同更加完整。然而,由于事前合同更不可能对所有的偶然状况进行规定,所以合同干脆就用最简单的情形来进行相关约定。可以直接归因于市场上交易的频率和数量。与计量成本一样,市场双方交易主体数量的增加提高了特定属性资产的流动性(减少了它们的特定性质),从而降低了租金占用(或持有成本)的可能性。因此,为更简单的契约创建了环境。

在不完全信息情况下,具有资产专用性的特质投资的持有成本与交易的数量和频率成反比。通过增加某一特定市场在中间产品(服务)市场或劳动力市场的交易数量和频率,可以减少搜索成本、谈判成本和执行成本以及此类交易的任何潜在滞留成本(如租金拨款)。因此,交易量和交易频率都可以作为劳动力市场和中间产品(服务)市场持有成本的代理指标。此外,阿尔特等(Alt,et al,1999)采用

---

① DENZAU A T. Microeconomic Analysis: Markets and Dynamics[M]. Homewood, IL: Irwin Inc,1992.

② SANFORD G,OLIVER H. The Costs and Benefits of Ownership: a Theory of Vertical and Lateral Integration[J]. Journal of Political Economy, 1986,94:691 – 719.

了一些措施来评估物质资本的流动性①。就实物资本的资产专用性程度而言,阿尔特等(1999)采用的是研发强度,即研发投入水平越高,资产的不动性及其相关的"持有率"成本就越高。销售产品或服务的公司如果有相近的替代品,就不太可能投资于研发。在有"边做边学"效应的地方,研发也会导致人力资本的专用性。

在信息不完全的情况下,具有资产专用性的特质投资的持有成本与研发强度的程度呈正相关。随后,研究开发强度可以作为衡量劳动力市场和中间产品(服务)市场持有成本的代理指标,它反映了资产专用性的程度。在人力资本专用性方面,阿尔特等人(1999)采用了工作流动性测度,即每年的总增加量加上每年的总减少量除以总工作量,认为低的工作流动性意味着更高的人类专用性。

在信息不完全的情况下,具有资产专用性的特质投资的持有成本与政府销售占组织总销售的比例呈正相关。

在信息不完全的情况下,具有资产专用性的特质投资的持有成本与广告支出占组织总销售额的比例呈正相关。

劳动力市场交易的整个交易成本范围将由以下单位来衡量:

劳动力市场买卖双方的数量、交易价值和交易频率;劳动合同规范化程度;工会化程度;估计具体劳工合同经济指标的费用;监督和管理费用;迂回生产的程度,即生产的层次数;为解决事后关于工作条件(要求)、工资支付等劳工投入的争端而进行的外部仲裁的费用;研发强度程度;工作的流动性。(见表3.1)

表3.1　中间产品(服务)市场交易费用的代理措施一览表

代理/实际措施	交易成本类型
交易的价值	搜索成本
交易量	搜查、谈判费用/警务、执行
交易的频率	搜查(谈判)费用/执行费用/持有费用
商品(服务)标准化	谈判成本
估计费用	谈判成本
合同特定经济指标	
外部仲裁成本	外部仲裁成本
监督管理费用	警务及执法费用

---

① ALT J E,CARLSENF,HEUM P,et al. Asset Specificity and the Political Behavior of Firms:Lobbying for Subsidies in Norway[J]. International Organization,1999, 53:99 - 112.

续表

代理/实际措施	交易成本类型
公司的层次结构	协调成本
研发强度	持有成本
政府销售额占总销售额的比例	持有成本
广告支出占总销售额的比例	持有成本

另外,在中间产品(服务)市场中进行交易的交易成本将通过以下方式来衡量:

市场中间投入的买方和卖方的数量、交易的价值和交易的频率;中间产品(服务)合同标准化程度;中间产品(服务)合同具体经济指标估算成本;对外仲裁费用;研发强度程度;政府销售占总销售的程度;广告占总销售的程度。

滞留成本(中间产品、服务市场)的决定因素有:持有成本、研发强度程度、政府销售额占总销售额的比例、广告对总销售额的影响程度。

持有成本与以下因素负相关:交易量,交易频率。

二、交易成本与业态创新的信息化、数字化支持分析范式

根据以上文献,我们必须抓住交易成本节约的几个细节性的特征,以便于我们对特色产业业态创新过程中另一个维度的力量的考量,即交易成本节约对业态创新的支持。尤其是数字化以及信息服务业态对特色产业业态的支持,更要考虑这些细节。否则,分析时无法考究业态创新带来的效果和影响,更无法考虑业态创新支持特色产业持续发展的机制。

第一个是对交易成本与交易关系建立的时间维度。这一维度所考虑的问题可能关系到几个方面,一是这种交易成本节约措施的实施主体,二是这种措施的所谓的增值部分。如交易前的成本节约主要是信息成本节约。这种节约方式同样可以通过分散式和集成式。如果从消费者主体来看,分散式生产一般涉及的是这种产品质量信息生产和其他相关信息成本较低,集成式生产不能体现优势和节约。而集成式生产就是产生一个代理,代理消费者进行信息生产。也有两种替代方式。一种是第三方生产,这种生产就是基于信息不对称条件下,第三方运用专业及其权威的方式摄取信息并提供服务。第三方生产是基于第三方服务对象的广泛性而进行的专业化生产,是专业分工思想在信息生产领域内的体现。其专业化支持同样可以用前述外生比较优势、内生比较优势模型来予以说明,此处不再赘述。第二种方式是企业未来利用自己的质量生产专用性投入优势,进行引申,

将质量生产成果的关键要素用一种直观、可视的方式向消费者展示，并通过分摊，使得每个消费者不必重复投入，而能够节约信息生产成本，从而支持消费者网络扩大，进而在网络内扩大质量信息等知识外溢。

交易中与交易执行环节的成本节约是一种非常重要的特色产业专业化促进措施。在直觉上，同样需要解决一些问题，就是产品交割的方便和结算的方便，以及合同执行不完整需要得到的处理措施要有力，使得受侵害方能够以较低成本索取赔偿。

第二个维度就是节约交易成本的方式。按照上述文献分析，尤其是威廉姆斯的观点，交易成本最大的构成就是专用性投入或者资产的形成，这是影响交易双方交易达成的最重要的因素。在业态创新过程中，从交易效率角度考虑，就需要考量专用性投入主要是指什么样的投入，以方便我们更清楚地看到业态创新所解决的关键问题。从专用性投入形成某一个方面最深刻的专业性技术与知识，从而以最节约的方式解决交易问题，沿着这种方式分析，就可以使交易成本节约的解释不至于陷入抽象化而无法理解。业态创新分析的交易成本节约就需要指出这种专用性投入为什么更有效，在这种技术投入与知识投入下为什么能使交易过程更容易被人理解、更加节约。

第三个维度是质量等信息生产的确定性与否，解决方式及其对产品价值估值影响。特色产品生产本身是一种差别化策略，需要消费者对这种差别策略提供的实质性服务与实质性有效成分的正确估价，才有可能形成特色产业的良性生产循环。质量信息的模糊性，影响了消费者的估价，需要建立一种机制传播这种质量信息，提高消费者对产品质量信息的信念（信念是模糊决策概念，就是对产品质量水平赋予的主观概率或者隶属度）。

三、特色产业业态创新与交易成本节约

(一)产品质量信息生产的业态创新与搜索成本节约

1. 集中生产信息与发布信息

买卖双方在对产品的估计上可能不一致，这主要是基于产品内在质量信息，以及生产这种质量的成本信息、产品与服务对买入者的效用信息等方面都存在着差距。

一般情形下，生产者为了取得最大利润，有可能在披露质量信息、成本信息时尽量夸大数据，以诱导消费者接受较高价格。产品在消费者手中有可能通过一些价值开发，提升了实际使用价值，这种价值的提升固然有消费者知识累积的作用，但同时必须以产品的某些内含成分为依托，在消费者开发了更高使用价值以后，

也就应当提升相应的估值。而实际进行买卖时,消费者通常会隐瞒这些应该提升的估值。

从整个市场考虑,当出现新的替代品时,关于某些使用价值物的供给就会增加,造成价格下跌,或者替代品价格急剧下降、生产技术进步、原材料供给增加等使成本下跌时,供给方竞争导致产品价格下跌。如果产品新的使用价值开发出来时,需求者增加,会提高价格,或者某些增加需求的因素出现时,价格会上升。供给方尽力屏蔽价格下跌因素,不断渲染价格上升的因素,而需求者尽力屏蔽价格上升因素,尽量夸大价格下跌因素。

但是,不论双方使用什么样的策略,推迟交易一般具有很多的不确定性,因此,买卖双方一般都希望尽快进行交易。成交的过程是双方估值的最终体现,是双方关于产品价值信息交流的过程。成交的速度与商品、货币的流动性都体现了市场的效率。市场效率实际上是商品价值估值信息交流的效率。

不仅仅是产品本身的真实估值,交易成本带来的价值损失双方会在成交价格上体现。消费者会将搜索成本、鉴证成本计算在内,尽量找到价格更便宜的使用价值物;而生产者尽量将发送信息、创建与发送信号的成本计算在内,尽量寻求较高估值的买入者。信息交换的效率体现了成交的效率。

为了充分利用市场各方参与者的信息优势,人们创新交易领域业态,其中,就是让交易者的价格知识发生外溢,为其他参与者充分吸收,而提高交易效率。在云贵高原,特色产业的新交易业态主要是两种,一是集中交易业态,二是电子商务。

原始的集中交易就是赶集,这是在没有电子信息技术时代偏远地区信息最节约的现货交易方式。在赶集时,大多数当地特色产品供求双方在集中地点讨价还价,完成交易。供求双方的供求信息都要靠传统交易经验累积获取,信息沟通周期长,价格调整缓慢。

新时代的集中交易一般采用电子交易所。云南斗南花市是云贵地区最早的农特产品集中交易所。此后的普洱茶、云南文山三七、贵州的茶叶等,都建立了大型电子交易所。

交易所交易的产品一般具有以下特点。第一,多为大宗交易。每一笔成交数量大,参与者一般都具有强大的生产能力或者交易渠道广泛、加工量大等特点,这些交易者本身就对市场价格具有很强的话语权。第二,质量标准化。交易所一般都对每一个产品的质量等级分级标准进行公布。第三,提供统一的产品质量检测与甄别服务。第四,提供结算服务。交易所利用电子系统撮合交易,参与交易者都要建立保证金账户,在规定时间内统一交易结算。

　　产品的质量的标准化与集中交易结算,极大地节约了谈判与质量信息生产成本。同时,交易信息即时公布,交易报价数量即时公布,价格信息知识为所有参与者吸收。交易者在进行买卖决策时,只需要决定当前价格是否能够下单,应该下多少单,而不需要去考虑这种商品质量是否符合要求,因为这些信息基本上标准化,也不需要考虑在哪里交割,交割库是指定的;更不需要考虑交易对手的信用状况等交易背景。所有这些价格与数量以外的信息生产与发布,都是交易所的专用性投入,通过交易者大量而频繁的交易,通过佣金方式回收,分摊到所有交易者身上。交易所可以将保证金进行运用或者稳妥方式的投资,还可以获得财务收入。而交易者在相关信息生产投入上极大地节约,并且,时间上得到保证。

　　在电子交易的背后,需要强大的物流系统做后盾。最初,斗南花市还与昆明机场达成协议,有花市经营者将鲜切花按照订单要求送到指定城市,鲜切花一般当日能够直达订货者最近的城市,保证了服务质量。机场与经营业主、消费者之间都是通过电话联络,或者电子邮件联络,协调三方在不同时间点的交接。后来的三七电子交易,也能够通过物流或者快递直接送达消费者手中,这时的信息传达,通过 QQ 或者微信,联系更加方便。不仅如此,鲜切花的品种、花型等都能够直接通过 QQ 或者微信传送,交易信息更加充分。

　　电子商务。电子商务通过提供以下几种功能来节约交易成本。第一,提供产品搜索功能。电子商务网站一般都罗列大量待售商品名称、质量、价格、生产者等信息。质量信息一般包含外观、质量认证等方面的信息。对产品特殊性能和特色一般都有文字说明。第二,非常方便的产品订购、交易结算方式。特别是第三方支付平台的出现,使得交易的完成具有极大的便利性,包括电子签名等一并完成。第三,关于产品真实的质量信息与附加的服务质量信息,一般平台都有对商品的评价信息。据此,消费者之间关于产品与服务质量信息可以在消费者之间外溢。根据网上消费者对于产品的正面与负面评价,判断出产品与服务真实质量水平的可能情况,并依此进行买卖决策。

　　由于电商平台提供的信息服务是标准化的,一些特色产品的特性往往还难以用标准化的语言进行贴切的描述,现在,人们更习惯于通过微信和 QQ 传送相关信息。玉屏箫笛是贵州三大名片之一。关于箫笛的介绍用言语总是不能贴切表达。玉屏箫笛厂的吴继红厂长通过各种途径分省建立箫笛微信群,在微信群发布产品信息和收集需求信息。通过微信,需求者可以选择规格、图案和型号。箫笛生产出来以后,销售者通过微信直播展示笛子的音色、音准、外观等,由消费者提出修正建议,箫笛厂就可以依据消费者的要求进行个性化修正。在消费者满意以后,工厂对这些产品进行消毒处理,包装,通过快递或者物流发送到消费者手中。这些特色产品销售者通过各色各样的信息技术路径表达自身产品特色和性质,使得供给与需求更加贴近。微信与 QQ 平台,是平台公司的专用性投入,通过消费者使用,获得用户流量,产生了平台公司新的商业模式,如通过结算、广告等方式增加收入,而消费者则免费使用平台,不仅信息效率提高,使用成本大大降低。

2. 质量信息与检测业态创新

特色产品的特色更多体现在产品质量上,民族地区的特色产品也可能与民族文化相联系。这两方面都是产品内涵方面的表达。特色产品的质量与文化内涵很少能凭消费者直觉进行判断。质量信息生产要有专用性的技术设备与知识、人力的累积。无论是设备与技术投入,或者是专用人力资本的累积,对于消费者来说都是昂贵的投入。而且对于消费者来说,如果每一个消费者都进行重复投资,实际上也是一种浪费。而消费者遇到所有这样的产品都需要进行这样的投资,实际上也是不经济的,并且大多数也都是不可行的,因为个人投资于特色产品质量信息生产的效果受到时间与学习能力的限制,如果时间与学习能力有限,就无法达到很好的效果。这样,由于不理解产品特色及其价值,消费者一般会放弃对该产品的购买和消费。为了分摊这种投资,并使得专业化质量信息与知识充分外溢,一般质量信息的生产会被交给生产者或者第三方。而对于产品供给者和第三方的质量信息生产再实行监督和监管,保证特色产品的信息生产质量。民族文化内涵更加需要在消费时进行体验,需要在消费之前累积相当的文化知识,同样是一种专用性投入。本研究仅对质量信息生产进行论述。

质量检验与认证,是以一种相当于众筹的方式投资的,每一个消费者都要为此付出成本。对于消费者来说,表面上是由企业负责投资检测与认证,由此获得产品质量信息,消费者只需查看产品是否有检验认证标志即可。但实际上,通过对不同质量认证等级产品的价值估值,消费者付出的远远已经超过厂家质量认证与检测的投入成本。大多数国外文献都已经认定通过认证的产品,认证等级越高,溢价越高。

质量检测投入现在一般有两条途径。一条是公共或者第三方投入,另一条是厂商自身的专用性投入。公共或者第三方投入,实际上是将质量专用性投入通过加大交易频次在不同厂商之间分担。这种检测很多是由国家与地区对产品的法规条例规定的质量的市场最低进入门槛要求进行检测,这种检测是对于消费公众最普遍的最低质量要求的信息过滤,不符合这一要求的产品不能进入市场交易。而厂商的检测更多是基于声誉建立和更加专业化的特色检测,这种投入只能面向特殊的质量需求者服务,交易频次相对较少,摊分的信息生产成本就相对较高。而且由于企业投入只面向有限对象,风险比较集中,因此,要求的溢价也会更高,因为这种溢价要体现更加集中的风险折扣因素。

为了让消费者对检验结果更加信任,检测技术和验证一般通过以下方式加强,而使得现代检测服务呈现一种新的业态。第一,检测结果的可视化,一般通过信息化技术进行信号和相关检测数据的可视化转换。这种可视化转化还可以发送到企业提供的特别通信频道,让消费者直接观看检测结果。第二,行业协会与学会、专业研究机构对检测技术的稳定性不断进行改进,并对技术的实用性与先进性进行通俗化演绎与可视化展示,从而让消费者易于理解为什么这种技术是先进的和可靠的,提高消费者对产品检测结果的信心,并进一步降低消费者对产品质量不可靠、不稳定带来的消费风险折扣,提高消费者对产品的估值。

检测技术的信息化还表现为检测过程的可视化与数据记录环节,目前,发展的网络技术还可以用于检测数据集成,即通过云技术将各种检测机构的数据进行集成。贵州省政府在确立大数据产业发展作为当地产业战略时,就由省政府各个相关部门建立了"七朵云",食品安全云是其中之一。该平台以集成全省药物食品安全检测数据作为其主要发展业务的基础。贵州省大多数地方特色农产品与食品安全检测数据就集中在这一云平台上,消费者可以通过云平台直接检索这些特色农产品与食品安全质量数据。检测系统的云平台成为食品安全质量检测的新业态。

3. 特色产品会展业态创新

特色产品博物馆、展会等,也是特色产品质量集中展示的重要途径,近年来,这些特色产品会展业态也在不断创新。会展对于特色产品是非常重要的,其主要作用有以下几个方面:让特色产业产品有机会向潜在的经销商与最终用户展示产品质量,同类的或者相互替代的产品都在展会上同台展出,消费者可以根据自己的要求了解价格、质量以及产品系列信息,并与厂商及生产者建立沟通联系。另外,许多厂商可以通过会展看到行业最新的创新动态,以及消费者对质量要求的变化。正因为这样地方政府相关部门乐于组织各种特色产品会展,推介当地特色产品。

办会展是一个相当复杂的组织服务活动。近年来,会展业态也在不断创新,在创新过程中,信息化起到了相当重要的作用。在会展宣传和招商环节,会展商通过电视、广播与自媒体不断推送会展信息,并定向发送信息给厂商邮箱、微信、QQ 等,通过虚拟会展与博物馆,展示特色产品。在会展管理环节,展位检索与定位,都运用了 GPS 等通信技术,进行管理。更先进的是进行网上虚拟会展,如贵州民族文化博览会就通过虚拟博物馆进行宣传和展示,激发社会各界对会展参与的兴趣。让消费者在网上浏览之后,增强参与会展的意愿,强化博览会的宣传效果。

尤其是贵州省在推行大数据战略以来,会展与博物馆进一步创新,采用大量光电技术与新兴信息技术,创新会展业态。一些民族地区进行了新型博物馆建设,如三都水族自治县建立的水族文化博物馆,通过光电技术展示水族发展历史、水族服饰、风俗、水书与马尾绣制作、水族饮食文化等诸多内容,生动传神。苗医药会展中心,通过数据后台控制,可以常年向参观者展示各类苗药信息和知识,观看者还可以用VR等技术体验苗药服务及其制作体验等,激发了年青一代对苗药的学习的投入意愿。

(二)节约搜索成本的业态创新

前面的文献综述对搜索成本的内涵进行了讨论。既然搜索成本中关于质量、数量与价格信息收集的成本非常重要,而且这也是消费者购买决策的第一个重要步骤,如果这一步成本太高就有可能导致产品与服务无法进入产品价值估值阶段以及最终购买与否的权衡,最终影响市场份额。因此,营销策略的设计首先就是考虑怎么降低消费者对产品信息收集的成本。其中,质量信息是所有信息成本中最难收集与获取的,在降低搜索成本的维度中,质量信息维度的搜索成本降低是营销策略设计的重中之重。

企业为了节约消费者搜索成本达到扩大市场份额的方法,就是运用广告方法和声誉方法。

广告是企业主动宣传自身产品质量与功效的传统方法,本研究并不多讨论,主要考虑的是以特色产业声誉机制为核心的业态创新。

特色产品以产品的质量独特性与其他一般同类产品区分。但是如何保证这种特色能够跨时期保持一致,一般需要专用性投资,这种专用性投资既是产品与其他产品区分的重要标志,也是建立产品独特质量声誉的途径。如瓮安欧标茶,其本质就是要做到产品安全质量独特性。不同企业在施肥方法上都有自己的一套,如有的企业用油粕施肥,这种做法既能够保证茶叶浓郁的香味,也能够杀虫;还有的企业到内蒙古购买羊粪来施肥,这是为了保证有机肥中不含重金属。这些做法,都是向市场发送一个强信号,即为了建立声誉不惜花高成本。当然还有其他的有效措施来保证欧标茶在当地能够持续生产下去。为了使声誉投入能够见到效果,这些企业一概以欧洲生态有机产品认证作为生产质量标准,并最终以获得欧标认证作为其声誉。

对于特色产品来说,要做到以质量高的声誉作为区分于其他产品的策略,关键是要保证产品质量的一致性与稳定性。例如,要使土壤与气候条件能够得到控制,使得这些条件适宜于生产特殊产品,甚至空气条件都要合适。这就需要专用性投入,包括专用性人力投入。如人力检测方法,就采用将地块网格化,将每一网格分派到专人看护,这是一种专用投入。这些做法,在业态上较传统做法有重大创新。但是,这样做成本非常昂贵,而且对这些看护者的要求也特别高,不仅要有相关知识,而且注意力要保持长久集中。为了替代这些昂贵的看护方法,现在也有一些信息化手段,如空气检测过程中,用太阳能空气质量检测仪收集、发送数据。

关于信息化对产品质量一致性与稳定性的支持,人们已经在各个环节都有了一些实践经验,如土壤数字地图、各类绿色防控辅助手段与信息监测等。通过这些手段能够准确监测各类条件,并由专家分析,辅助经营者决策,使得特色产品质量保持一致性和稳定性。

（三）鉴证成本与业态创新

在特色产品质量方面,生产者与消费者之间存在着严重信息不对称。尤其是产品质量与地理特征相关、与时令相关以及与特殊的成本较高的农法、加工办法相关的产品,更是如此。由于消费者对特色产品的质量特征有较高估值,非特色产品假冒成特色产品,就有可能获得较高利润,生产者就会极力将非特色产品冒充成特色产品。其主要原因是消费者对这一类特色产品的质量特征没有办法进行识别,这需要较高级的设备以及知识的专用性投入,成本昂贵。如果没有特别的机制节约消费者的鉴别成本,消费者就只能用便宜的鉴别手段,如察形观色等简单办法,得到外观等基本相像的特征来进行判别,而恰恰外形质量的打造往往是成本最低的假冒方式。这种方式就给生产者以低成本产品冒充高成本产品的机会。

对一个质量知识不多的消费者来说,面对特色产品,到底是不是真特色,有时很难判断,或者他也不知道到底有多少可能性是真的产品。这种情境下,消费者对产品真实质量的判断是模糊的。他对质量信息专用性投入越多,其拥有的知识越多,对质量真伪的判断也越准确,对产品的估值越接近产品的真实估值。模糊厌恶条件下质量信息与功能信息对消费者选择有很大影响。大多数模糊决策模型,都假设消费者是模糊厌恶的,也就是说,当消费者面临的情景是产品真实质量模糊,他可能采取最差情形下的估值,即认为是真实产品的概率非常小的情况下的估值。

质量信息获取的难易程度对消费者选择商品有很大影响。质量信息获取时,消费者并不知道自己要花费多大成本才能够获得较为完整的信息,主要困难可能包括确定要使用的技术手段、方法,甚至包括需要什么样的信息。对于质量信息的各种传言,消费者在很多情况下在消费之前没有办法证实。至于生产者的主动介绍,消费者因为担心其真实性,很难采纳。要了解真实质量信息,消费者需要对产品质量信息进行专用性投入。专用性投入的大小就是获取信息的重要成本的高低。如果必要的投入多,通过投入而取得满意信息的人就有可能越少。当然,在这种情况下,消费者专用性投入的外溢性也就受到限制。因为,只有通过消费进行体验和具有较多知识的消费者,才可能成为向其他人传播信息的信息源,而使得其他人能够不需要专用性投入就有可能获得信息。如果这种信息源比较多,就有可能使信息扩散面变宽。如果这种信息源少,扩散面就窄。质量信息生产的专用性投入大小,因此有二阶影响。

第一阶影响,就是那些能够投入专用性信息生产的人数,对这些人来说,这是一个相当复杂的权衡过程。他们可能具有相当成熟的质量信息生产经验,因此可以确定对于这一类产品的质量信息维度及其相对重要性。另外,他们有可能通过成熟的经验方法估算自己所要花费的时间和其他投入,同时,能够以较为节约的方式完成这种信息生产,也就是信息生产成本的最小化方式。在成本最小化方式下,他们需要权衡花费这些成本与消费这些特别质量的产品所带来的效用的增加之间的比较。大多数情况是这些消费者认为这种质量产品会给他们带来巨大的价值,才有可能做出这种信息生产专用性投入。当他们估计这种信息生产投入很大,可能付出这种专用投入并不见得带来很高的消费效用价值,就有可能放弃对这种质量信息的生产。因此,如果获取特色产品质量信息很难,就没有多少人会通过学习和投入来了解产品。

第二阶就是通过这些专用性投入的消费者将质量信息扩散到其他人,而增加对产品质量了解的人数。如果一阶影响的质量信息了解的人数少,同样因二阶影响而获得产品信息的人数也就非常少。因此,如果质量信息获得成本越高,得到这种质量信息的人就有可能越少。根据模糊厌恶的假设,人们对产品质量信息了解不够时,购买意愿就很低,或者对产品估值就降低。

正因为这样,营销的策略就是降低消费者对质量信息的获取成本。在食品安全成为重要的质量维度时,人们需要在产品的安全性方面进行大量的专用性投入,如花费更多时间去了解整个生产过程中关键性投入的质量,如肥料、绿色防控、水土中有害物的含量等,以及最终产品中有害物质的含量情况。降低这些信息的获取成本,这就有可能提高消费者对产品的估值,提高购买欲望。

其中,最有效的措施和技术是产品的质量溯源体系。产品溯源由生产者负责建立起整个生产流程信息、产品的加工信息和物流信息,将这些信息置于一些信息终端获取系统,如二维码、RFD 等电子信息网络信息终端激活码和元器件,消费者因此可以低成本获取较多较可靠的质量信息。这样可以有效提高消费者购买欲。

当然,质量溯源系统需要信息化支持,其本身就是一个信息化子系统,涉及的信息技术包括物联网、无线网络与卫星通信系统的运用,同时需要设计好需要上传的信息与数据,其目的就是既要为消费者提供有用和真实信息,但同时也要降低信息传送成本。

溯源体系的建设和服务提供就成为产品质量信息生产与传输的新业态。目前,在特色产业领域,主要用于有机生态产品,因为有机生态产品对于投入的要求相当严格,消费者需要有较为全面的有关投入的真实信息,才有可能有较高的信念判断产品的安全特性。

（四）执行交易成本与业态创新

交易执行难度主要包括两个方面。

第一,在消费过程中,消费者体验到产品质量并不是特色产品所应有的质量水平,但是索赔困难。尤其是在一些新兴业态中,消费体验与交易前约定时隔较久,就更有可能出现这种情形。如有机产品认证制度,有可能涉及多年的生产与消费匹配,但是,生产者有可能经营不善而无法保证到时兑现实现约定的质量产品供给,执行就有可能产生困难。至于生产者完全不按要求进行质量生产,丧失声誉而不能取得收益,无法持续经营而不能兑现承诺,也有可能产生交易执行困难。合同的不完全以及交易的特殊性,就有可能带来事后的机会主义。

这些机会主义行为的存在有可能对消费者信心及其对特色产品估值带来不良影响。消费者因此有可能认为相关特色产品质量不可靠,从而有可能在以后的交易中避开这类产品的购买或者在讨价还价中强硬地通过风险折扣来压低价格。

这种机会主义的防范依赖于增加不守信成本的惩戒手段。这种手段一般与市场相联系,市场监管者可以将这种不守信行为与生产者的声誉挂钩,如与生产者信用级别相联系,通过建立生产者诚信记录,并及时公告,是有效遏制这种机会主义的重要做法。目前,生产者信用信息进行集中管理和利用,主要通过云平台、大数据业态来承担。

第二,特色产品质量符合标准,但是在交易过程中,由于支付与产品交付可能不会是同时进行,也使得最终支付水平没有按照事先约定完成。这种执行困难主要产生于异地交易或者大宗交易。

网络支付可以有效降低这种风险。如电子商务中经常通过第三方支付平台进行货款结算。在集中的现货交易平台,其支付仍然以第三方支付为主。

四、信息化、数字化带来的信息成本节约对业态创新的支持

(一)电子支付系统与交易成本节约

云贵高原少数民族地区长期以来因交通不便与外界几乎隔绝,特色产品的相关信息难以得到外界的了解和支持,虽然具有显著特色,但是产品的市场化程度低,生产规模小,加工技术粗糙。亚当·斯密在其经典著作中提到了交易技术的改善对分工专业化的影响。他的逻辑是,交通运输条件之类的交易技术与工具的改善,扩大了市场范围,有力地支持了分工深化。阿尔文·杨将市场范围定义为社会网络,认为社会网络扩大有助于分工深化,而分工深化有助于社会网络与市场范围的扩大。交易技术的改变不仅包括运输条件与人口集中等,而且包括交易形态的改变,如从以货易货发展到货币作为等价物媒介交易,也是对交易技术的改变。在货币出现以后,货币制度与信用制度结合,有力地释放了促进市场规模扩大与分工深化的巨大能量。

但是传统制度下,一则信用数据不全面而且出现严重的信息孤岛现象,信息与数据碎片化。在少数民族地区特色产业中,更是如此,因为这种信息收集的范围极其有限,因此,只能将交易活动严格局限于少数民族小聚落范围内。二则传统银行业务在支付方面实行的是互操性很差的业务操作,支付双方通过银行柜台进行支付,支付周期长,交易双方在支付操作过程中交流少。一般要通过将双方的支付与收入的指令通过人工转化为银行账户语言,才能够最终完成交易,因此需要投入许多的支付专用性投入包括专用性人力投入等。支付交易对普通人来说非常困难。

第三方网络支付平台为交易支付的迅速完成提供了技术可能性。银行传统支付体系在没有得到网络技术支持的情况下,一般支付效率比较低尤其是完成时间比较长。网络第三方支付通过电子网络签名以及确认,可以在各自账户迅速得到交易的确认和支付确认,完成交易非常迅速。

电子支付平台的另一个优势是能够通过网络大数据做到支付过程中诈骗风险的防范。传统支付系统一般由银行通过规范的流程和标准保证交易双方的利益不受到机会主义者侵蚀,并且一旦发生机会主义者侵蚀行为,也往往会得到银行等第三方支付服务提供者的赔偿。而电子支付平台一般通过随机码、支付密码以及其他加密方式,如手机支付的手机密码等,保护了支付者的利益。即使出现密码被盗等情况,支付平台还可以通过大数据与小数据分析相结合的方式,对异常交易账户进行冻结。

同时,通过网络支付数据与交易节点的空间分布、时间分布等各种特性,构成了许多商品交易与价值形成信息,为生产经营者做好决策,增加了整个系统为生产经营者创造稳定价值的可能性,也就是所谓的增值服务。

电子支付系统为电子商务活动提供了强大的支持,使得交易时间、交易者身份甄别成本等大大节约。

支付原本是交易双方的一项专用性投入,尤其是双方支付安全性投入和信息甄别方面,这是非常微妙的一项投入。电子支付体系为交易双方投入了这一项专用性投入而节约了交易成本。

当然,这些支付平台一般为综合电商平台提供,其他电商业务一般要借助综合电商平台进行交易。有了这一业态的支持,借助这些平台,特色产业电子商务的业态也在不断创新。一些物流平台、综合电商都在创新尝试生鲜电商业务,近些年来,云贵高原少数民族地区也在逐渐开展这些业务。但是,这些综合平台以及物流快递平台在开展生鲜业务时,同样需要在产品知识、质量信息生产等各方面进行另一些内容的专用性投入。而平台限于人力以及知识集成的巨大困难,往往做得不够专业。

相反,社交平台开展的生鲜业务相对来说更专业,推广更快,如微商,这些年来业务扩展特别快。不仅如此,微商还可以提供给顾客一些额外的价值,如借助微支付系统使得交易双方获得很好的体验感,在商品推广时,还能现场直播等,在没有品尝生鲜产品时,获得的产品质量体验感也非常强。因此,这些业态不仅节约了交易成本,还能够增加购买这些特色商品的体验感。这些往往是平台商很难做得到的。有鉴于此,生鲜电商还以农场直销、线下超市等方式增加体验感,发展势头较好。

(二)物联网与质量追溯系统

一些国际机构,如世界粮农组织的工作机构极力提倡商品质量的可追溯性,以此促进农业领域内产品质量提升的投入。这一追溯体系要求从产品生产投入开始,进行各项投入、生产、加工、运输配送等各个环节的所有关键信息,如品牌信息、产品认证信息、农事记录、环境数据、生长期图片、实时视频、加工配送信息,防止每一个环节中出现质量生产的机会主义行为,让产品竞争最终聚焦于质量生产的投入。

对于消费者来说,就是对质量信息生产的极大节约,通过消费者自己拥有的信息网络终端设备,可以通过扫码等极其便利、时间也极度节约的方式了解到关键的质量信息,就可以用相对完备的质量信息对产品进行真实的估值,降低风险折扣。对于双方来说,消费者可以以较高的概率或者信念得到符合自己质量要求的产品,从而可以把节约的信息成本以及降低的风险折成产品较高估值。生产者经营者可以通过这种溯源系统投入获得相对高的溢价。

溯源系统坚持一物一码,相当于给产品建立一个身份证。关于输入的信息项、信息展示方式、消费者索取信息的方式等,既有溯源系统行业本身的标准,也要将国家以及质量认证体系对产品质量标准的规定具体化和可视化,使得消费者能够直观地理解产品质量的形成以及质量最终体现出来的形态的信息。信息的采集需要有敏感元器件支持,同时也要有收集的数据信息存储的空间,目前,主要采用物联网云平台来集成这些数据。质量追溯体系实际上是物联网和云平台技术集成的体系。

(三)大数据与精准农业业态

产品质量生产所遵循的方式和程序,需要经过不断优化。但是,如果依据传统的试错方式,有可能增加创新的成本和周期。因为试错过程有时候是一种大规模的投入,如果投资策略发生差错,需要纠正,有些巨量的专项投入、专项知识累积、相关的专项人力资本累积都有可能成为沉没成本。这种成本越高,对于生产经营者来说损失越大,严重的情况乃至于没有资金、信心和社会支持投入再一次的创新尝试过程,而使得生产经营者破产。为避免这种情况发生,一是投入策略的优化,即在创新过程中适度控制投入规模,二是用大数据总结的规律进行模拟测算和策略优化。或者这两种方式结合,可以取得更好的结果,这样既可以得到创新策略实际运作效果,还可以在运作过程中累积数据基础,为下一步优化做知识和信息准备。

如何获得特色产品生产过程中价值高而密度低的信息,来支持和简化质量生产的创新策略,使得创新过程成本更低,解决的问题更准确,研发的周期更短,是目前信息化、数字化支持质量生产创新的重要问题。

在物联网、云计算支持下,获取特色产业的大数据,并以此求得特色产品质量生产的规律,是数字化支持特色产业业态创新的最终目标之一。

大数据支持精准农业和特色农业推广,还可以借助一些云平台集成数据,收集市场对质量维度的关注以及舆论反应,反馈给生产经营者,进一步确立新的营销策略,形成质量管理云平台业态创新策略。

这种平台对于特色产品质量的影响,不仅仅通过生产者与消费者的互动关系实现,还能为政府监管者提供质量生产动态,为改善监管政策提供实践依据,也为交易合同执行不完整的裁决提供依据。

同时,这些平台还可以为检测到的优质特色产品做市场推广。这些平台在构建舆情监测系统时,就与相关的媒体达成了合作关系,形成了两方面的专用性投入,即检测与信息技术集成,这种专用性投入既有媒体所需信息生产专用性投入,也就是专注于产品质量信息的专用性投入,又有产品生产与经营企业所不具有的利用媒体推广产品质量信息的专用性投入。这样,平台可以依赖自身的信息渠道与技术优势,推广优质特色产品。如贵州食品安全云,就凭借自身优势对贵州的空心李、猕猴桃、酒等特色产品进行了推广,同时,帮助贵州特色产业在历次展会上参展做出了技术信息上的支持。

在进一步创设产品认证的新的业态中,大数据、区块链还将上演好戏。好产品终究要得到市场认可,好的业态可以将这种发展的步伐加快,使其推进更加稳妥。

五、业态创新的效益衡量

(一)经济效益

1. 效率

好的业态应该发现产品价格,实现产品价格。产品最终能够实现溢价,就有可能增强生产者、经营者投入,使得更多的消费者享受到特色产品带来的福利。其外显的形态就是价格的稳定以及分级价格的差价稳定,这是市场效率最根本的体现。大多数文献认为,市场机制就是要让交易双方尽量说真话,尤其是让消费者说真话,这就体现在价格上能够显示消费者真实的估值和偏好。市场机制能够起到有效的资源配置作用,也就是让消费者说真话,显示真实价格,然后指导生产者经营者的决策。在特色产品业态创新过程中,生产者首先是挖掘各种优势,通过各种方式生产出特色的产品,显示出真实的质量水平,并诱导消费者显示偏好,最终发现价格,实现价格。这里的效率就包括了两个方面:一是产品真正有高价值,这种业态下就能组织、协调有比较优势的资源与要素,生产出高质量水平的产品;二是能够让市场发现高价值。业态创新的评价最终就是依据这种业态生产出来的高质量水准的产品和服务。

在业态创新效率的另一个衡量维度是信息效率。尤其是在交易领域内的业态创新,更多要考虑的是如何让消费者快速吸收市场信息,从而改善消费决策。在交易信息资料比较完整的情况下,可以采用价格波动吸收的时间来衡量。

2. 企业与区域的经济收益

经济效益的主要承载体有两个。一是企业,企业在业态创新的支持下,得到成长,是业态创新效益的根本体现。其基本的衡量办法就是利润、市场销售额的变化。当然从长远看,主要是企业生存能力得到提升,这是可持续发展的最基本的度量。在业态创新中,企业的生存空间得到显示,也是企业生存能力的重要方面。二是区域经济效益。这方面的衡量相对较为抽象,因为区域本身就是众多经济主体的一个抽象集合。当一个特色产业通过业态创新成长为区域支柱性产业,当然是区域经济效益的良好体现。

(二)社会效益

1. 就业

业态创新的经济利益能够得到更多人分享,尤其是让更多人的生计得到解决,当然体现为良好的社会效益。尤其是在少数民族地区,能让当地人就地解决生计问题,可能具有更大的社会效益。这些少数民族群众更希望在当地稳定地工作和生活,这些特色产业通过创新业态,在取得良好经济效益的同时,可以更多地解决这些少数民族群众的生计,并为民族地区的文化保存和区域振兴起到良好的推动作用。

特色产业对就业的推动同样有一阶和二阶效应。一阶效应是这些产业直接安排的就业人数,二阶效应是产业链以及相关联的侧向效应引发的就业增加。一般考察一阶效应。

2. 生态效益

很多特色农业产业都是以藤本、乔木果实为生产产品。在云贵高原地区,尤其是一些少数民族聚居区域,基本上是以前石漠化严重区域。在治理模式上,最好的方式就是通过产业开发,保持水土,既能够起到石漠化治理作用,同时还能够让少数民族群众获得相应的经济利益,并为区域的绿色发展、优美环境打造起到良好的作用。

尤其重要的是,这些特色产业发展在振兴区域经济的同时,也证实了区域经济发展的另一种路径的可行性,就是绿色发展方式,将成为未来区域经济振兴的主流方式。

业态创新就是要强化这种绿色、有机、循环的产业发展方式。通过这些业态创新,使得特色产业遵循资源复合、循环利用的方式,节约资源,并使产品质量得到升级。

3. 扶贫

云贵高原少数民族区域一般都是贫困人口集中的区域。在这些区域创新业态,促进特色产业发展,一般对贫困问题的解决是很有帮助的。除了上述关于环境脆弱问题、生计问题的解决以外,通过创新业态,还可以让一些贫困人口增加创业机会和创业成功的概率。同时,彻底改变原来的生产组织方式,使整个族群包括其贫困人口融入更大的分工体系中,而获得持续发展的机会。

(三)价值观念

特色产业业态创新给云贵高原地区少数民族群众带来新的发展观念。第一,绿色有机生态发展观念。在我们调查的大多数案例中,经营业主以及参与的群众基本上能够遵循和理解绿色有机发展观念。第二,质量价值观念。他们基本上能够改变传统的低价竞争策略,能够通过改善质量来提高产品的溢价,获得更好的产业发展机会。第三,开放观念。在特色产业案例中,许多企业和大户都激励拓展国内外市场,尤其是海外市场,开放观念逐渐形成。发展观就是价值观的具体体现,他们将自己的产品和服务置于整个市场的需求变化趋势和全球化背景下,深刻地意识到自身生产与服务的价值以及价值产生的原理,自己的价值观念将不断得到深化和调整。

第四章

产品与质量创新、比较优势形成与数字化支持

一、平塘百香果"第一村"的产业模式创新

在"中国天眼"所在的天文小镇平塘县克度镇,有一个美丽的小山村金山村,村民们怀着美好的憧憬种植一种聪明果——百香果,开启了一种脱贫新模式。

百香果,又叫鸡蛋果、受难果、巴西果、藤桃,西番莲目,西番莲科,西番莲。学者们直接称其为西番莲。百香果是一种健美食品,含有 17 种氨基酸,内含丰富的蛋白质、脂肪、糖、维生素、钙、磷、铁、钾、SOD 酶和超纤维等 165 种对人体有益物质,口感独特、香美。尤其有益于孕妇和婴儿。各种中草药典籍中都对百香果有记载,有清肺润燥、安神止痛、和血止痢之功。果皮中富含的 SOD 等有美容功效,可以用做面膜。多年来,人们认为这种藤本植物只能生长在广西等亚热带地区,0摄氏度以下很难存活。令人意外的是贵州科学院山地研究所李安定博士等在平塘县建立山地研究所观察站时,发现一片长势很好的藤本植物,该团队的研究人员查阅资料时,发现这是西番莲的野生逸种。据考证,当地一位在云南当兵的小伙子把百香果带回老家,人们在吃过以后将种子洒落在地,就长出了这一片藤。这种藤虽然一直蔓延,但是结出的果实口感不是很好。尽管如此,这一现象引起了许多生态学、农学、植物学等领域专家的注意,这就说明百香果等西番莲植物能够在平塘县生长。接着,这些专家带着自己的团队进行了各种实验研究,如董鹏(2014)用所谓低温胁迫法检验了野生逸种能够在零下 2 度的环境下生存①。为寻找西番莲品种中的抗寒基因,专家们对 40 多个西番莲品种进行了检验,筛选了好几个适宜在高寒地区种植的品种。发现了百香果野生逸种的李安定博士,向金山村的吴支书推荐引种百香果作为扶贫开发的特色产业。2017 年 3 月,金山村组

---

① 董万鹏,罗充,龙秀琴,等. 低温胁迫对西番莲抗寒生理指标的影响[J]. 植物生理学报,2015,51(5):771 – 777.

建百香果合作社,试种 2 个百香果品种、总种植面积达 120 余亩。当年,百香果挂果,销售额达 38 万余元,按照 8% 的分红约定,合作社社员分红 3.2 万元。尝到甜头的合作社在 2018 年计划扩大种植面积 500 多亩。

本课题小组对金山村百香果合作社以及贵州科学院山地研究所等单位进行调查,该案例生动阐释了一个合作社通过产品创新,选择一个优势品种,内生地形成比较优势,形成不同于传统的业态。同时,通过组织创新,完善业态的运用形态。信息化在这种业态创新中还有更大的发挥空间。

(一)产业创新的发动

1. 科技先导发动创新

科研机构的自觉介入,对产业发展起了先导作用。本次产业创新的第一个关键是寻求一个适宜当地发展、市场前景好的品种。该品种颠覆性的创新主要体现在该品种与传统的产品具有完全不同的特性。金山村传统的旱土作物为玉米。这是村民多少年来为保障自身食品安全种植的产品,也是自给自足体制下的重要产物。依靠村民内生的知识,无法找到百香果这种产品作为开发的主要产品,更何况,百香果在传统认知中也不适宜在高山、有低温天气的区域种植。

百香果产品的科学研究解决了几个技术可行性方面的问题。

(1)百香果的野生逸种的发现说明百香果这一优良产品可以在当地种植。由此,引发科技人员对于百香果对当地地理、气候条件适宜的研究。在选种研究中,不仅要选出适宜于当地生存的品种,而且要选出在当地能结出口感良好、品质、有效成分丰富的品种。当地的野生逸种并没有结出原生地那样口感的百香果,并不意味着所有的适宜于平塘生长的百香果口感都会有问题。通过四十多个品种的试种结果,现在选育的几个品种,不仅仅在露天条件下能够生长,产量高,而且,由于平塘的气温比原生地广西等地气温低,生长时间长,产品累积糖分高,口感比原生地种出来的果实更好。品种的优良性质,为市场开发、定价权奠定了良好的基础,也为产业的发展奠定了基础。

(2)品种选择的经济效益与当地生态效益的兼容性论证。平塘是典型的峰丛洼地地貌,是生态脆弱的地区。苏维词等(2016)考察了平塘县及周边喀斯特峰丛洼地的区内水土资源及其空间匹配结构特征、生态景观垂直分异规律,并据此提出了几种峰丛洼地生物多样性藤冠配置技术模式,包括"轻度石漠化藤本 + 乔木模式、中度石漠化藤本 + 灌木模式、重度石漠化藤本 + 草本模式,提出西番莲 + 冰脆酥李、西番莲 + 土人参、西番莲 + 酥李 + 土人参"等生物多样性配置模式的经济效益最佳,是就地解决洼地农户生计的有效途径。①

(3)向当地干部群众极力推崇百香果作为扶贫开发的产业项目。产业发动的本质就是动员人们对相关产品的生产进行投入,关键是让经营者通过收益风险权衡,确认获得良好效益。在现代决策理论中,人们对项目投入,在通过将收益用风险折扣后,基于其是否取得正收益来决定是否要最终投资。本项目中,村民是否决定投入资本、土地和劳动,要看取得的投入后的纯收益经风险折扣后是否值得投。在模糊决策模型中,人们对项目知识越少,对项目未来收益估算的不确定性就越大。当人们对这种不确定的厌恶越厉害,就会赋予项目情况较差的情形以较大的权重,即以较大的信念认为项目无收益或会在项目中受损,就不会对项目进行投入。项目的知识,包括项目产出、价格、相关成本、生产技术等方面。因此,在进行产业发动时,应当让潜在投入者尽量多地获得这些知识。百香果项目不仅要让村民了解到其纯收益为正,还应使其收益大于种传统产品的收入,比如玉米。

贵州科学院山地研究所的李安定等几位专家向金山村吴支书推荐了该产品。2017年年初,村党支部决定引种该品种时,李安定博士向村民讲解了该项目的前景。首先,由于百香果产量高,市场价格比较稳定,价格水平高。百香果一般第二年可达丰产期,每亩可产3000—5000斤。即使按照兜底价格每斤2元计算,效益也是可观的。根据李博士介绍的数据,村民将其与传统种植玉米的效益进行比较,认为种植百香果的一年收益至少相当于种植玉米5年的收益。

产业风险一般包括技术风险、融资风险与市场风险。而且,种植一般的经济果树林与种植玉米相比,从栽种到挂果,周期较长。由于经济果树林一般需要几年才能挂果,大多数村民担心几年以后,出现市场情况发生变化、风险大的情况。李安定根据山地生态研究团队产学研基的种植研究数据以及市场调研数据,展示百香果第一年就可以挂果,每亩可达到1000斤。技术上,山地所提出一套成熟的方案:一是通过搭架、挂网的办法,保证藤本上结出的百香果在生长期不受雨水浸泡而致腐烂;二是为了保证生产的百香果质量好,山地所团队成员研发了百香果有机、绿色的生产标准流程和施肥技术,使产品符合大多数消费者的健康绿色的消费要求。

传统上,村民习惯于自给自足的方式,对于市场推广缺乏信心。山地研究所在推介有机绿色技术以保证高品质产品在市场受欢迎的同时,承诺与村上签订协议,由科学院山地所负责产品种植技术援助、产品开发技术援助,并引入企业与合

① 苏维词,潘真真,郭晓娜,等.黔南FAST周边典型喀斯特峰丛洼地石漠化生态修复模式研究:以平塘县克度镇刘家湾周边为例[J].中国岩溶,2016,35(5):503-512.

作社签订协议,对合作社产品以兜底价格收购。

山地研究所继续研究产品的深度开发,延长产业链,使得在百香果产能提高的情形下,仍能保证村民的经济利益不受影响。

2. 党组织引领示范创新——党组织在产业创新中的独特发动能力

(1)党员的示范性。即使在技术有人传授、销售也有人承诺兜底,并不意味着村民就能自觉行动。其一,技术上总是存在着一些无法预知的不确定,也有许多隐性知识,不通过实践,人们往往很难系统地掌握产品的生产知识。对于百香果也一样。其次,企业是否会兜底,实践收购承诺,也存在道德风险。先行实践的人,必然要承担许多知识与技能准备不足而带来的风险。后来跟进者就有可能在这一方面搭便车,通过学习别人成功经验取得成果。或者,当别人失败了,干脆就不进入该产业。总之,先行者有可能承担各类成本。在没有可以预见到的先行优势的情况下,人们更多选择避开这种先行风险。

与大多数扶贫开发案例一样,金山村让党员先行。金山村村支两委为推动产业项目落地,开会做出决议,成立百香果专业合作社,让村支部集体加入合作社。

村支书在本次产业引进中起到非常重要的作用。李安定博士与吴书记是朋友,吴书记多次请教金山村种什么收益高,李博士先后推荐了几个品种,如红心柚子,早几年已经引种成功,但是,当时是把地租给企业。这一次吴书记决定让村民自己种植,以求得村民有更高的收益。李安定博士利用地处金山村附近的研究基地,试种了几个品种的百香果。基于该品种每一根藤所结出的果实个数,以及所要求的种植密度,吴书记估算了每亩的产量。并在网上收集到百香果价格,计算出每一亩的收益。而且,百香果的种植技术不复杂,在栽种以后花费工日较少。诸多优点,令吴书记激动不已,决定让村民试种该品种。

在金山村引种百香果过程中,支部书记和党员起到非常重要的作用。从产业发动角度看,就是这些党员让百香果知识融入社区的重要载体,并通过他们散发到整个社区。不仅如此,他们与一部分积极分子承担了先行先试的产业风险。

(2)党支部在合作社组织中的重要作用。党支部在产业发动中的决策作用。2017 年 3 月 27 日,金山村村支两委召集蛮岜组找群众大会,宣布村支两委的决定,以百香果作为该村的"一村一品"进行开发。基地就落实在蛮岜。产业发展涉及两个问题,第一,合作社所需土地的解决。采用社员以土地入股,向非社员农户租赁两种办法,合作社总共聚集土地 120 亩。第二,与贫困户的利益联结问题。考虑到贫困户没有资金入股和潜在的风险等诸多问题,合作社决定向贫困户租赁土地和雇佣贫困户做工两种方式,使贫困户从合作社百香果种植中获得利益。

党支部在合作社组织运行中的作用。合作社组织在运行过程中,需要解决土地流转和资金聚集的问题。村党支部联系克度镇党委、政府相关部门,对项目进行论证,申请扶贫资金。主要解决前期基础设施投入,如百香果网架搭建,以及生产资料的投入,如土地流转费用、种苗购买费用以及栽种资金。通过申请,项目最终获得资助40多万元,合作社成员聚集股金10万元。项目土地的规划与测量,人员安排、日工资的决定以及工资发放方式等,都需要党组织,尤其是支部的干部召集骨干分子完成。吴学邦书记介绍说,前期单单就劳动用工一项就耗费80多万元,资金筹措都是通过党支部书记等人完成的。

党支部在合作社与外部关系建立中的作用。党支部成为百香果合作社对外联络的桥梁。合作社在运作过程中,主要为成员提供知识,解决技术、资金和销售信息等诸多问题。由于百香果对金山村村民来说是一个全新的品种,知识与技术全部要靠外面输入。科技部门主要与党支部书记以及其他支部成员联系。知识、技术、资金输入都是通过党支部与外界联络活动中获取。在产品销售过程中,科技部门也主要通过与党支部成员商议,建设电子溯源、微商、电商联系。在电商和微商推广过程中,驻村组也起到重要作用。

(二)合作社与组织创新

1. 合作社创新的类型

所有权配置与合作社类型。法比奥·查达德和迈克尔·L.库克(Fabio R. Chaddad and Michael L. Cook,2003)总结了合作社组织创新的类别与维度。①

查达德和库克(2003)在对合作社新兴模式进行分类时,主要依据组织属性——包括所有权结构、成员政策、投票权,治理结构、剩余索取权、利益分配与战略架构参与权。②

(1)合作社的所有权新模式。所有权的经济分析主要集中在剩余索取权和剩余控制权两个方面。剩余控制权源于完全合同制定、执行或者生效的不可能性,尤其是复杂动态合同。控制权的分配(因此所有权)是由缔约方事前的投资激励决定。剩余控制权被分配给特定关系投资的代理人,这些人的准租金因此受到套牢行为风险的影响。剩余索取权被定义为公司产生的净收益权。传统的合作结构被定义为具有下列产权属性:所有权是限制会员顾客;剩余索取权不可转让,不

① CHADDAD F R, COOK M L. Understanding New Cooperative Models: An Ownership Control Rights Typology[J]. Review of Agricultural Economics ,2004,26(3):348-360.
② CHADDAD F R,MICHAEL L,COOK M L. The Emergence of Non-Traditional Cooperative Structures: Public and Private Policy Issues[C]. The NCR-194 Research on Cooperatives Annual Meeting. Kansas City,2003-10-29.

可赎回,收益按比例分配给成员赞助者。由于这种"模糊界定"的产权结构,传统合作社受到投资和治理约束。

新型合作社按照以上的所有权属性维度进行创新,包括比例投资合作社、会员投资者合作社、新一代合作社、有寻资本实体的合作社模式、投资者股份合作社。这几个新的合作社类型放松了传统模型的所有权约束,从而激励成员投资或者获得非成员投资。这些组织创新就是为了改善金融约束,对组织进行重新设计。即公司代理人关于剩余收益和控制权的合同中,所有权要重新定义和重新分配。但在传统所有权弱化的同时,新组织可能表现出新成本,如委托代理成本,集体决策成本和影响成本。甚至,成员不得不与外部投资者分享利润,最终分享控制权,这些外部投资者也可能不是合作社的赞助者,可能与成员之间存在利益分歧,即最大化投资者利益与最大化成员赞助者利益之间的冲突。

因此合作社的组织设计就要比较非传统模型的劣势和优势。

康斯坦丁·伊利澳普洛斯(Constantine Iliopoulos,2014)对合作社所有权与治理结构进行了仔细的分类。所有权中的剩余决策权分配给特定关系的投资方,这些投资方的准租金受到持有所有权行为可能带来的风险的影响①。此外,经济理论提出了两种控制权。第一,决策控制权,即对决策的批准、监督以及决策管理权,它关系到决策的启动和实施。这些次级决策权的配置对组织内的正式与非正式权威的配置起支撑作用。第二,管理控制权。

所有权的另一个概念为剩余索取权,就是规定谁有资格接受公司产生的净收益。剩余回报的概念与契约不完全密切相关。按照产权理论和代理理论,这些剩余索取权与剩余控制权为公司所有者所有,只有这两种权利为同一个体所有时,剩余决策才是有效的。如果做出决定的那一方只付出了部分成本或利益,那么他会发现常常因其个人利益忽视了某一些影响,导致效率低下的决策。将这两种权利混合到一起,就能激励所有者对资产进行保值增值,传统农业合作社可以根据下列产权特征来界定:第一,所有权限于会员与赞助者;第二,剩余收益的权利是不可转让、不可评估,可赎回;第三,剩余收益按照比例分配给成员和赞助;第四,剩余决策权分配给会员与赞助者以一人一票规则或以赞助比例为基础。

基于所有权的定义以及按照合同对合作社利益相关者(成员、顾客、员工和投资者)的所有权配置,可以对传统合作社模式进行分类。传统合作社所有权仅限于会员与赞助者,股权资本是由成员单独提供。农业合作社分为传统的类别、过

---

① ILIOPOULOS C. Ownership, Governance and Related Trade Offs in Agricultural Cooperatives [J]. Dovenschmidt Quarterly, 2014(4):159 – 167.

渡的类别以及新一代合作社类别。除传统类别,过渡与新一代的类别有三种:比例投资合作社、成员投资者合作社和新一代合作社。在比例投资合作社中,所有权仅限于成员,不可转让,不可赎回,但成员投资与赞助者投资成比例。随着成员异质性的增加,比例投资合作社往往更像传统的合作社,需要设立资金管理政策,确保内部产生的资金权属成比例。如单独的资本池和基础资本计划。会员投资者合作社除持股外,投资按持股比例分配给会员。通常,这是通过将股息按比例分配给股份,并允许合作社以股票价值增值来实现的。基本成员投资者合作社的变化是纵向投资获得成员资格的投资者合作社。

　　新一代合作社的特点是所有权可流通、可估值,当前社员与赞助者之间的交割权利不可赎回。新一代合作模式以交付权的形式引入了所有权,可在定义明确的风险生产商成员、赞助人集团之间进行交易。所有权仅限于会员赞助人,为确定会员资格,会员需按赞助比例预先投资交付权,并通过营销协议控制供应。新一代基本模型是开发纵向投资的新一代合作社和采用新一代协同模式的合作社的基础。所有权仅限于会员赞助者的四种类型的合作社都开发了纵向投资战略,例如在有限责任公司、合资企业或其他形式的战略联盟中进行投资。一些传统合作社也已经或正在尝试向新一代合作所有制结构过渡。当所有权不限于社员与赞助者时,就会出现其他三种类型的组织架构:资本寻求实体合作社,投资者股份合作社与投资者公司。在第一种组织形式中,投资者在合作社完全或部分拥有单独法律实体中的所有权。这种组织形式与先前讨论的一套合作模式的纵向投资战略类似,但两者的不同程度取决于控制的让步程度和永久资本贡献的重要性。(见表4.1)

表4.1　非传统合作社组织优劣势比较

非传统模型	优势	劣势
比例投资合作社	与资本战略要求有联系的基础资本灵活性 成员所有权与控制 公平 系统的权益优先	不适合成员更换率高的合作社 可能对成员有较高的资本要求 不是永久权益资本来源 依赖于内部产生资本
成员—投资者合作社	成员所有权与控制 投资的激励 投资资本的回报	利益分歧 成员-赞助者对成员-投资者 非永久性权益资本 股份评估的任意规则

非传统模型	优势	劣势
新一代合作社	对投资的激励 业绩的测度 对管理的激励性补偿 权益资本的永久性来源 现金赞助再融资	新成员进入障碍 交割权利的非流动性二级市场 成员的风险承担能力
资本寻求联盟	非成员权益资本 灵活性 聚焦的专业化管理 共享收益 市场进入	控制 利益冲突 转移价格
爱尔兰模型	非成员永久性权益 进入权益市场 对所有权无限制 股份的市场价值 成员获得资本收益与红利收入	控制 利益分歧 转移价格 权益市场监管 需要执行 过渡到投资者公司
投资者股份合作社	非成员永久性权益资本 进入权益市场	控制 利益分歧 不同类型的股票

投资者股份合作社就是将多种股票发行给不同的所有者群体,如无表决权固定收益优先股和无表决权公开可交易的普通股。然而,保留其传统的、与对合作社赞助相关的所有权,并仍然享有控制权的是会员投资者。

(2)所有权与治理模式。即使农民成员打算保持所有权控股,通常外部投资者设法获得公司51%以上的股份。这是由于要变成投资者型企业,企业的结构与目标都要转变。在欧洲国家,有35个农业合作社使用股份有限公司的结构,这可能是为避免遭到投资者型公司恶意接管威胁的一种防护。股份有限公司是一种投资者型的、由合作社协会拥有的公共有限责任公司。后者完全是一个治理单元,而大多数合作的增值业务是通过前者进行的。过去,股份有限公司完全属于合作社协会及其成员。然而近年来,越来越多的股份有限公司向非成员投资者发行股票。以这种方式,通过股份有限公司的全部或部分拥有的子公司,除了成员的贡献以外,合作社增加了风险资本。在一些国家,治理与业务单位都在同一个组织中,融资增长在某些情形下有可能导致投资者型公司接管合作社。在美国,一些合作社已经转换成一个农民所有的有限责任公司,他们优化集体决策成本,提高他们获得的成员资本,并形成符合免税的条件。农业合作社采用以下任意一种公司治理模式:传统、扩展型传统、管理和公司。传统的模式包括两个强制性的机构:大会(GA)和董事会。在一些国家,监督委员会(SC)是法律规定的。只有董事会,其成员由大会选出,执行决策管理。董事会成员通常根据大会收到的投票数,分派各自的职责。收到票数最多的成员选为主席。成员大会基于剩余控制权的平等或比例分配行使后决策控制,而董事会行使事前决策控制和决策管理,但是某些类型的决定仍需要大会批准。扩展的传统治理模式不同于传统的管理模式,即所有经营决策委托给董事会雇佣的职业经理人。也就是说,在该模型中,董事会保持事前决策控制功能,但决策管理由职业经理人执行。

在管理模式中,董事会和职业经理人得到巩固,从而消除了一个层次的治理。董事会负责对非会员专业人士执行决策进行管理。因此,管理模式中,权威被正式和真实委托给职业经理。虽然正式控制权仍然归属于大会,但所有的经营和战略决策权属于职业经理。监管委员会(或大型合作社的监事会)对董事会做出的决策实行事后控制。

在公司模型中,董事会和监督委员会或监事会合并。成员和非成员(通常是专家)都参与这个扩展的董事会,但细则规定,三分之二的董事会成员必须是合作社的会员或赞助人。在这种公司治理模式中,职业经理人行使正式和真实的权力。大多数决策委托给管理者,而董事会仅仅负责事后决策控制。

上述所有权选择至少部分地来自对传统农业合作社面临的一系列约束的改善,对成员利益异质性的减少。这两方面的低效率问题包括搭便车、范围、投资组合、控制和影响成本问题。前三项指的是传统合作社的成员由于这些组的产权界定模糊而向合作社提供大量风险资本而产生的不利因素。后两项是监督非成员的管理成本和集体决策的成本。

当所有权不可交易、不安全、未分配或模糊定义时,合作社中出现了搭便车问题。外部搭便车约束是一个共有资源问题。合作社所有权不适宜于确保目前的会员赞助人,或目前的非会员,承担他们行动的全部成本和/或接受他们创造的全部利益。这种情况尤其会发生在会员开放的合作社。通常引用的例子是加工番茄生产商拒绝成为西红柿议价协会的成员,但却得到谈判贸易条件的好处。一个更复杂类型的搭便车问题——内部人搭便车问题,发生在处理共同财产问题上。当新成员获得与现有成员相同的赞助和剩余权利时,就会有内部人搭便车,并且每个单位有权获得相同的支付。这一组平等分配的权利加上缺乏市场而建立剩余索取的价格,反映了未来收入潜力的累积和现值等价物,造成了代际冲突。由于对现有成员的回报率的稀释,为他们在合作中投资创造了一种激励。

范围问题指的是合作成员投资于长期项目的动机。收益流向会员而不是投资者也是这个问题的根源。具体地说,当一个成员对资产产生的净收益的剩余要求小于该资产的生产寿命时,就会出现范围问题。

这一问题是由对剩余索取权的可转让性和二级市场缺乏流动性的限制造成的。范围问题创造了一个投资环境,在这种环境下,成员没有激励为增长机会做出贡献。考虑到研发投资、广告和其他无形资产,这一问题的严重性加剧。因此,董事会和管理层面临的压力是:增加合作社对成员支付的与投资成比例的现金流;以牺牲留存收益为代价加速股权赎回。这使得从成员身上筹集风险资本成为严峻问题。

投资组合问题从合作社公司的角度来看,可以作为另一个股权收购约束。凭借缺乏可转让性、流动性和增值机制来交换剩余索取权,防止成员调整他们的合作资产组合以匹配他们的个人风险偏好。这一问题的原因还是一个捆绑股本问题——投资决策捆绑了赞助决策相关。因此,成员持有次优的投资组合,而那些被迫接受比他们更偏好的风险的人会迫使合作决策者重新安排合作社的投资组合——即使降低风险组合意味着较低的预期收益。

表4.2　治理模式与所有权结构

		所有权模式					
		传统的	比例投资	成员投资者	新一代	有资本寻求试题	投资者股份
治理模式	传统	√					
	传统扩展型	√	√	√	√	√	√
	管理与公司					√	√

控制问题是指与委托人(成员)和代理人(专业管理)之间的利益背离有关的多种代理成本。缺乏合作社剩余索取权二级市场使代理人的监控成为一项艰巨的任务。这一任务更加复杂,因为一方面,成员顾客的子群往往随着时间的推移而具有截然不同的偏好,因此合作社的目标函数可能变得模棱两可。另一方面,成员赞助者,至少在某些类型的农业合作社中,可能是定位很好的有效的监控管理者。

影响成本问题,指当决策影响组织成员或组织中的财富或其他利益的分配时在任何组织中不可避免地出现的成本,这时受影响的个人或群体,为了追求自己的私人利益,企图影响与组织利益相关的决定。在法律上,这可能导致少数人压迫的案件。影响成本问题可能成为农业企业合作社效率低下的主要根源。一些重要的决策涉及成员之间的财富分配,从而可能激发成员尝试施加影响。开销成本的分配、成员产品质量的评估和新投资的地理位置都是此类决策的例子。为了鼓励成员提供风险资本,消除历时性增加的成员利益异质性造成的负面后果,农业合作社可能花费大量的时间来试验细则和组织规章制度的微小变化。在所有权定义和分配方面,合作社在这一阶段的目标是双重的:第一,为其成员提供强有力的风险资本投资动机;第二,降低由于偏好/兴趣增加而导致摩擦的负外部性与异质性。这是通过赋予成员在合作社中另外的和更明确的所有权,表现为从传统合作模式向比例投资、成员投资者和新一代所有权模式的转变。然而,在某些合作社行业、市场条件并且与内部合作社的特点相关的情况下,这种修补可能不足以解决上述问题。在这一点上,合作社面临着一个至关重要的决策。根据可持续性和环境压力,合作社可以决定将剩余索取权分配给非成员投资者。这些可能有也可能没有相应的剩余控制权分配给外部投资者。因此,对于成员来说,其合作社没有投资足够数量的风险资本的代价就是对组织的控制丧失。为了避免外部投资者的控制,一些合作社创建独立的资本寻求主体,并与外部投资者分享这些主体的所有权。因此,改善模糊界定的产权约束,并使成员的利益产生非传统农业合作特征似乎是必要的。

表4.2展示了所有权和治理模式,并确定了各种农业合作社采用的可行组合,显示了进行治理模式选择时成员和他们的合作社面临的主要权衡。

从左边的传统合作社到最右边的投资者股份合作社,我们观察到三个主要的权衡。首先,随着成员增多,投资者会越来越把偏好纳入个人目标函数,他们愿意不同程度地失去对合作社的控制。这种向投资者股份合作模式的转变也意味着合作实体对风险资本的投资需求日益增加,这些项目将保护合作伙伴免受外部竞争压力的影响,使其能够在其他垂直食品供应链层次中寻求更高的利润率。沿着这个连续统,我们也观察到,随着组织复杂性的增加,合作社向成员剩余索取权的分配越来越明确。例如,合作社可以修改其章程,以允许按比例投票,脱离"一人一票"的国际合作社协会原则。同时合作社也可以以更公平的方式分配剩余收益权。在多产品和多用途合作社中采用单独的产品、资金和决策池是这种权衡的例子。在农业合作社中,大多数成员不会受少数成员意愿的影响而单独采取行动,少数成员意愿得不到实现,他们通常会因此离开合作社并可能开始一个新的集体创业。所有这些新的规则和政策,也可以作为防止合作社没落的手段。因此,上述权衡可以被视为保护成员赞助人免受外来入侵的手段。

组织复杂性是指组成成分或有自主性的组成部分丰富多样、密集互连而又相互依存。在一个组织的框架中,复杂性与个体的相互关系、对组织的影响以及组织与外部环境的相互关系有关。考虑到这个定义,我们可以假定,在其他情况下,农业合作社的组织复杂性高于投资者导向的企业,尤其是因为成员利益异质性引起的冲突的可能性。然而,我们并不认为所有类型的组织复杂性都导致较低的组织效率。组织复杂性既不是原因,也不是成员的利益/偏好的异质性的结果。

为了提高决策效率,一些国家的农业合作社放弃了传统的治理方式,甚至放弃了传统的管理模式,偏向于管理模式或企业模式。这些农业合作社依据组织复杂性的增加和随之产生的人员专业化的需求选择新的治理模式。

有两个主要的权衡可能会与农业合作社选择治理替代品有关。首先是组织的复杂性和成员赞助人对合作社控制之间的选择。随着组织复杂性的增加,提高决策效率更加迫切,合作社从传统变为扩展的传统,进而变为管理和公司治理模式。同时,他们的成员越来越有可能失去了对合作社真正的、正式的控制。当然,农业合作社运作的决策环境通常在现实生活中更为复杂。在某些情况下,这样的过程可能需要许多年才能完成,尤其是因为合作社领导人的文化偏好或机会主义行为。

另一个主要的权衡是在监控成本和集体决策的成本之间。随着合作社采用越来越多的非传统治理特征,集体决策的成本理应越来越低。

然而,这一成就的代价可能是更高的管理监控成本。如果农业合作社的代理成本相对较低,那么这种成员失去控制权的情形可能不会对农业合作社构成严重威胁。汉斯曼(Hansmann)使用了内部合作代理成本的方法。他认为,农民成员在监督管理方面处于相对有利的地位,因为从合作社获得的收入是他们的主要收入来源。然而,其他学者认为,农民成员在监督管理方面处于弱势地位。这些作者认为,这是因为农民成员缺乏必要的知识,不受二级市场机制的推动,在监督管理方面面临着严重的搭便车问题。如果是这样,那么合作社最终可能不满足其成员的长期需求。随着组织复杂性的增加和合作社退化的加速,这种情况更有可能会出现。上述权衡似乎意味着必须存在一个(暂时的)平衡点,即剩余索取权和控制权的分配、成员的主流心态(顾客对投资者)和成员异质性得到满足并导致最佳结果。然而,通过标准的经济优化技术来定位这一点是不可能的。相反,它需要一个试错的努力,在很多情况下,后者是唯一可行的选择。通过检查图4.1,我们可以推断,以下九个组合的治理所有权模型在理论上是可行的,并且已经在不同国家被观察到:传统;扩展型传统;扩展传统比例投资;扩展传统会员投资者;扩展传统的新一代;扩展传统的资本寻求实体;扩展传统投资者共享;管理/公司与资本寻求实体;管理/公司投资者份额。

当我们从传统的模式转向治理和所有权的非传统组合时,取舍变得越来越重要。当我们转向管理/企业投资者共享模式时,组织复杂性和非成员控制都增加了。

查达德和里奥普洛斯(2013)运用汉斯曼(1996)的方法,对不同所有权模式的合作社的决策控制权与管理权配置进行了考察。[①] 他们认为,与治理模式相关的所有权成本包括风险承担成本、控制经理人成本与集体决策成本。根据不同合作社治理模式的成本,就可以更好理解每种合作社模式的效率。

合作社模式主要依据其所有权结构。一般所有权结构有以下类型(见表4.3):

表4.3 合作社所有权结构

	开放公司	独占	金融互助	传统合作社
剩余回报指派	给投资者	给独占者	给顾客	给成员
所有权从其他功能中分离	有	无	无	无
控制权	按持股比例投票	控制权独占	顾客有控制权	非比例投权
剩余索取范围	无限制	只给独占者	顾客	成员
剩余索取可转移	有	无	无	无
成语索取的回购	无	无	有,应顾客需要	有董事会

合作社的产权特性为:所有权限于成员,剩余索取权不可转移,不可评估,不可回购。剩余收益按比例分配给成员。决策权以一人一票方式或按照赞助比例投票规则的民主方式执行。合作社虽然是会员所有制的组织,但是,不同的合作社剩余收入与控制权安排不同,在不同的国家与地区呈现不同特征。在欧洲,传统的合作社模式有两个决策体:大会与董事会,还有监事会。董事会拥有决策权。外部代理如职业经理必须通过授权管理决策。董事会与大会之间自行配置义务与责任。通行的做法是董事会将真实权威和决策管理责任交给主席(见图4.1)。

欧洲传统模式在北欧和南欧都进行了扩展。北欧的扩展类型有三种:扩展的

---

① CHADDAD F R,ILIOPOULOS C. Control Rights, Governance and the Costs of Ownership in Agricultural Cooperatives[J]. Agribusiness: An International Journal, 2013,29(1): 3 – 22.

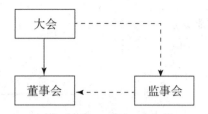

图 4.1　欧洲传统合作社治理模式

传统模式,管理模式和公司模式。在扩展的传统模式中,治理结构中引入非成员代理,这样,董事会的职责就进行了分解,只负责事前决策控制,而决策管理就交给了董事会雇佣的职业管理者。成员大会的职责没有变化,但是大会组成人员就要对整个系统有代表意义,在一些大型合作社,分区域选派代表,这些代表一般包括董事长、农民成员代表、雇员代表。监事会成员在某些特殊情形下也有特别规定,如果合作社入社有一定的缴纳资本数额门槛,那么雇员利益就需要被考虑,在监督董事会过程中,就必须有雇员代表参与(见图4.2)。

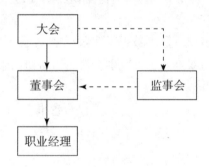

图 4.2　扩展的传统模式

管理模式中,将董事会与专业管理者合为一体,参与董事会的非成员外部专家,负责决策管理职能。重大剩余控制权保留在大会,所有运作与战略决策则授权职业管理者(见图4.3)。

公司模式。这种合作社将董事会与监事会或行政委员会合为一体,参与这一扩展的董事会的2/3以上成员必须是社员。职业经理行使正式的、真实的权威,决策控制权由董事会执行。

南欧的合作社基本与上述的扩展性合作社类似。

南美地区传统合作社大致可以描述为:委托人(如成员所有者)将运作与战略决策的正式权威(决策管理与控制权)授予董事会,但是将一些重大决策(如购并、稀释)等控制权保留在社员大会。整个董事会负责决策控制,董事会部分成员负

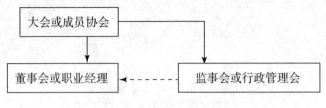

图 4.3 管理模式治理结构

责决策管理。如图 4.4：

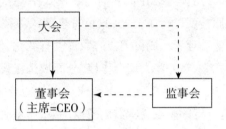

图 4.4 南美传统的合作社治理模式

一般来说,主席或者执行理事被授予实际权威,结果是主席在这一模式中担任董事会主席和 CEO 的双重角色。监事会对董事会进行监督,并行使内部审计与事后的决策控制的职能。

在南美传统的扩展模式中,成员正式授权给董事会,董事会将实质行使权授予 CEO。CEO 可以是受雇的专家或者合作社成员。这时,决策管理与决策控制分离,控制权在董事会,管理权在 CEO。但是,CEO 与董事会成员不能重叠。(见图 4.5)

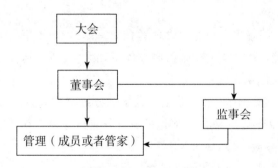

图 4.5 南美传统扩展的合作社治理模式

在北美地区,董事会执行决策控制,决策管理权由 CEO 领导的专家管理团队负责。有一些情况下,CEO 可以是董事会成员。

澳大利亚与新西兰的合作社治理模式大多与美国的扩展传统模式有些类似。董事会的决策控制权与 CEO 领导的高级管理团队严格分离。主要的差别是大洋洲的合作社董事会包括当选的农民理事、外部的独立理事。澳大利亚政府合作社法决定了大多数理事必须是积极的成员,但是理事会必须包括合作社雇员和法律允许的非社员。大多数合作社采取一人一票制,新西兰则倾向于以资助数额为基础的比例投票制。

2. 关于治理结构连续统的成员控制

按照成员控制连续统的治理模式,可以将农民所有的合作社分成三种结构类型:准一体化、分离、授权。连续统的一极是一体化,即委托人负责决策控制与管理,就是说所有权与经营权没有分离,或者说风险分担与决策管理没有分离。这种情形一般发生在独占情形,或者成员足够小乃至每个成员都涉及决策管理的合伙制情形。合作社仅有的情形是成员保持 100% 控制权。但是,在这种情形下,随着委托人的增加,决策变慢,导致高的集体决策成本。在合作社中,组织结构复杂,所有权分散,就会发生这种高集体决策成本的情况。

许多合作社运作的治理模式是准一体化模式,委托人授权给董事会,反过来董事会将决策管理责任授予执行董事或主席这类有许多权利的个人。在准一体化模型中,大多数成员将决策控制权授予少数人,大部分成员因此失去一定程度的控制权。

连续统中第二代治理结构是分离式的。委托人将正式权威即决策控制权授予董事会,而决策管理授予专业经理人。这就形成了风险承担与决策管理的分离、真实权威与正式权威的分离。委托人授权更多,则成员控制权水平就更低,这种模式就是北美与大洋洲盛行的扩展型传统模式。

成员控制权更弱的是授权模式,即委托人放弃大多数控制,将其交给代理。委托人保持事后控制,当代理人业绩较差时,就将决策权收回,这可以看作一种或有控制权。丹麦的一些合作社采用的就是这种管理型结构。

最后一种合作社治理结构类型是成员放弃下游或者上游资产控制,并与投资者型公司签订独立的市场合同,这时他们就转变为非互助或者有限责任公司。这样做,他们规避了所有权风险和集体决策成本,但是招致了投入采购与产品售卖的市场合同成本。

成员放弃控制权的解释可能有两种:一是成员控制合作社会产生较高的交易

成本;二是授权获得的收益高于相应的所有权成本,包括上述交易成本。当决策代理不承担决策的财富影响时,就会出现代理成本。风险承担与决策管理职能分离的收益包括专业化、职业管理者的雇佣和复杂组织中特定知识被更有效的运用。另外,授权提高了代理的积极性,便利代理参与委托人的关系合同。但是,对于治理结构选择的影响因素分析,就要联系汉斯曼的模型,应当使所有权成本与契约成本最小化。

市场契约成本源于各种形式的市场失败。通过将所有权配置给受影响的交易方,这些成本显著减少。这里可以认定 8 类成本:单一市场力、事后市场力、信息不对称、策略性讨价还价、长期契约风险、成员偏好的沟通、成员利益多元化、离心离德。市场契约成本对于那些试图通过合作社来减轻市场失败的农民有很大影响。但是,契约成本对于合作社治理结构选择没有什么影响。

但是,所有权成本对合作社采取的治理结构有关键性影响。所有权成本分为三类:控制管理者成本、集体决策成本、风险承担成本。控制经理人是公司出资方招致的巨大的相关成本,包括监管管理者和管理机会主义带来的成本。有效的监管要求所有者能够知道公司的运作,管理层应与所有者沟通,彼此交流信息和决策,并把所有者的决策传给管理层。监管成本与出资方、公司交易的重要性、频率与交易时间成反比。监管成本还依赖于出资方集体行动组织的松散程度,反过来,这种松散程度又依赖于成员的彼此间、与公司的有形接近程度。

随着所有者人数增加,对管理者监管的利益减少,降低了所有者监管的激励,同时,不论采用什么样的所有制形式,市场契约成本会更高,即使所有者能积极监管,管理机会主义也会减轻。

除了控制经理人员的代理成本,公司还会因为所有者利益的异质性而导致集体决策成本。这种决策成本是所有者差异的昂贵程序和无效决策的结果,这种结果不能最大化整个所有者群体的利益。无效决策是因为无效的投票体制不能选择出一般所有者偏好的结果,或者控制权落入那些没有代表性的少数人手中,这些人的无效决策是通过利用大多数人支持做出来的,这种情况的发生一般源于这一部分人处于决策的有利位置。

集体决策过程可能给所有者带来昂贵的成本,为了达成有效决策,一是所有者必须获取公司知识,了解其他所有者偏好;二是必须参与会议以及相关活动。成本的另一个来源是因所有者的异质性导致的在不同的选择中做投票而产生的选择循环,这可能让那些与无效决策无关系的少数人攫取了极大的权利。最后,因为所有者的策略性行为,有可能产生隐藏努力、发现信息或者结成联盟,或使联

盟破裂等额外成本。(见表4.4)

表4.4 不同治理模式的所有者成本比较

执行控制相关的成本		治理模式		
		传统模式	扩展的传统模式	管理和公司模式
监督管理层的成本	成员了解合作社运作	非常低	低到中等	中到高,有赖于成员的异质性程度
	成员之间交换信息与决策的沟通	低到中等	中到高	中到高,有赖于成员利益的异质化程度,成员与合作社交易的重要性、频率和持久性
管理机会主义成本		如果合作社领导高效率且非机会主义者,为0	低到中等,有赖于合作社的构成与有效性,采取定义清晰的业绩测度	中到高,有赖于董事会的构成与效率,采取定义清晰的业绩测度
集体决策成本	决策成本	低	低到中等	非常低
	程序成本	低	低到中等	非常低
	解决冲突的成本	低	低到中等,有赖于成员利益异质性程度	非常低,有赖于成员利益异质性程度

这种决策过程的昂贵成本可以通过采取一些有效措施来大大减少。授权给委员会就是减少预测成本,防止投票循环、互投赞成票,减少中位投票。

3. 监督经理人成本

该成本受下列三个因素影响:成员利益的异质性程度;成员与合作社交易的重要性、频率和时间长短;有限理性假设下成员理解复杂问题的能力。传统合作社模式下这种监督成本比较低,成员选举的董事会履行所有管理职能,不复杂的地方合作社采纳这种治理模式,其成员对合作社非常了解,因此成员之间的信息沟通与决策沟通成本都比较低。

当成员利益分歧越来越大,组织成员同质性变得越来越困难。这样,监察成本将同成员与合作社交易的重要性、频率和时间长短成反比。当成员数增加并在更大地理范围内散布时,个体成员在监察管理人员时就会搭便车。合作社会面临更复杂的决策问题,成员对此的理解也会变得困难。结果监督效率降低。这样合作社的治理结构就是扩展的传统模式,甚至管理模式或公司治理模式。

管理机会主义成本。当且仅当合作社效率高且不是机会主义者时,传统模式中的管理机会主义成本极低。但是,在新一代合作社模式中,将正式、真正的权威授予管理者,管理机会主义成本将提高。联邦制的合作社因为成员丧失了决策控制权,最终都采用扩展的传统模式、管理模式或者公司模式。在不同的制度背景下,新一代合作社,主要是采取扩展的传统治理模式中,管理机会主义成本靠二级市场的权利交割监督效应来减轻。

集体决策成本。在传统的模式中由于成员的利益的同质性,集体决策成本低。但是当合作社沿着生命周期推进时,成员利益日益异质化。集体决策就变得繁重,从而给合作社带来巨大的成本。在这一阶段,决策慢、决策成本高、程序复杂变成了合作社的包袱。成员异质性的合作社只适合采取不同的治理模式与激励机制,意在减少集体决策成本。

几条规律。一是组织日益复杂时,合作社治理模式逐渐从传统向扩展的传统、管理与公司模式发展。治理结构的替换意味着权衡。公司损失的是会招致额外的监督成本,但是收益是集体决策成本低。然而,现实的监督成本与集体决策成本依赖的因素是成员与合作社交易的异质性程度、成员偏好的异质性程度、采纳有效规则和平衡异质性成员利益冲突的程序所带来的成本、董事会的构成与效率、执行的业绩测度的清晰度等。

4. 金山村合作社的类别识别

(1)大会与董事会成员的产生程序。金山村百香果合作社组织结构就是传统型的组织类型。其创新主要表现在组织的发起与设计由村党组织与驻村工作组共同完成。尤其是组织架构,由工作组成员反复与党支部成员沟通与讨论而确定。关于剩余控制权,由合作社理事长与党支部、驻村工作组代表社员执行。这是基于我国农村土地所有权特殊性决定。合作社社员投入的土地并不是社员个人所有,而是集体所有。社员只是携带土地承包权入社。在相关的剩余权控制中,包括对土地资源使用、分配以及如何获取相关项目资金投入合作社等政策事项,都不是按照组织章程可以解决的问题,这些问题又涉及基本的制度以及重大政策,需要理解政策的村社领导人与督促政策执行的工作组人员才能够最终决定下来。

(2)经营管理由理事长决定。包括购置生产资料、用工、施肥等,由理事长安排。理事长又承担了 CEO 的作用。这一点与传统的南美扩展型合作社类似。

这一合作社模式在合作社建立初期,具有较高效率。从组建合作社的动议形成、合作社组织结构设计、成立以及迅速开展产品创新、运作,在短短的几个月内快速推进。

但是,监督管理层的成本并不是最低的,尤其是社员,有可能对由村支部、村委与工作组抛出的方案总是有一些疑虑,在第一年的运作过程中,还没有出现问题,但是,在第二年中,这些社员对理事长的相关安排就出现抵触现象。

在管理机会主义成本方面,领导人能够带头工作,有激励带领成员取得成功,决策效率较高,但是,在管理方面,还缺少市场营销渠道管理和技术管理方面的缺陷,致使第二年仍然没有取得较好的销售业绩和较高的产量。

(三)电商对渠道的拓展——销售渠道的创新

农民对于开拓市场一般存畏惧心理,其社会网络也十分有限,对于销售大量的百香果,显得没有信心。传统的销售方式,一般是村民将百香果挑到镇上零售,或者找商店代销。社会网络的极其有限,使得他们很少进行较大规模的集中的商品生产。其次,单家独户的生产模式进一步削弱了村子里整体社会网络的发挥。百香果一般用于泡水喝,而且,长期以来贵州本地没有百香果消费习惯和消费知识,因此,这一产品首次在贵州生产,销售推广也比其他传统水果要困难。大多数百香果消费者都是比较前卫的消费者,他们比较倾向于接受新事物。这种前卫消费者在农村乡镇、县城数量都较少。对于金山村的村民来说,他们很少到更远的地方去联络,跑销售,他们也很少能够分析百香果的市场需求以及潜在客户群,一时也难以为他们生产的百香果找到恰当的宣传渠道和销售策略,甚至大多数村民在向别人介绍自己产品时,无法说清楚这种水果有什么特别的营养价值。

在产品销售策略的设计上,驻村干部起了很大作用。他们的办法就是积极拓展合作社的社会网络。驻村干部一方面积极开导村民,让村民自己推销可以培养销售技能,以后发展任何产业都能够自力更生,并且,从短期来看,自己销售单价稍微要高一些,因此如果有能力,就应当尽量自行销售。另一方面,他们引导村民使用微信,积极利用微信拓展网络关系,并将产品信息放到微信多晒一晒,引起朋友圈的关注。金山村的许多村民因为百香果产业的发展,第一次使用微信进行产品销售。驻村干部多次引导村民,学习和查找有关百香果的知识,并告诉他们,百香果可能更受女性尤其是青年女性的喜爱。女性更信赖女性,因此,要动员妇女成员向同伴、亲戚等推荐百香果。采取种种措施后,村民们终于将百香果售罄。

电商作用的充分发挥。贵州省邮电系统建立了黔邮乡情电商平台,该平台以推荐贵州境内优质农产品及其加工品为使命。进驻金山村的干部,联络了黔邮乡情平台,请求该平台销售金山村的百香果。邮局、顺丰等快递公司也在金山村附近的克度镇设立了网点,黔邮乡情找到与之互动的消费者以后,通过网上支付收集消费者资金,并通过网络将信息传到金山村,金山村百香果合作社就安排成员将百香果包装起来,交付到克度镇邮局以及顺丰快递网点,进行再次包装,与其他商品一起发送到消费者处。2017 年,黔邮乡情售卖的百香果占该村总产量的一半以上。

驻村党员一般来自帮扶单位。金山村的重点帮扶单位是当代贵州传媒公司。该公司动员员工购买百香果。同时,动员员工通过微信、QQ 推广产品。不仅如此,该公司还捐赠了百香果包装纸箱等,并且将包装纸箱印刷好,运送至金山村。

（四）总体模式的归纳

金山村百香果产业组织模式可以概括为"支部 + 科研团队 + 合作社 + 企业 + 农户"的合作模式。

1. 支部在各类主体博弈中的作用

支部向相关机构发出请求,尤其是科研机构,提出要科研机构支持金山村发展新的产业,调整产业结构来发展村级经济。科学院山地所得到响应,并力图通过打造金山村的成功案例,以此为示范推广他们的科研成果。这一案例的成功确实引起了平塘县其他村镇的注意,山地所因此于 2018 年在另外几个镇推广,开发了几个新的百香果基地。

党支部也是百香果合作社的主要倡导者,成为该项产业相关利益联结关系的缔结者。山地所以及驻村干部反映,没有党支部的支持和发动,产业创新不可能获得成功。

2. 科研团队的技术与知识、智力支持——高科技知识与农民组织的嫁接

在产品识别阶段,山地所负责人对金山村的地形地貌进行了仔细考察,选取了合适的试种地址。同时,他们将反复实验得出的试种品种、技术用于金山村。在产品品种的选择与技术选择上,山地研究所负担了全部的责任。在当前农民的文化水平以及技术创新能力有限的前提下,山地所解决了金山村产业创新的最大

难题。对于市场的分析、收益计算等,也是由山地所提供,为产业发展决策提供了有力的支持。

产品生产阶段,山地所指导农民确定行间距,使用有机肥、搭建网架等。所有环节的关键技术都由山地研究所负责。

产品销售时产品品级定位阶段,山地所负责设计品牌名称,把金山村生产的百香果品牌命名为"黔乡香"。同时,还设计了包装盒。为了让产品能够被消费者接受,山地研究所联系农产品检测检疫中心,对产品的安全性以及含量进行了检验,并确认了该产品确实是优良产品,为产品的顺利推广提供了技术与信息的支持。

科研团队在支持过程中充分运用信息化手段,检索各类有关百香果信息。在产品辨认阶段,他们运用各类现代信息监测手段发现野生逸种,并对百香果的有效成分、市场前景以及适宜种植的生产地区地理与气候特征进行了查阅。在对各个种类的百香果的信息化控制手段下,监测了各个品种能够生存的最低可能气温。并通过网上查阅金山村所在平塘县历年气温资料,得出金山村能够种植百香果,并在此基础上试种和筛选品种。

在产品监测阶段,检验检测机构大量使用信息化手段。现代精确的成分测量技术是数字化与信息化技术,百香果的检测同样需要运用这些以信息化手段武装的检测技术,检测结果向贵州省食品安全云平台提交,并由该平台录入检测数据库,在云平台上发布。

在相关技术提供方面,山地研究所几乎成为该村百香果产业的一个细心的保姆。

3. 合作社的经营、管理与组织功能

产业发展必须有合适的组织作为发展载体。合作社是农业发展中重要的组织形式,充分体现了组织内部成员间高度平等与互助合作的强烈意愿。这些成员在产业决策上有充分的表决权利。他们在土地流转和其他各类要素投入方式的决定方面,都能够发表自己的看法。合作社领导集中社员意见,做出每一步的决定,对收入的保管、红利分配,社员都有表决权利。在发表意见以后,选出相关管理者,代表他们的意见进行财物的管理。

4. 企业的托底承诺、保险功能

在金山村的百香果产业发展决策过程中,引入企业进行托底,是最重要的策略。山地研究所引入企业,让合作社与企业签订协议,愿意以保底价格每斤2元收购百香果。这一协议就具有保险功能,也是金山村百香果合作社从托底企业那

里得到的一个免费看跌期权。即一旦百香果价格跌破 2 元,就行权。虽然,这一看跌期权的价值很低,因为价格跌破 2 元的概率太小,也就是说保底价格比较低,因为多年来百香果的价格行情远远高于 2 元。但是,由于是免费期权,企业也愿意以非常低的价格进行托底承诺。即使是这样,毕竟也给了合作社一层保障,使得百香果收入不会低于当地传统玉米等作物的种植收益。

5. 农户作为利益与风险的最后承担者和经济资源的重要投入者

农户是产业发展的最终受益者。但他们作为投入者,也要承担产业风险,如果因为技术与气候原因,导致产量低,他们的损失就得不到补偿。不仅如此,其土地等资产的收入也有可能丧失。在金山村的百香果发展过程中,虽然市场风险由公司兜底,但是管理不善、技术掌握不好以及平塘县所在地出现降雨不均匀,这些因素都有可能影响村民的最终受益。

6. 驻村组与帮扶单位的支持

金山村的百香果产业牵动了一个巨大的社会网络支持,产业的创新发展使得偏僻的金山村融入了社会体系中。其中,驻村组成员对产业发展倾注了大量的心血。产业发展初期,村民对于投入风险很忌惮,不敢投入太多,同时,在种植中投入土地租金、网架、有机肥以及劳动工日等前期投入之大,是先前的传统种植前所未有的。前期投入必须获得政府与社会的支持。因此驻村组成员组织申报了政府资金支持。村里干部不清楚相关政策,也不知道按照什么程序办理,驻村干部依据产业扶贫与产业发展支持基金等相关政策,撰写项目申请书,为金山村百香果产业申请了 40 多万资金支持。在解决销售问题上,当代贵州传媒公司做出了很大努力。除了动员公司员工销售百香果以外,还手把手教村民使用微信、网店进行产品销售。由于产品能够及时以较高市场价格销售,收益能够及时实现,增添了村民对产业创新和持续发展的信心。该公司还利用媒体资源优势,为金山村百香果做宣传,如以"平塘县第一百香果"作为宣传,在各类媒体与自媒体进行报道,提高金山村百香果声誉,并资助 5 万元实施滴灌系统,资助 7600 元修建基地简易道路。

(五)产业创新的效果

1. 收入效应

百香果种植之所以得到村民的响应,是因为该产业让相关村民得到比传统种植有明显的收入提升。

(1)土地收入与其他农业生产资料收入。金山村的土地在之前已经有一部分租给外地企业,用以种植红心蜜柚等。这一次流转了120亩地种植百香果,土地租金在百香果种植之前,经由合作社支付给村民,总计支付15257.4元,合作社成员则以土地折价入股。对于非社员,村民土地出让收入一般高于传统种植作物的纯收益,并且不需要付出劳动,而传统种植玉米一般纯收益几乎为0,乃至亏损。其次,村民养殖累积的牲畜粪便也可以作为生产资料投入,折价售卖给合作社,作为有机肥,总共投入7860元。

(2)工资收入。合作社以每天大致80元的工资支付给为合作社做工的村民,这是根据合作社成员的决议,以每天工作9小时计算,每小时工资8.88元。主要工日用于拢箱、整地、搭架和栽苗。对于能够计件的就以计件工资制发放工资,如栽苗,就以每棵苗0.8元的价格包给村民。对于生产资料装卸、运载等一般都以计件支付。工资由合作社每月结算并支付一次,让村民对合作社的产业充满信心。2017年,总共有100余人次在百香果基地做工,合作社总共派发工资34万余元。

(3)社员的分红。与其他经济果树不同的是,百香果能够当年就见到效益。2017年百香果合作社卖出的百香果共获利近10万元,合作社拿出其中33702元作为红利,分给受益贫困户39户。

2.扶贫效果

百香果基地合作社与贫困户的利益联结机制主要是土地租用和用工。2017年有10多户贫困户有劳动力在百香果基地做工。栽苗、采摘、包装等环节,由于劳动强度不大,一些困难的老年人都能够参与劳动。如精准贫困户代小燕老人虽然年近70,但是多次参加基地劳动,1000多元的工资大大改善了老人收入状况。

但是,贫困户普遍没有作为合作社成员参与。一方面百香果种植引进时,还充满种种不确定性,贫困户有限的资源投入到百香果产业中,风险大,贫困户本身参与意愿不强。另一方面,合作社组织设计者也不愿意让贫困户参与合作社,不愿意让贫困户担风险。

但是,因为贫困户在很多环节都参与了劳动,对产业已经有了较多的了解,为他们今后参与产业脱贫增加了备选的项目。

3.观念与生产、经营方式的彻底转变

百香果产业的发展让金山村村民的观念有了很大转变。第一,金山村村民原来只习惯于种植传统作物,虽然效益差,但他们的学习成本低,同时,对于新产品知识的获取意识不强。百香果产业让他们觉得努力学习新产品种养殖,也是摆脱贫困、改善自身经济状态的重要途径。第二,改变了过去甘于做产业创新的旁观者的想法。在以前引进的特色经济果树林种植中,金山村村民总是将土地全部租给外地企业或种植大户进行经营。他们都不知道如何经营新型特色产业。百香果产业让金山村村民经历了一次全新的产业创新,并取得了初步的成功。

经营方式上,生产社会化程度得到极大改善。第一,组织方式上,合作社取代了传统的农户单独生产和经营的方式。第二,利用村民的社会资源进行产业经营,增强了他们获取社会投入、开展社会营销的能力,这是一种较为彻底的改变。

4.生态效益与经济效益、社会效益的兼容性模式

百香果产业规划的时候,就是要将产品打造成生态产品。第一,百香果本身虫害少,不需要大量使用杀虫剂;第二,使用传统有机肥种植。在打造高端产品成功以后,可以获得较高溢价。百香果是一种藤本经济果树林,可以保护峰丛洼地水土。在社会效益方面,主要是经果林的护理较为简单,能够让贫困户参与劳动,获取劳动收益。同时,合作社通过租用贫困户土地,让其获取租金。通过分工进一步改善贫困户收益。当特色产品成为高端产品时,社会效益与经济利益完全有可能兼容。

(六)模式尚待改进的地方

1.扶贫资金的运用与贫困户加入产业开发的联结机制还应有所改善

首先,要让贫困户自愿以正常农户的身份加入合作社,同担风险,共享收益,逐步通过合作提升贫困户的自生能力。其次,政府可以通过贫困户获得扶贫资金注入到合作社,让贫困户以注入资金为限额加入合作社,也可以隔离经营项目带给贫困户的风险。最后,可以通过帮扶贫困户的社会人士支持贫困户出售百香果,将贫困人口融入社会网络,并使其通过这种售卖掌握各类助销技术,如电商、微商等技术。

2.科技团队的责任与利益的对称性

在金山村其他相关特色产业开发过程中,需要引入更多的科研团队来予以支持。目前,山地研究所只是将果苗卖给金山村,而回收培育果苗的成本。在山地所对村民进行技术辅导,种植成功以后,能获得更多示范与推广,销售更多果树苗。在产业开发过程中,山地所提供很多的科技资源,包括产品检测等。这些策划也应该在产业成功以后获得更多利益,以激励团队成员能够针对百香果产业进一步健康发展进行更多的科研投入,如灾害数据分析与防控技术的研发投入,产品质量提升与种植标准研究投入,以及信息技术用于全过程监控方面投入,等等。

如果认为农业合作社目前还比较弱势,无法通过分利激励科研投入,那么,政府应该有相应资助,以便于百香果产业能迅速进一步高端化和标准化。

3.还需继续构建产业链创新的新模式与种植收入稳定的机制

由于百香果储存时间长,以及产业处于初次开发阶段,产业的链条较短。合作社主要依靠售卖百香果鲜果的方式获取收益。一般消费者在消费过程中,有可能也只是用百香果泡水或者吃鲜果肉,而果皮一般作为废物垃圾处理。百香果可以做多种加工,如果皮可以做面膜等。加工以后,储存时间更长,附加值更高,并且能够对果皮等综合利用,效益更高。

如果当地百香果产业规模扩大,那么销售成本、储存成本可能更高,对于合作社来说,销售任务更重。甚至在现有的社会网络范围内,很难完成销售任务。因此,需要采取加工成果汁、果浆、果脯、果冻等方法,如果壳可用于提取果胶、医药成分和加工饲料等,满足更广泛的市场需求。

4.品牌打造与市场创新的深入

金山村的百香果已经有了"黔乡香"的牌子,通过当代贵州传媒公司的宣传,推广取得了初步效果。但是,知名度还需进一步提高。目前,主要的问题是对产品内含成分的检验检测还不够深,种植标准化程度较低。需要在标准化种植的基础上,使得产品从外观到内涵都要稳定在较高的水平上。同时,产品销售基本上是通过零散的渠道完成,还没有被大型销售机构所接受。种植规模扩大以后,这种方式很难顺利完成销售。

(七)产业的信息化与数字化支持问题

金山村计划将百香果产业基地扩大,需要进一步改进产业技术水平与管理水平。同时,为了改善营销,把百香果作为高端产品推广,还需要使百香果的安全性及其生产流程的可靠性信息让更多潜在消费人群了解。可以尝试争取信息化在生产领域内的示范性应用以及组织管理中的应用。

1.尝试数字化在生产中的运用

对于百香果这一类高产水果,应当加强对土地营养成分的检测与肥料配方的信息化管理,使基地土地营养成分能够满足百香果持续高质高产的需要。目前世界上的先进技术允许生产者测量土壤养分状况、作物潜力、田间特定地点的用水效率。其中数字土壤地图之类的信息通信技术提供了广泛的土壤信息,这些信息可以在线存储和访问。GPS、卫星图像、远程传感器和航空图像有助于评估土壤和土地变化,通过移动应用程序和互联网可以迅速传播信息。有了这些信息通信技术,农民可以优化作物种植。数字土壤图是可视化土壤性质和特定地区土壤养分流失的信息化工具,应用前景很好。国际数字土壤制图工作组(WG–DSM)将数字土壤制图定义为"利用实地和实验室观测方法,结合定量关系的环境数据,在给定分辨率下生成的地理参考土壤数据库的创建和种群"(Rossiter,2004)。① 各种各样的技术,包括卫星遥感器和照相机,可以用来调查土壤和收集数据以创建数字土壤地图。运用这些技术收集土壤信息的速度比科学家从野外采集土壤样本的方法更快。通过收集土壤数据,并使用统计方法、GIS 和土壤推断系统来形成"预测土壤图"。这些地图展示了土壤提供生态系统服务的能力(如渗透水、生产作物或储存碳的能力)、土壤约束的地理表征(如铝毒性、碳缺陷或底土限制),以及检测后续变化和评估其影响的基线(AfSIS,2009)的信息②。数字土壤地图为种植者提供了关于土壤肥力、脆弱性和潜力的精确的信息。通过对土壤地图与其他关于人类或政策变量的数据(如人口统计、土地管理、农业实践和气候变化)进行统计测试,研究人员和其他人可以探索土壤破坏的原因和恢复形式。目前,云南省已经开始研究与开发特色产业发展区域的土壤地图开发和使用。贵州可以选择像金山村这样特色种植基地进行试验与开发。

其次,可以进一步尝试设施农业技术在百香果产业中的运用。目前,产业采用的是一年一届的种植方式,但是,产量低,并且难以应对突发气候事件。可以尝试智慧大棚在百香果产业中的示范性应用。

2. 数字技术在促进农民经济组织中的作用还可以得到进一步强化

农民组织在解决系统性贫困方面发挥着重要作用,这使农民在制定有利于脱贫和农业的农村政策实施方面拥有更多的发言权。信息化支持农民组织效率的提升,就要从根本上提升社员们公共参与的表达。将农民的利益与公共、私人机构联系起来,促使农民组织鼓励这些机构调整他们的战略、产品和服务于农民的需要。在支持政策框架下,农民组织能够很好地推动社会和经济的平衡发展(AgriCord,2010)③。

在本案例中,应积极向社员介绍相关的政策知识收集的途径与方法,并建立相关的集体讨论政策文本的网络社区。同时,提供社员建言献策的方式,使他们

① ROSSITER D. Digital Soil Mapping[C]. Global Workshop on Digital Soil Mapping. Montpellier: International Union of Soil Sciences,2004.

② ASIS (Africa Soil Information Service). Digital Soil Mapping[EB/OL]. ASIS,2010.

③ AgriCord. Farmers Fighting Poverty: Strengthening Farmers[C]. Organisations in Developing Countries. Leuven,2010.

的想法能够在集体中得到实现,关于合作社的相关法律以及本合作社存在的问题、相关法律条例在本合作社中的具体化等都可以进行相关讨论。

应该在社员中推广收集、检索相关百香果种质资源、设施农业、电商信息、百香果加工生产技术知识与信息,改善成员在集体决策中的能力。

在信息通信技术的支持下,农民合作还具有第三种商业功能,即使商业活动变得更加高效和透明。

由于合作社是金山村重要的商业信息集中与流转、商品运输和存储的枢纽,是人们共享新系统和流程的地方,信息化还可以在节约物流成本、挖掘商业机会方面发挥更大作用。

总体来说,主要作用可以体现为,增强组织凝聚力,让合作社成员运用信息化、数字技术,通过该组织分享市场信息和技术知识,了解该组织的活动。例如,在理事会或执行委员会会议上讨论的主题和做出的决定可以与因距离或费用(直接和机会)无法出席的成员分享。这些使决策过程变得更加透明,增加了成员、理事会和执行经理之间的信任,提升组织效率。

改进会计和管理。合作社通常负责处理大量的资金,这些资金可能代表了成员农场家庭的现金收入。有效的记录保存使组织能够更好地为其成员服务,计算机化和其他技术提供的透明度提高了农民对合作社的信任。投资于现代管理和会员信息系统的合作社可以改善其形象,以吸引高质量的员工并获得会员的信任。

强化集体声音。农民个人可以通过合作社建立的网站向政府表达他们的诉求。

尽管信息通信技术有潜在的好处,但合作社很少首先采用这种技术,因为他们通常处于低利润率的困难环境。这就需要政府、捐助者和非政府组织的资助来开发和测试ICT解决方案,最终使合作社受益。

无论是移动电话、电脑、用于互联网接入的电视还是无线电广播,其本身并不是目的,它们只是一种让信息可以更快速地记录、汇总、显示和传递的方式。重要的是信息本身。由于信息(如关于市场情报和农业技术的信息)发生了变化,收集信息和选择最相关的信息来源至关重要。必须帮助农民组织建立伙伴关系,以提供对成员和管理最有用和最相关的信息。因此,任何通信技术的干预都必须考虑到这一点。表4.5是世界银行总结的信息技术在农民组织中的作用,可资借鉴。

表 4.5　信息通信技术在农民组织中的作用

信息技术作用 ／ 信息技术及用途	传统组织的问题 ／ 缺乏市场信息,如价格,潜在买主	冗长的手工官僚程序,不透明,包括与农民组织打交道	缺乏农民对市场标准的了解,或缺乏消费者信心	缺乏获得推广服务和最新研究的机会,无法形成研究
加强组织成员间联系	移动电话(语音或短信息系统(SMS))访问价格信息、购买选项和其他市场情报;更广泛意义上的信息获取	农民和商人之间更公平的关系	如果 GPS 是一种选择,就可以更容易验证作物的来源——如有机或其他认证	见多识广的农民可以按照要求的标准分类提供农产品	语音和文字越来越多地用来联系交互式无线电广播来解决问题
	数码多媒体(摄影机、电脑简报),分享新技术和有效做法;以资讯科技为基础的职系及标准资料			能够以有效、直观的方式展示标准。能否帮助开拓出口市场	FO 可以记录最佳实践并在农民之间共享;图片比文字更有效
	GPS 技术用于绘制产品来源		速度记录过程	消费者知道产品的来源和关于有机状态和类似特征的信任声明	
	农村的电视中心与因特网相连	更容易找到价格和买家	FO 可以共享信息以提高透明度	信息可用	信息可用,交互性可能
改善会计与管理	成员交易系统;财务管理软件		减少了对职员的需求,加快了交易速度,提高了透明度	财务信息的图形化展示使得 coop 成员更容易理解统计数据	
	自动测量数量与质量系统	农民和合作社之间更公平的关系	减少农民交易时的等待时间,防止产品变质;农民信任自动化系统		

续表

信息技术作用　　传统组织的问题　　　信息技术及用途	缺乏市场信息,如价格,潜在买主	冗长的手工官僚程序,不透明,包括与农民组织打交道	缺乏农民对市场标准的了解,或缺乏消费者信心	缺乏获得推广服务和最新研究的机会,无法形成研究
更强的集体声音 当地电台提供市场和技术信息以及虚拟市场的电话。还可以共享关于 FO 的信息	农民更好地了解价格和可能的市场	与手机一起,可以增加与 FO 会员的联系,增加透明度	农民更好地了解标准	可以广播最新技术的信息;电话节目允许农民讨论问题
专门为分享农业信息而制作的电视节目——技术、市场、解决问题等	市场信息广播	同上	同上	是为农业问题的无线电交互式问题解决研讨会而设;图片比文字更有效
由金融组织和生产商集团建立的网站;在线讨论论坛	可以触及更广泛的市场	FO 可以把金融和其他信息放到网上,以提高透明度	告知会员所需的标准	信息可以在线访问

二、发酵辣椒产业的创新——"和记"的质量创新

辣椒产业是贵州省产业化水平相对较高的特色优势产业之一。2016 年,贵州省常年栽培面积 500 万亩左右,约占中国的 20%,产值约 150 亿;2017 年,贵州省种植面积 494 万亩,产量 543 万吨,产值 152 亿元,加工企业近 200 家,形成了 7 大系列 50 多种加工产品;2018 年上半年,贵州辣椒种植已达 512 万亩,预计全年将突破 550 万亩,尤其是辣椒加工业的发展迅速,在全国已经占到首位。贵州省辣椒主要加工产品有油辣椒、糊辣椒、干辣椒、泡椒、豆瓣酱、剁椒、辣椒酱 7 大系列共 50 余个品种,竞争力显著。近年来,发酵辣椒也在迅速发展,值得注意的是发酵辣椒产业更加符合健康理念,其潜力不可限量,与其相关的乳酸产业在全世界的发展趋势也不容忽视。本书特别关注乳酸发酵辣椒业态的创新问题。乳酸辣椒产业把有机绿色作为其核心质量概念,其资源的整合与运用就以这一核心概念开展,从而与其他类别的辣椒加工业区分。

业态创新除了概念的确立,还需解决两个问题:一是质量标准的形成;二是质量的控制。在做好了这两个东西以外,必须将其质量信息传播,取得市场声誉,形成品牌。

业态创新的概念仍然是要让消费者以最低廉的成本取得可靠的质量信息,最后做出决策,这一过程仍然是以其他经营者难以取得的质量水平为信号,从而取得消费者信任。不过,与以前茶叶的概念不同,与同行相比,贵州的发酵辣椒产业不仅仅在原材料方面坚持绿色生态标准,而且在加工环节上强化这一理念。

(一)和记辣椒产业发展历程

本案例业态的样本企业位于贵州省铜仁市石阡县。秦始皇时期在此地设古夜郎县,以后各朝代在这里设置州、县、府。民国年间设府、区、县等。新中国成立后一直为石阡县,现辖 7 镇 11 乡,总人口 46 万,其中仡佬、侗、苗、土家等 12 个少数民族占总人口的 68%,属武陵山集中连片特困区,国家新阶段扶贫开发重点县,也是贵州省重点生态区和多民族聚居区。石阡地热资源丰富,富含锶、氡、锂、锌、硒等微量元素,其温泉属国际饮用、医疗双达标矿泉水,该县先后获得"中国温泉之乡""中国矿泉水之乡""中国苔茶之乡""中国长寿之乡""国家级温泉群风景名胜区""中国石材(石阡)产业基地"等美誉。和记生态绿色食品开发有限公司是该县重要的辣椒发酵制品龙头企业。

1. 和记发展简史与王永斌的理念更新

第一,企业发展阶段。

王永斌是一个仡佬族汉子,早年在工地上当过电焊工,是高级电焊工,搞过装修,开过餐馆。赚钱以后,在广东东莞、深圳和中山等地开扩机等电子产品的连锁店,在 20 世纪 90 年代,已经累积资产 9000 多万元。其间,他去欧洲旅游,在荷兰发现荷兰农业做得非常规范,在德国看到了现代化的农业,这些游历经验让他意识到:中国农业上升的空间非常大,只有回到农业经营上来,才可能有更大出路。

他于 2000 年 9 月正式注册成立贵州省石阡县和记绿色食品开发有限公司,通过市场调查和分析,确定了以发展、加工、经营特色绿色食品为公司的主营业务。2002 年 11 月 23 日,温家宝到贵州石阡考察时,到公司进行了视察并指出:希望在贵州省这样的贫困省份能多出几个这样优秀的民营企业家,各级党委、政府要给予大力支持,要注意调整农业产业结构,拓宽思路,抓住绿色产品开发的时代机遇。并对产品定向进行了充分的肯定,希望把公司做大做强。公司自成立以来,于 2001 年获"铜仁地区明星企业"称号,2002 年获"贵州省林业厅重点企业",2003 年获"省级重点龙头企业"称号(并于 2005 年监测合格后继续保持该荣誉称号),2004 至 2007 年连续三年获"省级守合同重信用单位"称号。公司生产加工的黄花菜、干豇豆、泡椒等产品在石阡县名优产品评比中,获得"石阡县名优小吃"称号,荣获首届、第三届"贵州省特色农产品"称号。

一开始,公司主要从事黄花菜、豇豆种植与加工。但是,在发展过程中,他们发现,要靠自己种植、加工,精力不济。而且,豇豆加工时,风险很大。因为豇豆堆放时,只要其中有豇豆生虫,堆放几个小时后,整堆豇豆中大部分都有可能被虫咬,腌制豇豆质量、加工效果很差。

于是王永斌夫妇开始尝试郫都区的陈放露晒方法让辣椒发酵的制作工艺,但是,起始阶段的 2001 到 2004 年,辣椒发酵产品也是失败的。并且公司注册名以及佛顶山品牌与浙江某企业雷同,陷入长达 6 年的诉讼。2004 年王永斌去台湾地区新竹生物工程产业园学习了一个星期,还是不得要领,2006 年再度赴台湾学习半个月,稍微理解了酵母菌培养的基本流程,但是没有能够得到相关控制方法数据。然后与贵州大学合作,得到酵母菌快速培养方法,但是,该方法仍然无法解决无添加剂下发酵产品较长时间常温下储存运输的问题。直到 2010 年终于突破技术上的难题。之后,又尝试了豆瓣酱、酸汤等,效果较好,产品远销日本、欧洲。

第二,发酵辣椒产业与乳酸菌。

近几年来,公司一直在研发发酵辣椒。王永斌一直认为,绿色生态是食品行业的方向。在调味品行业,不仅仅要绿色环保,还要味道好。发酵辣椒主要是乳酸菌发酵,切合绿色环保理念,王永斌说,他翻阅了许多关于乳酸的文集和研究成果,了解到乳酸产业的巨大前景,坚信这行业具有很大的发展空间。

事实上,对于乳酸菌,人们对它的研究已经有上百年的历史。著名的生物学家诺贝尔奖获得者梅契尼柯夫(Mechnikoff,1845—1916)在考察保加利亚巴尔干岛地区居民长寿的原因时发现,这些居民日常生活中经常饮用的酸奶中含有大量的乳酸菌,这些乳酸菌繁殖在人体内,能有效地抑制有害菌的生长,减少肠道内有害菌产生的毒素对整个机体的毒害。从 5000 年前到现在,人类日常食用的泡菜、酸奶、酱油、豆豉等,都是应用乳酸菌随机天然发酵的代谢产物。医学上,乳酸菌具有许多功能:如防治乳糖不耐症(喝鲜奶时出现的腹胀、腹泻等症状),促进蛋白质、单糖及钙、镁等营养物质的吸收,产生维生素 B 族等;通过恢复人体肠道内菌群平衡,形成抗菌生物屏障,抑制腐败菌的繁殖,消解腐败菌产生的毒素,改善人体胃肠道功能;抑制胆固醇吸收,降血脂、降血压;免疫调节作用,增强人体免疫力和抵抗力;抗肿瘤、预防癌症;提高 SOD 酶活力,消除人体自由基,具抗衰老、延年益寿作用;有效预防女性泌尿生殖系统细菌感染;控制人体内毒素水平,保护肝脏并增强肝脏的解毒、排毒功能。

乳酸菌在工业上的应用也比较广泛,如用于制造酸奶、乳酪、德国酸菜、啤酒、葡萄酒、泡菜、腌渍食品和其他发酵食品;在饲料生产中也有广泛应用。不仅如此,乳酸还用于聚合物生产,其用途更加广泛。

王永斌还和他的团队研发了各类乳酸制品,最让他得意的是他们研发了一款冰激凌,居然使用乳酸制成。近年来,他们积极开发保健类食品饮料,如生产乳酸菌酵素,市场前景看好。目前,和记产品已经销售到欧洲和日本。泡椒成为神户集团定制产品,红酸汤已经卖到意大利。

和记发酵辣椒在业态本质上就是生物工程加工业,这是运用古老发酵工艺创新的现代加工工业,最大的进步当然是古老家庭小型作坊或者家庭制品工艺的工业化,或者说是标准化以后的大规模生产。

2. 产业规模与品种

(1)产量。公司现已有生产基地3万余亩(其中,黄花菜基地2万余亩,豇豆基地1万余亩,辣椒基地1万亩)。基地种植户3万余户,加工车间1.8万平方米,拥有固定资产1500万元(人民币),现有工人120人,年加工黄花菜3580吨,加工豇豆430吨,泡椒系列产品1750吨。

(2)产品系列。公司现有两个品牌:"吴满满"和"佛顶山"。其中红油豆瓣系列有5个品种,糟辣椒系列有4个品种,红酸汤系列有5个品种,泡辣椒系列有2个品种。

(二)质量控制的两个环节

1. 鲜椒产品的质量要求

和记辣椒制品最初的设计理念就是要在质量上区分于其他产品,就是以高质量进入市场。首先是原材料质量,其关键就是突出生态有机概念,保证食品安全。在辣椒种植过程中,即使不洒农药也要能够生产好质量的辣椒。其次,对辣椒的肉质与外形要求较高。要求辣椒肉质要厚,个头要长,外形要美观,尤其是泡椒,要长且直。

2. 发酵工艺

(1)辣椒发酵的工业化。乳酸菌发酵工艺用来制作发酵食品与调味品,是一种古老的工艺,在家用发酵食品与发酵调味品中常用。但是,家用发酵食品或者调味品,可能风味各有所不同,而且,对于腐烂变质的防范要求不严,因此,工艺没有标准化。另外家庭制品数量不大,不会大量储存,因此对于产品是否能够保持较长时间的结构稳定性要求不高。

辣椒发酵在食品加工业中常用于酵母的培养,如豆瓣酱等,也有用于最终产品的,如泡椒、糟辣椒等。一方面,要求同一个产品风味要一致,而且能够抑制腐败菌群的发生与繁育,要符合一般食品安全的质量要求。另一方面,辣椒加工必须集中在同一时间段,前后不能超过两个月,必须保证外界条件发生变化时仍能长时间储存而不变质,这就需要一个产品质量的统一标准,而且需要一个统一的标准化流程。

(2)主要措施与工艺开发。和记的主要措施就是学习和创新。第一,品种系列与最基本的工艺是采用郫都区传统而古老的发酵工艺。虽然郫都区发酵产品是非物质文化遗产与地理标志,但是,对于工艺以及知识的保护和开发并没有限制,地理标志保护的制度设计精神,就是鼓励利用这些传承下来的知识和工艺来谋取生计、创业创新。第二,通过创新解决产品质量一致性问题。其根本的办法就是要培养酵母,并通过低温、恒温发酵,使得酵母缓慢侵入辣椒体内,保持产品结构的稳定性,采用的办法是窖藏控制。同时允许陈露进入发酵物质内,保持较好的风味。

通过该工艺制作出来的辣椒发酵品,不仅保存时间长,而且风味好,辣椒仍然保持脆爽味道,品质非常好。

(3)科技含量。目前,这一工艺制作的产品,最主要的是不需要加添加剂。尤其是在日本人定制的要求中,在原料中加入大蒜以后,仍然能够保持稳定和汤色的透明清澈,工艺显著优于其他方法。解决了发酵辣椒食品与调味品生产中的各种难题,科技含量高。通过工艺流程的开发与改进,使得公司拥有多项生产专利,公司品牌价值陡增。

3. 质量标准

(1)参与地方质量标准制定。公司产品的质量声誉已经在行内得到公认。即使是郫都区的发酵产品龙头企业的工程师在参观产品以及检测数据以后,对公司的产品质量也深表赞同。但是,原来关于发酵辣椒产品的地方质量标准存在明显的不合理。如关于辣椒是否去把的问题。如果按照标准,固形物含量标准必须去把才能达到。但是,按照公司实践经验,如果去把就会使盐水迅速进入辣椒体内,使皮与辣椒肉体分离,这就不是泡椒了。再如泡椒含水量的标准,原来标准水分含量少于50%,但是实际上一半水与一半辣椒,这样难以放入瓶中。一般新鲜辣椒含水量就超过70%,泡椒水实际上就比泡椒本身珍贵,因此应当将这一条修改。

以不加添加剂条件下的产品标准来作为考察地方标准,按照传统的工业标准,是允许检出一定含量添加剂的。但是,公司产品远销欧、日,欧日的标准制作是不允许检出添加剂的。从食品安全性考虑,和记的公司标准远远高于地方标准。

(2)质量标准的形成以及研发投入。公司质量标准的形成既是公司在工艺开发过程中不断累积的,也是与院校合作的结果。贵州大学与公司合作开发工艺流程两年来,投入研究团队和多项课题资金,为公司研发工艺流程与数据收集方法,研发出快速培育发酵酵母菌法,并对快速培养酵母所引发的食品品质存在的问题提供了一些建议,为公司进一步开发低温恒温培育方法提供了思路。

为了研发工艺,公司也投入大量人力与资金,公司董事长还亲自深入实验室,正是基于这些投入,才使得在形成新的标准时,数据详尽,证据充分。

4. 质量保证

(1)质量保证的关键因素

第一,质量标准的核心思想是符合食品行业国际发展趋势。十多年来公司专注于发酵辣椒制品等生产加工,孜孜不倦地追求高品质,在发酵制品上专业化水平不断提升,产品质量已经明显高于国际标准、国内标准和地区标准,公司因此制定了自己的高于国际国内标准的质量标准体系。践行了公司成立之初确定"一群人、一条心、一辈子、一件事、一定行"的宗旨,专业化铸就了企业文化之魂。

第二,投入人力物力,建立严格的检测体系。按照这一标准体系,公司从2002年就组建了质检部门,并拥有严格的自检流程,强化质监部门的责任,杜绝不合格产品流入市场。因此,公司产品不论在抽检、送检、交叉督查抽检中,均为合格。2008年在石阡县企业中率先获得生产许可证(即QS),2009年,通过了ISO9001质量管理体系、HACCP食品安全管理体系认证。严格的质量检验体系,也为公司生产流程的规范化提供了依据。

(2)保证质量的方式

第一,严格限制采摘至加工间隔时间,保障产品新鲜度与品质。首先,保证鲜辣椒成熟以后才能采摘,因为只有成熟了,相关的维生素、水分以及其他相关的有效成分才会丰富,尤其是肉质变厚,制作出来的辣椒口感才会爽脆。其次,采后至加工时间严格限制,不得超过24小时。这就要求采摘者每天要早早进场采摘,中午十一点就开始将辣椒运回加工场地。每到辣椒成熟的季节,"和记"每天都会到当地的辣椒种植基地,用专用车辆拉着当天采摘的新鲜辣椒到企业交售。公司收到产品原材料后,确保在24小时内,经过筛选、清洗、剁碎、发酵等工序后,制作成一瓶瓶带着家常风味的糟辣椒、红酸汤、豆瓣酱、泡辣椒等调味品。这么严格的时间限制,主要是因为辣椒表面有可能存在水分。堆放时间过长,辣椒表面就会起黑斑,并最终生成蛆虫,影响辣椒制品的质量。

第二,分类加工。对于采摘来的辣椒,要进行分拣。对于个体长,长得比较直、颜色红的辣椒,用来制作泡椒。和记泡椒价格上比同类产品要贵,也是因为这个原因:品相好。对于颜色红而又长得弯曲的辣椒用于制造糟辣椒或剁椒等。对于长得特别小又青的辣椒,没有办法加工,就分拣剔除。

第三,专业的低温恒温培育酵母的工艺,保证了原材料品质在生产流程中得到充分的利用。

辣椒原产品的质量,就是通过生态有机基地建设和生产技术的严格控制来实现。

(三)生态有机辣椒基地建设与扶贫

品相好、质量优、安全性高是辣椒原产品的要求,这需要很高的专业水平才能够说清楚其中的奥妙。在这一方面,王永斌董事长讲起辣椒来,俨然一个大专家。当然,要生产出好辣椒,不仅要选择好的环境资源,也要建立良好的激励机制才能够实现。在实施过程中,和记嵌入社会责任,使得产业发展得到广泛支持,品质得到更好的保证。这里就"和记"选地、选品种、生产过程、契约关系构建与扶贫效果等几个方面进行分析。

1. 选地

(1)高海拔的秘诀。和记的辣椒基地一般选择海拔 1000 米以上。这就有几个特点。第一,这么高海拔的地一般原来都不是庄稼地,或者不是主要作物生产地,历史上用农药、除草剂等机会少,土地农残少。第二,昼夜温差大,整体温度低。辣椒生长期长。温差大的环境下害虫不容易生存,即使能够活下来,生命力也较弱,对辣椒伤害少。在这种该情况下,即使不施用农药,辣椒也能够健康生长;而整体温度低,就会使辣椒生长期长,长成的辣椒肉质厚,做发酵制品味道好,氨基酸等含量高,营养价值高,质量特别好的辣椒应该是 8 到 20 摄氏度的环境下生长的。再加上高海拔区早晚起雾的天气多,辣椒水分丰富,更容易增厚辣椒的肉质。而白天则太阳暴晒时间长,辣椒成熟以后颜色更红,品相好。

因此,海拔高的地区更有利于做成有机的、颜色鲜艳、味道脆爽的辣椒原产品。同样的品种、同样的加工条件,海拔高的地方种出来的辣椒,加工以后在品相、味道和安全性方面都要优于低海拔的产品。

(2)有机辣椒与基地环境。不仅如此,选地还要符合以下环境要求:一是土壤中要含有丰富的铁,这是基于辣椒的基本生长条件所决定的;二是要没有重金属与空气、水污染,对于环境的选择近乎是挑剔。因此,在选择具体地点时,还得考察周边的工厂、矿山以及其他污染源存在的情况。贵州地区虽然现在工厂少,但是,长期以来这里矿产丰富,许多地方都有开矿的历史。正是这些曾经的矿山,给当地带来了重金属污染,这些挖过矿的地方,矿渣以及残存物一般没有得到很好的处理,而这些矿渣与残存物中很多都伴生有重金属,通过雨水冲刷或者河流的水污染,使得污染面扩大,很多地方的土壤重金属含量超标,不适宜于种植与养殖,不能作为有机食品生产地。目前,大多数有机农业生产者对黔东、黔西地区的土壤都有些担心,不愿意选择这些地点进行有机农产品生产。

辣椒质量对土壤重金属成分是很敏感的。因此,和记公司的辣椒基地基本选在石阡、江口、德江、遵义地区等。由于选取的地方环境优美、安全,因而被日本神户公司称为仙境,把"和记"辣椒称为仙境里长出的产品。

2. 选择品种

选择品种是农业企业专业化的重要体现,也是凸显公司优势的重要方面。与大多数有机农业生产者一样,"和记"对品种的选择也是煞费苦心。在与各地食品专家交流中,得到了有关韩国黑辣椒的信息,"和记"就把这种辣椒作为当家品种进行推广。这种辣椒体长匀称,25厘米左右,且皮薄肉质厚,产量高。与本地朝天椒比较,产量有显著优势,朝天椒一般一斤130到150个,黑椒一般一斤是33到35个,每一棵辣椒树,黑椒一般一次可以挂果90到120个。按照规定密度,每一亩种植2500株,每一亩理论产量可以达到6000斤左右,产量较高。而本地朝天椒大概2200斤左右,在产量方面有明显劣势。

3. 生产过程控制

(1)种植与管护要点。由于能够符合公司选择要求的地块是比较稀少的,同时,产量和质量必须保证,公司因此开发出了严格规范的种植规程和管护流程。首先是种苗由公司统一培植。经过公司研究开发的育种技术有很大突破。一般传统种苗成活率不到7成,而和记公司的种苗技术成活率达到90%左右。公司将培育成活的秧苗发送给农户,进行移栽。其次是对种植密度的规范,包括株距、行距,以及坑的深度。移栽时要在每一坑施加有机肥,基本上是农家肥。当然,按照有机生产的规程,对于有机肥也应当进行重金属等含量检测。规定每一个坑只种一株,贵州传统种辣椒是一坑多株。每一行都要覆盖黑色地膜,保证土壤温度和湿度,保障肥料不流失,促进辣椒成熟。黑地膜完全覆盖了以后,整个地块在辣椒生长期间,杂草长不出来,既不用除草,更不要打除草剂,保证了辣椒生长过程健康生态。

公司在辣椒培植方面进行了许多农法的开发,都已经申请专利。从育苗、移栽、管护等方面,公司制定严格的流程和每一步管护要点,整个过程非常规范。王永斌的梦想,就是要把农业做到专业化和规范化,以保证产品质量和产量。这样,为公司生产质量要求相当严格的发酵产品打下了基础。

(2)轮种方式。保证辣椒产品质量和产量的另一个方面是推行轮种。同一块辣椒地连续种植两年都会引起辣椒产量与质量的下降。如枫香乡谭超的地,第一年在灾害年头还可生产4000多斤,第二年产量反而下降。对此,公司严格规定基地的地块不能连续栽种辣椒。有些农户觉得产量不会下降这么快,坚决要求连续种植,公司的应对办法就是不对同样的地块连续两年供给秧苗。正是基于这个原因,公司每一年都要考察新的地块,作为公司基地。

轮种更能保证质量。从现有经验看,如果续种,第二年产出的辣椒个头小,形状不均匀,而且虫害多。而在第二年栽种其他产品,特别是烟叶与辣椒进行轮种,效果可能要更好。

4. 与基地农户的关系

"和记"泡辣椒等农副产品的开发、加工和销售,采取"公司+协会+基地+农户"的经营管理模式。公司将基地农户组织成行业协会,交流辣椒种植的经验,对于种植规程进行规范和改进。其次,就生产资料供给、销售价格等进行讨论,最终确定公司与基地农户的协议收购价。

(1)生产资料供给与成本。辣椒种子、育苗由公司承担。保证品种一致,产品质量一致,便于加工。同时,公司选育的种子能够实现高产,基地户与公司在选择种苗上利益高度一致,农户愿意使用公司种苗,不仅仅省去了种子采购成本和育苗成本,而且还可以保证种资源的优质和高效。"和记"的要求是农户必须按照公司的移栽技术规程和管护规程,生产辣椒。如一坑一株,保证了辣椒体大、均匀,同时也直接控制了种苗的基数,不会让农户随意浪费种苗。从几年的实践经验来看,由于秧苗的保障供给,基地户对"和记"保持了高度的依赖性。

其次是地膜供应。按照公司要求,基地辣椒地必须覆盖黑色地膜。先前是农户分散采购,协会与公司进行商量,要求公司联合农户一起,集体采购,可以降低采购价格,因此公司专门建立一个门市部,进行采购和发放。

在最大可能为农户谋取利益的同时,也获得农户对公司质量管理的规范化流程以及技术要求的支持,使公司获得良好品质的辣椒原产品的有力支撑。

(2)技术指导。公司负责农户的辣椒种植技术培训。每一次增加新基地,公司都对基地农户进行培训。在移栽时,公司都要派技术人员到现场指导栽培技术。王永斌董事长将辣椒基地辣椒苗的成长像看护孩子一样仔细对待,亲自到基地查看辣椒苗成长、开花、结果的情形。发现问题以后,和基地农户一起商量解决的办法。还有施肥技术,由于辣椒地覆盖地膜,一般肥料都是叶面施加。即使在每年产品收购前,现场采摘培训也十分仔细:什么样的辣椒能采收,采收时用力方法、收集等注意事项。每一个环节,"和记"都让农户做到专业化和规范化。

(3)收购协议。公司于每年10月至12月,与农户签订次年基地种植辣椒合同,定好第二年农户种植的产品收购价格,让农户有较好的预期,激励农户按照规程标准种植采收。公司对于辣椒分级定价。一级,也就是最高级可以获得2.2元的收购价,在干旱年份甚至达到2.4元。二级辣椒1.8元一斤,依次类推。按照公司的质量定级标准,大多数农户的辣椒在每斤1.2元左右。在深秋季节辣椒树蔫萎时,辣椒质量不好,为了照顾农户利益,公司还是以每斤8角的价格收购。公司在贵州同类型辣椒品种的收购价格中是比较高的。正因为如此,从不愁辣椒会被其他人收购。

要达到公司的质量标准,就必须按照公司的规程操作。但是流程与技术操作规范多,容易引起农户厌烦,觉得公司规矩太多。况且,一次培训内容太多,也让农户觉得难度大,很多农户不理解,有情绪,这时就得对农户进行开导,让他们明白,利益的获取是有条件的。还可以给他们算一笔细账:在传统技术条件下,可能的收益是什么,价格是多少;在公司严格规程下,可以增获哪些收益。在利益面前,人们更愿意算加法,而不愿意算减法。通过培训,农户们在提高技术水平的同时,提高认识水平,个体利益与公司利益休戚与共,为公司原材料的质量保障加上了一层意识防火墙,利于公司的长足发展。

5. 扶贫效果

公司自成立以来,主动履行社会责任,尤其是在助推扶贫攻坚方面,积极发挥自身作用。从第一批产品到最后一批产品,农户都不用到其他任何地方另找销路,全部产品由公司现金收购,解决农民产品销售难的问题,有力地保障农户的收入。收购期间,能带动农村临时用工人员达2000余人。截至目前,公司通过以"公司+基地+农户"的利益联结模式,与农户形成紧密的利益联结体,已带动万余农户实现脱贫致富。为60余名(其中包括2名残疾人员)城市下岗职工及农村剩余劳动力解决就业难题。每年春季,免费为贫困户提供农作物种子;每年新学期开学,到学校为学生送学习用品;每年春节,就到农村看望贫困党员、为孤寡老人送年货;等等。2016年,合作的农户平均每亩收入达8000元。

2017年,按照"千企帮千村"工作要求,"和记"公司对口帮扶银丰村,在公司党支部的带领下,经常深入村,为银丰村发展谋思路、出点子,走访慰问贫困户,了解贫困户生产生活条件,确定26户贫困户作为重点帮扶对象,落实精准扶贫措施。

2018年,县政府将一类贫困村的扶贫任务交给"和记"公司,"和记"成为石阡产业扶贫的先进单位。为了让贫困户尽快脱贫,"和记"食品有限公司与中坝街道群家山村签订了销售合同,由群家山村民种植辣椒100亩,和记按照每斤红鲜辣椒1.2元进行收购,直接带动建档立卡贫困户107户415人脱贫。

下面介绍几个扶贫的典型案例:

　　石阡最贫困的村寨就是高寒山地,和记选择高海拔地块种辣椒,给这些世居高山的村民带来福音。有一些高海拔地块,因为海拔高,这些山寨一直找不到经济效益好的作物。通过成为和记的辣椒基地,这些山寨解除了贫穷的困扰。如枫香乡地谷屯村的许多山地,原来也没有特别好地利用,最终荒芜。后来,县里有干部回乡扶贫,把这些荒地开垦,种上桃树,希望能够在水果经营上获得收入,另外,打算进一步发展旅游。可是,因为海拔过高,几年以后,桃树只开花,不挂果。农技人员仔细观察研究了一年以后,发现这一现象的原因是海拔太高,气温低,山上没有蜂能够传播花粉。业主最后找到"和记",希望将该地块作为公司的辣椒生产基地。公司考察了以后,发现基本条件符合,这700多亩地就作为公司的新基地。

　　新基地在扶贫方面发挥巨大效应。我们调查的村民谭文裕,仡佬族人,枫香乡地谷屯村砖房组人,他所在的这个组,是一个三乡镇交接之所,人称三不管地带,连进村的道路都没有,后来小谭的父亲谭荣昭带领村民修了道路,家里孩子多,两位老人因病因残丧失劳动力,成为一类贫困户。谭文裕在外面打了四年工,收入不高,无法让家庭摆脱贫困。2017年回家,以200元/亩的价格流转了43亩地,全部种植辣椒,当时,计划种和记公司的辣椒18亩,但是,因为大水冲掉了9亩,结果只剩下9亩。王永斌董事长说,就是9亩,也能让他脱贫。

　　(1)成本计算。当时,和记公司的辣椒苗已经没有办法补上了。谭文裕与餐饮公司老板签订了协议,补种朝天椒。谭文裕记录他的辣椒种植成本,并比较了黑椒、朝天椒以及这个地块里前一年种植烤烟的收益情况。

　　和记辣椒,每斤采摘成本3角,而朝天椒每斤采摘成本5角(注:实际上采摘者非常乐意采摘和记的辣椒,一个采摘者每天可采收300斤到600斤,每天至少可得到90元,但是,采摘朝天椒每天只能得到60—70元)。40多亩地总共投入肥料1万多元,摊分到和记黑椒的9亩是2000元左右。移栽人工3000多元,每一亩70多元;地膜1000多元,43亩地化肥总的成本(除采收成本)3万多元,摊分到和记黑椒9亩地6000多元。

　　这其中没有包括和记每一年要为基地农户垫付给辣椒秧苗成本。当然不在基地的农户,得不到和记的补助。为了得到真实的补助成本,2018年和记公司进行专项核算,基地农户总共种辣椒1100亩,和记总共支付种苗费用33万元。散户基地只垫付种子费用,总共有5000亩,总共秧苗成本150万元。和记为基地农户每一亩垫付秧苗的成本为300元。

　　(2)产量与收购价格。通过和记的培训,2017年谭文裕9亩的产量每一亩4700多斤。和记按质论价,每一斤在1.2元左右。去掉采收成本每1斤0.3元,毛收入在4.3万元左右。因为和其他辣椒的收入数字混起来了,谭文裕只有一个依据采收费计算出来的收入估计数字。但是,2017 年 8、9 月份雨水过多,影响了辣椒的收成。对此,谭文裕觉得收入还是可以的。同时他种的 9 亩朝天椒,每一亩 2200 斤多一点,收购价 1.7 元 1 斤,每 1 斤支付采收费是 0.5 元,去掉摊分成本,去年他的毛收入是 3.3 万元左右。

和记公司 2018 年收购辣椒支付给基地的农户,总共 1690 万元。基地户每一亩有 4000 斤,每斤 1 元,1100 亩总共支付 440 万元,散户基地平均每亩产量为 2500 斤,5000 亩总共支付 1250 万元。和记总共支付 1690 万元收购辣椒。

(3)农户盈利与脱贫。2017 年谭文裕去掉其他摊分成本,他种的和记公司的辣椒纯利在 3.5 万左右。同样种的朝天椒 9 亩,获得纯收入在 2.6 万元左右。按照经验数值计算,他们家种烤烟的纯利同样面积在 3.3 万元左右,但是,因为烤烟技术不稳定,还没有计算自己花费的人工成本以及烤烟房的摊分,收益也不稳定。

总体来说,2017 年谭文裕通过种植彻底脱贫。

(四)业态的本质概括

1. 与其他辣椒产品的区分——有机、健康与味美

"和记"的差异化战略仍然是绿色有机和健康美味。与其他的辣椒加工品种比,或者更健康,或者更美味。相对于油辣椒,和记的辣椒制品是通过发酵得来的,当然更健康。和一般的发酵辣椒制品相比,特性更稳定,味道更鲜。

和记在做稍微高档的辣椒制品时,坚持用自己基地的辣椒。这是通过较为严格的有机种植程序做出来的,在农残等方面的要求比国内标准要严格。

基于安全和美味都能满足,对于一般的客户而言,当然就会有较高的估值。这一方式以利基市场获利为主要手段。尤其是国外用户,估值更高。神户集团对和记的泡椒报价是 300 多元 1 斤。

但公司对这方面的宣传工作还不够,一般消费者查询"和记"的产品,还是相当偶然的。即使有好产品,不为人知,最终市场份额还是做不上去。

2. 营销方式与产品推广

公司定位准确,产品概念提得精当,是营销成功的基本条件。公司成立之初,将"要把贵州省石阡和记公司,做成让消费者放心的百年企业"作为定位,明确"立足石阡,放眼全省、全国,走向世界"的目标。2016 年 12 月,公司糟辣椒、泡辣椒、红酸汤、豆瓣酱四个产品均获得"出口备案资格证",实现自主出口,目前已销往国外。

3. 电商的效果

和记在产品研发成功以后,就开始研究电商营销渠道。一开始,就在公司网

站上设立产品介绍,并设立产品订购的接口。

电商销售真正取得成功的是借助于工商银行的融e购。这缘于和记公司津津乐道的一个故事:有一次,王永斌到工行办理业务时,工作人员不经意的一句"你们可以把产品放在我们融e购上销售嘛",让他顿时产生浓厚兴趣。工行工作人员进一步介绍和多次上门指导,2015年11月"和记"公司正式开始在融e购电商平台上线,这也是他们第一次"触电"销售产品。

工商银行之所以愿意做这一款产品的销售,也主要是因为这一款产品生态有机的基因,便于宣传。他们一方面将"和记"开发的不加添加剂的产品作为礼品,赠送给银行的VIP用户;另一方面,开展各种促销活动时,将产品作为各种场合的奖品,使得产品知名度迅速提升。同时,通过工行顾客线上购买,扩大了宣传效果。当然,这也得益于公司对电子商务业务的服务能力,工行贵州省分行借助融e购电商平台专门针对和记这样的贫困地区企业,提供远程电商平台运营培训,优先给予营销活动支持。同时还充分发挥金融电商独有的金融资源和客户资源优势,积极拓展面向企业的B2B批量销售模式,进一步帮助农业企业和农户的农产品销售。

在尝到了融e购的甜头之后,和记将这种创新迁移到其他电商渠道。而且,融e购的声誉外溢到其他电商平台。和记产品目前在阿里巴巴、淘宝、广州行货网、贵州商务云等多家电子商务平台上进行网络销售推广,并取得了喜人的销售业绩。

表4.6是"和记"提供的2018年电子商务营销数据

表4.6　2018年1月1日—12月19日电商销售汇总表

平台	工行融e购	淘宝	有数	微信公平台	县邮乐购	有赞	总数金额
销售金额数据	1590690	892650	948530	82920	88810	865400	4469002
成交订单笔数	63628	35706	37941	33192	3552	34616	208635

数据来源:根据和记公司记录数据整理

和记目前与17家交易平台有销售记录,上表是和记提供的2018年公司销量占前6位的平台交易数据记录。在这6家平台上,总共销售447万元,总共交易笔数 20 多万,每一笔平均金额 21 元多。其中工商银行融 e 购销售金额 159 万多元,成交笔数 63628,平均每笔 25 元。其次,淘宝销售金额 89 万多元,成交笔数 35706,有数销售金额为 94 万多元,成交笔数 37941,县邮乐购 8 万多元,笔数 3352,有赞销售 86 万多元,笔数为 34616。

2018 年 12 月 12 日晚,由工信部中国电子商务协会扶贫办、社交电商专委会联合淘宝举办的"1212 人民的宝贝总决选之社交电商精准扶贫行动"举行颁奖仪式。石阡县"和记"绿色食品等爱心企业获殊荣,成为贫困地区农产品运用电商平台优势与社交网络优势相结合,扩大销售,助力精准扶贫的典型。

(五)业态创新的特点与创新过程中存在的问题

石阡县和记绿色食品开发有限公司在乳酸辣椒制品的开发中,坚持绿色有机开发,并尝试不同的营销渠道进行产品推广,取得了较大成功。主要成功之处在于:

第一,增加整个链条的利润基数,农户获得较高利润打下基础。

依赖企业的有机化生产理念以及加工工艺的改进,这里有两次价值提升的合成。第一次是有机生产带来的溢价。有机生产解决的是安全性,只有当总的利润空间大的时候,让农民获得较高利润之后,企业仍然有较高利润率,才能为企业持续成长创造条件。在为农民增加收益的手段上,公司还用分类分级加工的办法,充分利用了产出的所有辣椒。并且让每一类质量的辣椒市场估值达到最高。如果不同质量辣椒混到一起,辣椒的定价基本上是照顾到最差辣椒质量等级的估值,因为在价格谈判中,买方一定拿出最差的辣椒与卖方讨价还价;当分类分级加工后,即使最差的质量也仍然远远高于原来的辣椒混合估值。因此,分类分级一定可以将每一类的估值提到最高限度。

企业在获得自己收益空间的同时,也获得社会声誉与基地农户的支持。"和记"多年来一直是省、市、县企业帮扶贫困户的典型。

第二,基地农户获得承担社会责任的机会。

基地农户与企业的责任明确,各自承担了相应的社会责任。企业的责任在上述段落中进行了论述。由于企业落实了自身的责任,农民也因此得到激励,并获得经济收益以外的其他增益。农民获得了种植有机辣椒的技术和知识,基地农民现在也理解企业的这一套辣椒种植流程,其关键就是少打农药、多施农家肥。对于辣椒分类采摘、采摘成熟辣椒等规定,也能够充分理解价值增值原理。谭文裕说,如果"和记"能够分配辣椒种植面积指标给他,他也非常乐意再为和记种植。

一般农民也因此获得了承担社会责任的机会。类似谭文裕这样的贫困户,主动学习,提高自身技能,自主决策。在种植过程中,他主动考察示范户,采取对比方法,力图筛选出对自身有利的种植项目,掌握经营决策的优化方法,自己投入人工种植,管理基地。最终,他提高了自身发展的内生能力。现在也能够通过自己租地、雇佣劳动力种植辣椒,为其他贫困户和村民创造获得收入的机会。谭文裕一家也跳出了贫苦圈子,减轻了社会对这一家脱贫解困所应负的责任。与此同时,谭文裕这样的贫困户也为企业分担了一部分风险,因为谭文裕的投入,企业不需要承担种植环节的投入风险以及其他相关风险。

但是,业态创新中,仍然存在诸多难以克服的问题。主要问题包括以下几个方面。

第一,适宜种植辣椒的土地资源越来越少。辣椒地一般都不宜连年连作。按照经验,每一块地种了一季辣椒以后,中间要轮歇2—3年,才有可能接着种辣椒。在地谷屯村旁边的燕子岩村,谭超有三十多亩地在2017年种了一季辣椒,即使在干旱年份,仍然取得了较高的收入,2018年继续种辣椒,但是,出现很多的毛病。一是产品质量达不到预期,辣椒不如先年个头大,而且个体间大小差别较大。二是抗病抗虫能力弱,辣椒在成长过程中,还没到成熟,就容易脱落,降低了产量。更多的情况是,当出现阴雨天气时,这些地块的辣椒苗更容易发生蔫萎的现象。

根据和记王永斌董事长的考察,在贵州能够种植有机辣椒的县域也就十来个,而且还得选择海拔较高的地块,适宜种有机辣椒的地块更少了。加上近几年种植有机农产品的公司与大户越来越多,对这种需要轮歇的作物种植大户更加不利。一方面可供选择的地块减少,另一方面,因为需要轮歇,也就给其他农产品种植需求者有可乘之机,他们会乘虚而入,可能就占用这些地块不退出。如果被其他种植者占据之后,在这些地块上可能不会按照有机生产方式开展生产活动,土地资源可能会被污染,这样,适宜有机作物的地块不断流失。基于这些可能性,在贵州范围内公司要扩张种植基地,就存在诸多不确定性。

第二,公司进行自然乳酸发酵法,并且通过自然环境进行发酵,时间较长。这种方式就会产生两个方面的问题。一是工厂需要占用面积较大。基于这个原因,公司生产车间已经迁移了几次。如果扩大生产规模,在土地占用成本上就有可能大大增加。而且,公司生产活动需要比较好的水质,附近必须有优质的水源地,环境要求也很高,选址比较困难。二是,和记的发酵产品是以窖藏方式进行,将发酵环境控制在较低温度。但是,发酵车间占地面积大。如果要用人工控制环境,就有可能增大人力投资,如果用其他方式控制温度,能量消耗太大,同样增加成本。

基于以上两个原因,固定资产投入量大,再加上发酵时间长,流动资金占用多,财务成本压力过大。

第三,公司对乳酸产品还没有做进一步的开发,尤其是市场开发还相对较弱。乳酸菌发酵产品可以做多种用途开发。除了用于调味品、食品,有机无毒果蔬发酵产品还可以用于生产酵素等,做深度开发,用于保健、医疗、美容等领域,可以大幅提高产品附加值。即使是乳酸本身,也可以进一步开发出其他具有独特风味的食品。目前,辣椒调味品市场竞争相当激烈,发酵辣椒产品在所有辣椒调味市场所占比例仍然较低,从味觉记忆培养来看,发酵辣椒产品目前很难超过油辣椒系列,而培养新的味觉记忆,需要较长时间,甚至需要一种文化的形成。而针对儿童、青年人群的一些产品相对不受现有市场风行的风味产品影响,从市场定位来看,发酵产品可以从这些细分市场找到突破口,并形成新的一代味觉记忆。

第四,辣椒产业和其他农业产业一样,遭遇人工短缺现象。据谭超与谭文裕反映,辣椒秧苗移栽与水稻移栽季节、辣椒大采收季节与水稻收割季节重叠,造成了相应季节用工紧张,工资上涨。并且,能够到场采收的农民基本上是老弱人员,如果这批老人不能参加劳动,则基本上无法完成辣椒采收,即使能够从外地雇佣,成本也会急剧上升,利润空间遭到压缩。

在用地上,还与其他种植业存在冲突。和记的燕子岩基地,同时是烟草公司的烤烟基地,也是当地一些辣椒制品公司的基地。

另一种效应还有可能进一步发生。当土地种植取得收益的时候,基地出租户有可能进一步提高租金,或者选择自己种植,这样一来,会出现两个问题。一是种植户种植规模缩小,收益总量降低。二是种植户数增加,公司管理基地成本增加,种植标准化规程难以执行,辣椒质量等次降低,整个产业链价值空间降低,为产业可持续发展带来隐患。

第五,基地基础设施较差,抵御灾害天气的能力低。种植基地基本在山上,基地没有水窖。由于公司对基地实施轮歇制,公司不可能为种一季辣椒而为基地建水窖。

(六)业态创新空间与改进措施

1. 对企业的建议

(1)继续创新业态,将农、旅、工融合,拓宽盈利空间,并以较为稳定契约形式,巩固公司基地。为了克服目前基地轮歇以后没有继续作为和记公司基地来签订协议状况,公司应该继续创新业态,将基地巩固。如将基地建设为农业观光园。由于基地一般都在较高的山地,而且风光较好,空气清新,是观光休闲的理想场所。依据这种情况,可以将这些基地打造为农旅或者农工旅融合的基地。由于辣椒采摘季正是学生暑假期间,还可以将这种基地作为农事体验基地,并进行有机种植的推广与教育、培训等,增加基地复合运用的维度,拓展基地价值创造的空间。这样,即使是没有种植辣椒的年份,仍然用其他品种的有机种植来巩固基地。这样常年轮种,可以充分利用基地,并巩固基地。在建设基地的过程中,由于公司资金占用量大,可以采取灵活方式进行产权转让和股份合作等,灵活解决资金筹措的困难。

公司加工工厂在石阡有名的景区,同样可以对工厂厂区进行复合利用。在地下窖藏的地上部分,可以做合适的功能开发。可以开展诸如美食服务、工厂工业旅游等项目,既可以扩大产品宣传,同时,也可以增加旅游与其他服务收入。

正是基于这些开发潜力,公司在产品包装、广告宣传中应附加对辣椒及其他基地、厂区风光的宣传。如在产品介绍时,增加这些地方的风光介绍,既增加人们对产品的好感,又可以在适当时机招商引资,进行相关项目建设。

(2)增加研发投入,为延展产业链条打下基础。应该加强对发酵工艺的进一步改进,尤其是酸汤类深度发酵工艺的研发,便于对市场潜力较大的酵素等产品的开发。在公司每年的销售额中提取一定比例作为研发基金,筹备研发实验室,购置研发设施,另吸引人才建立研发队伍。当然也可以进行研发外包,尤其是一些共性技术,可以采用购买的方式,获取技术转让。但是,对于专用技术,必须作为核心机密,由公司自主研发。同时,公司应加强同高校、研究机构合作,充分利用这些机构的人才优势和实验室条件,为公司发展服务。合作方式可以项目资助方式,或者订购研究项目成果的方式。对于一些重大技术,还可以采用技术入股的方式,让研发机构获得研发成果转化的利益。其中,前面两种方式对公司经营权和所有权影响相对较小,而且,看到成果以后再进行投入和购买,研发投资风险相对较小。最后一种方式,更有利于公司对技术与开发成果的垄断。因为,公司获得垄断技术,有利于公司扩大市场份额,而研发机构凭股份收取利益,双方在公司成长的利益方面具有兼容性。

(3)完善企业内部治理结构和企业管理体系,强化企业的规范化管理。随着企业的成长,企业所有制结构、内部治理结构、业务流程等逐渐变得复杂,各种利益关系也逐渐复杂。因此,需要以较为稳定的治理框架和规范的管理体系驱动企业健康运转。整个体系仍然要围绕着企业服务目标实现而建立与完善,中心任务当然是创新和可持续发展。

创新能力的提升需要有较强的研发团队和科研院校来支撑。首先需要建立研发体系,并强化对研发体系的激励。同时,创新是企业探索、发现扩展盈利空间并转化为现实盈利的过程。在研发体系研发新产品和提升质量水平时,需要整个体系围绕着这些预期和机会的实现而运转,因此需要解决两个方面的问题,即人才以及人才激励,要完善人事体系。

当企业经营规模扩大,部门增加,部门协调与分工会更加细化,必须培养和引进关键部门管理人员。要依据企业生产特点和质量目标,建立企业各种管理规程,明确各个部门的管理权限和职责。

产量增加,销售面扩大,物流、仓储、基地、产品管理等工作任务加重,内部各种联系与协调关系更加复杂。业务流程变复杂以后,需要建立信息化管理框架,强化管理效能。

在信息化框架建立之前,企业要做好标准化工作,主要是对相关产品、流程及其质量等级等进行标准化编码,并进行相关记录以及存档的规范化工作。虽然企业已经参与相关产品的地方标准建设工作,但是,流程等方面的规范化、信息收集与归档等工作还需要建立一套执行体系。

作为有机种植和加工体系的执行者,企业需要将生产环节主要信息收集并向潜在消费者推送,溯源体系建设也迫在眉睫。

在研发体系建设中,生产过程与产品质量的动态变化信息也同样需要收集与归档,并进行业务流程、工艺以及相关技术数据挖掘,使得产品质量能够进一步提升和稳定。

在信息化框架建立时,企业标准化与规范化建设推进顺利,对于信息化框架的建立就越有利,各个系统运作的效能就会迅速提高。

2. 政府和社会对企业业态创新支持建议

对于企业进行质量创新要进行多种途径、多种方式的支持。

(1)给予声誉建立的支持。当前推行的乡村振兴战略,其重要的支柱是乡村产业发展,而农业产业发展目前最重要的是产品与服务的质量升级。政府与社会应当积极支持企业质量升级。像"和记"这样以有机、绿色食品开发的企业,要在舆论和宣传上多给予支持,尤其是企业获得的各种荣誉,要积极报道和广泛地推介。舆论支持更能改善企业高质量产品的营销业绩,从而能支持企业持续改善产品与服务质量。如和记在入选"2018 年人民的宝贝"之后,企业受到电商平台的极大关注,在评选颁奖当夜,作为"双十二"购物节优惠产品,"和记"的产品一夜之间就获得巨大的订单流。

(2)政府相关部门应积极指导企业进行规范化和标准化建设。对于质量改进和有机产品生产者,相关部门应做好几方面的工作。一是对企业进行标准化改造应予以直接的技术指导。如果政府没有相关的部门能够给予技术支持,也应当积极搜集技术信息情报,找到相关的技术,并协助企业做好联络工作。政府科技情报部门、农业部门以及其他相关部门应提高这方面的服务意识,为科技兴农、质量兴农做一些基础性工作。这一方面的工作可以从多方面进行建设。如建立技术情报体系,至少要在这一体系中检索到相关技术的名称、解决的关键问题以及技术所有者的信息。或者直接建立相关的定制服务工作,为企业提供技术问题定义方法、检索服务等。

(3)打造各种信息平台、质量检测平台,积极支持企业的质量升级。生产企业自身运作平台是十分困难的。"和记"也建设了自身的产品推介平台,但是,远远不如专业电商平台运作的效果好。目前,贵州省的"七朵云"中就包括食品安全云和电子商务云。其中,食品安全云就是通过云的构建,将政府、企业、消费者以及其他市场角色的信息需求放到一个平台上,便于各方获取质量信息,有力地促进了企业与农户等进行质量创新。

电商是另一种质量信息推介平台。当前农村电商远未达到饱和的程度,市场空间依旧大,且传统农村电商发展还存在农村基础设施不完善、农产品规范化程度低等痛点。而门槛低、成本少、覆盖广、传播快、接地气的新型社交电商能较好地解决这些问题,弥补农村经济发展的不利条件。因此,新型社交电商扶贫将成为一种有效模式。社交电商能进行现场直播以及其他互动性措施,增加了各方质量信息的获取与发布能力。

(4)政府应继续加强农村水利等基础设施建设。一个5—60亩的基地,需要建设一个十多平方米的水窖,还要配置喷灌设施等,需要投资6万多元。同样对于企业来说,每年要付出这么一笔资金,成本还是比较高的。对此政府应进一步确定基础设施配套的规格与质量标准,可以通过建设以后通过验收,发放给建设者补贴的方式,提高基础设施建设水平。

第五章

声誉创建、管理与业态创新

声誉机制是产业经营中比较优势形成以后的强化机制,也是节约消费者搜索成本的机制。本章先综述地理保护标志的质量声誉对区域经济发展影响的文献,然后列举两个案例从两个方面来展示通过业态创新形成和强化比较优势的原理。

一、质量声誉、地理标志保护

地理标志(geographical indicator ,GI)引入 WTO TRIPS 协议,引起国际上对知识产权保护史无前例的关注。① 然而,关于地理标志的保护在很多方面都存在争议,尤其是保护手段和范围的争论特别激烈。另外,TRIPS 是否有能力实现平衡和公平的经济利益的辩论更广泛(例如 Chon,2006;科雷亚,2002)②,大量的文献是关于地理标志保护的理由及其合理性的证明等方面。特别是在发展中国家,关于地理标志的实际影响和发展中的潜在利益可以受到何种程度的影响还没有达成共识。尽管学界看法不一,实践却远远走在理论发展的前面,地理标志产品的申报在发展中国家呈现井喷的趋势。作为致力于后发赶超的贵州省,地理标志产品申报在近几年呈跳跃式增长,人们对此寄予厚望,期待地理标志产品产业发展为区域经济、社会发展带来新动能。本文着重通过该领域内的国际研究成果的梳理,以质量声誉为线索,对 GI 的经济社会促进功能、发挥的条件、落后区域应重点解决的问题进行总结,并在此基础上提出贵州的 GI 保护策略的创新建议。

---

① BRAMLEY C. A review of the socio – economic impact of geographical indications: considerations for the developing world[C]. WIPO Worldwide Symposium on Geographical Indications , Peru:Lima,2011 – 06 – 22.

② CORREA C M. Protection of geographical indications in Caricom Countries[EB/OL]. Caricom, 2002;CHON M. Intellectual Property and the development divide[J]. Cardozo Law Review, 2006,27(6).

（一）地理标志产品分布概况

在我国，地理标志产品分布如表5.1。

表5.1　中国地理标志产品数量地理分布

区域	地理标志产品个数	区域	地理标志产品个数	区域	地理标志产品个数
北京	31	浙江	227	海南	42
天津	34	安徽	152	重庆	205
河北	122	福建	356	四川	508
山西	163	江西	138	贵州	191
内蒙古	161	山东	716	云南	207
辽宁	228	河南	187	西藏	52
吉林	88	湖北	479	陕西	177
黑龙江	197	湖南	187	甘肃	150
上海	24	广东	169	青海	84
江苏	200	广西	183	宁夏	71
				新疆	166

数据来源：根据中国特产网中国特产名录整理

表中所列数据含地区内的国家地理标志保护产品、地理标志证明产品和农产品地理标志产品。贵州的地理标志产品的地市州分布如表5.2：

表5.2　贵州地理标志产品地区分布

地区	地理标志产品个数
贵阳	10
六盘水	24
遵义	35
安顺	20
毕节	27
铜仁	11
黔西南	19
黔东南	23
黔南	21

数据来源：根据中国特产网中国特产名录整理

其中 26 种产品是地理证明产品,29 种农产品地理标志,列入国家地理保护产品的有 134 个,地区分布如表 5.3:

表5.3　贵州的国家地理标志保护产品地区分布

地区	国家地理标志保护产品个数
贵阳	7
六盘水	20
遵义	30
安顺	11
毕节	17
铜仁	7
黔西南	15
黔东南	16
黔南	13

数据来源:根据中国特产网中国特产名录整理

总体来说,各界通过近几年的努力,贵州地理标志产品在各个地区都有较快的增长,为贵州绿色发展、包容性发展策略的制订提供了一个新的切入点。但是,接下来的问题,就是要对 GI 保护的意义、经济逻辑、现实问题进行深入了解,以便最大限度地协同各种力量,使 GI 产品产业发挥最大的潜力。我们可以借鉴国际上对此问题的研究,分析问题,并提出解决问题的方案。

(二)地理标志产品保护意义

1. 差异化策略与价值创造

在商品市场竞争加剧、市场价格下降和消费者偏好变化的背景下,生产商积极寻求农产品的生产和销售新途径,力求摆脱价格接受者的地位,进入更高利润的利基市场。在这种市场中,他们成为价格制定者,免受价格波动之苦。基于产品差异化的 GI 为生产者创造差异化利基市场提供了宝贵的机会(Moschini,et al,2008)①。地理标志支持基于位置差异的能力源于 GI 产品与该区域的强联系,使

---

① MOSCHINI G, MENEPACE L, PICK D. Geographical indications and the provision of quality in agricultural markets[J]. American Journal of Agricultural Economics,2008,90(3).

得原产地成为产品特征的一个属性,使原产地与质量之间建立了一个强联系,使原产地就成为建构差异化的基础,并由外部行为人证实。产品差异化的经济学原理就在于市场细分和垄断竞争。地理标志细分产品市场,为区域以外的生产商设置了进入壁垒。在 GI 供应链中观察到的垄断形成是以两种方式限制进入的制度障碍的结果。首先,只有在划定区域内的生产者才有资格参与,其次,这些生产者只有符合生产规范的人才有资格参与。在这种情况下,地理标志对那些在划定区域之外或不符合产品规格的生产者而言形成了垄断市场结构。这种垄断建立在产品和它的原产地的因果联系上,这导致有权使用它的人拥有所有权,与商标法允许的垄断基本相同。

这种所有权是地理标志的排斥机制,通过这种机制,差异得以持续。GI 的制度框架为生产者实现差异化策略提供了产权的法律工具,从而防止其他生产者进入市场。通过排除和限制产量,GI 控制供应,进一步防止了对这种因差异化产生的利基市场的侵蚀。地理标志还使区域生产者自然聚集而形成规模,并为规模化营销解决了产品形象形成所必需的成本问题。大多数 GI 是手工产品,源于小规模生产,GI 为这些生产者提供了一个共同的营销策略,同时,使得这些生产商达到足够大的生产规模,成为对差异化产品形象的投资,增加了这些产品成功的机会(Barjolle and Chappuis,2000)①。海斯等人(Hayes,et al 2003)证实了达到生产规模足以证明在消费者中建立和维持差异化形象的成本,并防止对差异化产品的模仿,作为任何差异化工具的关键要素。为了获取从差异中产生的任何利润,生产者必须拥有对差异化产品的权利。GI 通过满足这些标准提供了一个有价值的差异化工具,消除了来自其他地方生产的同类产品的竞争②。

通过改善市场准入,GI 生产者可以通过增加销售量来获得更高的收入。同时,GI 生产者通过其集体创造价值的过程有可能攫取溢价,进一步获得更高收益。GI 嵌入价值来源于地方的经济、文化和社会价值的混合。在营销术语中,这个价值增加了消费者的"食品消费的非物质层面"价值,潜在地增加了支付意愿和消费者溢价(Revion,et al,2009)。③ 许多研究提供了来自发达国家的地理标志溢价的证据。这些研究包括支付意愿调查,EU 的调查发现43% 的消费者愿意为 GI 标签

① BARJOLLE D , SYLVANDER B. PDO and PGI products:Market, supply chains and institutions[R]. Final Report, FAIR 1 – CT95 – 0306, European Commission, Brussels,2000.

② HAYES D J, LENCE S H , STOPPA A. Farmer owned brands? Centre for Agricultural and Rural Development[R]. Iowa State University. Briefing Paper 02 – BP 39, 2003.

③ REVIRON S,THEVENOD – MOTTET E, EL – BENNI N. Geographical indications:creation and distribution of economic value in developing countries[A]. NCCR Working Paper,2009.

的产品支付 10% 的溢价,而 8% 的欧盟消费者表示愿意支付 20% 的溢价(Berenguer,2004)①。雷等人(Reviron,et al,2009)观察到,发展中国家的 GI 产品在许多情况下在欧洲超市以大溢价出售。由于城市化,发展中国家自身也有可能出现这种情况。特兰(Tran,2005)发现②,发展中国家对 GI 产品的需求可能导致更高的价格,而在 265 个产品中,越南的城市消费者把生产地点视为高质量的标志。GI 能够诱导出价值创造的能力,因此,人们可以利用这种知识产权,获取额外价值和租金。重要的是,在所有情况下,嵌入价值不产生溢价,如市场的大小、替代品的存在、消费者对产品属性的了解和需求弹性(科雷亚,2002)的联动都会影响 GI 捕捉溢价的能力。

2. 促进农村发展

受保护的地理标志为农村发展提供了可能。多年来,地理标志一直是欧盟农产品质量政策的主要支柱,被视为支持落后农村经济发展强有力的工具。根据内生发展理论,GI 促进农村发展的能力来源与地域有联系。地理标志通过定义反映产品与其地域来源之间的强烈关联,即产品从该地区独特的环境,包括从气候和人为因素中得出其特征。地理标志通过对地方特性的强烈表达(Pacciani,et al,2001),对农村发展起积极作用③。

地理标志以两种方式形成影响农村发展的潜力。首先,通过其具体资产的报酬直接涉及生产过程。在这方面,原产地标志产品与其产地之间的联系允许基于产品的“质量”创设租金,从而允许生产过程中使用的特定资产而获得报酬。GI 认证过程本身通过定义嵌入 GI 产品中的产品标准和信号域值,增加了捕获价格溢价的能力。此外,地理标志使生产者能够以原产地为基础,从生产过程中享受更高的收入。通过这种方式,地理标志为当地生产者和社区带来更公平的价值分配(Zografos,2008)④。

其次,地理标志通过向区域内所有行动者带来包容性的地域利益而影响农村发展。这涉及对某些区域性产品建立 GI 可能带来的间接利益。保护 GI 产生的

①　BERENGUER A. Geographical origins in the world[C]// Proceedings of the Montpellier Workshop. Washington DC: World Bank Group; Paris: MAAPAR; Montpellier: CIRAD,2004.

②　TRAN T T. La reference au terroir commesigne de qualite: cas des produitsagroalimentairesvietnnamiens[A]. Masters Thesis, Montpellier,2005.

③　PACCIANI A, BELETTI G, MAESCOTTI A ,et al. The role of typical products in fostering rural development and the effects of regulation (EEC)[J]. 73rd Seminar of the European Association of Agricultural Economists, ANCONA, 2001:28 - 30.

④　ZOGRAFOS D . Geographical indications and socio - economic development[A]. IQ Sensato Working paper ,2008.

法律确定性增加了投资和土地价值,对这些产品需求的增加可以改善地区的农业就业机会。这些来自 GI 的间接影响会产生有助于加强 GI 发展影响的联系。通过这种方式,围绕 GI 提升农业旅游,强化品牌形象,反过来提升了 GI。这些联系可以在战略上加以利用,支持农村发展。应该注意的是,GI 产品的生产不仅仅是一种经济活动,也是当地社区的重要文化表达。社区成员继承生产传统产品,而不是寻找在其传统活动之外生存替代手段,地理标志有助于保护文化遗产,这是一个加强区域认同的因素,并进一步加强了文化间的联系,支持农村发展。GI 认证过程同样可以引导不同的社区群体参与自然和文化资源的保护,提高地方意识,并可能创建新的组织联系。这些网络的建立有可能进一步深化农村发展的动力。从事 GI 相关生产的社区通常位于生产力的边际或落后地区。因此,地理标志有可能在最需要的地区支持农村发展。GI 产品的独特性通常排除了这些地区大规模农业生产的可能性。与此相联系,GI 在传统上的小规模生产,显示出巨大的有利于本地生产者的潜力。在发展中国家大多数 GI 是农产品和手工产品,突出了 GI 对农村发展潜在影响重要性,因为这些国家很大一部分人依靠这些部门的生计。

当然,GI 本身并不会自动产生农村发展的动力。原产地的制度化本身并不为发展提供条件。当地经济主体捕捉租金的能力,以及产品、区域与当地社区之间联系的强度,影响了 GI 推动农村发展潜力的发挥。

3. 传统知识的保存

TRIPS 中定义的地理标志保护主要针对与领土相关的好质量、声誉或其他特征。首先,由于许多 GI 的属性源于实践中对传统的继承,这种 IP 权利可能有助于传统知识的保存。地理标志的独特性使得它比其他形式的知识产权更能保护传统知识。其次,由于 GI 保护涉及将传统惯例转换成公共领域的规则,防止实体和个人在保护标志中将深厚的知识进行绝对控制获益。最后,只要维持产品、原产地、质量之间的联系,且标志不变成通用,GI 中的权利可以无限期地保持。然而,GI 不保护传统知识,只保护基于原产地产品的集体信誉。允许在产品中借鉴传统知识,允许传统知识得到认可,并使知识掌握者在商业化运用中受益。GI 奖励生产者利用传统流程的知识,以此间接鼓励继续使用和保存相关联的传统知识。使得 GI 的知识得到传承,使人们能够将长期、集体和祖传知识转化为生计和收入。传统知识的价值化是基于 GI 营销策略成功的结果,而不是法律保护的结果。

应该注意到,地理标志对传统知识的影响是不明确的,因为在某些情况下,GI 可能会对传统知识产生不利影响。地理标志也可以在不泄露传统知识的情况下运作而不利于传统知识的保存。戈帕拉克里什南(Gopalakrishnan ,2007) 在分析时指出①,亚洲立法框架中涉及质量控制的立法规定要求 GI 申请人提供有关产品的性质和质量以及如何保持的知识细节。

4. 保持生物多样性

虽然生物多样性保护不是地理标志保护的直接目标,但在某些情况下,它可能是 GI 保护过程的结果。拉森(Larson,2007)表明②,GI 可以直接促进生物多样性保护,因为生产可能需要通过使用特定的自然资源,并且间接地,通过设计规章制度,将保护生物多样性的产品技术规格变为实践守则。例如,地理标志需要生产限制,这可能会对自然资源可持续性和生物多样性保护产生积极影响。通过这种方式,围绕 GI 可以形成合理的土地使用策略。在南非的环境敏感地区发展起来的 Rooibos 产业,在设计其产品规格时,考虑到生物多样性,将其实践守则与现存的生物多样性倡议相结合(Biénabe,et al,2009)③。莱伯特等人(Lybbert et al,2002)解释说④,资源商业化进一步导致收获产品价格的提高,从而提高了当地社区对其资源的估价。通过增加资源的价值,GI 提升了节约资源的价值。当然这种影响可能有产生"公地悲剧"的危险(Revion,et al,2009)。应该注意到,GI 不会自动产生积极的环境动态,例如生物多样性保护,并且这种影响可能会随情况而变化。地理标志可以从一个特定的资源进一步导致"遗传侵蚀",以排除其他物种。

(三)保护的理由与解释——支持生产者与消费者福利的质量

GI 的重要功能是识别产品声誉、质量或其他特性和地理来源之间联系。在生产这些产品时的环境和所使用的本地知识所产生的独特的产品特性,是通过 GI 发出的产品质量信号。保护这些独特标志的正当理由,是从信息和声誉的经济学中得出。这些理论突出了信息不对称对产品质量的影响以及声誉在防止生产者和消费者的负面后果方面的作用。如纳尔逊(Nelson,1970)依据消费者能够容易

---

① GOPALAKRISHNAN N S, NAIR P S, BABU A K. Exploring the relationship between geographical indications and traditional knowledge: An analysis of the legal tools for the protection of geographical indications in Asia[A]. ICTSD Working Paper, 2007.

② LARSON J. The relevance of geographical indications and designations of origin for the sustainable use of genetic resources[A]. Study commissioned by the global facilitation unit for underutilised species. Italy: Rome,2007.

③ BIÉNABE E, LECLERCQ M, MOITYMAIZI P. Le rooibos d'Afrique du Sud: comment la biodiversités'invite dans la construction d'une indication géographique[J]. Autrepart, 2009,50 (2).

④ LYBBERT T. Commercialising Argan oil in Southwestern Morocco: Pitfalls on the pathway to sustainable development[C]// PAGIOLA S, BISHOP J , WUNDER S . Buying biodiversity: Financing conservation for sustainable development. World Bank,2002.

地获得关于产品质量的信息,确定了三类商品,见表5.4①:

表5.4　基于信息获取的商品分类

商品分类	质量检验方式
搜寻商品	消费者可以通过检查和/或研究来确定购买前的质量。
体验商品	消费者只有通过使用和体验才能确定质量。
信任品	检查和使用都不能评估质量

　　由此可见,消费者在很多情况下都不能全面评估产品质量,只能在搜索或体验之后识别产品属性。信息不对称对市场产生负面影响就是所谓的格雷欣法则,即可能使某些生产者倾向于降低供应质量,就会使持续供应高质量商品的生产商受到不公平竞争影响。

　　解决产品市场信息不对称而导致质量供给无效的机制,就是斯蒂格利茨(1989)和梯若尔(1988)所指出的声誉②。夏皮罗(1982,1983)的声誉模型解释了企业在市场完美竞争而信息不完美时,就会选择相关的产品质量水平以最大化其利润。他解释说③,在这些情况下,因为缺乏工具识别质量水平,不会产生激励来维持更高的质量水平,生产者就会降低质量。在这一方面,声誉为社会提供了一个传播工具,使得生产者向消费者发出了某些产品质量水平的信号。夏皮罗强调了售卖者产品质量选择、消费者学习和企业声誉三者之间的动态。这样,消费者与生产者都把声誉作为一个应对信息不对称的工具。消费者通过重复购买造成品牌忠诚并愿意支付声誉薪水。作为对应措施,生产者就采取策略去创造声誉。另外,如果声誉通过声誉体制程序来保护,那么声誉只能通过避免信息不对称的影响来提高市场效率。这种制度化是通过法律工具(如地理标志 GI)来实现的,它将产品属性与其原产地之间的关系正式化。在以搜索、体验和信誉商品为特征的有较高逆向选择风险的农产品市场中,地理标志成为一个信号,传递信息质量,降低消费者的搜索成本,并支持声誉的建立。地理标志与商标不同的是,地理标志是产品生产团体的集体声誉,并作为传统随着时间的推移而传承。莫西尼等(Moschini et al,2008)在评论地理信息系统对消费者福利的影响时,发现在引入

① NELSON P. Information and Consumer Behavior[J]. Journal of Political Economy, 1970, 78(2):311-329.
② TIROLE J. The theory of industrial organization[M]. Cambridge:MIT Press, 1988.
③ SHAPIRO C . Consumer Information, Product Quality, and Seller Reputation[J]. The Bell Journal of Economics, 1982, 13(1):20-35.

GI 之前,根据夏皮罗的声誉模型只有混合质量或低质量的商品供给。引入 GI 后,购买高质量产品的消费者福利得到改善,而购买低质量商品的消费者则不受影响。扎戈和皮克(Zago and Pick ,2004)确信在信息不完美和高质量也有差异情况下地理标志也会提高生产者的福利。对于生产者来说①,GI 可能作为信号质量和声誉而成为公司的商业资产,如同商标一样有价值。

通过资格认证过程,地理标志赋予遵守生产惯例的界定区域内的生产者以标志专有使用权。GI 认证过程将产生特定产品质量的资源转化为"集体知识产权"。但是在国际上,有许多重要的挪用地名的案件,如 Basmati 案,在 30 多个国家中有超过 100 个商标侵权案件(如 Jena and Grote 2010 引用的 Adlakha)②。基于原产地产品名称的广泛滥用暗示了这些名称在市场准入和潜在溢价方面的商业潜力。这些不公平的商业手法不仅通过收入损失和声誉的稀释对生产者产生负面影响,而且对在购买决策中被误导的消费者产生负面影响。因此,GI 作为集体声誉制度化的作用在保护消费者(通过解决信息不对称和质量)和生产者行动中变得越来越重要。

(四)发展中国家对 GI 经济社会利益的驾驭

与地理标志相关的重大社会经济利益可以解决发展中国家和区域的一些问题。但是,获得这些好处绝不是一个简单的过程。

声誉资本的积累是发展中国家的真正的利益所在,引入更强有力的法律只是实现这一"分解"的一步。如鲍恩(Bowen,2010)分析了龙舌兰 GI 在墨西哥的影响③。在讨论中,她观察到,按照墨西哥法律,地理标志在法律上几乎与法国是完全相同的。虽然如此,尽管销售量显著增加,龙舌兰酒 GI 的引入却未能使当地社区和环境受益。因此,更严格的法律本身并没有引起地理标志的潜在社会经济动态良性发展。地理标志是一种集体价值创造的工具。然而,法律保护和这种知识产权的集体性质不能保证通过 GI 过程创造的价值在集体中公平分配。大多数研究成果表明,GI 溢价可能由商人和配送商享受,而不是实际的生产者。

---

① ZAGO A M , PICK D H . Labeling Policies in Food Markets: Private Incentives, Public Intervention, and Welfare Effects[J]. Journal of Agricultural & Resource Economics, 2004, 29 (1):150 – 165.

② JENA P R , GROTE U . Changing Institutions to Protect Regional Heritage: A Case for Geographical Indications in the Indian Agrifood Sector[J]. Development Policy Review, 2010, 28 (2):217 – 236.

③ BOWEN S . Development from Within? The Potential for Geographical Indications in the Global South[J]. Journal of World Intellectual Property, 2010, 13(2):231 – 252.

　　虽然地理标志有潜力改善发展中国家生产者的生计,但潜力的发挥很大程度上取决于实际利益在供应链上公平分配的方式。耶拿和克罗特(Jena and Grote,2010)强调了这一点的重要性,他们发现地理标志的实际影响很大程度上取决于生产者是否分享利益。吉恩(Jain,2009)指出,判断一个 GI 的实际效益,有必要把供应链看成整体。供应链上不同角色的经济和议价能力的差异可能会影响价值的分配。资源贫乏的生产者,其能力也有限,往往收到很少的利益,在发展中国家的背景下这是一个明显的因素(雷等人,2009)。随着 GI 供应链可能的升级,新的权力关系将出现,尤其是在 GI 导致供应链的延长。鲍恩 (2010) 强调了考虑来自GI 引入以后的供应链中权利变化的重要性。

　　利益分配也与谁有权使用 GI 有关。法律应区分谁可以拥有、谁可以使用 GI。在对亚洲 GI 保护的法律框架的比较分析中,大多数法律将 GI 只应用到产品的实际生产者,而对贸易商的权利进行了限制。这背后的意图是社会经济利益应该流向区域内的角色,而不是外部中介机构。然而,他们发现,如果使用 GI 的权利仅限于实际生产商,这些实际生产商可以授权下游行动者使用该标志,那么到达生产者的社会经济利益流就可以得到改善。雷(2009)进一步指出,价值的分配在很大程度上来源于供应链治理的质量,援引巴乔尔等(Barjolle,et al,2007)的话说,集体组织的效率和经营者之间的凝聚力是实现价值公平分配的关键。

　　博文 (2010)呼吁各国政府"明确干预",支持农村发展和资源贫乏生产者。在不平等的情况下,可以提倡政府发挥监督职能,以便对权势者所行使的控制进行评估,干预并支持更公平的福利分配。国家的支持至少应该让生产者获得有效组织所需的最少信息和资源。她还说,在政府从农业撤出的背景下,如果生产者不接受 GI 供应链所要求的促进组织的"制度和组织"的工具,那么"可持续性和公平"就无法进行。在讨论印度地理标志产品的生产者面临的挑战时,DAS(2009)进一步强调了有效营销的必要性。为了本地域成功实现差异化策略,消费者需要认识到它的价值。在某些情况下,基于原产地利基营销可能需要广泛的宣传活动,以获取地域差异化相关的好处。雷等人(2009)认为,如果消费者通过提供信息而意识到差异,则只会导致需求的增加,这很可能导致营销成本的增加。因此,对于资源贫乏的利益相关者来说,这一关键的方面往往是具有挑战性,并且是昂贵的。甚至在 GI 可能还没有享有国际市场上的声誉时也是如此(Das,2009)①。扎格弗(Zografos,2008)认为发展中国家和地区的地理标志,除少数之外,在国际

---

① DAS K . Socio - economic implications of protecting geographical indications in India［C］. Centre for WTO studies,2009.

市场上是相对不知名的。在改变消费需求的环境中,营销策略对任何公司来说都是高风险投资(Yeung 和 Kerr,2008)①,对于资源贫乏的生产者来说更是如此。因此,需要仔细考虑 GI 潜在的成功,以防止稀缺资源的低效使用。营销困难也延伸到分销决策,这是发展中国家要考虑的一个重要因素,因为分销渠道的选择对供应链内的经济实力产生影响。正如前面所讨论的,这会显著影响生产者从 GI 中获益的能力。因此,在 GI 产品的营销、促销和分销方面存在着一系列复杂的问题。因此,可以看到,在不发达地区,通常在生产活动环节下大功夫,而营销是 GI 供应链的弱点。如 CIRAD(2009)证实的②,ACP 国家地理标志生产者市场知识缺乏,这是发展中国家和地区的一个重大缺陷,不得不采取措施解决这一弱点,包括如上文所讨论的国家强力支持,以提高获取 GI 好处的可能性。就商标而言,建立 GI 产品形象并从集体声誉中获益,关键在于实现和保持一致的质量水平。在产品规格上达成共识的目的是达成产品的质量标准上的一致看法,这需要通过符合实践规范的方法来维持。这是 GI 过程的一个基本部分,因为商定的标准应该保护 GI 产品的独特质量。如上所述,特别困扰发展中国家的问题是集体行动,是使质量标准达到一致的过程(Das,2009)。GI 的质量维度再次要求发展中国家解决围绕集体行动和组织的问题。

然而,在协定质量标准时,应该注意不要过于僵化,从而对创新过程造成潜在阻碍。如法国葡萄酒行业的僵化应该归咎于该行业所面临的许多困难,包括它无法适应不断变化的市场环境。在新兴产品需求增加的情况下,生产商将从传统的生产方法转向更多机械化的过程,这可能会使产品的内在质量发生改变。鲍恩(2010)说,从当地市场转向到"外部"市场可能显著改变生产方式和产品的特性。适应生产过程的需要可能与运输需求或来自新市场的消费者口味的差异有关。在生产过程中的变化带来了一个风险,即产品可能失去其特异性,而这些特性是 GI 成功的关键因素。发展中国家运营商进入新市场的挑战在于找到一种平衡,能支持产品的特殊性,同时允许从本地化转向"外地市场"所需的创新的产品的质量,与跨国供应链潜力之间的平衡。GI 的集体维度要求建立排除机制,以应对不符合标准的运营商不遵守质量规范而危及集体信誉。这就需要一个有效的质量控制机制。尽管 TRIPS 在第 22 条(2)对国家体系中提出了质量控制义务,但

① YEUNG M T , KERR W A. Increasing Protection for GIs at the WTO: Clawbacks, Greenfields and Monopoly Rents[EB/OL]. CATPRN Working Papers 2008 – 02, Canadien Agricultural Trade Policy Research Network (CATPRN),2008.

② CIRAD. The challenges relating to geographical indications (GIs) for ACP countries[R]. A Joint CTA, AFD and CIRAD workshop report. Montpellier, 2009.

TRIPS 对质量控制形式不做任何规定。

WIPO(2008)指出,除了成功的市场营销之外,知识产权的有效管理还取决于权利持有人的监控能力和执行知识产权的能力。GI 促进农村发展的潜力深深地依赖于当地创造调节 GI 使用制度的能力。这超出了质量标准的执行,包括规范名称的使用以防止伪造地理标志。因为这种执行需要付出巨大的监测、管理成本以及知识资本。值得注意的是,TRIPS 协定下 GI 的国际保护取决于国内的保护程度。在没有强制性的国际登记制的情况下,在外国领土上使用地理标志,寻求地理标志保护,还需要遵守在寻求保护的每个司法管辖区中复杂的特定法律要求。在外国领土上强制执行 GI 保护对于发展中国家的 GI 权利持有者来说可能是一个昂贵且不确定的过程。戴恩(Das,2009)发现,缺乏公共支持显著阻碍了印度权利持有人在国际市场上的执行。

与 GI 相关的成本,除了与制度框架相关的成本、生产链的发展、促销和实施成本之外,还可能包括与实现、保持产品独特品质相关的成本。这些成本包括在定义产品规格、建立生产组织和控制成本方面。在落后地区,需要通过对保护成本和盈利能力的经验来仔细估计 GI 的净效益,同时还要考虑间接的 GI 利益和政策目标。最后,优化 GI 潜在的社会经济影响需要考虑更广泛的政策环境。重要的是不把 GI 仅仅当作知识产权来对待。GI 是一个更广泛的政策背景的一部分,政府应明确 GI 战略背后的政策,并确保这些政策符合和支持更广泛的政策目标。

(五)运用地理保护标志制度积极创新业态

根据以上文献分析,需在制度框架、供应链控制、促销以及质量创新与维持等方面考虑策略创新,促进地理标志产品和其他特色产业业态创新,为区域经济振兴找到新途径。

制度和政策创新的关键是要引导生产者树立质量价值观,支持和鼓励生产者综合运用传统智慧和现代技术解决质量生产难题,创建声誉机制,维护区域特色产品品牌形象。同时要吸收和整合社会资源,为整个行业效率的提升服务。质量监管体系是整个行业声誉提升、行业形象提升的关键。尤其是质量信息生产方面,需要在溯源体系、检测体系等关键环节,提升能力和降低成本,需要在这些领域内进行专业化和技术革新,尤其要重视高级的信息技术和网络技术的运用。这些目标都需要通过业态创新实现。在生产者、经营者和监管者能力提升上,也要做好培训、交流平台建设。尤其要推广地理保护标志创建与管理经验,推进区域特色产业健康发展。

二、瓮安建中欧标茶：业态创新与品牌声誉建立、管理

本案例就是考察一个茶叶地理标志产品的形成、强化及其相关的创新活动。

2013 年 6 月，贵州省人民政府同意设置新的建中镇，以原建中镇、白沙乡和太文村（除白溪组、民寨组、下朵良组、高白溪组、酸枣坪组外）地域为新设置的建中镇行政区域，镇人民政府驻凤凰村，全镇辖 6 个村 2 个社区，164 个村民组有 10011户 38789 人，其中有苗、彝等少数民族 3069 人。建中镇位于瓮安县西南部，距县城30 公里，与福泉市、开阳县交界，总面积 232 平方公里，耕地面积 38126.58 亩。境内海拔 800—1400 米，年降水量 1100mm，雨热同季，土壤肥沃，大多为砂页岩发育形成的黄壤，呈微酸性，适宜茶树生长。在瓮安县政府的政策引导下，近年来建中镇发动了茶产业创新，促进了茶产业发展和欧标茶品牌建设。瓮安县的产业发动措施包括以下几个方面。

第一，精确定位，奖补兑现。瓮安县一向有产茶的传统，但是，由于传统制茶工艺落后，茶产品一直以来声誉不高。为了提高产业发展水平，瓮安县制定一系列茶叶产业发展规划和详细的落实办法。《关于进一步加快茶产业发展的意见》提出"盘活存量，扩大增量，提高效益，助民增收，做强做优"的发展战略。通过选择优势品种与稀缺品种、改善种茶农法、提高制茶工艺达到做优的战略。补强传统弱项，加强加工实力和营销实力。

这些战略的实施通过奖补措施来激励。《瓮安县促进茶产业发展奖励扶持办法》提出为加快茶产业发展的奖补办法，为发挥区域特色品种的优势，鼓励种植当地优势品种，对于新建茶园，白茶的补助资金为 1500 元/亩、绿茶为 1100 元/亩。充分尊重业主意愿，茶叶种植业主可以根据市场需要，自行选择确定茶树品种，购买茶苗，同时防止骗补现象，从 2012 年开始，按照先建后补的原则，新种茶园在 3个月后，在县级验收合格的前提下，兑现补助，资金来源是县财政茶叶专项扶持资金，每年预算 1000 万元；同时整合农业开发、扶贫开发、林业、国土、交通、旅游、水土保持、石漠化治理、小流域治理、新农村建设等项目资金 3555 万元，用于打造茶产业；加大对茶叶加工企业扶持力度，奖励固定资产投资，对固定资产投资额500 万—1000 万元以上的茶叶加工企业一次性奖励 20 万—30 万元，对 1000 万元以上的，一次性奖励 50 万元。同时将农机补贴额度提高到 60%的标准进行补助，激励茶叶企业新建茶叶加工厂。奖励措施极大地优化了营商环境，吸引了周边省份的投资商到瓮安投资茶产业，每年新建的茶园按 3 万亩的体量增长。2008 年至2017 年，全县茶园面积由当初的 2.15 万亩增加到 21.56 万亩，现有省级龙头企业18 家、州级龙头企业 46 家、县级龙头企业 35 家。2017 年投产茶园 15.1 万亩，产

干茶共 10866 吨,实现总产值 9.28 亿元。2018 年茶园面积 20.86 万亩,各类茶叶产量 13150 吨,实现产值 13.5 亿元,生产品种有绿茶、红茶、白茶、黑茶、黄金芽茶以及碾茶等。

第二,适时抓品牌建设。《关于进一步加快瓮安欧标茶建设实施方案》《关于进一步推进茶产业更好更快发展的意见》以及相关规划文件,进一步将瓮安定位为"都匀毛尖茶核心基地、珍稀名贵茶优质基地"。通过提升品质,提高知名度促进市场营销。强调新特品种的引进和茶叶品牌的打造。引种白茶、黄金芽茶等,取得了极大成功。针对绿茶,也引进了优质品种,如龙井 43、福鼎大白茶、浙农 113 等国家级良种茶树。

抓品牌提升。2009 年,瓮安县被列入都匀毛尖茶地理标志产品保护范围,紧紧依托这一机遇,积极组织全县茶产品,冠牌"都匀毛尖",先后到中国香港、中国台湾、北京、江苏、浙江、深圳、上海等地参加茶产品的评比活动。2010—2013 年,瓮安绿茶先后荣获"中绿杯"金奖 2 次、瓮安白茶荣获"中茶杯"一等奖 2 次。2012 年,瓮安荣获"全国茶叶重点产茶县""中央及省级财政现代农业生产发展项目县",2012—2013 年获国内外有机茶园认证 1500 亩;贵山茶业公司、贵州味道茶业公司分别获得 ISO22000 食品管理体系认证、ISO9001 质量管理体系认证、ISO14001 环境体系认证。通过品牌的打造,瓮安县茶产品逐步在省内外有了一定的知名度。

建中镇的茶产业发展取得了较好的成效。传统的产茶区域不在建中镇,但是,在瓮安县大力发展茶产业的良好政策的感召下,先后有 8 家茶企入驻。目前发展情况如表 5.5:

表 5.5 建中镇茶叶企业情况

企业名称	茶园面积(亩)	分类面积(亩)	初采量(吨)	销售额(万元)	投资额(万元)	年支付工资(万元)
贵州苗岭雾海生态有机茶园有限公司	3021	绿茶:3021	300	4000	9000	500
贵州瓮安鑫产园茶业有限公司	12003	绿茶:6036 黄金芽:1800 白茶:4140	150	3000	12000	800
贵州味道	278	绿茶:278	15	2214	300	90

企业名称	茶园面积 （亩）	分类面积 （亩）	初采量 （吨）	销售额 （万元）	投资额 （万元）	年支付工资 （万元）
贵州天顺农业开发有限公司	4230	绿茶:2300 黄金芽:50 白茶:1880	0	0	0	0
怡品茶业	780	绿茶:180 黄金芽290 白茶:310	0	0	80	50
瓮安鑫玉白茶专业合作社	2204	绿茶:130 黄金芽:15 白茶:2059	5	200	100	60
凤山茶园	213	绿茶:213	10	25	15	18

数据来源:建中镇人民政府,并通过调查采访验证

这些年来,建中在茶产业方面招商引资是比较成功的,其中,累计投资量最大的是鑫产业园(以下简称鑫产园),累计投资1.2亿元,此外苗岭雾海累计投资9000万元。

通过多年探索,建中种茶人已经能够用较为成熟的方法生产出欧标茶。目前,全镇3万亩茶园都按照欧标种植,重点茶企业占23675万亩,品种以白茶、福鼎大白茶、黄金芽和绿茶等为主。其中珍稀品种黄金芽种植2000亩,是全国第一"黄金芽"生产基地。种植黄金芽茶最多的是鑫产园,计1800亩;其次是怡品茶,计290亩;天顺农业50亩;鑫玉白茶专业合作社15亩。

全镇白茶1.2万亩,鑫产园4140亩,鑫玉白茶专业合作社2059亩,天顺农业1880亩,怡品茶业310亩,是"贵州省精品白茶第一镇",茶产品远销欧盟。

种植绿茶面积最大的是鑫产园,6036亩,其次是苗岭雾海3021亩,天顺农业2300亩,贵州味道278亩,其他企业占100多亩。

全县大面积种植洲标准茶,使用大量劳动力,年支付工资更高,如鑫产园每年支付800万元,苗岭雾海每年500万元等。销售收入最多的是苗岭雾海,其茶园已经经营有7、8年了,2017年有4000万元销售收入;鑫产业园才刚刚进入初采期,销售收入3000万元。

2014 年 4 月建中白茶现代农业产业园区被批准为省级现代高效示范园区,茶产业优势凸显。茶产业和果水村先后荣获黔南州"十佳园区"、贵州省最具商业价值村寨、黔南十大最美茶山、黔南最美村寨、黔南十大工业名优产品、黔南十大农特产品等荣誉称号。

瓮安欧标茶不仅成为瓮安的主导产业,也成为近年来贵州生态产业的一个典型案例。近年来,国家提出质量兴农战略的背景下,瓮安的欧标茶产业就是一个很好的质量兴农的一个范例。短短几年让一个产业迅速崛起,关键点就是依赖于严苛的质量追求,由执行一个更严苛的标准开始,对于整个茶产业园规划、种茶农法、制作、包装与储运等带来根本性变化,也对整个行业从业者的价值观念带来变化,欧标茶已经成为严苛标准的新业态的代名词。

严苛标准到质量提升,从而建立起产品声誉和地方集体品牌的声誉,在众多的茶产业案例中,瓮安的欧标茶产业也是后发赶超的一个典型,尤其是建中镇的茶产业发展,具有重要的示范意义。本节以瓮安建中利用欧标建立声誉、维持声誉、挖掘品牌声誉价值为例,对新的业态进行探讨,对每一个环节的技术形态、经济效益进行比较。

(一)声誉建立

在十年前,建中镇也算不上瓮安的茶叶名镇。该镇欧标茶先驱人物应该要数赵连富。

1. 欧标茶创意来源

(1)赵连富:种出与众不同的茶。赵连富原本是一位中学英语老师,但是,禁不住商业浪潮的诱惑,他起先做房地产,然后开始转型,寻求创造一个能够持续发展的产业。适时,贵州省正在鼓励发展茶产业,他通过周密论证,认为可以在建中发展茶产业。作为一个行业的后入者,差异化策略是一种常规手段。但是,怎样做出一个与众不同的茶产业呢? 与其他茶产品生产者的区分应该从哪方面切入呢?

一方面,要坚持绿色生态概念,他打算继续以传统绿茶技术作为基调,另一方面,又要找到差异化方法,唯一能够考虑的概念就是质量。赵连富一直与欧洲的朋友有往来,这些欧洲朋友提出了一个概念:欧洲标准。茶叶等农产品的欧洲标准,原本是欧盟的一个绿色技术贸易壁垒,并且,许多的指标限制专门针对我国的农产品,随着这种指标限制日趋严格,我国农产品包括茶叶等,对欧洲出口量日趋减少,茶叶出口数量与总额也起伏不定。如 2013 年 5 月到 2017 年 12 中国出口欧

盟国家的茶叶走势图如图5.1:

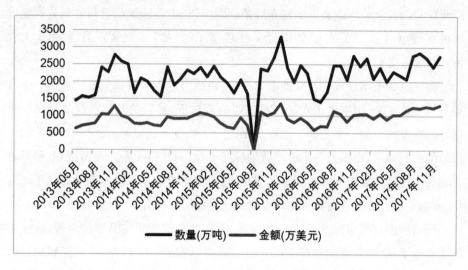

图5.1 中国茶叶出口欧盟走势图

数据来源:中华人民共和国商务部网站

表5.6 2008—2017 年贵州茶叶种植面积与产量

年份	茶叶种植面积（千公顷）	茶叶产量（万吨）
2008	105.17	3.49
2009	132.19	4.19
2010	167.19	5.23
2011	196.37	5.84
2012	251.52	7.44
2013	313.24	8.94
2014	369.26	10.71
2015	418.89	11.8
2016	439.82	14.13
2017	456.22	17.65

数据来源:2009—2018 年《贵州统计年鉴》

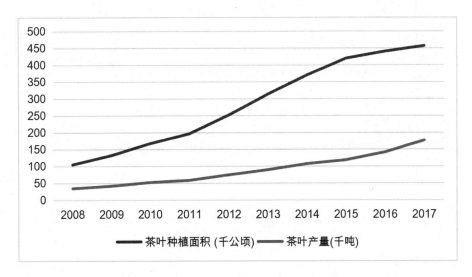

图 5.2　2008—2017 年贵州茶叶种植面积与产量走势图

欧标出台限制了我国农产品出口,导致农产品的生产成本、检验成本和管理成本度增加,还对相关农药出口和本国农药使用都造成限制。尽管如此,欧标也成为当前农产品的重要的质量品质标准的风向标。

由于贵州茶产业发展较晚,尤其是大规模茶产业园的改造时间较近,大多数茶园都在按照欧洲标准进行改造。以至于诞生了多个像建中镇这样的欧标茶产业基地,贵州近几年也在加大对茶叶产业发展的支持力度。茶叶种植面积和产量增长较快。

近十年来,贵州茶叶种植面积增长了 3 倍多,产量增长了近 4 倍。(见表 5.6 和图 5.2)茶叶出口增长趋势明显。表 5.7 和图 5.3 是贵州近几年来茶叶出口数据。

表 5.7　2012—2017 年贵州茶叶出口金额与数量

年份	茶叶销售额(万元)	茶叶产量(吨)
2012	142869	313484
2013	136000	325775
2014	126888	301484
2015	141771	324855
2016	116114	328694
2017	160955	355258

数据来源:商务部网站

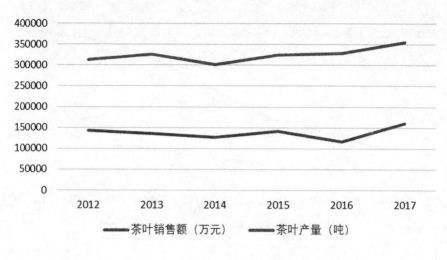

图 5.3 2012—2017 年贵州茶叶出口量和出口金额

从 2012 年到 2017 年贵州茶叶出口数量和出口金额只有小幅度波动,基本上是稳定的。

从这一方面来看,争取以更严格的标准生产加工茶叶,将成为贵州茶叶业态创新的关键。

赵连富以及他的团队观点与这一趋势高度吻合。再加上政策支持,他的茶产业很快走上了快速发展的轨道,并为瓮安县、建中镇的茶产业的定位提供了创意基础。

(2)高质量标准与差别化。高质量标准在产业发展中,不仅仅是一个高的进入门槛,也是一种差异化策略。

第一,选择高质量标准,尤其是茶叶这样的饮品以及食品等,实际上是一种对经营者素质、技能、资金量及其投入资源、生产环境的一种高门槛的要求,也就是基于一种高质量门槛投入的一种差异化策略。

对于经营者,对高质量要求必须有全面理解,并有相关的知识来源,能够理解高质量产品的生产方式最终要生产出产品的某些特征,这些特征所能产生的功能,以及能够满足人们某些具体需求。对这些问题不理解,就不知道自己产品的差异性本质,也就无法知道高质量产品所能够满足目标客户群的需求。

通常,对于农产品生产质量,就是基于两个方面进行拆解。第一是产品含量的拆解,尤其是功能性成分含量的要求。这些功能性成分只有在某些特殊的条件下才能够生产。这些功能性成分越高,质量越高。功能性要求以外的要求,如风味要求,可以通过一些加工处理以及使用方法的设计达到,其处理的成本和生产技能上的要求往往比功能性成分的高质量要求要低得多。功能性要求可能与环境,如水土资源、种资源有关。在自然条件不够的情况下,可能通过施肥等方法达到要求。水土条件控制、肥料以及特殊的品种资源都需要通过研发才能够达到要求。所以功能要求实际上是生产条件的选择与控制、生产资料的选择、特别的管护方法等。但是,这些投入信息一般是不能从产品外观以及其他味觉之类的感官所能判断。所以,在不同条件和不同投入水平、管护方法下,功能性成分含量水平可能就不同。对于这些条件控制、投入水平的选择以及特殊的管护方法的选择,是对生产者素质的考验。没有这些精细的知识与技能,相关功能性含量可能普遍较低,或者处于极不稳定的水平,这时就出现低劣质量产品。只有具有恰当的经验与知识水平,通过对各类关键要素的选择与恰当的投入,才能够通过生产过程生产出这些高含量的功能性成分的产品,也就是高质量产品。

对农产品质量水平的第二个拆解是农残和重金属等有害成分的含量。这些有害成分在人体各个部位累积,有可能构成对人体的伤害。同样,对于这些有害成分的形成机制要理解,才能够将这些成分控制在合理的水平。一般而言,这些成分含量越低,质量水平越高。这些含量水平的控制同样是通过生产资料、环境、管护方法的选择等来实现。也同样需要较高的素质和技能、投入才有可能达到。

这种选择,就是要通过对市场信息和需求趋势的理解,才能够预测出潜在细分目标群体能够对高质量产品的估值水平,进而做出高质量产品生产的选择。

第二,这种高质量要求,与一般追求生产规模化而产生低成本的差异化不同。以可信的方式生产出高性能、高度安全性以及具有某一种人文情怀寄托的产品,一般生产者由于知识素养、技能水平包括管理技能、资金以及生产环境达不到门槛要求而无法生产。在经济学上是一种基于质量差异的垄断竞争策略。如农产品的欧洲标准,在本质上就是对农药残留、重金属等有害物质的最大含量允许值。这种限制在某些程度上就是针对我国农产品进入欧盟市场所制定的技术性壁垒。生产者愿意采用这一标准要求,不仅仅是为了将产品打入欧盟市场,也是为了争取国内高端市场的一个非常强烈的信号。采用欧盟农产品的农残标准,就要接受极其严谨、昂贵的检测,就是向潜在的高端消费者表明其产品的安全特性,可以让消费者觉得能够极大地降低食用或者使用这一产品的风险。

因为高质量需求,所以目标市场需求者对于产品质量估值可能在某些质量门槛值附近,呈现跳跃性变化。对于这些消费者而言,在质量门槛以下,估值急剧下降。但是,这些消费者不可能以低于一般消费者的估值去购买,至少以一般消费者估值,也就是市场价格购买。但是,这种价格水平可能高于他们对这种质量水平的估值,因此,他们可能不会购买这种低质量水平的产品。但是,一旦质量水平越过他们保留的门槛值,估值就出现跳跃式增长。并且,在这门槛以上,质量水平越高,估值增长越快。

而高质量产品从量上来看,十分稀缺,当高质量产品需求者增加,可能会造成较多需求者追逐较少产品的现象,这时,高质量需求者就有可能主动显示其真实偏好,报出自己的高估值,并通过各种手段将高质量产品稳稳地拿在自己手中。

第三,这种高质量产品生产是知识、专用技能和特别环境要素的高投入,是一种专业化程度非常高的生产。

高质量产品的生产要累积质量知识,越是高质量的产品,其知识也就不同于一般质量产品知识,所需技能也比一般质量产品生产技能水平要高,另外管理控制、投入要素等都需要通过研发,才能够达到高质量产品生产的要求。技能、知识以及相关的研发可以在干中学。

"赵连富们"选择了做欧标茶,就是以欧标为质量标准进行茶叶生产。因此,他们需要学习欧标,其管理与组织方式、要素投入、环境选择都要符合欧标。

2. 茶叶的欧洲进口标准

关于欧标与国标的区别有以下几个方面。

(1)指标

欧洲市场依据欧盟委员会(EC)No 3962005 监管条例中的最高农药残余量政策进行监管。指标主要涉及杀虫剂、农药残留方面,几乎每隔两个月调整一次。茶叶污染物方面的金属、重金属、有机污染物,都被包含在欧盟的 EC 1881—2006 法规中。到 2017 年 6 月发布 的(EU) 2017/1142 委员会实施条例,这个条例的附件中列举的农残指标有 483 项,每一项都有最大残留限制。无论是指标还是最大残留限制,都在动态调整。如通过检查我国出口欧盟产品中出现高氯酸盐、醌蒽,又马上对我国茶叶的检测指标又增加这两项。这就说明欧盟对农残的检测可以针对所谓的法外项目。不仅如此,对中国出口欧洲产品中的每 10 个会有 1 份产品进行检查,对杀虫剂残留和其他农药的残留进行检测,比其他国家多。这些调整,一则直接将我国原本一直出口欧盟的茶企拒之门外,同时也会增加中国茶企 10% 的费用。

欧盟的农残标准检测项目本质上是以食品安全技术为门槛的贸易壁垒,利用人们对于食品安全的急切需求和绿色消费观,形成的一项技术壁垒。欧洲标准认证并不是欧盟国家商场食品合格标准,一般欧盟针对中国的这种农残标准要比欧盟国家商场的进入标准严苛得多。欧盟认证标准允许的最高限量值也仅相当于在欧盟商场进入标准的农残最高限制含量的 30% 以下。同时,很多情况下针对中国从农产品出口状况不断进行技术参数指标集的调整。一方面，将中国对欧出口量控制在一定的范围，这样便可以得到更加安全，几乎无可挑剔的质量优良的农产品。但是，从另一方面，使农产品有机化和绿色化演变的路径变得复杂，使得绿色与有机的标准化过程难以形成。一些农业厂商按照先前的标准进行投入，以尽量迎合这些标准，但是，因为法外项目可以进行检查而且最高农残限制不断调整，有可能使得一些厂商因为偶然的一些因素致使产品通不过检测。这就意味着原本以为是高档品生产投入，结果成为一般质量商品，甚至无法进入欧盟市场。在以标准作为引导消费者按质量等级定价的体制下，这些厂商的投入和生产控制方法下所做出的价值品得不到承认。因此，生产厂商的高品质生产投入充满着巨大的不确定性。当风险折扣使得这种投入处于亏损状况时，厂商最终选择退出。

选择退出的不仅仅是生产农产品的厂商，还有可能殃及相关的生产资料供给厂商。欧盟还可以把不是欧盟区生产的农药列入检测与法外检测项目，这样，就遏制了欧盟区以外的生产资料领域的供给者的创新能力和创新意愿。如2018年6月，在芬兰海关检测的一批日本茶，因为检出呋虫胺0.046PPM被拒收。但是呋虫胺通过多项检测，基本上对人畜以及一些小型动物如蜜蜂等都是安全的，且杀虫效果好，有可能成为大型广谱性杀虫药。但是因为这种农药是日本公司研发，所以在欧盟农残检验中被列为不得检出项。如2018年6月欧盟宣布其农药修订法规（EU）2018/832开始实施，修订法规对农药残留限量法规（EC）2005/396的附录二（确定的MRLs农药名单）、附录三（暂行的MRLs农药名单）中部分项农药在农产品中的残留限量做了修订。这次修订的项目有17种农药，将溴氰菊酯的最大残留限量值变更为临时限量。其余16种农药的残留限量值放宽了要求，如允许在苹果和梨中使用的灭菌丹最大残留限量从0.03mg/kg提高到0.3mg/kg。而乙膦铝的限制在多种坚果中从2mg/kg提高到500mg/kg，在仁果类水果中提高到150mg/kg，炔螨特在橙子中的最大残留量也从0.01mg/kg放宽到4mg/kg。要肯定的是这次的修订体现了欧盟多年科学实验成果，对农药残留限制的设定更加科学符合实际，而不是单纯强调不得检出（此前欧盟农残标准一般最高为0.01—0.05mg/kg），但是，同时制定许多项目涉及的农药不准进入欧盟市场，其中就有中国国内使用的62种农药。因此，欧盟标准实际上是以农残检测为纲的一种伞形产品禁入的贸易壁垒。同时，各国农产品要进入欧盟，就必须以欧盟的投入与研发成果为风向标，为欧盟创新者攫取创新价值打下制度基础，也为其他国家的相关研发的行动边界进行了圈定。

在欧盟对我国提高标准的同时，我国国标也在提升。这是为了促进我国茶叶生产质量提升，并逐步接近欧盟、日本等标准。由卫计委、农业部、国家食品药品监督管理总局联合发布的《GB 2763—2016 食品安全国家标准食品中最大农药残留限量》于 2017 年 6 月 18 日正式实施。受此影响,茶叶农药残留限量由旧版的 28 项增至 48 项。但是,与欧盟 2018 年修订后的指标相比,有 5 种农药在中国 GB 2763—2016 中没有规定,分别是吡草胺(除草剂)、甲氧基丙烯酸酯类杀菌剂、咪唑菌酮、霜霉威和壮绵素。另外,欧盟修订单(EU) 2018/832 与中国 GB 2763 中出现同种农药用于同种食品的情况仅有五项,欧盟比中国严格的限量要求有 3 项,比中国宽松的限量要求有 2 项①。尽管如此,我国的国内标准还是比欧盟标准要松一些。这就意味着通过我国国内标准检测的产品,不一定能够通过欧盟标准。同时,我国的检测标准相对较为稳定,这也是考虑到生产投入与相关农药研发、生产流程研发周期较长而制定。从这一方面来看,我国的标准的相对稳定可能更加切合生产实际,而不是以贸易壁垒为目的。但是,同时我国应建立更加完备、更具有适应国际先进检测技术变化的检测体系,或者应在该领域内进行更加激进的创新行动,包括生产流程与检测体系的创新,使得标准与生产过程创新高度一致,保证农业的创新活力与创新利益的高度一致。从更高的层面考虑,我国应在国际上倡导建立农药研发的国际流程与检测实验评估体系,只有通过这些研发流程以及评估标准方能上市。这些标准就包括残留期以及对人畜安全剂量标准,防止一些国家与国际组织利用所谓的标准体系形成形式多样的贸易壁垒。

针对欧盟这种指标与限量多变的检测体系,区外的企业要进入欧盟市场,唯一可行的办法是,在选择无污染的环境以后,不施用任何农药。这就对生产者的生产流程开发、管护体系和价值观念具有严格的要求。

欧盟茶叶标准与我国茶叶标准的区别反映了产茶国与消费国的检测理念上的区别,即制定检测与安全标准原则上的区别。大多数国家采用 FAO/WHO 风险性评估原则,这是联合国粮农组织(FAO)和世界卫生组织(WHO)提出的安全性评价原则,根据人体接触化合物量的大小以及对人体或动物的毒性大小,来制定标准。人体可能摄入量较大和对人体毒性大的化合物制定农残限量标准较严,反之较宽松。欧盟采用的是所谓的"零风险"原则,即不考虑化合物的毒性大小,只根据自己的考虑点进行制定。但是,这种零风险原则容易演变为一种绿色技术壁垒。

这种原则上的差别,反映在检测指标的增加、增严上,以及没有规定的指标以外的残留物检测处理办法上。欧盟每年都增加检测指标以及降低最高残留限量值,如 2014 年,欧盟法规 EU87/2014 的茶叶农残标准变化项涉及了啶虫脒、异丙

---

① 国际果蔬欧盟修订 17 项农残标准,标准有所放宽利好国内出口[EB/OL].搜狐网,2018 - 07 - 10.

隆、啶氧菌酯、嘧霉胺,这些限量均由 0.1mg/kg 加严至 0.05mg/kg。2016 年版欧盟新规对中国茶叶标准进行了较多的修改,还对没有规定的指标采用所谓的一律无检出标准。(见表 5.8)2010 年初发布的《食品和植物或动物源饲料中农药最大残留限量》,对茶叶的农残限量共 453 项,未制定最大残留限量的农业化学品限量检出限标准一律为 0.01mg/kg。

表 5.8   2016 年欧盟对中国茶叶农残标准修改项

所涉项目	修改前最高限量	修改后最高限量
啶酰菌胺	0.5mg/kg	0.01mg/kg
醚菌酯双辛胍胺	0.1mg/kg	0.05mg/k
环酰菌胺	0.1mg/kg	0.05mg/k
甜菜胺	0.1mg/kg	0.05mg/k
甜菜宁	0.1mg/kg	0.05mg/k
硝磺草酮	0.1mg/kg	0.05mg/kg
甲基立枯磷	0.1mg/kg	0.05mg/kg
福赛得(乙磷铝)	5mg/kg	2mg/kg

我国的检测技术已经接近发达国家水平,采用的是风险性评估原则,GB 2763—2014《食品中农药最大残留限量》中规定了 387 种农药在 284 种(类)食品中 3650 项限量指标。但是针对茶叶类的农残限量要求只有 28 项,2016 年进行了国标修改,农残限量要求增加到 48 项,但是,对 48 项以外的农残限量没有做出相关规定。由此可见,中国茶叶标准设限种类明显低于日本和欧盟,但是与 CAC 以及茶叶生产国发展中国家的标准中茶叶农残限量相比,仅从设限数量的角度出发,我国茶叶农药限量标准的严格程度在国际上基本处于中等水平。

在传统的生产方式中,人们对于提高产量、降低成本有多种选择,概括起来有两类。第一,适时使用各种化肥、农药,将虫害控制、土壤肥力控制的手段寄托在化肥农药研发上。这就形成一种严格的分工形式,即由相关厂家负责学习、研究虫害环境的发生、病虫相关规律的投入,而农民、农业厂商只负责使用方法和具体施药过程。第二,农民、农产品厂商可以自行研发一些相关、简易的控虫害、控土壤的办法,将复杂的方法交给农药化肥厂商。如我国传统将一些家畜家禽以及人的粪便、尿等用作肥料,用一些土法熬制的植物汁液杀虫等,而一些无法用这些简易方法控制的虫害、土壤养分补给等就交给专业的农化厂商研发。第一种方法就有可能难以反映整个农作体系对环境以及最终产品的安全性。这是基于单个专业化农化厂商只针对单一环节的杀虫、土壤养分供给、控制杂草等的效果,不会对整个产品、整个流程,对环境的安全性进行整体评估。第二种选择也有一部分如专业厂商介入环节会出现这种情形。这主要是缺乏农法、农化产品对整个生产流程与整体产品质量的整体评估环节以及控制过程,最终依赖于不确定性很高(指欧盟的指标与限量方面的规定)的第三方检测,这种杀伤力很大的市场手段,迫使整个农作体系通过试错的方法找到有效的农作方式,可想而知,这种整体试错的办法沉没成本异常高昂。

(2)国内与欧盟茶叶农残检验与认证的区别

综上所述,我国与欧盟关于茶叶农残标准的区别如表5.9:

表5.9 中国与欧盟茶叶农残标准的主要区别

区别方面	区别表现	
	中国	欧盟
原则	风险评估原则	0 风险原则
规定检测项目	48	485
最高限量严格程度	中等	最严
规定以外项目处理	无	一律为不得检出
调整周期	调整周期长达数年	2—5 个月

(3)欧标茶为什么有高声誉

第一,严格的动态标准。首先,欧盟关于农残的指令性标准的严格,反映了欧洲最严的一种农残标准,也是世界上最严格的标准。欧洲内部还有许多公认的农残标准,如英国零售业协会标准、瑞士的有机认证标准等,都不及欧盟标准严格。如果农残含量高意味着不安全,那么,欧盟认证标准就是最安全的标准。获得认证的产品无疑成为世界上当前检测技术条件下检测到的最安全食品。

其次,频繁的动态调整保证了其权威性。频繁的调整,主要是基于以下原因,一是农药的发明、重金属来源以及其他污染源会不断出现。这些污染源可能是基于成本与效率的考虑采用不当技术造成,同时也有可能是生产者创新过程中没有对污染后果进行严格论证造成,不论哪种情况,在标准调整不及时的情况下都有可能造成监管套利(即因逃避了监管而获得额外收益)。长期处于这种状况,消费者对检测体系的认同感会下降,同时,有可能真实地造成对消费者的伤害,促成整个体系的功能塌陷。动态调整与规定以外项目的随机检查、一律"0 检出"标准,可以规避这种监管套利的发生。

基于以上两个特征,欧标茶因为贴上了欧盟的认证标志,也就等同于获得了最严格的质量安全标准的认可。

第二,重视整个生产流程的控制。欧盟认证标准还要求产品质量的可追溯性,以及整个流程的监测。农残就是因为在种植过程中,使用了过量或者不当的农药、化肥以及除草剂等,或者环境有污染源,如空气、水、土壤中含有有害成分所致。如果能够在每一个种植与管护环节,按照正确的方法进行投入,就可能避免产品中含有过量农残。同时,只有通过频繁的监测,才有可能最终研发出正确的符合标准的生产流程。正是基于这一原因,欧盟标准检测就嵌入了生产流程监控程序,并且欧盟的茶叶标准检测除了合格认证检测费用,还包括昂贵的生产流程监测成本。

根据苗山雾海的业主赵连富介绍,有一次监测工作人员在他家茶园发现了一株以前没有的花草,就对他认真地进行了盘问,尤其是考虑是否用了一些转基因的植株。在通过各种筛查排除了可能性以后才做出没有异常的结论。

严格的产品检测与生产过程监控,基本上能够保证产品的高度的安全性,从而获得为欧盟标准认证产品的良好声誉。

(4)质量好与安全性高的茶叶

赵连富在各方帮助下,理解了欧标茶的实质,就是针对不安全因素的来源在整个生产与投入中进行排查,凡是有污染风险的环节和可能性来源都必须进行事前排除。

首先,要选对生产茶叶的环境。建中镇这个地方,紧靠美丽的清水江,方圆几十里都没有工业污染,山清水秀,气候条件良好,森林覆盖率高。赵连富通过流转村民的山地,作为茶叶生产基地。由于村民们在当时没有找到很好的经营项目,土地与山林基本上是荒芜的,因此,在赵连富承诺让村民们成为茶园工人的情况下,土地流转价格异常便宜,每一亩就十多元。基地定下来以后,赵连富的欧标茶生产就有了基础。

其次,赵连富就开始探索恰当的农法。由于欧盟认证标准中有严格的生产流程检测,因此就必须运用先进的理念,设计农法,保障产品安全。特别是赵连富意识到欧标的频繁更改和日趋严格的趋势,用药用肥用种子等都严格控制、筛选。如果哪天没有严格认证的农药化肥被施用,就有可能使整个生产过程的效果达不到预期,茶叶产品通不过欧洲标准,那么以此为标志的高品质差异化策略就无法实现,从而使产品降至一般等级。这样,在价格定位、市场定位上就无法与其他一般产品区分。正因为有这种潜在风险,赵连富设计的农法要领就是最大限度地限制农药化肥的使用。由于化肥、农药的限制,经营者还必须开发一种替代农药化肥的农法,保证茶叶的生长速度以及抗虫灾等能力。

(5)生物多样性与生态茶

赵连富的农法设计思想是从森林观察得到的启发。在生物物种多样化的森林中,很少看到一棵树或者一片林因虫子吃死。多样性是保证森林存续的重要条件,自然和谐是最好的绿色防控。根据现代生态理论,通过多样化物种,可以形成天然的虫害隔离机制。当物种不是连片存在时,就有可能使依赖一两个物种存在而生存的虫害数量控制在恰当的规模。基于这一思想,赵连富就将自己的茶园规划成一小片一小片的茶园,而且小片茶园之间用一片林地隔离。通过这种办法,茶园的虫害即使不用农药也能够控制下来。

3. 实施要点与流程、标准

赵连富对自己茶园及其管护进行了严格的规划,但是,在实际实施过程中,要进行权衡。经过几年的摸索,他的管护理念可以概括为以下几点。

(1)不打农药。这是隔绝农残来源的最重要的诀窍。即使实施了隔离,仍然会出现许多的害虫。这些虫子不仅会造成减产,还会对茶叶的品相带来不良影响。在建中镇这样海拔较高的地区,茶白星病等都会使茶叶出现斑点,赵连富调侃说,我们要容忍虫子,因为它们也是大自然的一员,是这一片茶园生态的一部分,容忍虫子就是对大自然的回馈吧。当然,绿色防控对于虫子的容忍也是有限度的,我国农业部对每一种虫害的容忍度都有一个标准(见表5.10)。

在品相与安全性、口感的权衡中,宁可牺牲品相,也要确保安全和口感。这种对虫子的容忍与茶叶品相的牺牲,赵连富们将其概括为宁要虫子,也不要打农药。他们咬牙喊出了一个口号,保证每一片进入市场的茶叶都是安全的。

表5.10 中国农业部颁布的茶叶虫害防治标准

虫害种类	标准
假眼小绿跃蝉	第一峰100叶虫量超过6头或超过15头/平方米,第二峰100叶虫量超过12头或超过27头/平方米
茶橙瘿螨	平方厘米叶面积3—4头
茶丽纹象甲	15头/平方米
黑刺粉虱	小叶种2头/叶 –3头/叶,大叶种4头/叶—7头/叶
茶蚜	有蚜芽梢率4%—5%,芽下二叶有蚜叶上平均虫口20头
茶尺蠖	幼虫量超7头/平方米
茶毛虫	百丛卵块5个以上

虫害种类	标准
茶细蛾	百芽梢有虫7头以上
茶饼病	芽梢发病率35%
茶白星病	叶发病率6%
茶云蚊叶枯病	叶发病率44%,成老叶发病率10%—15%
茶芽枯病	叶发病率4%—6%

生态防范方法,当然还有多种选择和配套做法,如在茶园周围种植杉、棕、苦楝等防护林和行道树,或采用茶林间作、茶果间作。这些间作方式,还可以通过艺术化设计,增添茶园风景,为茶旅融合做准备。赵连富的茶园就以茶林间作将茶园设计成一个公园式的基地,成为茶旅小镇最亮丽的一片。另外,幼龄茶园还可以种绿肥,夏、冬季在茶树行间铺草,使虫卵得不到恰当的阳光照射而减少繁殖量。同时,茶园的害虫都有天敌,如瓢虫、赤眼蜂、蜻蜓等,在生态防护措施中还需要每年春茶前、夏茶前各浅锄除草一次,秋季深挖除草一次,茶园周边保留一定数量的杂草,这些均可改善茶园的生态环境,给天敌创造良好的栖息、繁殖场所等。

目前,生态防控体系正在研发中,已经形成一些核心理念,就是天敌控虫卵、微生物与植物源控幼虫、化学信息素控成虫。赵连富的茶园接受了中国工程院院士宋保安的绿色防控技术援助,目前正在试用阶段。这些做法除了要有系统规划,还需要更多劳动力按部就班实施,成本远远高于传统的见虫施药法和所谓的对虫害的零容忍做法。

(2)施肥。建中欧标茶的经营者们另一个口号是,不施过量肥,不施普通肥。肥料当然是茶叶产业最重要的生产资料投入,但是,选用肥料必须要符合围绕着欧标认证进行,因为施肥不当,可能增加土壤污染源。许多的普通肥料中检测到砷、镉、铅、铬、汞等重金属含量,如陈林华等(2009)就检测到江浙的有机肥中镉、铜、锌的含量最高,过磷酸钙中铅的含量最高。有机肥中的重金属含量主要是因为一些饲料厂的添加剂中含有镉等重金属物质。因此,即使传统施用农家肥的做法在做有机产品时,也需要谨慎使用①。

在使用的有机肥中,需要进行选择。第一,要对有机肥的成分尤其是重金属含量进行仔细检测,严格隔离重金属来源,防止累积性的土壤重金属污染。第二,

---

① 陈林华, 倪吾钟, 李雪莲, 等. 常用肥料重金属含量的调查分析[J]. 浙江理工大学学报,
2009, 26(2):223－227.

对于秋冬季、春季施加的肥料要有杀虫效果。通过赵连富的实验与筛查,使用豆粕,尤其是茶油粕效果最佳。他的经验是秋冬季派发劳动力将茶园的虫茧、卵块等放进深翻的土沟中,并放入茶油粕等,直接将这些虫卵等杀死,减少来年虫害。几年的经验表明,这种施肥方法不仅仅杀虫、施肥效果好,而且培植生产的茶叶香气相当浓郁。

黄红缨的茶园施肥技术更是别具一格。她通过检测发现内蒙古的羊粪中不含重金属,就决定从内蒙古运来羊粪,发酵以后在茶园施用。其茶园面积大,不能与赵连富去争抢茶油粕,因为这样做,一则来源不够,二则有可能引发茶油粕价格快速上涨。黄红缨的成本当然较高,每一吨羊粪在内蒙古当地采收是380元,运价600元。这6年中,从内蒙古运过来20吨。

建中镇的这些业主们,在施用肥料的过程中,都收集了大量信息,取得了丰富的经验。目前的这些方法都考虑了避免重金属、激素,甚至考虑了虫害的减轻效果。近年的实践来看,这些方法最终还增加了土壤中的腐殖质,肥力有增无减。就只差一项的检测,即土壤中的菌群变化。

(3)不用除草剂:宁可要草,也不打除草剂。茶园里的杂草,用得好可以辅助杀虫,处理不好,就有可能增加虫害。常规方法就是在杂草疯长季节施加除草剂,除草效果好,省工省力。但是,近几年的科学研究表明,除草剂对人体、家禽家畜都有很大的伤害,对植物、土壤危害是直接、明显的。欧盟标准对除草剂的使用限制十分严格。为了茶园的可持续性发展,也为了实践他们做干净茶叶的承诺,赵连富们的做法就是人工除草。采用人工除草是除草剂成本的20多倍。黄红缨的鑫产业园2018年总共用工花费1000多万元,是一般种茶方法的5倍。不过这样就可以保证除草剂相关检测含量为0。

人工除草不会像除草剂那样干净,当地有一干部视察时,对茶园杂草丛生实在看不下去,就下令应当使用除草剂。业主们在茶园入口及显要位置上,树立标语牌:"宁可要草,也不要除草剂。"以后入园视察的领导认识到人工除草的重要性,不仅仅对茶园有杂草表示认可,还对他们做干净、安全茶叶的决心表示赞扬。

在获取欧标认证过程中,只要有一项投入不到位,有一项检测不达标,就会将全部投入归零。正因为如此,用人工除草替代除草剂除草,表面上划不来,但是,一旦认证成功,这些投入在经济上会产生巨大的价值。

(4)选地的严苛要求。一些老耕地大都使用过各类除草剂、农药,甚至还有20世纪70年代"六六六"的残余,如果要逐片逐片地检测,耗时耗资金,成本异常高昂。在建中镇这一波茶园建设中,大部分业主都是选用荒地,通过开荒造新茶园。这些荒地在流转时价格相对便宜,但是,茶园开垦也是费时费资金的,新地种植时,茶树生长可能要慢一些,因此,初采期之前的时间可能要长一些,资金垫付时间长,财务风险增大。如果茶园开辟以后,后续资金不能跟进,高标准茶园仍然无法建立。正是基于这一原因,瓮安县出台了奖励措施,茶园建立以后,按茶园面积奖补,降低了经营者财务风险,为茶园持续发展保驾护航。因此,政府的目标与业主们的理念高度一致,是瓮安欧标茶健康发展的基础。

(5)管理的严格。管护是欧标茶成功的重要投入。要充分利用自然生态和人工力量,将防病抗虫工作做好,真正贯彻"不选老耕地、不施通用肥、不种连片茶、不喷农药剂"这"四不"方针,才能让自己的茶叶走得更远。从种茶到除草到管护到采摘再到加工,贵州苗岭雾海有机茶园有限公司每一步都严格按照《中国有机产品标准》和《欧盟有机产品标准》要求操作。作为业主,赵连富非常关注茶园的动态。他经常要到茶园数一数每片叶子、每一棵茶树上的虫子数量,记录什么时候虫子多;比较益虫和害虫数量,考虑茶园害虫益虫是否处于平衡状态。赵连富的茶园没有采用黄色粘虫板,他观察到其他人采用这种设施时,不仅仅把害虫粘在了板上,也把益虫粘在板上。他认为这有可能破坏茶园的生态平衡,因此,就拒绝对这种粘虫板的使用。

赵连富对自己所种的茶信心十足,2016年他申请了欧标检测,果然,通过483项欧盟进口食品安全检测,达到了欧盟标准,成为建中镇第一个通过欧标认证的茶厂。当前,赵连富正在建立茶叶质量可追溯体系,力争让品茶人通过APP就能看到茶从一片茶叶到干茶的每一个步骤。

(6)自然生长与茶叶质量自然生长条件下的产业当然安全可靠。但是,茶叶上自然是有虫斑的。赵连富的茶制作出来以后,品相甚至可以说是难看的。但欧标只承认安全,不看品相。消费者在品相与安全的权衡上,当然更倾向于安全。安全的价值远远大于品相的价值。当然,赵连富的茶叶不仅仅安全,而且香气浓郁,禁煮。每次煮下来,劲道很足。按照传统的茶道,这确实是好茶。赵连富迷恋于自然条件下生产茶叶,最终得到了消费者的承认,他的茶叶不仅价格高,而且,根本就不愁卖。就在他个人社交圈里,就把茶叶基本上卖完了。

以赵连富为典型的建中镇茶人,充分而巧妙地利用自然环境要素,挑剔地对待各种农药化肥;利用人力、知识,围绕着安全健康理念,开创了一个产品形象良好的业态。

4. 建中欧标茶的品牌形象推广

(1)推广路线。赵连富的欧标茶最初在朋友圈内销售,邀请欧洲朋友现场交流,并讨论生态自然防护法的关键技术。欧洲朋友肯定了赵连富的做法,鼓励他进行欧标认证,他也于 2016 年正式通过欧标认证,并打入欧洲市场。政府也做了大量工作:借助传媒大力宣传,如协助贵州电视台、香港阳光卫视拍摄瓮安茶产业专题片,在高速公路显要位置树立瓮安欧标茶的广告牌。另外政府举办论坛、赛事,如"都匀毛尖国际茶人会"瓮安分会就邀请了外国朋友参加。组织企业积极参加省、州的各类茶事活动 6 次;成功举办瓮安县斗茶大赛。通过欧盟有机认证,提升了茶叶的市场竞争力,通过媒体宣传和赛事荣誉,瓮安县茶产品逐步在国内外有了一定的知名度。现在还打造瓮安欧标茶茶品茶艺街,目前入驻企业 17 家,这进一步提高了瓮安欧标茶的声誉。

(2)推广效果。品牌的打响让瓮安茶业斩获颇丰:2017 年成功创建国家级出口食品农产品(茶叶)质量安全示范区,16 个茶叶种植基地达到欧盟认证标准,瓮安欧标茶远销迪拜、摩洛哥、日本、英国等地。2016 年获得贵州省出口食品农产品(茶叶)质量安全示范区授牌;2017 年获得国家质量检验检疫总局国家级出口食品农产品(茶叶)质量安全示范区授牌;"瓮安欧标茶"概念提出及全力打造使得消费者对瓮安茶叶质量安全感日益提高;目前已经建成投产高端抹茶原料(碾茶)自动化生产线 7 条;2017 年获得中国茶叶流通协会授予"最美茶乡"称号,建中茶旅小镇于 2017 年正式对外开放。

5. 高成本与高品质换来品牌的高价值

赵连富的自然绿色防护法,使得其茶叶价值大大提升。就是在朋友群里,国内客户的价格为每斤 1680 元,而在欧盟市场则买到 370 欧元以上,最高卖到 420 欧元。黄红缨的茶园,茶叶品种花色多,她自己称为五彩茶,其中最珍贵的黄金芽茶在网上商城每斤卖到 12900 元,白茶每斤 3900 元。初采茶就获得一千多万元的收入。她的茶远销欧洲和迪拜。

欧标茶园不仅产生了较高的经济价值,更产生社会效益。在赵连富的带动下,他创建的贵州苗岭雾海有机茶园有限公司每年雇佣 200 余人长期就业,其中精准扶贫户达到 100 余人,辐射带动基地周边 26 户茶农,季节性临时用工达 30000 余人次。黄红缨的茶庄鑫产业园已经成为全国最大的黄金芽生产企业。每年提供 1500 人就业,其中建档贫困户 263 人,以及 10 位民政部认定的残障人士。

(二)声誉维持

1. 绿色防控与安全性的进一步保障

瓮安的欧标茶声誉来源于有机茶农法。首先体现在充分利用生态多样性,进行自然防控。但是,后期的茶园,由于流转费用提升,为了集约利用,茶园成片面积增大,纯粹的自然生态防护法,有可能会造成频繁的虫害。黄红缨在贵州大学、西南大学、湖南农业大学等高校以及科研院所的帮助下,运用现代新技术,进行绿色防控,如使用黄色粘虫板、信息素性诱技术以及太阳能灯诱杀等。这些技术有效控制了虫害,在没有施用农药的情况下,也能控制虫害。

黄红缨的茶园还将黄金芽茶、白茶以及绿茶品种相互隔开,也能控制部分虫害的蔓延。

天顺农业新建的茶园,在山的一面种茶,另一面种樱花,也可以有效地进行自然物种隔离,增强防控效果。为了增加农民收入,天顺农业业主鼓励在茶园初采期以前的两年里,在茶园种植蔬菜等,不仅增加收入,缓解茶园初采期以前的财务压力,同时,也为当地农民增加了务工机会,农民对茶园管护积极性提高。

建中镇的欧标茶园利用这些自然物种的多样性与生态隔离技术,不仅仅起到防控虫害的效果,同时,也增添了茶园的景致,为茶旅一体化打下了基础,将为进一步推广茶叶产品找到另一条有效途径。

2. 质量与产量的权衡:质量第一

赵连富进行了统计和比较,相对于传统种茶法的茶园,欧标茶园的产量大约减产40%以上。如果碰到虫灾比较严重的情况,茶园产量还会降低。2018 年赵连富的茶园遇到了较为严重的虫灾。为了防止在 2019 年继续这种状况,他不得不将一部分虫害严重的枝叶剪下,直接剪到第一枝杈。这样当然会使第二年产量减少。赵连富说,牺牲一点产量,但是保留了欧标茶的根本,就是茶园茶叶的质量得到保障。丢车保帅,质量才是最重要的。保证质量是瓮安欧标茶园业主们的生存之道,他们理性地踏踏实实地保质量。

3. 高品质下的标准化:鑫产园的九大标准

从决策到种植、管护到加工,每一个环节都必须严密,都必须规范化,这是做欧标茶成功的核心。鑫产业园将这种规范化称为九大标准。第一,零老耕地,零除草剂,零农残重金属;第二,一盏诱捕灯,120 张粘虫板守卫三亩地;第三,园区管理执行欧标检测指标要求;第四,平均海拔 1350 米;第五,年均 PM2.5 低于 18 天;第六,年人工除草 300 天;第七,20 吨羊粪一亩田;第八,一棵茶树三克茶,第九,游离氨基酸“15% +”。这九大标准中,前面已经解释了第一条和第二条,第五条也只能依据地理与环境条件,当然,茶园区道路建设等也会对空气质量有影响。第四条平均海拔 1350 米,主要基于空气适度与昼夜温差的保证。第八条严格规定了茶叶采摘的标准,按照黄红缨的解释,一般一棵茶树一年可以产 40 克左右的茶。但是如果要保证是明前茶,一棵茶树最多也就三克。

在黄红缨的标准中,不仅仅考虑了农残指标合格的形成基础,还规定了功能性成分指标含量。价值理念又有了新变化,就是茶不仅仅要干净,还要有益于健康。

4. 溯源体系:实时监督下的品牌声誉

低成本获取产品信息,可以让消费者做出正确的购买决策,尤其对于追求产品质量的消费者来说,产品真实信息获取愿望特别强烈。国际上,也要求农产品生产者向消费者展示产品真实信息,建立产品溯源系统。事实上,建立溯源系统也是业主向消费者发出的强烈信号,向消费者表明业主有能力做出高质量产品,不怕将关键生产环节透露出来。赵连富茶园就投资了食品溯源系统,他的客户用APP一扫,就可以获得从施肥、生长到制作、包装的全过程。即使是欧洲的朋友也可以看出他的茶叶是怎么长出来的。

5. 多季节采茶,职业茶农的培育

(1)赵连富茶园四季采茶。赵连富的茶园通过严格的管护和生产流程设计、信息溯源系统的启用,让人们相信,只要是按照这种方式生产出来的茶质量就是可信的。因此,不论什么季节,只要是按照标准生产、采摘的茶叶,都是高质量茶叶。为了让更多消费者能够得到质量和安全可信度高的产品,赵连富坚持,只要长出了好的茶叶,就要采摘、制茶。当然,作为企业家来说,就是最大限度地利用机会获得收益。这样,赵连富茶园四季有茶。这种做法还带来另一个效果,茶农每一季都有工作,而且,长时间的摸索和实践,提高了茶农做茶技能,收入水平提高。这些茶农愿意成为职业茶农。

(2)鑫产业园的培训。茶农的技能水平提升,既稳定了茶农队伍,让他们觉得做茶有收入,符合他们就业预期,同时,也通过技能水平提高,提高了茶园管护水平和制茶质量。鑫产业园建立职工培训体系,茶农学习考核以后,可以授予技能等级证书。茶农可以拿着这一证书,到产业园就业。拿到证书的妇女一般都能拿到2000多元月工资。依靠他们所学的技术带领全家脱贫致富不成问题。这一措施是当地农民脱贫内生动力。

黄红缨说,以前,这里村民缺乏技术,虽然很勤劳,很难在当地找到就业机会。企业开展这样的培训活动,就是想通过企业带动,让当地老百姓通过学习技术后提高就业能力,拓宽就业渠道。

在做高端茶时,技术与知识是关键。鑫产业园与贵州省茶叶研究所、贵州大学茶学院、湖南农业大学、西南大学等高校、科研院所进行产、学、研一体化合作,共同开发种茶制茶流程。公司每年请高校专家提供技术指导、交流培训、咨询服务等,技术流程越复杂,就越需要茶农掌握更多种茶制茶技能,增强他们按照标准做茶的自觉性。除此之外,茶农们的技术也外溢到当地种茶农户和合作社,鑫产业园按照统一要求收购茶青,并统一制作加工、统一品牌运营、统一市场销售,辐射周边茶园面积逾 20000 亩,带动当地 1500 多人就业增收。

截至目前,先后共举办培训班 13 期次,公开授课 7 门,培训学员人数达 1680 人次,不仅请来省茶科所的博士为当地百姓授课,还聘请一部分技术人员随时随地指导当地老百姓实际操作。这种培训使当地村民既能够操作,又能接触到最前沿的科学技术。黄红缨认为,只要一个点一个点做到极致,把整个体系服务与体验做好,贵州茶业就能兴旺,茶农就能致富。

6. 鑫产业园的双党支部联创模式

鑫产业园位于建中镇果水村翁超组,辐射凤凰、果水、太文三村交界地段,建有党支部 1 个,党员 7 人。鑫产业园在建中镇党委的领导下建立了"双支部"(企业支部与村支部)产业扶贫模式,以"支部 + 公司 + 农户、公司 + 农户 + 贫困户"等为载体的扶贫模式。双党支部模式原本是因为每一次村里与产业园有问题要协调时,往往都找到镇党委协调。两边都把自己的意见向党委汇报,再由党委传递给另一方。这样做,效果较差,一方面,通过第三方传递信息,出现信息损失,信息传递失真是很正常的事,另一方面,这样加重了相关领导的工作量。为此,镇党委协调鑫产业园的党支部与三个村党支部,建立双党支部协调制。该模式在企业与村民的协调过程中,尤其是扶贫过程中,协助企业组织机构发挥作用。由于企业承担了相当大的任务,双党支部协助实施保底分红、就业培训、网格就业、金融贷款等工程,发挥党组织在决胜脱贫攻坚工作中的有效作用。双党支部联创模式特色如下:

第一,实施保底分红。鑫产园支部向村党支部提供资金、技术、信息等,村党支部为鑫产园所需要的土地流转、劳动力等做好组织沟通工作,村民以入股方式加入公司,年终参与保底分红。

第二,实施就业培训。在开办农民学习班的基础上,在茶山上、车间内开展组织生活,组织开展学习、技能、奉献活动竞赛,贴近生产实际、贴近企业需求,既激活了党员想做事、争做事的热情,又帮助了企业的发展;既培养了农村党员带头致富能力和带领群众致富的能力,又为企业培养了骨干。

第三,实施网格就业。"双支部"协助企业鑫产园将茶山网格化,安排 500 户异地移民安置户在茶山工作,一方面解决公司内部用工需求,另一方面增加了搬迁群众收入。

第四,实施金融贷款,为企业提供贷款担保。在双党支部协助下,鑫产业园通过就业扶贫、公益扶贫、电商帮扶等,树立了民营企业勇于承担社会责任的良好形象。

7. 地理标志的创建

地理标志产品是地方特色产品的声誉标志,至少有两方面的含义:其一,这种特色产品具有较高的质量;其二,这种质量已经与地域特色联系在一起,与地理特征联系在一起。申请地理标志对于瓮安的茶来说,就是要宣告以欧标为标准的瓮安茶已经在质量方面形成特色,国家质检部门颁发这一标志,也就承认了该县茶产业以质量提升为核心的战略取得初步成功。对瓮安茶的声誉巩固从制度层面上取得了突破性进展。

2014 年瓮安白茶申请地理保护标志,2016 年获得成功。2016 年以建中为核心基地的黄金芽茶申请地理保护标志,目前已经通过公示。地理保护标志将使得建中的这两个茶品种的品牌价值进一步提升。

(三)声誉价值提升以及品牌效益扩展

1. 不需要做销售的销售

(1)私人网络销售。茶叶质量是销售的一个最好策略。由于欧标在业界被认为是最挑剔的标准,获得认证就意味着在目前的检测水平和价值观下,茶叶质量已经无可挑剔。高端消费者对其估值也就相当高。为了得到这种产品,他们必然以较高价格通过特殊途径与生产者联系订货。苗山雾海、鑫产业园的茶基本上通过私人社交网络销售一空。一方面,这些客户与业主们已经非常熟悉,理解了这些业主在真正做安全的茶。另一方面,这些客户也不放心那些他们不了解的种茶者的产品质量。在国内茶叶质量评价标准相对较低的情况下,认证标准更严的欧标茶当然成为他们抢购的目标。

因为产品质量高而行销,意味着建中镇的这些茶企品牌价值潜力巨大。

(2)认种制:来自世界华人协会领袖的认可。认种制是近几年来种植业中的新业态。对业主认可的消费者可以通过认种的办法,事先认购一块地作为某一时期内他自己种植的地,并委托业主进行种植。这种认种制是基于消费者对当地环境以及业主种植技能的认可,而进行订购的一种方式。但是,认种者要根据约定承担一定的风险,如自然灾害的风险等。

鑫产业园的黄金芽茶是一种十分娇贵的品种,对环境要求十分挑剔,同时,种植流程也非常复杂,能够在建中镇种出全国面积最大的一片黄金芽茶,是企业技术力量雄厚与建中优质环境的结晶。世界华人协会会长在参观了建中鑫产业园以后,也欣然认种了鑫产业园的茶。

黄红缨对认种价格定了两个档位:认种 999 亩者,在茶园里树立认领标志,写上认种者名字,价格上相对优惠;另一档是 9 亩,价格相对要高一些,但是不树立认种者的姓名牌。

认种制减少了业主的风险,也降低了销售成本,为企业品牌提高了声誉。

2. 国外销售与国内外价格对比

由于获得了欧标认证,建中的茶就可以自由进入欧洲市场。从苗山雾海的茶的销售来看,欧洲市场的价格是国内价格两倍。但是赵连富认为,国内市场潜力巨大,日后稳定的客户仍然是国内。随着欧标认证的价值显现,国内市场价格还有可能提升。因此,他计划的国内外销售比例是6:4。从国内外价格对比以及欧标认证带来的市场自由进入许可来看,品牌销售还有很大潜力。

3. 文化与旅游:品牌的扩展与价值挖掘

生态产品品牌的最大外溢当然是文旅与茶产业的融合。从形成IP到IP的商业化运作,是品牌价值挖掘的常见的拓展方法。

目前,建中镇利用PPP项目对旅游道路进行了改造。同时,修建了茶叶综合交易市场、群众工作中心、市民广场、易地安置房等项目,对建中至道坪的路面等进行了改造,建中至中坪茶旅大道、清水河大桥景观、凤凰新区70000m² 茶文化主题公园等正在建设。这些项目的启动和建设,极大地改变了建中种茶区域的景观和风貌。

茶企业积极投资和规划。苗山雾海公司在这几年的建设中,总共投入8000万元。在茶园区修建了休闲农庄度假村,景点有观景台、沿湖公路、花海广场、游客接待中心、望湖楼、茶文化壁画、品茗亭及茶文化雕塑等。茶山景区内太阳能路灯节能环保,有路就有灯,绿色硬化道路四通八达,如登临观景台、望湖楼,站立其上,湖光山色尽收眼底,让人目不暇接。旅游游览车、林间步道、卡拉ok厅,棋牌室等一应俱全,可以体验茶叶制作、垂钓、放牧、健身等多种娱乐。景区除了主打"以茶会友、以茶论道,探讨茶文化渊源及发展",吸引客人外,还有精制珠茶、红茶、绿茶等旅游产品馈赠或低价销售给游人,同时还定期或不定期举办花海广场舞会、苗家芦笙表演、苗族服饰走秀、工夫茶制作擂台赛、民间艺人杂技表演、篝火晚会等丰富多彩的民俗文化活动。

黄红缨茶庄正在打造一个以智能化为主题的茶园度假区,天顺农业也建设了樱花体验观光园。茶旅一体化的格局正在悄然形成。

目前,苗山雾海也探索了丰富的茶园度假区建设经验。在茶园建设区域,主要应避免建筑物过度集中。按照赵连富的经验,游客应尽量分散,他形象地说,不要惊扰这里的林中小鸟,生态是这一片高标准茶园的生存前提。

(四)发展中的困难

1. 来自国内有机茶认证不严格的压力:将销售渠道压到最窄的通道

目前,我国土地与空气、水污染状况严重,无污染土地面积已经不是很充裕。因此对于食用农产品、饮用农产品检测标准,还是偏松的,有机产品认证标准不严,即使得到认证,也还需要消费者自己进行更困难的信息收集、筛选与确认,而且这个过程成本高昂,完成的可能性很小。因此,消费者需要借助更权威的渠道和接近这些真正的有机产品生产者进行了解,最终销售渠道就演变为是生产者自身的社交圈内销售。也就把这些高端产品的销售渠道压缩到一个最小的空间,品牌价值因此会大打折扣。

他们也尝试过网络销售,效果不是十分理想。因为网购者一般是年轻人群体,他们虽然消费欲望强烈,但是消费高端产品的能力十分有限。另外,近几年网络销售产品整体给人印象是品质还需提升。产品高端的茶企在网上办商城,按照他们的说法,仅仅是为了打广告,不敢贸然在网上大力销售,防止在消费者中形成低端产品的印象。最终仍然回缩到以企业家个人社交圈为基础的销售渠道上来。

2. 资金压力

新建茶园的建设周期与茶叶初采期长,容易造成茶企业资金压力。流转来的土地不能算作企业资产,一般银行等金融机构不会作为抵押资产,而厂房与设备价值过低,作为抵押物能够获得的额度不高,而且,茶叶生产在目前利润率普遍较低,也制约了企业贷款能力。

生产高质量的茶,做出让消费者放心的茶,除了严控整个生产流程,还需要更多的技术手段相助。如通过茶园信息化,挖掘茶园气候、虫害、土壤与水肥条件的大数据,就有可能提高茶园病虫害防控能力,增强各类投入的有效性,就有可能提升茶园产出的稳定性。但是,根据贵州大学的大数据团队计算,黄红缨这样的茶园就需要上亿元资金才能完成信息化改造。这样的投入量,茶企业目前无能为力。

并且,对于茶园资源的复合利用,如文化、旅游设施建设,也需要大量投入。虽然建中镇有几个茶园都在规划茶旅一体化建设,但是,资金成为项目建设最大瓶颈。

3. 基于最原始生产方法的高风险与控制的困难

首先,生态茶法回归到最原始农作方法,目前,建中镇的几个茶企都在推崇生态种茶农法,肥料筛选、虫害防治等,都是最原始的资料。就连生产基地也必须是新开垦的地。但是,原始农作法很大程度上是靠天吃饭的耕作方式,对自然条件的依赖性太强,存在巨大的风险。

其次,茶园的间作方式,还停留在探索阶段,极为不稳定,间作的植物种类也还没有考虑到防治效果及其作用机理。目前,也没有相关的研发团队对此进行规划和研究。

最后,劳动密集型生产方式存在大隐患。随着村民生活水平的改善以及家庭储蓄的增加等,茶园工人会逐步提高对工薪的要求,种茶成本有可能越来越高。同时,服务业态、加工业态的发展,茶园工人机会成本增加,也就有可能带动工资成本提升。目前,一切都用人工的做法,迟早有可能难以维持。但是,坡地茶园的精细化耕作机器、机器人的开发还没有能够列入当前产业发展规划与研发日程,有可能对茶产业长远的可持续发展不利。

（五）欧标茶业态信息化支持

茶园信息化和产业信息化,应围绕着制约产业可持续发展的问题而进行。欧标茶的关键就是应当掌握整个产业链各个环节的质量数据以及与高质量相关因素变化的实时数据,并在此基础上设计可行的解决方案,推动产业研发开展。因此,茶产业生产环节信息化应包含以下环节。

1. 水土肥监测信息化

根据现有的经验,土壤养分的监测,是土壤肥力保持的前提。目前,各个茶园都采用特殊的肥料保持土壤肥力,基本上都是基于规避重金属这一角度,但是,并没有考虑茶叶生产的特殊需求。在研究优质茶叶生长与土壤成分的关系基础上,配制相应的肥料,是保持土壤肥力、可持续生产高安全性、高有效功能成分的重要保证。

2. 环境与虫害、茶叶生长的智能化检测

环境、病虫害发生的空气、水的检测当然也是重要的,空气、水是污染输入的重要源头,必须实时监控。气温、湿度、光照等都有可能与茶叶生长速度、虫害生发速度、密度相关。必须实时收集相关湿度、温度、光照等数据才有可能建立虫害以及茶叶本身的生长模型,才有可能真正对茶园茶叶产量和质量进行系统控制。

关于这一方面类似的实践,土耳其有了成功的经验。这一项目主要针对水果生产。近年来,土耳其政府与国际捐助者合作执行的一个项目是当地天气预报的一个范例。该项目由喀斯塔马努省农业局执行,重点放在小区域气候条件的检测,准确测量害虫和疾病,提高生产力。项目开始后,生产者几乎没有时间对可能损害果园的天气做出反应,因为第二天的国家天气预报在晚上播出（调频广播和宽带互联网都不可用）。鉴于这些限制,手机短信是最适用的信息交流工具。而且全国性天气预报对农村地区的害虫管理并不是特别有用。根据湿度、降水量、作物类型和土壤肥力等变量,不同农场之间的局部特定条件差异很大。此外,在大多数预测数据产生的城市地区,农村天气往往凉爽几度。解决的方案是在全省农村地区设立五个小型气象站。这些站收集有关温度、降水、风、叶湿度、土壤湿度等变量的数据,除了这些站,全省设立 14 个参考农场,集中做好温度测量和害虫周期监测。监测害虫的生命周期,以及收集气候数据,使研究人员能够更准确地预测害虫的爆发,因为害虫的成熟在很大程度上取决于环境条件。项目每天通过 SMS 传播本地化天气指标,生产者可以在需要时施用适当数量杀虫剂。在项目的头两年,生产商的成本急剧下降。农药施用量在一年内下降了50%,每棵树节约约 2 美元。每年的总生产成本可以减少 100 万美元。

对于有机茶的生产,当然也可以用类似方法。必须要建立当地气候数据与虫害数据库,建立密度合适的观测点,只有基于最坚实的数据与实时证据,才有可能做出虫害发生模型。通过这种证据扎实的实证研究,才有可能做出稳健的病虫害防治方案,才能保证稳定的产出与稳定的质量。消费者信心和品牌价值才有可能最大限度地提升。

目前,在这一方面无论是理论研究还是信息化实践都相对薄弱。

3. 继续推广茶叶质量溯源系统

目前,企业销售渠道与融资方式都需要继续创新业态,如认种制,对于茶农和茶企来说,是一种非常好的业态。但是,由于认种者很担心茶叶生产质量,他们需要随时了解茶叶生产每个环节的关键信息,溯源系统将为他们解决这些问题。目前,需要按照省政府的《贵州省绿色农产品"泉涌"工程工作方案(2017—2020年)》,建立追溯体系。对于瓮安欧标茶,完全可以建立产地质量证明和质量安全追溯制度,推行良好的茶叶生产规范,建立生产记录台账制度,实施产地准出和市场准入,继续鼓励当地茶企开展质量体系认证。构建农产品质量安全监管全程可追溯信息体系,促进各类追溯平台互联互通和监管信息共享。为此,对于先期建立质量溯源系统的企业进行奖励,奖励他们敢于承担创新风险,他们的探索为行业发展节省了数据采集与信息内容筛选研发成本。

(六)继续业态创新的建议

1. 茶园中可以广泛使用无线传感器

微传感、小型设备和无线通信方面的持续进步(Kabashi ,et al, 2009)促生了新的综合技术,可以为茶企和决策者提供更加一致和可靠的系统①。无线传感器网络(WSN)是农业和农业规划中最具创新性的技术之一,它将一个地点的多种感官数据组合在一起。通过恰当的构建,这些网络可以构建成知识管理系统、研究数据库和响应系统,从而指导企业,或者用于地方政府对农业的发展规划与管理。

---

① KABASHI A H, WALKER K, UNDERWOOD J, et al. Wireless Sensing for Development: An Integrated Design Approach[C]. The 3rd International Conference on Next Generation Mobile Applications, Services, and Technologies, 2009.

WSN 是一组小型传感设备,或称节点,在给定位置捕获数据。然后这些节点发送原始数据传输到网络中的基站,基站将数据传输到中央计算机,中央计算机执行分析并提取有意义的信息。基站充当互联网(通常是局域网)的门户,为运营商提供对 WSN 数据的远程访问(Dargie and Zimmerling ,2007)。由于网络可以有多种感知设备,数据可以包含关于土壤、气候、相关化学成分和其他相关主题的信息。无线传感器网络的广泛应用使其不仅可用于农业管理,还可用于水质检测、灾害管理和环境评估。

这些网络有几个关键特征。

首先,这种无线传感器网络既有主动传感器又有被动传感器。主动传感器释放信号来检测地震活动和雷达等物理现象。将物理现象转化为电能的被动传感器可以探测到大量的现象,包括温度、湿度、光线、氧气和化学物质(Dargie and Zimmerling ,2007)。一旦选择了传感器(如温度和土壤湿度),就需要确定节点位置。如果节点密度稀少,就需要保证每个节点能进行网络连接,并且要能减少维护,提高网络的可靠性(尽管这会限制野外测绘技术)①。

如用节点监测农田,并在相当长的一段时间内能够持续监测——最好至少在一个种植季节(或4—6个月)不需要维护。节点必须覆盖广泛的区域,并且个体要小,以防止动物和人类的干扰(如偷窃),还要能够承受恶劣的环境条件,如大雨、冰雹和酷暑。除此之外,传感网的自组织也很重要:网络应该自动检测删除后新到达的节点,并调整消息传递路由(Depienne ,2007)。②

其次,这项技术不仅相当便宜,而且是用起来方便。传统的收集农业数据的方法依赖于人工操作员偶尔进行的数据记录,而无线传感器网络可以在最少的人工交互的情况下收集连续的数据。尽管一些信息通信技术,如手机或收发器可以更快地收集信息,但这些终端要与其他软件或互联网服务器的联合使用还存在一些困难(Fukatsu ,et al, 2004)③。WSN 将互联网整合到软件中,使数据更易于访问和使用。

无线传感器网络在这样的条件下就能为种植的农民持续提供大量的信息。

---

① DARGIE W, ZIMMERLING M. Wireless Sensor Networks in the Context of Developing Countries[C]. The 3rd IFIP World Information Technology Forum. Addis Ababa,2007.

② DEPIENNE F. Wireless Sensor Networks Application for Agricultural Environment Sensing in Developing Countries [R]. Semester Project Report. Ecole Polytechnique Fédérale de Lausanne,2007.

③ FUKATSU T ,HIRAFUJI M ,KIURA T,et al. Long – Term Monitoring System Using Field Monitoring Servers[C]. Proceedings of the 2004 AFITA/WCCA Joint Congress on IT in Agriculture, 2011.

茶农和企业家可以在早期发现问题,并更精确地使用肥料、水和杀虫预警。

但是,这种信息和数据要能够用,就必须对相关数据进行组织。数据组织对于无线传感器网络和其他远程技术的输出至关重要。可以使用 WSN 数据构建产量模型或预测气候变化,所产生的数据可用于改进茶叶管理战略,甚至开发知识管理系统,以便向茶农和企业家提供病害鉴定和种植技术。

另外,其他形式的电子天气信息也有提高生产率的潜力,主要是通过降低风险来达到目的。eWarning 是通过 PlanteInfo 平台创建的。PlanteInfo 是一个丹麦倡议,支持国家工厂生产中的决策制定。eWarning 为农民提供了由农业气象信息系统和丹麦气象研究所提供的实时天气信息。在这个特定的系统中,国土被划分为10 平方公里的地块,系统为农民提供特定地块的特定气候细节,包括降水和温度。

还有一种对于农民来说非常简单可用的信息获取方式——通过 SMS 以两种形式索取信息。推送式消息是通过用户订阅而定期自动更新。Pulltype 消息只在用户请求时发送。当用户在消息中发送字母时,eWarning system 将响应用户地理位置的降水信息。调查显示,推式信息是最受欢迎的,每天向农民提供多达四次的每小时预测(Jensen 和 Thysen 2003)。

甚至,有些天气信息提供者可以为信息获取者提供一些复杂的功能。雅基玛软件公司与华盛顿州立大学合作建一个网站,这一网站为特定地点定制一个天气站点,向美国农民提供天气警报。这些警报包括霜冻警报、风速和农药喷洒建议以及疾病暴发信息。一个农民注册后获得在线服务,可以指定接收信息的方式(通过文本、电子邮件或录音语音信息)索取信息。最终,该服务将提供西班牙语的气候信息,使母语为西班牙语的人更容易做出解释和决定(Lester ,2010)。①

这些做法都值得我国相关领域与区域借鉴。如贵州想要把茶产业作为一个主要支柱的特色产业发展,就可以仿照这些做法建立相关的信息系统。

2. 构建精准农业体系

通过卫星技术的精准农业利用了三种技术:GPS(定位拖拉机在田里的几英尺位置),GIS(可以捕获、管理和分析茶叶生产力相关空间数据,并进行字段输入),可变速率技术(提供特定站点,"动态"字段输入的应用程序)。这三种信息通信技术结合起来提供信息,使生产者能够精确地在需要的地方施肥和杀虫等 。

农业信息通常是在空间上获取的,这使得在区域范围内处理更加方便。尤其是 GIS 技术很有用,准确捕捉农事重点区域。可变速率技术有助于查明茶叶害虫

---

① LESTER D. Sensors, Software Send Ag Alerts to Farmer Phones[EB/OL]. Seattle Times, 2011.

水平高的地区,从而提高了防治的针对性,减少了地毯式防治措施采取的必要性(Munyua,2007)。① 除了潜在的生产力收益和成本节约,通过卫星技术的精准农业,使企业能够研究农业实践对生态系统的影响,并制定保护生态规程,进一步提高茶叶生产过程中的防护能力。

通过 GIS 收集数据,虽然卫星图像不能像传感器那样直接检测土壤质量,但它可以记录土壤性质,如光反射和颜色。随着作物开始生长,这一系统还可以更有效地捕捉到精确的作物图片,专家还可以对图像进行解释,分析土壤和作物状况,并以此推断茶叶质量以及生长所需的条件。

管理和信息共享工具对于有效的基于卫星技术的精确农业也是必要的。RiceCheck 和国际水稻研究所(IRRI)的在线知识银行是当今水稻生产中最先进的知识管理工具。收集、分析和共享信息对个人来说很困难,但通过 RiceCheck,农民们可以监测作物。还有一个在线小组会议(通常是农学家)为农民提供一个日常活动清单,并通过比较各个区域基准收益率,为他们审查农作物生长周期内的农作计划。

但是,目前世界上还少有关于茶叶管理 GIS 分析技术,也很少查到基于卫星技术的精准农业研究机构,更不用说依据这些数据分析茶叶生长的环境、土壤、虫害与生长状况,为茶农和茶企提供建议以及数据解读。

3. 农业综合信息服务方式的构建

构建农业综合信息服务方式,国内外有成功案例。

(1)印度一家 ITC 农业综合企业,通过 6500 个 e – Choupal(Internet)报刊亭向印度农民提供信息服务。从 2000 年开始运作该项目,目前已有 4 万个这样的信息亭在印度村庄运营,覆盖了大约 400 万农民。这些信息亭是一个集散地,农民可以在这里获得价格,寻找出售农产品的选择,购买投入,并获得与投入使用有关的农业实践建议。ITC 的收入来自在信息亭进行的商品交易,以及利用信息亭销售其他商品,如农业投入品。除了这种信息亭外,贸易中心还将通过手机向农民提供信息服务,从而加深与农民的关系(Kumar n. d,2011)。②

表 5.11 展示的是 e – Choupal 服务对农民产量和成本的影响。最终,ITC 预计其收入的一半将来自投入销售。

---

① MUNYUA H. ICTs and Small – Scale Agriculture in Africa:A Scoping Study[R]. Ottawa:International Development Research Centre (IDRC),2007.

② KUMAR P. S. K. Mapping and Preliminary Evaluation of ICT Applications Supporting Agricultural Development:An IFC sponsored Study in Uganda, India, and Indonesia[R]. ACDI/VOCA, 2011.

(2)安徽省搜农网。该网站具有三大特点:门户网站、信息助手、信息传播模式。它的目标客户是农民专业合作社。项目由世界银行资助,由中国科学院合肥物理科学研究所实施。智能机器研究所开发了一种名为搜音网的互联网搜索引擎,收集来自互联网的信息并提供给农民合作社。搜农与政府的农业网站进行协调,后者拥有较高的用户比例,并拥有更大的推广信息的权力。这种多边合作有助于提高搜农及其活动的知名度,并防止重叠。

表 5.11　通过 e－Choupal 亭进行的农业干预及其影响

农业技术或实践类型	前电子集市:2000	电子集市	干预的影响
每单位面积使用种子	大豆种植密度高(45—50 公斤/英亩)	农民宜采用较低的种植密度(30—35 公斤/英亩)	节省:10 公斤种子/英亩(200 卢比/英亩)
农业技术或实践类型	前电子集市:2000	电子集市	干预的影响
合格种子	农民对认证种子和基础种子的利益认识有限,导致这种种子的使用有限	e－Choupal 通过其农业推广计划(ChoupalPradarshan Khet)展示了基金会和认证种子的好处	增产和种子自给(用于自施肥、非杂交作物)
种子处理	对种子处理的好处认识不足	e－Choupal 传播了关于种子处理益处的意识,并向一些农民提供了经过处理的种子	发芽率和产量显著提高
新品种和改良种植时机	农民使用不适合当地条件的品种(气候、虫害、疾病发病率和降雨时间)	e－Choupal 提出了适合不利条件的新品种,并建议农民如何更好地将种植与降雨结合起来	及时种植最适宜品种,产量更高
杂草和其他害虫管理	农民用手控制杂草;为了控制害虫,他们主要是由当地的投入经销商指导	e－Choupal 建议在特定情况下使用除草剂和/或杀虫剂	有效的杂草和害虫控制导致低损失的产量
土壤测试	不了解土壤测试及其带来的好处	e－Choupal 通过土壤测试报告宣传了土壤养分补充的实践	降低了肥料成本,增加了适当的养分

仓储惯例和市场联系	对储存作物的卫生措施认识不足;销售产品的机会有限	e – Choupal 建议根据含水率储存粮食,以避免损失和污染;它为农民提供了另一种销售产品的机会	减少了不良存储操作造成的损失,以及销售产出带来的更好收益

搜农每天要监控7000多个网站,其中几乎包括中国所有的农业数据。这些网站包括农产品批发价格,9000多个市场的20000种农产品的价格。还从一些数据库中检索信息,包括关于气候、作物种类和病虫害诊断等。通过电子方式从这些网站中生成一个简短的农业信息列表,可以减少手工收集农业信息的时间。2009年,1276户家庭使用这个网站,到2010年,这个数字几乎翻了一番。

该网站一上线,项目领导就挑选了38个农民组织作为合作伙伴。网站系统培训信息助手76名,负责信息的收集和传播工作,培训541户农户使用计算机通过互联网搜索、浏览、下载和传播信息。随着项目的发展,1000多名合作社成员接受了信息通信技术培训。

农民组织的成员可以通过电脑、个人数字助理(pda)和pda plus手机从搜农网站上获取信息。根据网络连接、区域特征和农场条件,农民可以根据其本地网络能力和技能水平选择适当的选项。对于无法使用计算机、移动电话或pda的会员,合作社也可以打印信息和行动建议。

调查发现,手机的选择是受欢迎的,因为它的及时性和便利性。移动电话的选择是对消费者友好的——农民有"推"和"拉"两种选择。计算机选项也很流行,因为用户可以浏览和选择特定的信息。在安徽省农村地区,网络覆盖不是问题,但互联网仍比移动电话昂贵,需要用户熟练识别无关或误导性信息。

网站对农民帮助很大。2010年,太和金桥合作社的农户发现,他们的一些猪患了高热。信息助理将信息发布到搜农网站,兽医专家诊断出致命的猪高热综合征,并提供了控制方法。太和金桥还通过搜农网站,将本地鸡品种的销售扩大到南昌和武汉等禽类市场。一些生产猪肉的小合作社利用"搜农"打入了上海市场。

搜农吸引了更多的合作社、企业家和农户,并为农民组织发展了更专门的服务。建立了一些网站,为具体的生产者组织提供信息。例如,安徽省农业委员会成立了安徽农民定点合作网站;太和县政府花费24000元给金桥合作社建成一个在线平台,使成员之间能够进行更多的讨论和实时信息共享。

安徽丰源农业科技有限公司对该项目及其发展进行了监测和评估。公司不断对农业信息化服务体系建设和推广的实用性、有效性、用户满意度、公益性(四大主要指标)进行检验。一个关键的教训是,农民需要经过培训才能恰当地使用他们所获得的信息。

这种综合信息服务方式也可以在茶叶产区采用,可以建立专业的区域性茶叶综合信息网站来提供茶产业服务。

4. 创新农业信息收集方式——众包

一个众包平台需要开放的思想作为创建核心。研究人员将他们自己的专业文献数据库放到网上,把它们组装成相当复杂的资源,这些资源本身就是新的研究产品。例如 WikiGenes,这个生命科学的协作知识资源库是基于一般的维基(wiki)思想,但使用了专门开发的技术作为严格的科学工具。该项目为科学界提供了一个平台,在自下而上的过程中收集、交流和评估有关基因、化学物质、疾病和其他生物医学概念的知识。

这种开放的合作之所以能够受欢迎,是因为互联网把分布式知识进行系统聚合、审查和传播,最重要的是,它还得到了一个大型社区的积极支持(Hoffmann,2008)①。像这样的工具是一种在线的"专家众包"形式。

在涉及农村居民的研究项目中,通过信息化、数字化工具进行众包也很有效。让农民通过手机发送信息,可以有效地降低成本和劳动力,收集数据。在手机无处不在的地区,它还允许各种农民或农民团体增加参与。

当然,为了最大限度地利用这些工具,需要在相关人员的信息素养、数字技能方面进行投资。比如一些科学家可能习惯于依靠传统的信息搜寻策略,而对这一类新电子资源知之甚少。他们的上级组织需要鼓励使用电子资源,并提供适当的带宽和培训。

三、基于稻米精加工的农业遗产业态创新——以九芎农业为例

从江县九芎农业以加工为核心业态,将传统生态复合系统农业,嵌入新的业态,如现代加工技术、现代防控技术和网络销售服务,同时,利用地理保护标志产品的声誉,形成对传统生态农业改造的新模式。

业态创新就是针对传统业态缺陷而进行的资源整合方式与组织创新。其根本依托在于创新者对价值空间的认知,凭借其自身优势,找到实现的手段。

稻鱼鸭生态复合系统,东汉时期就已经出现在中国西南山区的川蜀一带。现

---

① HOFFMANN R. A Wiki for the Life Sciences where Authorship Matters[J]. Nature Genetics, 2008,40(9):1047-1051.

在贵州、湖南、广西等省(自治区)的少数民族,尤其是侗族聚居区,依然保持着这种农耕方式。稻鱼鸭传统农业生态系统之所以受人关注,与现代生态农业所倡导的生态环保、循环、可持续发展理念吻合。从江县稻鱼鸭系统 2011 年被正式授予"全球重要农业文化遗产保护试点地"。围绕着这一农业遗产,人们在深入思考如何创新业态,发掘其经济、社会、文化价值。

(一)传统特色产业优势及其传统经营模式的缺陷

1. 侗族鱼稻文化与稻鱼鸭复合体系

从江县位于贵州省东南部,属中亚热带湿润季风气候区的南缘,其气候特点是:四季分明、夏无酷暑、冬无严寒。年平均气温 18.5 度,最热月平均气温为 27.4 度,最冷月平均气温 7.7 度,历年极端最高气温 39.2 度,极端最低气温 −4.4 度。年平均降水量 1185.9mm,年平均无霜期 328 天,年平均日照时数 1304.9 小时,年平均蒸发量 1185mm,年平均雷暴日数 52 天。从江县属云贵高原东南边缘低山丘陵地区,其地貌特点总趋势为:西南高、北面次高、中部低、东部更低的复势倾斜。主要居住的是汉及侗、苗、水等多个民族。其中,侗族主要居住地区一般都是九山半水半分田的环境。在这样的环境中,侗族人创造了典型的稻鱼鸭种植养殖体系。侗族民间流传的谚语"内喃眉巴,内那眉考",意为"水里有鱼,田里有稻",指的是侗族的"食糯食"与"鱼粮"并重的生活方式。侗族人还有做白切鸭的习惯,将鸭子炖熟以后,取出白切鸭肉,将汤炖稀饭,并放入各种时蔬,侗家人称为"米炖菜"。从日常饮食和居住区域的生态状况可以看出,稻鱼鸭体系长期以来筑牢了侗族人的生计基础和生态保护的基本体系。

(1)食糯与糯稻文化

侗族有食糯的习俗。由于糯米饭更容易饱肚子,口感好,香气浓郁,食糯成了侗族人的习俗。侗族人说食糯米的人更容易强壮。在许多场合,节日、集体宴会等,侗家人都以糯米及其制品送人、招待人。其实,食糯是为适应侗族人从事生产活动而形成的生活习惯。侗族人的水田往往集中在离他们居住地较远的地方,牲畜在这种区域内走得较慢,为了节省时间,赶时令,他们往往在进行耕种时,要集中在水田区域连续耕作多天。我们在侗族地区可以看到侗族人在他们的水田边建造了简易木屋,这是供侗族人自己和他们的牲畜歇息和临时居所。在生产季节,他们在要出发的前夜就蒸好糯米饭,出发时带上。糯米饭一般可以存放两三天不变质,很适于他们的这种生产方式,形成习惯以后,在农田干活,即使不到一天的时间,侗家人也要捎带糯米团作为午餐。

糯稻是从江地区水稻种植的最佳选择。由于这些区域一般是崇山峻岭之间,基本上没有平地,侗族人通过开垦梯田,种植水稻。在这些地方,人们精心构建灌溉体系,在水田、山泉、河流之间都有木质枧道将水导入稻田,上下田都做了枧道导流,保护着脆弱的水土体系。而且,这里的水田阴冷,其他水稻很难在这些区域长得好。糯稻成为这些地方天然的选择,由于要蓄水保水,水田通常常年蓄水,水位深,并且,即使在光热充足的季节,这些区域一天暴晒太阳的时间也很难超过四个小时,所以,高秆糯稻更适宜在这些地区水田里生长。

由于单个品种持续多年在同一地块种植,近亲繁殖,或者同一品种所需土地的成分很难及时补充,或者先一年的相关病害微生物寄生的原因,往往容易造成品种退化,产量有可能持续降低。长期糯稻种植中,侗族人形成了品种创新与传播的习惯,掌握稻作中的轮作、稀作和混作技术。

田红、麻春霞(2009)考察了侗族村庄的糯稻种创新以后交换与激励的机制。主要激励方式是声誉和结好乡邻。侗族村寨内部就有互赠稻种的习惯,并且,如果赠送给别家的稻种产量高,就有可能得到长期的回报服务。除此之外,在侗族的重大节日,有可能举行跨家族、跨寨聚会活动,这样的节日主要有"吃相思""月地瓦""喊天节"和"抬官人"。在聚会中,各家互赠礼品,展示自家的糯稻和鱼,尤其是要相互询问新的糯稻品种以及这些品种的收成情况,一旦人们发现有一些好的糯稻品种与新品种,就要求对方赠送稻种,传授种植技术,大多数情况会得到响应,这样一则宣传本地的成就,二则结好于乡邻,新品种就得到传播和推广。同时,这些品种就有可能以创新者或创新地点命名,成就突出的人或者寨子就有可能得到其他村寨的推崇,并在婚配等重大问题上被优先考虑。①

崔海洋(2010)考察了侗族地区种植水稻时有混种轮种的习惯。一般同一种糯稻在一个区域连续种植只有三到四年时间,当然,这些品种可以在这些区域循环轮种。混种就有多种方式,一是片混种,即将一丘田分成许多片,每片种植一种糯稻,不同片种不同的糯稻。二是行混种。再有是中心与周围分不同品种混种。混种在本质上就是让不同糯稻进行杂交,达到品种创新的目的。同时,防止一种糯稻的局部区域的病害,通过不同该品种隔离而防止病害蔓延。②

(2)稻鱼鸭系统流程

岜扒村2014年被列入从江侗乡稻鱼鸭复合系统高产示范点,其水稻的生育

---

① 田红,麻春霞. 侗族稻鱼共生生计方式与非物质文化传承与发展:以贵州省黎平县黄岗村为例[J]. 广西科技师范学院学报, 2009, 24(6):14 - 17.

② 崔海洋. 重新认识侗族传统生计方式的生态价值:以黄岗侗族的糯稻种植与水资源储养为例[J]. 思想战线, 2007, 33(6):135 - 136.

期长达 180 天,香禾糯的株高为 160—180 厘米。流程为,雏鸭孵出 3 天后放田,农历三月初,稻田水深达 30 厘米,通过木枧从山腰将山水导入水田中;谷雨前后,秧龄 30 多天后人工移栽。鱼苗也随之投进水田中,水稻郁闭、鱼苗长到两三指宽、体长超过 8 厘米左右时放养成鸭,再把鸭苗放入。水稻收割前稻田再次禁鸭,当水稻收割、田鱼收获完毕,稻田再次向鸭开放。稻与鸭的共生期有 110—130 天。鸭子是白天放,晚上收,不围网。鱼的品种多为鲤鱼。有机肥是制作堆肥、埋青。采取的技术措施是:亩投放鲤鱼 400 尾、草鱼 20 尾、从江香鸭 20 只;在田间开挖鱼沟、鱼窝供鱼避暑、防敌害,鱼鸭的活动对水稻有除草、松土、保肥施肥、促进肥料分解、利于水稻根系发育、控制病虫害的作用。这种农法,目的是促进稻米增收,实践效果显著。

第一,控制病虫草害效果好。系统中鱼、鸭捕食稻纵卷叶螟和落水的稻飞虱,减轻了害虫的危害;稻鱼鸭系统中稻瘟病发病率和病情指数明显低于水稻单作;田鱼和鸭的干扰与摄食使得杂草密度也明显低于水稻单作田,对鸭舌草和节节菜控制率 100%,对金鱼藻、矮慈姑等控制率 90% 以上。

第二,可以增加土壤肥力,改善土壤的养分、结构和通气条件。鱼和鸭可以吃掉杂草并产生粪便肥田,翻土增大了土壤孔隙度,有利于肥料和氧气渗入土壤深层;鱼、鸭扰动水层,还改善了水中空气含量。0—20cm 土层温度提高,昼夜温差大,土壤结构系数增加,有利于水稻对氮磷钾的吸收。

第三,可以减少甲烷排放。鱼、鸭能够消灭杂草和水稻下脚叶,影响了甲烷菌的生存环境,减少了甲烷的产生;鱼、鸭的活动增加了稻田水体和土层的溶解氧,改善了土壤的氧化还原状况,加快了甲烷的再氧化,从而降低了甲烷的排放通量和排放总量。

第四,可以储蓄水资源。侗乡人用养鱼来保证田间随时都有足够的水。为了保证田块水源不断,雨季时尽可能多储水,侗乡的稻田一般水位都会在 30 厘米以上。这种深水稻田具有巨大的水资源储备潜力,具有蓄洪和储养水源的双重功效。

第五,可以保护生物多样性。除了保存多样性的水稻品种,良好的稻田生态环境使得螺、蚌、虾、泥鳅、黄鳝等野生动物和种类繁多的野生植物共同生息,数十种生物围绕稻鱼鸭形成一个食物链,并形成一个生态圈层的巧妙布局:水面以上的水稻、长瓣慈姑、矮慈姑等挺水植物为生活在其间的鱼、鸭提供了遮阴、栖息的场所,从这些植物落下的昆虫也是鱼和鸭的重要饵料来源;水面上的眼子菜、槐叶萍、满江红等漂浮植物靠挺水植物形成的日照、温度等条件生长繁殖,为鱼和鸭提供了食物;水体中部是鱼的生活空间;水体底层聚集着河蚌、螺等动物和黑藻等沉水植物,这些又被鱼、鸭所捕食。

目前,稻鱼鸭生态产业示范园已纳入了省级农业产业园和黔东南州绿色生态现代生态农业工程。以高增、加榜、刚边、往洞、斗里、丙妹、谷坪、贯洞8个乡镇为主,辐射带动全县21个乡镇发展稻鱼鸭生态种植养殖。

其三,流程设计特点。

(1)环境设计技术。稻田,一般选在山腰。由于侗族人生活的地区一般山高谷深,雨水丰富,山谷容易遭受涝灾,而且谷底过深,阳光照射时间不长,山顶水源不足,均不利于种植水稻。山腰种植能避免这些不足。另外侗族人选用木枧,将水田与林地连接处的水源枧入稻田,作为灌溉引水系统。一是就地取材,二是木质材料可再生,而且即使倒塌,破坏力也不强。

(2)精确的时间程序。整个稻鱼鸭复合系统,不仅仅是一个生态复合系统,还是一个年度的稻、鱼、鸭种养殖系统工程。将鸭子、鱼和水稻的一年生长周期与互相共存的时间点进行巧妙安排,体现了成熟的农耕科学与经验累积。

其四,核心种资源、耕种技术成熟。

(1)糯稻的种资源创新技术。不同稻种进行杂种,育种。而且稻秆高,适宜于冷锈田生长;耕作技术成熟。

(2)麻鸭的选用与种资源。鸭苗品种选用贵州、湘西地区传统的麻鸭,个体较小,不会因为鸭子的活动对水稻稻秆产生过大的冲击。而且这种鸭子身体灵活,能够在水田中自行觅食生存。长期的生产活动选择的品种,更适宜于这种更复合系统。

(3)鱼的选用与种资源。鱼的品种一般选用抗病性强,适宜于冷水中生存、个体不是太大的品种,尤其是喜爱以浮萍、浮游水生植物体为食的鱼种,因此,鲤鱼成为首选。侗族生活区很少有较大的水体专业养鱼,即使房前屋后挖池塘,一般也面积小。做成了稻鱼鸭复合系统,不便于养殖鱼的幼苗。从江一带的侗族人一般都不会繁殖鱼苗,他们的鱼苗一般从邻近的广西人那里获得。

其五,品种创新与扩散体系完善:糯稻的种资源交换及其制度。

不同糯稻进行混种,保证了品种的杂交。同时,还可以进行比较和优选,并配合各种民间认可的声誉制度,形成持续的稻种资源创新激励机制,并通过赠送、交换等方式进行转播与交换,以种植收获的结果为客观评价标准。这种种资源交易的价值观与制度形成了糯稻文化。古老的稻作文明为从江这一片地方留下来丰富的稻种,据闵文庆(2011)的文献提供的数据,从江的地方特色稻种有277种,本地稻种达到261种,其中黑禾1种、香禾29种,都是珍稀稻种。

2. 传统经营模式缺陷及其困境

分散经营体系陷入技术革新困境，专业分工不深，跳入高成本陷阱（尤其是人工成本高）。

（1）典型的自给自足体系

第一，水田承担了粮食、鱼、鸭的供给。稻鱼鸭复合体系，可持续地提供了侗家人稻米和鱼，而且提供了鸭子，再加上自家喂养猪、牛、羊等，使得侗家人的食谱和营养变得较为丰富。

第二，生活区域与生产区域自成一体。侗家人一般选在较为宽阔，或者靠近山口的区域作为生活区域，而山麓中段作为生产区域。生活区域选取主要从安全角度考虑，而山麓中段更容易使生产区域成片，便于集中生产和进行基础设施建设。

第三，外部交换与计量技术自成一体。

从江地区多少年来有着自己独特的计量体系。由于山区交通不便，侗族生活的村寨，长期处于封闭状态，侗族人长期以来相关的计量测度不统一，也没有沿用其他内地区域的度量体系与工具。到20世纪70年代后期，从江有些苗侗村寨，没有人能够使用秤和尺子，一般寨子中也没有这种计量工具。在集体经济时代，一些集体资财分配时，一般是将相关产品或者财物按人口数均匀分开，每家按人口计算份数。如集体宰一头牛，就得请有特殊技能的人，来分牛肉。这些人可以将不同部位的牛肉切成比较均匀的条状，有多少人，每一类肉就得切成多少条。在这些村寨从来就没有斤两概念。

同时，这些寨子也没有尺子，没有尺寸概念。在20世纪七八十年代推行联产承包责任制，将田土分到户时，人们想了几个办法来分田。一个办法是他们用竹子做成一个大框，对村寨所有的田用框来量，先量出村寨有多少"框"，然后算出每个人的"框"数，再乘以每家人数，就得到每家分得的"框"数。有的村寨用另一种测量方法，就按照记录的每一块地历史产量进行汇总，然后商定按照产粮石数计算亩积。如8石为一"亩"，按照这个算法，计算村寨的"亩"数，得出每人应分亩数，然后一块地一块地按照产量"亩"数逐次分给每一户。所以，一度这些村寨报亩数就是一个不准确的面积，直到前几年农业资源普查时才纠正过来，这些亩积数实际上相当于丈量以后亩数的几倍。

很显然，这种情况深刻反映出这些村寨多少年来缺少相互交换。即使偶然的发生交换，其度量都是模糊的概念。

第四，农户自给自足。有限的可耕地、封闭的村寨，造成了这些村寨大部分的吃穿用等以自给自足为主。家庭成为主要生产单位，并自成一体。寨子里的交换多以互赠、以货易货为主,几乎没有商品意识和货币意识。偶尔有的交易机会就是赶集,并且大多数是易货贸易。

(2)市场交易窄小,体系内外交易成本高,市场开拓困难

第一,分割封闭的村寨体系、交易范围的大致边界、交易机会与交易中的文化。正因为长期封闭,这些村寨人群就按照自然地理范围结成各种经济关系,交易范围边界大致以村寨范围为界限。临近村寨多以亲戚关系互助互赠为主要交换形式。

节日时,邻近村寨的寨老以及亲戚一般被请过来,一起庆贺,这时亲友、邻居之间就会物物交换,节日就成为他们的交易机会。一般都以本年度最值得炫耀的种养殖成果作为交换物,如糯稻制品、家禽以及宰杀的猪牛羊肉等。交换实际上也是一年或者一段时期的农作成果展示,好的成果因此会得到大家一致的夸赞,一家的优秀成果会激起其他家庭与之交换的欲望。同时,新鲜的物种与新鲜的农法也在这种场合得以交流。长此以往,形成浓厚的稻作文化氛围,以及多物种混合生态农作理念。

第二,市场开拓的收益与单户的成本负担模式造成的交易选择次序:从村寨内部的信用交易到村寨以外的现货交易。在这些寨子中,也有跨期交易。一家宰杀猪牛羊显然难以长期保鲜,因此,除了与亲邻好友一起分享新鲜肉食,同时,还可以各家分一点拿回家去。剩下的一般做成腊肉、风干肉等储存。然后下一家也可以依此处理,形成风俗。这实际上是一种简单的信用跨期交易,客观上密切了邻里亲戚关系。但是,村寨以外的交易主要以喜庆时互赠,或者赶集时现货交易,这种寨子以外的交易关系很难稳定。

计量工具不统一,以及交易存在的不确定、交易习惯上的差异,使得这些区域寨子以外开拓市场成本高。如交通不便,一个寨子到另一个寨子距离远,也不易了解其他寨子的需求,因此信息成本与路上所费时间太多。而且,一旦产品在狭小范围内不被接受,还得拿回来,有可能变质或者活体死亡,收益不稳定。同时,在很多情况下,可能由于寨子之间有历史积怨,出去交易安全难以保障,等等。长此以往,这些寨民的交易网络基本上局限于山寨以内。局限于寨子内部交易,意味着分工基本上在寨子内部形成,加上自给自足的体系,使得分工很不明确。

(3)质量提升与开发能力弱,保持高质量水平异质性能力弱,交易成本高,进一步投入质量提升的能力弱

长期封闭的直接后果,就是外界先进技术传入要通过曲折的方式进行传递,进入这种封闭体系的机会非常少。而且,长期以来寨内交易,对偶尔接触外界的技术很少看到检验机会,一般也不会作为实用技能或技术接受下来。同时,也没

有对质量提升的方式进行专门研发,质量提升与研发能力十分弱。

一般来说,创新外溢只出现在寨内或者邻近村寨。这样,质量创新技术的交替发生概率较少,质量档次难以拉开。再加上交易成本高,没有多少交易机会,以质量差异为基础的交易就会非常少,质量提升投入收益不高。从江地区长期以来非常稳定的生产体系维持上千年,就是这种内在逻辑的具体体现。

(二)企业家对优势的认知与业态创新目标及其盈利模式的设计

基于以上分析,封闭区域内的开发动力更有可能来自区域以外的力量。九芗农业的创始人夏云刚,就是来自湖南的企业家。他通过其他人的介绍,来到从江进行考察,从一个区外企业家角度,对从江区域的开发动力主要来自以下几个方面。

1. 企业家对当地优势价值的认知

(1)传统流程与现代绿色、有机农业趋势的高度吻合性,决定了质量提升与一致性保持的可能性较高。通过创新,提高质量,实现较高资源价值的可能性大。夏云刚多年来一直进行大米加工,也考察了许多大米种植与加工的盈利模式的创新。近几年,从北方五常到南方温氏,都在贯彻有机绿色的盈利理念。只要是安全、口感好,而且这种安全又有区域内明确的地理特征、人文特征做保障,就更容易被消费者接受。从江是一个传统区域,与外界联系少,长期交通不便,现代的许多有损环境稻作农法难以传入。按照他第一次来从江考察的记忆,货物进出从江很不容易,尤其是该县西部乡镇。据当地干部介绍,20世纪80年代末90年代初,也曾派出一两个大学生到西部乡镇,二十年后,一些县干部去考察这些大学生时,这些人对外面变化茫然无知,竟然惊慌失措,语无伦次,表示自己在这里并无过错,在考察干部反复说明来意以后,他们十分释然,竟然号啕大哭。一般从县城到达这些西部乡镇,爬山越岭,花费整整一天也很难到达目的地。基于这些原因,夏云刚认为,这些区域采用传统农法的可能性非常大。这样,对该区域进行有机生产的田园改造成本低,而且糯稻品种好。

近几年,高铁、高速公路都经过从江,区域交通状况明显得到改善。他很快决定在这片区域进行投资,选定距离高速公路经过并且有入口的区域洛香镇驻扎下来,从事从江稻米种植与加工、销售。

(2)声誉高,核心营销概念明确,有利于市场拓展。夏云刚进驻不久,从江县开始申报世界农业遗产稻鱼鸭复合系统试点项目。夏云刚找到了明确的营销概念。他在厂区、办公区、宣传册上都印上了稻鱼鸭复合系统相关资料和图片,包括申报该项目的相关宣传资料。同时,他将他加工销售的从江香禾糯、优质稻米等分别取名为从江香禾糯、从江稻鱼鸭米,同时,还引进一种花青素含量较高的紫米,力图打造有机、绿色与传统人文、农作技术高度一体的高质量、高度安全的营销概念。

明确的营销主题,以及具有非常高声誉的世界农业遗产概念,再加上侗族大歌、侗族鼓楼、风雨桥,以及其他侗族民间文化概念的高度聚合,夏云刚认为,这是极其有利于品牌打造和市场推广的。

(3)区域内农业从业人口相对稳定,劳动力成本较低。2011年夏云刚进入贵州考察时,发现从江农村劳动力工资支付明显低于其他区域,当时贵州其他地区劳动力日工资50至60元,从江地区只有30至40元。当时农村劳动力比较充裕。这符合他准备做绿色有机的劳动密集型产业的决策。

正是基于以上考察,夏云刚对项目充满信心。

2. 业态创新的目标与运营项目

夏云刚认为,既然自己的优势是加工,就要以加工为核心业务,向种植、销售两端延伸。他确认了自己业态的几个核心目标。

(1)提升高品质产品生产能力,尤其是产品生产与加工环节

对传统非优势领域的提升。传统业态中,从江的水稻稻谷品质好,而且以有机生态方式进行耕作,安全性高。但是,从来不重视加工质量,品相不好。这就直接影响了消费者对从江大米的质量评判。要提升盈利能力,就必须充分重视加工环节的质量。由此,他根据大米市场评级标准以及相关生产技术设备性能,决定购置性能优良的加工设备,并制定了保证优质大米出米率较高的操作流程,制定操作标准。

对传统优势领域的强化。从江稻米是基于有世界农业遗产美誉的从江传统稻作方式生产出来的,而且口感好。这一优势如何保持延续并强化,是夏云刚面临的课题。如果爆发大规模虫害,将如何确保产品质量安全和产量。基于这一原因,夏云刚走访了农业部门以及农业、植物保护专家。同时,建议以从江为示范点,推广水稻绿色防护系统的使用。

九芗农业先后与贵州省农委、贵州农科院、贵州大学宋宝安院士团队、黔南州农委签订合作协议,建立从江农业遗产绿色防护示范区,除了加榜基地,还在占里村等地推广使用绿色防控体系。一方面,在这些基地继续以传统稻鱼鸭系统为主要农法,另一方面,在稻田使用黄色粘虫板和太阳能灯诱捕器、信息素性诱捕器等现代新技术,加强对稻田虫害的防治。

(2)挖掘产品声誉的价值空间

夏云刚认为,从江美丽的田园风光、奇特的风土人文应当被充分利用,挖掘产

品的价值空间。因此,他在加榜梯田这一人文与自然力量叠加的美丽景区,打造香禾糯生产基地;在占里村打造艺术稻和绿色防控基地。

加榜梯田的风光已经展示在纽约时代广场的 LED 上,如今,游客络绎不绝。加榜基地的香禾糯在接受检测时,被外国人以极其夸张的方式进行宣传:他们动用直升机,在空中拍摄监测割稻、脱粒、封装、上车直到检测的全程,并在外国媒体进行报道,声誉自然大涨。九芗农业生产基地的大米因此价值大涨。

占里村更是生命医学的奇迹,也称为"计划生育第一村"。奇妙之处在于占里村每对夫妇基本上有且只生育一对孩子,而且基本上是一男一女,性别一直以来保持高度平衡,人口增长率也保持在较低的水平。正因为这样,该村成为人们探究生育秘诀的向往之地。除了游客,还有大量学者入驻该村调查研究。

在 2018 年,九芗农业在占里村选择一块面积较大的水田,种上艺术稻画作:用彩色水稻种出了一幅画作,图中有侗族风雨桥、鼓楼,同时,还有活泼可爱的一男一女的形象,引来了游客关注。

九芗农业通过一系列旅游创造性活动,挖掘了传统稻作和民族文化的价值,提升品牌知名度。

目前,九芗农业正在进行博物馆建设,博物馆主题就是农业遗产,并以此为基础开展人文历史教育和科普、农旅一体化运营。

(3)实现规模化加工与规模化营销

九芗农业为降低单位产品成本,必须扩大经营规模,主要是扩大稻米加工规模。为此,九芗农业承担了国家粮食储备库加工任务,基本上保证了加工这一块的盈利。同时,开展水稻专业合作社大米加工与销售业务,盈利水平逐年上升。这几年,九芗农业不断扩大水稻种植基地,增加种植品种,其中以紫米、优质稻为主要种植品种。

3. 盈利模式设计

(1)嵌入专业化加工和分拣技术,通过筛选高质量产品作为利基产品,面向利基市场,打下盈利基础

第一,运用可靠稳定的加工技术,建立稳定的质量体系。九芗农业对水稻进行产业运作的第一步,就是建立质量标准体系。加工大米的质量等级为精米,采用的技术是多级轻辗,含18道工序,2道抛光。分级筛选后的精米通过成品整理,用滚筒精选机选出长度一致的米,最后经过色选,得出颜色一致、长度一致、无杂质、无异色的精制大米。加工精米,使从江大米内在品质与外在品相协调一致。

同时,公司建成现代化准低温储粮仓库,防止大米在高温下霉变,防止虫害和微生物侵害,保证大米到达终端能够保持新鲜。

为了严格保证产品质量,公司对产品进行了国际质量标准认证,及时将产品送检,公司还配备专业质检人员,检测产品质量。

通过严格的质量控制体系,九芗农业成功制作了高档精米,在利基市场找到了盈利点。

第二,高质量产品的稳定供给与利基产品的形成。由于推广绿色防控,九芗农业形成了特优环境、特殊农作、特色稻种的"三特"模式,扩大了产量稳定的绿色产品供给来源,再加上稳定可靠的加工技术,九芗农业基本上能够形成稳定的高质量精米供给。通过这几方面特色的开发,形成了九芗农业产品价值空间。

(2)规模化营销,打开渠道

有了供给规模,就可以面向全国进行销售。九芗农业生产的优质从江香禾糯在大型超市、全国大型大米交易市场挂牌销售,实现对规模需求者的稳定供给能力。这就彻底改变了传统产业的产品售卖方式与产品信息传播方式,通过节约规模需求者的采购信息成本,稳定了大户的需求。

除此之外,公司进一步打造声誉。公司从 2014 年开始,就成为省级农业产业化龙头企业,获得中国重要农业遗产贵州稻鱼鸭复合系统证书、从江侗族稻鱼鸭复合系统中国 GIAHS 保护试点证书,产品获得中国质量认证中心有机产品转换证书,获得新型实用专利多项,等等。公司利用这些声誉,拓展利基市场范围,形成持续稳定的经营能力。企业加入"千企帮千村"行动,并获得好评,使产品品牌与企业声誉得到进一步提升。

(3)盈利模式

按照公司服务内容,基本的盈利模式,就是对基地的水田稻作模式复原成传统稻鱼鸭复合系统,并以绿色防控方法进行强化,形成具有深厚文化内涵的有机稻稻作方式,生产有机绿色产品。在此基础上运用精米加工技术,提升精米质量。最终由公司统一销售赚取利润。盈利来源包括以下几个方面。

第一,稻谷品质提升利润。在传统稻作方式因过于追求产量使得稻鱼鸭系统水田越来越少时,运用政府保护政策,建立基本的稻鱼鸭系统设施,结合现代绿色防控技术,扩大和恢复稻鱼鸭生态稻作面积,降低农药和化肥使用量。以提升稻谷的安全性与品质,通过改进稻米质量内涵,为最终产品质量提升打下基础。

第二,加工收入。通过改进稻米品相,筛选出不合格稻米,分级分拣,进而获得进入利基市场机会,扩大产品价值空间。

第三,扩大销售渠道和社会网络,实现价值增值。

(三)资源整合与组织设计:业态创新的实质

公司业态的实质,就是通过聚集各类相关知识与人力,专注于利用农业遗产的稻作农法,通过加工提升稻米品质,全面提高产品声誉。这是基于精加工开发出来的新业态。

这里需要解决几个方面的问题。首先,如何进一步提升品牌声誉的空间。世界重要农业遗产已经是一个世界级的荣誉。作为一种传统稻作方式,虽然符合现代生态环保健康的农业理念,但是,产量不稳定,防止虫害病害爆发的手段还是远远不够。病虫害爆发过于频繁时,难以保证农户不会使用农药等消除虫害,安全产品的声誉终究难以保证。其次,必须保证以非常有效的方式,创建更高声誉,也就是以尽可能低的成本,或者尽可能利用可以利用的资源,包括人力资源,创建更坚实的声誉。在案例研究的过程中,主要考虑资源和技术的可用性,组织结构与激励机制的设计等。最后,通过统一加工、统一销售的方式,形成统一标准,并尽可能防止其他市场角色"搭便车"。基于这几点考虑,从以下几个方面探讨九芗农业基于农业遗产业态创新的实质。

1. 整合资本、知识、人力与社会资本,动员供应链上下游,利用核心的加工技术生产出优质产品

与传统的散、小经营形态比较,九芗农业所做的工作,就是整合和加工。散小的生产单位,加工出来的大米形态各一,即使能够证明是从江生产出来的大米,由于外观、规模的不一致,很少能够引起消费者注意。同时,散小的生产者也很少有能力将优质大米运送到更远的城市销售,因此很难搜索到稳定的客源,客户也很难找到稳定的符合自身质量要求的供给来源。

在绿色防控知识、政策知识的获取上,散小的生产者也很少能够专门收集这些信息,无法在开始阶段争取政府与农业科技部门支持,并形成一种社会影响。

通过动员潜在的资源,充分发挥地方人文资源优势,构建品牌概念,九芗农业动员上下游力量,将产品信息和产品实体推送到合适的消费者群体面前,从而实现优质资源和优质产品的价值。

在整合中,通过先进的加工技术实现上下游的连接。九芗农业还利用加工规模优势和销售渠道优势,购置60多台配送车具,能够将产品准时送达供应链制定节点,实现服务增值。

九芗农业的贡献不仅仅在于自身的发展,也不仅仅在于潜在地方资源优势的变现,通过九芗农业的生产与市场销售,相关农户获得了稳定收益,二者结成较为紧密的利益共同体。

农田生产活动,也使得从江田园风光成为美丽风景,占里村、加榜梯田等就因为这些农业公司的带动,农民能够通过种植水稻挣钱,从而养育着这一片风景。

2. 领导层架构与资源动员

九芗农业最宝贵的经验是：充分发挥党员和骨干作用，为公司基地和加工范围扩大打下了组织基础。

九芗农业入驻从江以后，第一件事当然是将闲置水田流转，并交给当地劳动力耕种为公司生产稻谷。这就需要逐村逐户走访，签订合同，这一工作异常复杂。对于外地人来说，让夏云刚完成这样的事情几乎不可能。一是逐村逐户统计登记、谈判，且不说任务重，在语言上也存在巨大障碍，无法完成沟通，也很难取得当地群众的信任。二是对地理环境、风土人情不熟，无法确定工作流程、工作重点和走访路线，成本异常高昂。

九芗农业通过设立党组织，吸收地方退休干部，尤其是懂农业、懂农村的干部，作为党组织领导成员。这些干部懂得地方事务，具有丰富的农村基层工作经验，这些骨干人员在公司运转中起到了巨大作用。

首先，他们熟悉当地社会结构、人员结构和社会复杂关系，有人脉，有威望，便于开展工作。书记老潘就是当地的老干部，曾多年担任当地乡镇党委书记，后来在县政府部门工作退休，他非常熟悉地方工作，对从江每一处田坝、每一处梯田、每一处风俗都了如指掌。而且他们在每一个村寨都有熟悉的人，通过电话和其他联系形式就能够了解每一个村寨劳动力、田土利用状况。就是这些骨干分子，以非常高效的工作方式，制订了可行的走访计划，将基地土地使用问题、劳动力使用问题以及大米加工业务推广问题的解决方案迅速制定出来，并在较短时间内走访关键人物，聚集相关农户进行座谈，签约。在党支部领导下，招收的当地员工积极为公司工作，各项工作开展迅速。九芗农业 2014 年成立，当年就能开展业务，与当地组织骨干的努力是分不开的。

其次，这些骨干人员熟悉州县产业政策，容易争取上级政策支持。这些骨干人员对公司开展业务的方式、带动贫困户增收、种植重点区域规划等进行了指导。他们的规划建议很有价值，使公司迅速取得了州县的支持。

3. 营销渠道与信息化支持

（1）主要渠道。政府部门为九芗农业的产品销售实现了一个重要承诺：安全的农产品可以销售到学校机关。九芗农业的稻米既然是精制、有机产品，销售到学校自然既能保证安全，也解决了部分产品的销路，2017 年公司为从江全县中小学配送 650 吨大米，为贵州大学、贵州师范大学配送 720 吨，总金额 630 万元。

目前，从江香禾糯、紫米、贡米等销往一线城市和沿海地区，与大型连锁店合作，在大润发、永辉、北京华联等大型超市的 46 家门店上架销售，销售量 202 吨，销售额 728 万元，在全国大型大米交易市场挂牌，并得到了 17 个电商平台的支持。

（2）宣传与信息化支持。第一，贵州从江香禾糯得到电视广播的积极宣传。中央电视台经济频道的《第一时间》报道了从江农民香禾糯；《舌尖上的中国》报道了香禾糯的收割以及"吃新节"的情景；省、州、县的电台，新华网、贵州日报网、贵阳网等都多次报道九芗农业以及香禾糯。第二，自媒体如搜狐网、中国食品招商网、中国食品报网等，都对九芗农业进行了报道。第三，目前有 17 家电商平台售卖九芗农业的产品。其中，黔忆城对九芗农业的帮助很大。这是一家致力于打造绿色、健康、环保为主题的农产品销售平台的贸易公司。在这一家公司网站的"紫米"这一栏，主要介绍从江九芗农业的详细信息及其相关产品。在网站显要位置，专门做了九芗农业的广告。由于以绿色健康环保为主题，该公司售卖产品基本上是价格相对较高的产品。网站商品购买者主要来自沿海地区。每一斤紫米在 20 元左右。在高峰期，网站每天销售九芗农业紫米达到 1 吨。贸易公司也很乐意销售这种产品。

4. 利益联结：公司与利益主体之间的契约关系

（1）与基地农户。公司对农户的支持。公司与基地农户订立契约，要求农户以稻鱼鸭复合系统农法进行种养殖，公司以事先约定的价格全部收购稻米。同时，养鱼养鸭的鱼苗、鸭苗由公司发放。因为从江传统上并不繁殖鱼苗，公司就在丙妹镇、加勉镇选址作为鱼苗基地，另外还计划在高增、洛香、贯洞、刚边等乡选址建鱼苗基地，投资额 1000 万元。在从江县的东西部各选一个镇作为鸭苗原种基地，投资额 100 万元。公司向农户发放鱼苗，每亩 200 尾，按照每一尾 0.8 元计算，相当于公司为农户每亩补贴 160 元。公司发放鸭苗每一亩 15 只，每只 5 元，相当于每一亩公司补贴 75 元，而且鱼苗、鸭苗直接发送到每一户。公司党支部书记老潘说，送鱼苗鸭苗基本上由他负责。公司还免费提供稻种，一亩田 1 公斤种子，种子每公斤 90—120 元。村子里水田面积在确权时进行了标准丈量，以前的一亩就是按照产量 800 斤算一亩。确权丈量时，良田测量面积比传统认定面积增加了一些，比较偏远的水田和干旱严重的稻田增加到原来的 3 倍，因此，原来与公司签订的面积在 2018 年重新进行确认，在发放鸭苗鱼苗时，公司补贴给农户的就更多。近年来，公司向农户无偿发放种子、化肥近 90 多万元，在 2017 年推行绿色防控技术以后，公司还发放诱虫盒，并且每 30 亩设置了一个太阳能杀虫灯。

农户的水稻收益。斗里乡高牛村平均海拔 500 米，全村 530 多人，贫困户 30 户，水田 487 亩。夏云刚和他的团队刚到从江时就在这个村子做了调查，那时，村里劳动力基本上在家，交通不便，2014 年才修好村级马路，2017 年田土才确权。九芗农业与村子里几户农民签订了协议，流转土地，公司免费供应稻种。2017 年种植户每一亩收获 800—900 斤普通水稻，每斤收购价 1.38 元。2018 年在该村第一次试种引进品种"川优6203",公司约定价格每斤1.7元。引进新的稻种使农户每一亩增收100—200元。接受公司协议的农户,就成了公司的基地农户,收购价按照协议价格。高牛村第一次基地面积61亩,非基地户由于没有接受公司配置的种子,就不能按照公司与基地户签订的协议价收购,只能够按照质量等级进行定价收购。

由于公司按照高于市场行情20%以上价格与农户签订优质稻收购订单合同。优质稻基地农户较过去每亩增收600元,带动所有基地农民增收2000余万元。

基地农户综合收益。通过九芎农业的帮扶和技术推广,以及产品收购,基地农户每一亩水稻能够获得净利润500—600元。如果推行优质稻,预期每一亩可以达到600—800元。农民还可以收获稻田放养的鸭子、鱼,这些折算下来可以获得纯利2500元左右,大大提升了基地农户的积极性,也帮助了基地困难户脱贫。

农户履约的情况。九芎刚成立,在与农户签订协议时,前提条件是农民必须守约,公司才不会亏损。2014年、2015年公司与一些村的村民按照上述模式签订协议,发放种子、鸭苗、鱼苗,收割时要将水稻卖给九芎农业。但是,也有一些村民没有履约,将稻谷卖给了其他高价收购者,不过公司第二年就再也不会与这些农户签订协议。这些农户没有了公司支持,种植成本陡然增加,可持续发展面临困境,有的甚至放弃。大部分基地农户履约良好。

(2)与合作社。合作社是公司对农户管理的代理。公司直接管理农户,管理的面积和空间过大,而且地形复杂,难以管理过来。公司设计的管理框架就是"公司+合作社+基地+农户"。在公司决定与合作社合作的时候,将合作社定位于管理农户、管理基地以及相关设施并对合作社成员摸底。合作社负责人负责组织合作社成员的种植活动组织、植保、绿色防控、鱼苗与鸭苗发放组织等。从这一角度,合作社就是生产组织单位。

作为农业遗产合作试点实施单位,公司主要对稻鱼鸭复合系统进行恢复和推广。合作社作为生产组织单位,执行公司决策,目前专业合作社11家,带动农户2100户。这些合作社共创建稻鱼鸭生态复合系统4000多亩。

合作社是公司收购水稻的代理。公司的主要盈利模式就是收购水稻稻谷,加工以后出售,依赖于加工与销售盈利。水稻收购量越大,公司盈利基数就越大。公司在赠送种谷、鸭苗、鱼苗时,花费成本必须从收购中收回一部分。这样价格没有特别优惠。而有一些单位通过各种途径获得各类补贴,就有可能高价收购水稻,这样,可能侵蚀公司收购水稻的范围。公司委托合作社就是要解决这一问题。粮食收购由公司委托农民专业合作社负责组织,公司按每公斤0.1—0.2元给予收购人员补助费用。但是,在收购过程中,收购人员的责任心不强与经验不足也有可能给公司带来损失。在 2014 年第一次收购时,有些合作社收购的水稻稻谷是农户前一年或前几年的陈放稻谷,陈放谷子混入使得稻谷合格精米率降低,而且影响精米的味道。更差的情形是这些陈谷有一些出现虫害、霉变现象,影响所有谷子的储存,使得整年稻谷的质量等级降低。针对这一情形,公司对一线收购人员进行培训,让他们能够通过一些技术手段识别陈谷与新谷。培训以后,以后这些年份,基本上制止了这一现象。

(3)与政府农业部门的合作。政府部门完成整个稻鱼鸭系统保护的顶层设计与规划。根据我国农业部相关文件,尤其是 2012 年颁布的《关于开展中国重要农业文化遗产发掘工作的通知》,农业遗产在本质上是一种农业文化,是我国传统文化的重要组成部分,保护与发掘农业遗产,是促进农业农村文化大发展、大繁荣的重要举措。农业遗产典型地反映了我国农耕文化源远流长、内容丰富,是中华文化之根基,是劳动人民长久以来生产、生活实践的智慧结晶。

保护农业文化遗产,需要将传承与创新结合,促进区域农业全面、协调和可持续发展。农业遗产也是丰富休闲农业发展资源,促进农民就业增收的重要途径。目前,从江稻鱼鸭系统基地已经成为重要的文化和景观资源,成为休闲农业发展的资源载体。

从当前来看,从江县的广播、电视承担了大量的农业遗产项目的宣传工作,不仅如此,宣传部门还组织民间力量,编排了原生态歌舞,在全世界巡回演出,大大地提高了从江稻鱼鸭系统的知名度。

从 2011 年开始,从江县制定了《从江农业文化遗产保护发展规划》《从江农业文化遗产保护管理办法》《从江县中国 GIAHS 保护试点标志使用管理规则》,将全县 19 个乡镇全部列入农业文化遗产保护范围,重点对从江糯禾—鱼—鸭、稻—鱼—鸭和国家湿地公园——加榜梯田、小黄侗族大歌、岜沙苗寨等各个区域进行定期评估和监测。从 2014 年开始,从江县开始实施保护规划,第一年实施稻鱼鸭示范点建设共 1200 多亩。往洞镇增盈村示范点,开展了 5 年有机稻生产基地 300 多亩,并借助有机稻生产基地,发展有机鱼、鸭生产。小黄村试点通过南江香禾糯种植合作社与试点农户签订回收香禾糯产品协议,发展香禾糯生产,选择世界珍稀稻种"苟当 1 号香禾糯"为主打品种,实施面积 400 多亩。为做好示范点工作,从江县农业局积极争取资金扶持农户香禾糯稻种、鱼、鸭苗种,支持鱼苗 300 尾/亩、鸭苗 30 只/亩。试点稻田均处在森林资源丰富的大山脚下,水源条件好、交通便利、气候适宜、坝子田多、稻田相对集中连片,是稻田养鱼的中心产区,传统的稻田养鱼群众积极性高。

从江强化示范带动,注重主体培育,通过大力推进稻鱼鸭产业经营主体培育,促进全县稻鱼鸭生态复合系统建设快速发展。培育了九芗米业、黔东南聚龙潭生态渔业有限公司、丰联公司等企业,以及一批集专业化种养、品牌化经营、综合效益凸显的专业合作社、家庭农场、新型种养殖大户。

政府为九芗农业解决用地等重大问题。九芗农业作为承担这一重要任务的龙头公司在县政府有关部门协助下主要完成的几件重要的事情:稻鱼鸭系统水田选址以及相关的硬件投入选址,如鱼苗、鸭苗种资源供应场地规划;相关资金落实;其三公司建设用地规划等。

政府部门为公司提供技术支持。在稻鱼鸭系统建立以后,州农科院、县农业局、县科技局农技人员非常重视,并经常赴现场检查、监测。农业部门和科技部门经常派人现场进行技术指导,除此之外,县政府农业部门委派专人到公司负责技术指导与培训。通过"新型职业农民技能培训"和扶贫"雨露计划"等培训项目,政府农技部门先后为公司基地农户举办稻田养鱼、养鸭、鱼种培育、水稻高产栽培技术等培训。

(四)业态创新的实际效果与效率

业态创新的效果可以体现在多个方面。

1. 彻底改变传统的自给自足的经济体系

这主要体现在订单农业的新业态形式的形成和扩大。传统稻鱼鸭体系完善了自给自足体系。今天的九芗农业模式利用传统稻作观念与当代先进农业生态理念高度吻合的特点,对其资源复合利用观念和可持续的方式充分改进,让其更具生命力,更容易让人理解其产品的先进性,从而更便于消费者接受,是基于一种商品化、市场化、社会化的生产方式。这一方式解决生产者最担心的产品价值的实现问题。也就是通过协议,由公司统一销售这些散小的生产者的成果,实现了生产者的生产社会化和市场化。社会化体现为产品的标准化以及生产资料的流转与集中利用。市场化体现为生产者为了卖而生产。但是,这种生产方式与传统有继承性,即继承复合生态生产技术和以农户家庭为基础单位的方式。公司的本质只是消化生产者的风险和实现产品价值。这一方式的有效性就在于订单农业的日益扩大。

九芗农业 2013 年进驻从江。2014 年公司成立,订单农业 20000 亩,带动农户 4500 多户;2015 年订单农业 30000 亩,带动农户 6000 多户;2016 年订单农业 40000 余亩,带动农户 7000 多户。累计带动 1000 多户贫困户脱贫。2017 年订单农业 50000 余亩,其中,优质稻 4.5 万亩,香禾糯 7000 余亩,有机稻 1000 亩;带动农户 10000 余户,累计带动贫困户 2100 余户。在加榜梯田建立 4000 多亩有机稻基地,主要种植优质水稻和香禾糯。2018年,订单农业规模超过5500亩,订单农业范围的扩大,是公司业绩上升的反映,同时,也反映了传统稻作方法在现代组织、加工技术、供应链创新的支持下的复苏。在工业化进一步深化的时候,对传统工农业进行改造和业态创新,可以进一步形成与传统农作一脉相承但是有创新发展的农作价值观。

2. 市场效率的提高和价格检验

业态创新的效率就是生产者和服务者的产品信息得到广泛传播,从而使产品质量信息的真实性被市场接受,消费者对产品质量估价真实显示,或者更接近真实显示,而体现出市场效率的提升。

在健康生态理念成为人们的价值观念时,就会把健康环保的产品视为高档品,并报出较高估价,这在市场细分或者市场的地域分布得到显示。网上商城黔忆城销售的结果显示,九芗农业的精品如从江香禾糯、紫米、稻鱼鸭乃至优质稻米主要消费者来自沿海发达地区。这就说明高收入者与高收入地区对这些生态有机产品价值的高度认同。

从价格来看,香禾糯市场价格68元/千克,紫米5斤装卖到103.5元,黔忆城网会员价格51元/千克。红米市场价格为51元/千克,会员价46元/千克。稻鱼鸭米20元/千克。

价格上升,支撑着公司业务的继续扩张和规模扩张。近年来,公司分别完成了3栋原粮仓库和1栋成品库仓库建设、稻种原种资源基地和研发基地建设、鸭苗与鱼苗基地建设,在2018年进一步兴建博物馆,为业态进一步创新打下了基础。同时,公司正在按照计划扩大基地面积。

3. 农作文化、农业遗产的继承和发扬。

继承稻鱼鸭复合系统作为核心稻作农法,稻鱼鸭系统面积增长较快,到2017年,公司与11家合作社共创建稻鱼鸭复合生态系统4000亩。加榜有机稻米基地1000亩也基本上采用稻鱼鸭生态复合系统。公司以稻鱼鸭复合系统为宣传主题,官网、销售商城的产品介绍等都以稻鱼鸭复合系统为主要内容,表达了公司对稻鱼鸭农作文化的高度重视,对农业遗产保护的积极支持。

在农法上,在传统稻鱼鸭系统基础上,加固绿色防护体系,进一步强化了生态农法。同时,弥补了从江地区鱼苗培育的原种资源生产空白,使得稻鱼鸭体系更加完善。

(五)九芗农业有待拓展的价值空间与制约发展的因素

1. 稻鱼鸭资源有待进一步开发

稻鱼鸭三种资源,目前公司只开发一种商品,而没有对鱼和鸭进行市场开发。

有些比较偏远区域的基地农户,在鱼和鸭的处理上,一般是宰杀以后进行腌制储藏,将较为优质高档的产品低端化处理,不仅没有充分利用其营养价值,而且,在经济上对于农户和公司来说都是一种损失。尤其是遇到灾害年头,有的农户要用以往年份的粮食储存来喂养鸭子。从农业遗产的声誉以及广告价值的充分发掘来看,这种两种产品完全可列入市场开发,扩大公司盈利。

在鱼鸭品种供选择上,首先,要注重选择营养价值突出、种资源有特色、体型大小适宜稻田放养的品种,并通过专业化研究,开发和优化养殖流程,提高鸭和鱼的质量,使得鱼鸭通过特色品种、特色养殖以后,能够取得更高的价值空间,可以进一步扩大盈利基础。其次,充分利用民间智慧,在开发当地鱼鸭饮食文化的基础上,开展稻鱼鸭饮食终端的开发。

2. 稻鱼鸭系统基地的复合利用

由于稻鱼鸭基地基本是选取风景优美、水土环境好的地区,这些高质量的自然要素应当充分地进行复合利用。同时,充分挖掘民族文化,开发服饰与手工产品、原生态音乐舞蹈、祭祀、喜庆节气以及健身、洗浴等文化产品,积极打造从江文化品牌。充分利用农业遗产的声誉和从江地域特色文化,将田园风光、农事体验、乡间运动、民宿休闲、康养和民族文化结合,创新业态,增加盈利项目。对于遗产文化,还要进一步加强深入、系统的研究,将研究细化,对已有科研成果进行普及推广,并利用现代数字信息技术,建立先进的展示模型,建立博物馆、科学馆等,展示从江地域农法、饮食、民间医药、地质、水土等特征,通过这些科普活动以及科学研究活动导入人流。

从江稻鱼鸭系统以及从江文化的宣传与品牌价值,还需要进一步投入、开发。这也是通过外溢方式提升优质农产品价值的重要途径。

3. 基地农户、合作社管理框架有待改进

目前,在绿色防控等财物处置和看护方面,某些基地农户积极性不高,并且,公司人员因为交通和空间面积太大而无法监测,出现信息不对称,给了基地农户投机取巧的条件,如有可能出现变卖等现象。在稻种与鱼苗、鸭苗发放上,一方面公司要垫付资金和成本,如果不收回垫付成本,会影响公司盈利;另一方面,收回垫付成本,就只有在收购稻谷时,通过降低收购价的方式才能实现。因为期初投入时,农民因为资金不够,一般难以支付,如果强制农户在期初投入支付,稻鱼鸭系统可能做不下去。但是,一旦农户得到鸭苗、鱼苗、稻种以后,又给了农户机会主义行为的可能,如果有投机者愿意以高于协议价的价格收购稻谷,有人经不住诱惑就卖给了其他收购者,会让公司蒙受损失。尤其是,如果公司发现并提出要惩罚,如不给予稻种以及鱼苗鸭苗,第二年农户可能会因为羞愧、自身垫付不了投入而不加入基地,使得公司基地面积缩小。公司陷入两难。

面对这种情形,按照智猪博弈的逻辑结果,只能依靠公司解决,农户一则没有能力解决,只能依靠外生动力推动他们跳出贫困与低收入陷阱,二则他们可能还存在其他选择,如外出打工等。

而公司可能的选择是进一步拓展价值空间,为农户和公司自身创造更大价值。第一种方法当然是优化品种,优化流程,进一步提高产品质量,通过高质量溢价而获得更大价值空间,增加农户与公司利润分成基础。这种方式,可以通过事先协定分成,包括财务管理,可以给予奖励与惩罚条款,给农户更好预期,使农户与公司利益保持高度一致。但是,这取决于公司两个方面的投入,一是产品与流程研究开发的投入与效率,二是市场推广的能力。

第二种办法是对鱼和鸭进行收购,可以为农户创造更多的利润空间。当农户依赖于公司的鱼和鸭收购而获取更大利润时,农户对于公司的依赖性加强,与公司的利益更具一致性,这两种方法都有赖于公司营销能力和融资能力的提升。

4. 固定投入多,资金压力大

像九芗农业这样的公司,目前由于硬件系统的投入,耗费了公司大量资金,3年多的时间,总共投入7000多万,可用资金尤其是流动资金捉襟见肘。据公司人员反映,实施订单农业,农民卖粮难得到解决,种粮积极性提高,订单日益增多,产品产量逐步提高,但是,随之而来的是公司的卖粮难。2018年55000亩订单农业,公司收购资金要4000多万,公司流动资金尚缺1000多万。不仅如此,公司承担了粮油储备公司循环周转粮食的销售,目前积压产品5000吨,资金压力进一步加大。

5. 人才引进困难

因为公司地处县里、乡下,一些高层次人才根本来不了,而目前公司确实缺乏吸引高级人才的资金实力。目前,公司急需要能够进行外贸、产品认证方面的操作人才。公司已经和澳门、韩国等建立关系,但是,要进行外贸销售需要人才。进行外贸销售时,还需要对产品进行相关等次的、国外的认证等。当然,这些问题也可以交给一些相关的专业公司进行,但是,目前很难找到这样的平台公司。

(六)业态创新的信息化支持

1. 公司为了加强管理效率,正在开展信息化建设①

公司以大米加工、储存、配送与销售为主要盈利手段。在这些环节强化管理

---

① 信息化资料由九芗农业公司提供。

效率,才有可能持续经营,扩大市场份额。这也是伯川德寡占博弈模型的必然结论。在强化成本节约的同时,在一些关键领域进行技术革新与改造,是降低长期运作成本的必然措施。信息化在改造九芎农业这一类公司的发展中,具有非常重要的战略意义。

目前,公司实施信息化改造的是仓库的智能化。即对仓库作业记录与管理的信息化、温控智能化与安监智能化。

(1)作业信息化完成了作业记录与数据处理的智能化。由于仓库出入操作业务频繁,人员也比较紧张,如果这些问题不妥善解决,就有可能影响公司的服务形象和利润空间。公司于2017年投资仓库管理智能化建设,通过记录数据、挖掘数据,提供经营决策与管理改善的增值服务。

出入库作业自动化系统。其主要目的就是实现出入库作业的规范管理和高效率快捷管理。传统上,传统手工出入库作业存在效率低、出错率高、人员复杂、易舞弊等现象。出入库作业自动化系统对粮食收储作业的各环节,利用计算机网络平台,实现信息的采集、传输、处理、存储、监视、控制、联动和信息的综合分析利用,达到规范管理、提高粮库的运营效率和安全系数的目的。先进的自动控制技术、通信技术、信息技术和现代化管理技术结合,将粮食仓储企业的出入库作业作为一个整体进行控制与管理,提供整体解决方案,以实现企业作业的优化运行、控制和管理。它通过标准的数据接口,从现场各个子系统提取数据,将现场采集的信号提取、加工、处理后,为作业部门的业务提供准确、高效、快捷的解决方案。

该系统主要的技术包括近距离无线通信技术、条码识别技术、计算机技术及物联网技术。对粮食出入库中的报港、质检、称重、入库、结算等作业流程进行智能化管理,帮助粮食购销公司实现购、销、存各个业务环节管理精准高效、可视可溯。公司承担了储备粮库的收储与相关管理任务,必须使公司现场管理与储备粮管理法规、规程相一致,并实现储备粮库的远程管理,在联网条件具备的情况下,各库点与省、市、县粮食流通动态管理平台软件实现互通对接,与全省粮食流通统计报表相关数据实现共享,能够将业务数据自动生成相关数据包定时上传,支撑关联业务数据的综合分析以及粮情状态的实时评估,达到"管控一体化"和"统一调度指挥决策"。公司的出入库管理与储备粮管理完全融为一体,采用物联网技术和自动化设备,通过一张智能卡实现粮食收购入库、销售出库环节的全过程规范化、自动化运行与智能控制,实现送粮车辆入门登记、扦样质检、过磅称重、装卸粮、结算等各环节业务数据、视频信息、图像数据等的自动采集和保存,有效减少人为干预,提升系统的容错性和预防作弊能力,提高日常粮食出入库业务流程处理的规范性和严谨性,提高出入库作业效率,并满足风险防控需要。流程清晰可见,实现实物流、资金流和信息流"三流"合一,为精细化管理提供良好的基础。

仓库主要的流程组合包括入库作业流程、移仓作业流程。

入库作业流程包括为来访车辆先到门房登记系统登记,登记基本信息拿到RFID识别卡后,通过扦样系统控制进行扦样作业。扦样完成后,扦样样品送到检验室进行质量检验,车辆及人员在检验室外面等待检验系统检验结果。如果检验通过,下一步到磅房系统称重,如果检验不通过,则返回门房交换RFID识别卡,然后离开。磅秤称重完成后到仓房进行入仓库作业。完成入仓库作业后到磅房进行第二次称重,计算出净重,然后到结算中心结算出库。最后返回门房交还RFID识别卡完成入库业务流程。

移仓作业流程为针对移仓作业流程为来访车辆先到门房登记系统登记,登记基本信息拿到RFID识别卡后到磅房系统称重,完成后到仓房进行出仓库作业。完成出仓作业后到磅房进行第二次称重,计算出净重,然后到目标仓。最后返回门房交还RFID识别卡完成整个移仓作业。

出入库管理通过RFID设备将出入库的业务电子化、流程化、规范化,实现车辆登记、扦样管理、检验管理、检斤称重、装卸管理、业务结算、出库核销等。

对业务流程信息化、智能化改造以后,虽然短期内成本节约的估算难以完成,但是,至少有几方面的效果是显著的。第一,流程的规范化可以得到保证。首先,如果全部依赖于人力,对于流程的控制就有可能出现各种人情关系,在某些时候出现混乱等。其次,在有关数据审核、汇总、单据审核等方面用人工错误率相对较高,而且费时。第二,调配环节,没有高度智能化系统,过程繁杂、费时。目前,使用这一系统快捷、准确。第三,与整个储备系统融到一起,能够统一调配资源,这在非信息化条件下相当困难。此外,快捷、优质的服务也是获得顾客满意的重要手段。

(2)粮温测控系统集成。该系统能够实时采集粮情数据,并对粮情数据进行分析,为仓储作业提供基础数据支持。功能模块包括:温度监测、湿度监测。系统可以分层展示测温数据,对不同温度范围的温度以不同颜色进行显示。同时在系统中可以进行预警规则设置,对于超标数据,进行及时报警,让管理人员在第一时间获取到预警信息。主要功能模块包括:仓内粮食基本信息管理,通过出入库自动化系统实现对仓库内粮食重量、来源水分、杂质等参数进行实时跟踪,查阅,可以通过安防智能化子系统的相应数据接口,实时查看仓内情况;异常粮温报警系统,可以设定最低温度、最高温度的限定值、对超出温度范围的温度区域进行自动报警,同时也可以给移动办公设备发送必要的警示信息,可以提醒相关人员。

在集成管理平台上,可以非常直观地看到每个粮库仓内的环境数据、粮堆内部的温、湿度数据和粮情历史数据。

（3）安防监控系统集成。粮库视频监控系统是采用计算机、通信和图像处理等新技术的综合应用，将监测、遥控、防盗、消防和报警等联网系统有机地结合，形成联网全天候(24小时)集中监视、遥控和图像的传输，可配合整体环境监测和联网报警功能，能够更加有效地预防事故、防止盗窃犯罪，确保仓储安全运行，与智能粮库各个应用系统集成，将安全防范提高到一个新水平。对接承储库的视频安防系统，实现对储粮视频监管。通过互联网为收储公司或粮食主管部门提供数据决策分析。

智能化系统有效克服了仓库管理业务、情报数据收集、质量检测、粮食安全等诸多信息，节约人力，数据准确，汇总与核对快捷，为公司提高服务水平打下了技术基础。

除了仓库管理水平提高，公司还进行了客户服务管理。设有客户服务中心，专门负责收集客户意见和建议，为消费者提供有关大米储存、选购、食用等方面的咨询服务。

除了对仓库管理的信息化与智能化，公司计划运用ERP企业管理软件，与各分公司通过远程连接实现信息共享，以便于提升服务与管理质量，但是，从江农村的信息化水平还不够，使得公司目前对于分公司的管理远程化暂时搁浅。

正是基于现有的智能化水平，公司建成了高效的配送体系。公司为配合销售网络的拓展，组建了规模庞大的专业配送车队，60余台运输车保证了产品在配送方面的高效性和灵活性，并向客户提供24小时内送货上门的快捷服务。

2. 稻鱼鸭系统的信息化、数字化支持空间

（1）质量与流程标准化

品质包括内含品质与安全性品质。对于每一品种的特征及质量品级，要有分类标准，并依据分类标准确定价格。对于不同水稻稻种，其关键的质量特性，或者是关键性有效成分含量的分类标准应该有规定。其次，关于农残标准，除了有入市的最高限量标准以外，还需在此前提下进行分级分类。对于符合更高标准要求的，如日本、欧洲标准，可以申请更高标准认证。以高品质加世界遗产项目的声誉来推广产品。

这就需要对环境等级进行高标准检测，根据检测结果对地块分类归档，有助于确定每一地块对应的品质等级稻米的生产决策。在优良环境、严格的流程控制这两个条件下，再选择优良品种，就可以生产出优良的产品。

稻鱼鸭系统就是非常严格的生态生产流程。但即使是这样，还需要考虑将这种优势发挥最大限度，即考虑是否有更严格可靠的程序保证产品提到最高可能的

质量档次。这样的产品即使是非常小的地块,也是区域与公司的产品质量的标志性水平,是获得品牌价值的重要标志。

在其他地块也需要考虑逐年进行类似的严格流程控制、品种选择与水土条件优化程序。

另外,复合生态体系中的鸭子、鱼的养殖也需要进行类似的严格控制。在品种选育上,结合当地优质资源或者引入外地优质资源,需要研发。检测水质、当地物种状况能够适用于什么样的鸭、鱼品种,是首先要解决的问题。其次,在选取的饲料上,要严格控制含有有害成分的饲料等。在控制疾病等方面要有严格的程序与技术手段,以保证鸭、鱼质量水平。

只有理解和能够用技术手段控制得到高质量的鸭、鱼产品,才有可能做得好宣传和营销。需要研究的问题当然也包括传统的稻鱼鸭复合系统与鸭、鱼质量之间的关系,这样更能够提升系统声誉和相关产品的声誉。

(2)稻鱼鸭系统有机技术的数据收集与分析的信息化支持

第一,技术运用案例。水稻稻田检测与水稻虫害、养分补充等技术世界上有许多经验可以借鉴。但是,关于养殖的信息控制技术,尤其是牧养、放养的信息化控制技术,还需要借鉴少有的几个案例,来获得创新的思路。

Akvasmart 是一家专门从事商业养鱼的挪威公司,它使用各种信息通信技术工具,包括传感器。传感器系统可以监测氧气、潮流、温度水平、鱼的行为和水的条件。带有内置摄像头的多普勒颗粒传感器可以检测到鱼笼中未吃的食物。有了这些信息,来自传感器的信号就可以停止喂食,允许更具体的护理和饲料购买。传感器也能适应鱼随时间变化的准确的摄食率。水中的无线传感器也可以与其他摄像头结合使用,帮助人们获得更精确的读数。Akvasmart 提供了一个名为 Vicass 生物量估计器的视频图像系统,该系统可以测量池塘中鱼的高度和长度。这些数字可以用来估计鱼的重量。其他的摄像系统可以放置在水面或水下。单色摄像机通过从底部“向上看”来监视喂食过程。彩色摄像机可以监测喂养和检查池塘或笼子以及周围环境。根据养鱼户的兴趣,远程摄像头可以倾斜、缩放和平移。每一个摄像头和无线传感器系统都可以通过个人电脑访问,在某些情况下还可以通过互联网进行数据收集。

另一个例子是运用物联网技术检测牛的生长和疾病的技术。由 Inala 鉴定控制(IIC)在南非实施,博茨瓦纳的牲畜鉴定追溯系统是畜牧业中最大的和更创新的信息和通信技术形式之一,涉及 3 亿头牛。该系统使用射频识别技术(RFID),具有多种用途,包括满足欧盟(EU)的牛肉进口要求。欧盟是博茨瓦纳牛肉出口的 80%—90% 的目的地。该系统还改善了兽医服务和牲畜健康。

在每个动物的瘤胃中插入一个具有唯一 ID 号的药丸和应答器。在实地,300名固定读者扫描牛的身份证号码,并将信息转送至 46 个地区办事处的数据库。bolus 可以收集信息,让牧民和政府都可以监测新登记的牛,寻找可能的疾病暴发,确认丢失或被盗的牛,追踪体重增加情况,并计划动物治疗。该数据库还提供了监测趋势的机会。

像这样的技术提供了很多好处。这种药丸对动物来说是安全的,可以防止犯罪行为的干扰,而且可以回收利用,从而降低了成本。这种药还节省了时间:耳标是一种传统的鉴定方法,要求牧民或兽医在漫长的过程中亲自挑选牛。该系统加速了识别过程。牧民可以优化饲养计划,为饲养计划选择特定的公牛,并保持更新的健康记录,这可以通过减少疾病易感性和计划产量直接提高生产率。

第二,系统框架的构建方式。信息化、数字化问题的解决,其一是抓住问题与定义问题,其二就是构建信息化框架,其三选用恰当的方法,并确定牵头解决这一问题的主体。

针对劳动力越来越少的情况,生产者可能需要管护更多的水田面积,同时,还需要管护鸭和鱼。这就需要有非常严格的指令指挥每一个生产者的具体耕作与管护活动。如哪一个地方需要放水,哪一个地方需要施肥,哪一个地方可能要添加饲料,或者要施加安全的农药等。不仅仅要有严格行为方位和范围,还需要强度数据等。这些问题不解决,农业效率难以提高,精确一致的产品质量控制最终无法实现。对农田实施精准监测,是得到这种指令的基础。但是,需要牵动很多力量。如收集数据以后,要确定处理、分析数据的主体。这些主体必须是专家,并且要有强大的计算软件来支持。根据数据分析,要能够得出每一个地方相应的行动方案,并告知生产者与管护人,等等。

对于数据收集,需要采取众包方式。各个生产者和管护者需要负责数据收集以及相关敏感元器件的保管。同时,需要对数据需求的点提出自己的要求。这样更能够确认数据点。

构建信息化商业模式也是需要解决的重要问题。解决受益人、管理者、运营者和筹资人之间的关系。

(七)建议

1. 政府应加大对辖区涉农企业的支持力度

从江是一个贫困县。以农业遗产开发为契机,促进扶贫开发已经成为县政府的重大规划。但是,从九芗农业的实践来看,还有一些问题需要政府解决。

(1)在政府出资加强种业资源建设的同时,要加大人才引进力度,对于企业急需引进的人才要进行补贴,目前企业因为基建等方面的原因投资较大、无力承担引进人才资金,政府应通过补助提升相关紧缺人才的真实工薪水平,助力企业建立起完整的经营体系。目前,企业缺乏营销、管理类、研发类人才,对于这些紧缺人才,要制定一些补贴政策,吸引有才能的人为从江的开发做贡献。通过引进人才,助力从江的企业迅速成长。

引进人才的过程,也是宣传从江及其辖区企业的过程,要将引进人才与宣传从江的工作结合起来。

(2)要开展农业遗产开发研究。要加强校地、校企、政产研学合作,建立机制,加大对区域的农业、旅游、休闲、康养产业发展的研发投入。向高校与科研机构征集稻鱼鸭、民族民俗、文化与工艺、康养、旅游资源开发的一些研讨主题,尤其是相关系统复合的研究主题,并通过建立研究基地等方式强化这些联系。一方面,助力高校与研究机构发展与从江相关的学科,另一方面,这些研究成果可以助力政府与企业在相关领域做出科学决策。

在农业方面,要推广信息化技术,建立环境监测体系和基础数据库,尤其是水土环境监测基础数据库。

稻鱼鸭体系的宣传,还需开拓一些途径。如建立博物馆、开展稻鱼鸭保护论坛等,扩大项目与区域宣传。对于企业开展相关的建设项目,如遗产推广项目,应予以适当奖励和补贴。

(3)建立企业与金融机构、农业大型企业与机构之间的联系。目前,政府要加强对已经出台了的政策的执行力度,解决诸如涉农涉粮企业的融资优惠政策仍然是一扇扇玻璃门的问题,要让企业家看得见这些政策,更要享受这些政策,通过这些优惠政策的落实,解决企业实施订单农业、收储粮食过程中,因资金占用导致流动资金不足的问题。对涉粮企业建设仓储设施等贴息政策也要加强落实,激励企业扩大业务。协助与指导企业做好农特品种保护基金、示范试验项目基金、特色项目基地支持资金等,同时,引导区内企业以灵活方式,开展与大型企业的合作,解决资金与技术上的问题。

(4)妥善解决有关涉农政策的落实。要废除一些政策条款中不合理的限制。如粮食、蔬菜运送车应该可以免交高速公路费用,但是,实际执行时,要求运送果蔬粮食等车辆必须装满70%才免交过路费。有时,对于一些量少又要求配送的客户需求,企业必须满足,这种配送对于企业来说本来成本就高,还不给予相关政策优惠,实际上加重了企业运作成本,这种条款限制,不利于企业改进服务质量。

(5)继续推进农村信息化、数字化建设。目前,从江许多村寨仍然没有网络接口,当九芗农业这样的公司对基地、对公司管理框架嵌入信息化技术时,就出现了大的困难。

2. 对于企业建议

(1)加强财务管理,尤其是对流动资金的使用管理。财务风险管理是企业顺利经营和可持续的必要措施。对于建设资金,严格按照政策要求和标准做,争取优惠政策;还可以利用高质量、高安全性商品,创新融资办法。如有的高档农产品采用众筹、认种制等方法,获取客户的预付资金,可以有效缓解资金占用带来的困难。其次,灵活安排所有权,通过股权融资的方式,获得稳定资金。进行多元化投资,通过多种途径获取现金流,争取更多的内源性资金调剂空间。

(2)及早筹划信息化改造。农业劳动力稀缺的日子迟早会到来,替代办法是机械化与信息化。资金筹集的办法可以争取特别项目试点资助,可以选取要进行高标准建设的农田作为实验项目实施范围。一则可以检验出公司对信息化的适应能力,二则这也是大多数高品质农产品取得认证的必要手段,三则可以少花钱把事情办成。在公司成功以后,还可以进行推广,既可以提升公司品牌声誉,同时,可能增加公司新的利润增长点。

第六章

全产业链业态创新与比较优势的强化

特色产业的优势不仅仅在原产品生产环节,在初加工、深加工和精加工环节的创新,可以进一步利用和强化比较优势。在声誉创建、交易环节进行创新,可以使整个特色产业链的发展更加具有可持续性。本章展示特色产业深加工、地理保护标志产品的精深加工创新以及交易环节业态创新的两个案例。

一、贵州刺梨产业的业态创新

(一)刺梨与贵州刺梨的研究

刺梨是一种野生资源品种,贵州是刺梨产业开发的原研发地,刺梨资源分布最广、产量最大。近年来,贵州省政府对全省刺梨资源的开发利用十分重视。贵州省农业发展及科技发展"十二五"规划,将刺梨产业放在"十二五"期间重点发展特色产业的首位。

刺梨产业链涵盖了食品、保健品、医药、化妆品、饲料、林业栽培及农产品深加工、旅游等领域,同时刺梨产业的特色是绿色、环保、循环、可再生,在石漠化治理、农业扶贫等方面有着无以比拟的优势。贵州是民间利用刺梨资源最早的省份,清康熙年间的《黔书》(旧雯新,1690)和《贵州通志》(卫既齐,等,1697)中已有对野生刺梨利用的记载。历史上民间主要用途是治疗肠胃病,去肿消痛等,原来用法是挖根泡酒,治疗肠胃病,用酒泡刺梨果以及用刺梨制作蜜饯等。由于鲜果表皮有刺,因此不适宜于直接食用,刺梨是一种典型加工果。

对刺梨的系统性研究始于1941年,时任中国生理学会营养学会荣誉委员、湘稚医学院的王成发教授,对贵阳的109名居民(医师、护士、学生、中等家庭居民、工人和士兵)人体血液中含维生素C量进行研究,检查结果表明每100ml血浆中平均含有维生素C仅0.29毫克,认为国民中维生素C普遍缺少。王成发(1943)研究了重庆歌乐山的野生刺梨的营养化学成分,在刺梨青果和成熟果中的维生素

C 含量分别高达 1793mg/l00g 鲜果和 2435mg/l00g 鲜果。①

　　罗登义(1945)以 2 名贵州大学女大学生为实验对象,②研究证实了刺梨中的天然维生素 C 比人工合成的维生素 C 更易被人体吸收利用。罗登义教授对刺梨营养价值的研究成果引起国内外科学界的广泛关注,英国著名的生物化学家李约瑟教授特地将刺梨称为"Deng－yi fruit of China"(中国的登义果)。

　　以后几代人的研究表明,刺梨各种高营养成分很丰富,其中主要的功能成分如表 6.1:

表 6.1　刺梨营养成分表(每 100 克鲜果平均含量)

成分	含量	成分	含量	成分	含量	成分	含量
维生素 C	2500mg	SOD	54000u	维生素 P	2909mg	维生素 B1	50μg
维生素 B2	30μg	维生素 E	3mg	维生素 A	2.5mg	纤维素	5.5g
钙	8mg	磷	27mg	铁	19mg	锌	65.2μg
锶	51μg	硒	2.69μg	钾	0.06μg	单宁	1.6g
异亮氨酸	0.65mg	亮氨酸	0.2mg	色氨酸	0.62mg	苏氨酸	0.09mg
甘氨酸	0.1mg	丙氨酸	1.29mg	蛋白质	0.7g	有机酸	2g
成分	含量	成分	含量	成分	含量	成分	含量

注:摘自中国预防医学科学院编著的《食品成分表》

　　刺梨果实含有丰富的营养成分和生物活性物质,其中维生素 C、维生素 P 和 SOD(超氧化物歧化酶)人参皂甙等抗衰老物质的含量是世界上已知水果及蔬菜中最高的,因而有"三王水果"的美誉。这些含量丰富的功能成分,激发人们对刺梨开发的巨大热情。

　　这些功能成分可以解决以下医学与营养学方面的问题(见表 6.2):

表 6.2　刺梨功能成分与对应功能

功能成分	功能
维生素 C	消炎与抗过敏、防癌抗癌、排铅
刺梨胡萝卜素	治疗夜盲症

---

①　王成发.刺梨之化学成份与丙种维生素含量之研究[J].实验卫生,1943.当时,研究刺梨主要是寻找治疗坏血症的药物。

②　罗登义.刺梨中丙种维生素之利用率[J].中国化学志,1945(12):27－32.

续表

功能成分	功能
SOD(过氧化歧化酶)	降三高、美容、美白
其他	治疗肠胃病

(二)业态创新与贵州刺梨产业的发展

1. 刺梨的业态创新历史

第一次业态创新是在新中国成立初期,主要创新业态为刺梨果酒。1951 年 8 月,我国最早的刺梨加工企业国有青岩酒厂建立,专门加工生产刺梨酒;1954 年,该厂由原贵州省轻工业厅接管,搬迁花溪吉林村,改名贵州省花溪刺梨酒厂,两年后又搬迁至花溪棉花关,产品定名为'花溪刺梨糯米酒'。花溪刺梨糯米酒的酿制工艺来自青岩古镇龙井寨布依族民间。

酿制工艺:以刺梨和上等的糯米为主要原料,先将糯米蒸熟、发酵后酿成30°—35°的米酒,用其浸泡风干的刺梨果干,加入酿好的糯米甜酒,装入陶坛中陈贮半年至 1 年时间后,过滤去渣成酒。品质上色泽琥珀,晶莹剔透,淡甜醇香,回味悠长,果酒上品。

20 世纪 50 年代中期至 80 年代初,产品曾远销四川、重庆、湖南、上海、北京、广东、浙江、香港、澳门等地,以及泰国、马来西亚、新加坡、日本、苏联、南斯拉夫、罗马尼亚等国家,1981 年出口创汇 14 万美元。1982 年产品生产能力最高时达到年产 500 吨。

第二次是刺梨原汁榨取。1982 年贵州农科院组织贵州农学院学生进行了一次调研,这一次在兴义发现了金刺梨,该品种实际上不是刺梨,而是金樱子。但是,这一次调研重新激起了贵州对刺梨产业发展的热情,当时也花费 9000 多万元发展该产业,进行刺梨原汁榨取。但是,由于刺梨原汁异常苦涩,再加上用铸铁器材榨取,刺梨汁变成褐色,品相也较差。在 1989 年以后就没有了该产业发展的消息。

第三次是 1992 年到 2010 年。这一次的主要业态创新是生产中间原料精刺梨粉,并申请为国家专利。这一波的主打加工产品是刺梨果脯与果干。

第四次是龙里县集中种植刺梨开始,进一步开发刺梨酒、刺梨果脯、刺梨汁、刺梨茶、刺梨含片等,并将刺梨种植与旅游融合,形成刺梨旅游,业态大大丰富。

国外开发刺梨产品加工的国家,主要有日本、韩国、新加坡、马来西亚等。这些国家主要以进口的刺梨原汁为原料加工果汁饮料或保健产品,经深加工生产的中高档产品极为少见。

国际对天然维生素 C 及 SOD 的市场需求巨大,2010 年全球维生素 C 需求量为 12 万吨,我国合成维生素 C 的出口量已占到全球市场 80% 的份额。外需出口占全国产能的 80%,内需仅占 20%。

2. 贵州刺梨产业现状

表 6.3 是贵州 2018 年刺梨产业的大致情况。

表 6.3　2018 年贵州省刺梨产业统计表

州市	基地总面积（万亩）	基地已挂果面积(万亩)	刺梨鲜果产量（吨）	刺梨加工企业数(个)	刺梨加工产品能力(吨)	刺梨实际加工量(吨)	刺梨产业总产值（万元）
安顺市	25	13.93	15325	12	150000	13325	87400
毕节市	45	8.83	7276	6	58100	3650	7196
六盘水市	100.48	24.3	22470	5	480500	10029	41283
黔南州	85.63	27.45	117760	13	100000	43000	226000
遵义市	1.66	1.1566	6100	1	100000	8500	8813
黔西南州	2.54	0.57	575	3	120	20	516
全省合计	260.31	76.2366	169506	40	888720	78524	371208

数据来源:贵州省营林总站提供

目前,刺梨产业主要布局在黔南、六盘水、安顺、毕节、遵义、黔西南等州市。总种植面积 260.31 万亩,挂果面积 76.2366 万亩,鲜果产量 169506 吨。加工企业 40 家,这些企业的总加工能力为 888720 吨,实际加工 78524 吨。

2018 年,刺梨种植面积最多的是六盘水,其次是黔南州,接下来是毕节、安顺。

从各州市刺梨基地挂果面积来看,最大的是黔南州,其次是六盘水,然后是安顺市、毕节、遵义、黔西南州。挂果面积占比低,说明各地近几年新种植刺梨面积猛然增加。并且,各地州市还在规划增加种植面积。另外,各地平均亩产差距较大。这种差距有可能来自以下原因:一是各地新挂果面积所占比例不一,新挂果地块产量低;二是种植技术水平和品种差异;三是种植条件的差别(见图 6.1、图 6.2)。

目前的加工能力最大的是六盘水,其次是安顺市,接下来是黔南、遵义、毕节。实际加工量最大的是黔南州,其次是遵义、六盘水,然后是毕节与黔西南。实际加工量远远低于潜在加工能力。从实际生产的鲜果来看,目前产量最高的是黔南州,超过了其加工能力。其次是六盘水、安顺、毕节和黔西南,其产量大于其实际加工量。遵义产量高于黔西南,是所有州市中加工量大于产量的唯一一个地市级单位(见图6.3)。

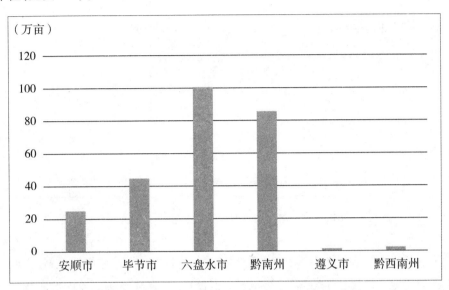

图6.1 2018年贵州省市、州的刺梨种植面积

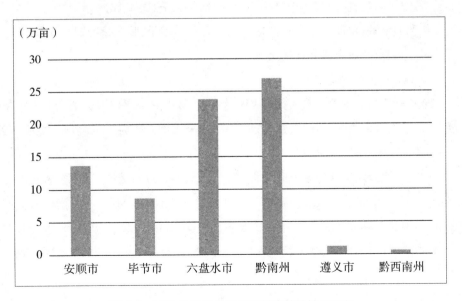

图6.2 2018年贵州省各州市刺梨基地挂果面积

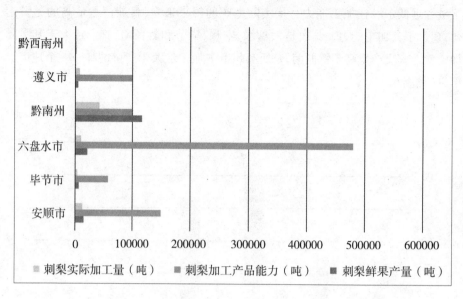

图 6.3　2018 年贵州各州市刺梨实际加工量、加工能力与鲜果产量

从各州市的实际加工量、加工能力对比来看,目前加工产能显然过剩,从未雨绸缪的角度来看,加工能力建设快于鲜果产能增加,有利于保护种植积极性。但是,按照经验值来看,在盛产期每 1 亩产鲜果 1 吨来看,目前加工能力是过剩的,况且,贵州民间一直有对刺梨进行家庭加工的习惯,耗去一部分鲜果。

从产值来看,目前刺梨产业产值最高的当属黔南州,其次是安顺和六盘水,这几个州、市刺梨产业产值都过亿元,黔南州达到 22 亿多元。

3. 刺梨产业的社会效益

全省刺梨产业带动增收人数有 108 万多人,其中六盘水市因刺梨产业发展带动 49 万多人增收,黔南州的人数为 29 万多、毕节市的人数为 15 万多人、安顺市 9 万多、遵义市 3 万多、黔西南州 1.35 万多。

刺梨产业因此带动许多家庭增收,全省受益户数 30 多万户,其中贫困户 4 万多户。六盘水市受益户数最多有 14 万多户,其中贫困户 17900 户;黔南州有 8 万多户,其中贫困户 18400 户;毕节市 3 万多户,其中贫困户 3350 户;安顺市 2 万多户,其中贫困户 3475 户;遵义市 1 万多户,其中贫困户 172 户。刺梨受益家庭收入户均增加 2361 元。(见表 6.4)

表6.4　2018年贵州刺梨产业产生的社会效益

州市	现有刺梨基地带动增收人数（万人）	现有刺梨基地带动增收户数（万户）	2018年户均增收(元)	其中贫困户户数(万户)
安顺市	9.261	2.33	7562	0.3475
毕节市	15.81	3.71	703	0.335
六盘水市	49.2134	14.91	1500	1.79
黔南州	29.64	8.04	2350	1.84
遵义市	3.025	1.011	900	0.0172
黔西南州	1.35	0.26	1150	0.059
全省合计	108.2994	30.261	2361	4.3887

4. 刺梨产业业态与产业产值

从县一级层面来考察刺梨种植县的刺梨产业产值与业态之间的关系,可以看出各地区发展方向的积极性。

我们对贵州省林业厅林营总站提供的33个刺梨种植县进行考察,各个州市的分布情况如下表6.5。

表6.5　贵州刺梨主产区

州市	刺梨产业大县
安顺市	西秀区※、普定县※、平坝区※、镇宁县、关岭县※、紫云县、开发区、黄果树
毕节市	七星关区、大方县※、黔西县※、金海湖新区
六盘水市	六枝※、盘州市※、水城县※、钟山区
黔南州	龙里县※、贵定县※、长顺县 ※、平塘县※、福泉市、都匀市、瓮安县、罗甸县、荔波县、三都县、惠水县、独山县
遵义市	播州区、汇川区
黔西南州	普安县、安龙县、兴义市

注:带星号的县是刺梨重点县

目前种植面积超过十万亩的县有盘州市(54.41万亩)、水城县(33.63万亩)、龙里县(24.5万亩)、贵定(18万亩)、西秀区(13万亩)、大方县(13万亩)、长顺县

（12.3 万亩）、六枝（11.89 万亩）、平塘县（11.2 万亩）等；目前挂果面积较大的是盘州市（20 万亩）、龙里县（7.8 万亩）、西秀区（7.5 万亩）、贵定县（6.5 万亩）；鲜果产量最多的是龙里县（41500 吨）、贵定县（34500 吨）、盘州市（20000 吨）、长顺县（15400 吨）、西秀区（11000 吨）。

加工能力较强的县是盘州市（480000 吨）、西秀区（54100 吨）、贵定县（500000吨）、关岭县（44500 吨）、龙里县（40000 吨）、普定县（21400 吨）。

实际加工量较大的是贵定县（21500 吨）、龙里县（17000 吨）、盘州市（8700吨）、西秀区（8545 吨）、长顺县（2000 吨）、大方县（1910 吨）、普定县（1780 吨）、关岭县（1500 吨）。

刺梨产业产值上亿元的县有贵定县、龙里县、西秀区、盘州市、普定县、长顺县等。（见表6.6）

表 6.6　刺梨重点县刺梨产业统计

县名	2018 年刺梨基地总面积（万亩）	2018 年基地已挂果面积（万亩）	2018 年刺梨鲜果产量（吨）	2018 年刺梨加工企业数（个）	2018 年刺梨加工产品能力（吨）	2018 年刺梨实际加工量（吨）	2018 年刺梨产业总产值（万元）
西秀区	13	7.5	11000	5	54100	8545	49782
普定县	5.1	2.2	2200	3	21400	1780	27290
平坝区	2.05	1	850				510
关岭县	1.8	0.8	400	1	44500	1500	3800
大方县	13	3.24	2332.6	2	3100	1910	4280
黔西县	7.8	0.535	449.4	1	1000	500	1284
六枝	11.89	1.1	850	2	500	500	1000
盘州市	54.41	20	20000	2	480000	8700	38625
水城县	33.63	3.2	1620	1（在建）		829	1658
龙里县	24.5	7.8	41500	4	40000	17000	86700
贵定县	18	6.5	34500	7	50000	21500	99500
长顺县	12.3	4.1	15400	1	5000	2000	13400
平塘县	11.2	3.3	13000				4500
惠水县	2.5	0.5	1050				200

5. 不同业态对刺梨产业产值的贡献分析

不同业态对产值的贡献不同,就有可能激发地方政府对不同业态的支持态度,进而影响对整个产业的支持态度。目前,刺梨产业业态可分为两类,一类是种植业态,另一类是加工业态。在实际的市场运作中,分别计算种植成果与加工成果,也就可以分离不同阶段的产值。

在投入方面,种植成果最重要的投入当然是土地和人力,以及其他生产资料,如种苗、肥料等。

为了检验不同的业态对产业产值的贡献,我们以县为单位,以省营林总局统计的数据为依据,用贵州刺梨产业规模较大的县,来进行检验。根据营林总局提供资料,有刺梨产业的县有 33 个,其中有金海湖新区、普安县、钟山区没有统计刺梨产业总产值。因此,只有 30 个县的数据作为观察值。

假设 $PP_i = \alpha_0 + \alpha_1 P_i + \alpha_2 F_i + \varepsilon_i$

其中,PP_i 是 i 县的刺梨总产值(万元),P_i 是该县的刺梨加工量(吨),F_i 是该县鲜刺梨产量(吨),$\varepsilon_i - N(0, \sigma^2)$。

估计结果如表 6.7:

表 6.7 业态对产业产值贡献模型

系数	估计值	标准误	t - 统计量	Prob.
α_0	- 360.0008	1412.516	- 0.254865	0.8007
α_1	3.364597	0.554775	6.064791	0.0000
α_2	0.697122	0.285516	2.441623	0.0212

R^2 为 0.9278,调整 R^2 为 0.92267,F 统计量为 179.99,F 检验的 P 值为 0。赤池信息准则为 20.60154,施瓦兹准则为 20.74032,汉南—奎准则为 20.64678。

模型中,常数项不显著。模型的线性关系非常显著。

表 6.8 去除常数项的业态对产业产值贡献模型估计

系数	估计值	标准误	t - 统计量	Prob.
α_1	3.364346	0.545758	6.164544	0.0000
α_2	0.681743	0.274531	2.483303	0.0190

R^2 为 0.9277,调整 R^2 为 0.9251. 赤池信息准则为 20.53935,施瓦兹准则为 20.63186,汉南—奎 准则为 20.56950。模型与上述模型比较,该模型更优。

用残差平方对 P、F 的回归,检验结果如下表 6.9:

表 6.9　业态对产业产值贡献模型估计的异方差检验

统计量	数值	Prob
F - 统计量	4.366302	Prob. F(2,28) = 0.0224
Obs * R^2	7.369767	Prob. Chi - Square(2) = 0.0251
Scaled explained SS	26.28737	Prob. Chi - Square(2) = 0.0000

根据残差检验 B - P - G 检验,发现有明显的异方差性。

考虑重点县相关的贡献度可能有差别。假设

$$PP_i = \alpha_1 P_i + \alpha_2 F_i + \alpha_3 D_i P_i + \alpha_4 D_i F_i + \varepsilon_i$$

其中 D_i 是重点县虚拟变量,如果 i 县为重点县,则 $D_i = 1$,否则,$D_i = 0$。结果如表 6.10:

表 6.10　刺梨重点县的业态对产业产值贡献模型估计

系数	估计值	标准误	t - 统计量	Prob.
α_1	1.033035	0.931346	1.109186	0.2771
α_2	0.667053	0.929080	0.717971	0.4789
α_3	3.417791	1.052341	3.247798	0.0031
α_4	- 0.440902	0.959219	- 0.459647	0.6494

该模型拟合程度明显改善。R^2 为 0.9599,调整 R^2 为 0.9555,赤池信息准则为 20.07815,施瓦兹准则为 20.26318,汉南—奎准则为 20.13847。改模型中参数 α_4 不显著,去掉 $\alpha_4 D_i F_i$,估计结果如下表 6.11:

表 6.11　重点县业态对产业产值贡献模型估计(去掉重点县加工产量项)

系数	估计值	标准误	t - 统计量	Prob.
α_1	1.359075	0.594978	2.284243	0.0301
α_2	0.253423	0.227791	1.112525	0.2754
α_3	3.039338	0.646070	4.704350	0.0001

该模型拟合程度没有明显变化。R^2 为 0.9596,调整 R^2 为 0.9567。从调整 R^2 来看,还有所改善。赤池信息准则为 20.07815,施瓦兹准则为 20.26318,汉南—奎准则为 20.13847,这几个准则来看,信模型也有改善。而且,检测不到异方差性。

表 6.12 2018 年贵州省刺梨产业重点县刺梨社会效益

县名	2018 年现有刺梨基地带动增收人数(万人)	2018 年现有刺梨基地带动增收户数(万户)	2018 年户均增收(元)	其中贫困户户数(万户)
西秀区	5.33	1.33	8000	0.1999
普定县	1.7	0.43	8500	0.0638
平坝区	0.68	0.17	3500	0.0255
关岭县	1	0.25	3600	0.0375
大方县	2.87	0.74	1134.8	0.075
黔西县	4.03	1.11	145.75	0.08
六枝	3.4134	1.0717	1500	0.3596
盘州市	34.6	10.1	1500	0.29
水城县	11.2	3.7365	1500	1.1367
龙里县	5.93	1.32	5000	0.22
贵定县	6.41	2.19	5100	0.64
长顺县	4.56	1	2000	0.22
平塘县	3.79	1.13	1800	0.23
惠水县	0.59	0.13	1500	0.03

从这一模型可以看出,每生产 1 吨鲜果,可以增加产值 2534 元;但是,加工 1 吨刺梨,对于重点县和一般县的刺梨产值贡献不一样,在一般县的贡献为 13590 元,而在重点县的贡献多 30393 元。通常,在销售的时候,1 吨鲜果就有 4000 元,但是,也有的刺梨有生产者自己加工消费,或者销售,而没有纳入统计体系。

比较单纯生产 1 吨鲜果、加工 1 吨鲜果,带来的产值增加在一般县为鲜果价值的 5 倍,而在重点县增加到 20 倍。在重点县可能主要是加工技术的改善与加工成品的差异导致这种差异。

正因为这样,地方政府正在重点发展规模的刺梨加工业。尤其是重点县目前发展的加工业附加值更高。

从社会效益来看,刺梨产业受益人最多的县是盘州市,有 34.6 万人。其次是水城县有 11.2 万人收益因此增加。贵定县、龙里县和西秀区受益人数都超过 5

万。从产业引起的户均收入增加来看,户均收入增加最高的是西秀区和普定县,分别是8000元和8500元,其次是龙里县与贵定县,户均收益超过5000元。从扶贫效果来看,水城县的刺梨产业带动贫困户增收户数最多,有11367户,其次是贵定县,带动的贫困户有6400户。(见表6.12)

6. 贵州刺梨产业业态

在贵州排名前40位的刺梨加工企业中,主要业态包括以下几类:

以刺梨为医药原材料1家。做刺梨干8家,刺梨汁的18家,刺梨饮料7家,刺梨果脯11家,刺梨果糕2家,刺梨口服液7家,刺梨浓缩汁2家,刺梨波波糖1家,刺梨软糖1家,刺梨果酒2家,刺梨酒6家,刺梨茶2家,刺梨精粉1家,刺梨白兰1家,刺梨酵素1家。各家企业经营现状如表6.13。

从所有企业涉及的加工业态来看,最多的是原汁、饮料与果脯。

贵州原有刺梨业态存在的问题:

(1)刺梨鲜品一般都是野生种类,尚未形成高端原料生产基地。

(2)由于高端原料技术开发难度大、口感略有酸涩、不容易保鲜和缺少规模化的龙头企业等各种因素限制,天然野生刺梨资源未能得到规模开发,也因为资源、设施、规模、资金、文化宣传、产品推广、企业改制等各种因素的限制和影响,没有很好地发展。

(3)目前国内市场上刺梨产品并不多见,仍以饮料和食品为主,其原料都多为刺梨汁,刺梨汁的贮存运输极为不便,保鲜保质期不长,而且处理不当将会造成变质或营养成分的大量损失。

表6.13　2018年贵州省刺梨加工企业统计表

企业名称	年加工产品能力(万吨)	主要刺梨产品	纳税额(万元)
国药同济堂及旗下子公司老来福生物科技	0.3	益肾健胃口服液、金刺参九正合剂、比尔青胶囊、来福胶囊、原汁、含片	830
贵州山珍宝绿色科技开发有限公司	10	维C王刺梨干、刺梨汁、刺梨口服液、刺梨果糕	832.5
盘州宏财聚农公司刺梨加工厂	30	刺梨饮料、果脯	392.64
盘州天刺力食品科技有限公司	15	刺梨饮料、果脯	352.8

企业名称	年加工产品能力（万吨）	主要刺梨产品	纳税额（万元）
贵州黔洲实业有限公司	3	刺梨原汁、果脯	6
六枝特区轩辕农业发展有限公司	0.03	刺梨原汁、果脯	3.5
六枝特区民生公司	0.02	刺梨原汁、果脯	1.5
贵州天赐贵宝食品有限公司	3	金刺梨原汁、金刺梨干、金刺梨酥、金刺梨茶、金刺梨软糖、金刺梨饮料	78
贵州大兴延年果酒有限公司	5	金刺梨果酒系列、金刺梨酵素、金刺梨饮料	10
安顺南春茶果业发展有限公司	0.15	金刺梨酒	5
贵州贵芝味食品有限公司	0.15	金刺梨干	0
贵州扶风亭金刺梨酒业有限公司	0.2	金刺梨酒	0
贵州箐口老寨酒业有限公司	0.05	金刺梨酒	0
贵州云上刺梨花科技发展有限公司	4.45	金刺梨果酒、金刺梨白兰、金刺梨口服液	71
春归保健科技有限公司	1.19	金刺梨原汁	1
贵州夜郎蜂业科技有限公司	0.8	金刺梨干	61
贵州大宏成食品有限公司	0	刺梨软糖、刺梨波波糖、刺梨核桃软糖	
贵州华凯农业科技发展有限公司	5	刺梨软胶囊、刺梨原汁/浓缩汁刺梨复合型果汁、刺梨精华口服液刺梨精粉/含片/泡腾片	
贵州省金黔果生物科技有限责任公司	0.1	刺梨果干/果脯	
贵州天龙投资开发有限公司	1.5	原汁、混合汁	58
贵州恒力源天然生物科技有限公司	1.5	原汁、饮料、口服液	39

续表

企业名称	年加工产品能力（万吨）	主要刺梨产品	纳税额（万元）
贵州山王果健康实业有限公司	1.5	原汁、口服液	63
贵州金维益农业科技开发有限公司	1.5	原汁	0
贵州绿视野绿色开发有限公司	1	原汁	3
长顺丹索亚刺梨庄园有限公司	0.85	原汁、果酒、口服液	28
贵州贵定敏子食品有限公司	0.8	原汁、果脯	12
贵州龙里奇昂生物科技有限公司	1	原汁、口服液	21
贵州黔宝食品有限公司	0.1	刺梨果脯、刺梨果糕	30
贵州媗姨妈食品有限公司	0.1	刺梨原汁、酒、果脯	20
贵州省贵定县高原苗香生态食品有限公司	0.05	果脯	18
贵州龙美生态科技发展有限公司	0.05	刺梨茶	23
贵定苗岭山珍食品有限公司	0.05	果脯、干果	7
兴义市情花谷果酒厂	0.004	刺梨散酒	6
贵州文松发酵食品有限公司	0.008	"文松酿、方松道"牌刺梨酒	3

数据来源：该数据由贵州省林业厅提供

（三）刺梨业态创新潜力与发展方向

业态创新在刺梨产业中，沿着三个方向和多个产业链条环节进行。在种植环节的育苗领域和鲜果生产，实施标准化大规模生产，其主要特征是产权变革；在加工环节，主要是进行产品创新，在技术流程上不断完善，质量水平不断提升；在开发方面，组建研究院，以平台方式吸引各方研究力量，为发展刺梨产业服务。

1. **产品创新与提升质量的流程创新**

（1）刺梨原汁目前是主要业态，包括原汁、浓缩汁、饮料等。这主要是刺梨汁这一产品创新的时候就针对市场，被行内专家称为"离市场最近的产品"。同时产品开发利润较高。刺梨原汁是加工成浓缩汁、饮料的前端原料,也是最能够保持刺梨原来风味、营养成分最地道的产品。但是,刺梨原汁中含有各种生物碱、萜类、糖苷和甾体类物质和酮类等,虽然有较强的功能,但也是苦味、涩味的来源。因此,去掉或者掩盖这些令人不快的味道,是加工成饮品最重要的技术。目前主要采用的技术是添加苦味抑制剂,如加矫味剂、芳香剂、阻滞剂,或者隔离方法等。

在原汁榨取技术中,最初是以铸铁压榨件作为压榨工具,但人们最初采用这一技术时,很快发现两个问题,一是铸铁件容易被其中的酸性物质腐蚀生锈,二是榨取的原汁容易变褐色。并且原汁中含有果肉固形物相对较多,不利于储存。后又采取不锈钢压榨件做工具进行压榨。但是时间过长以后,在较高温度或常温下维生素损失较大。一般情况下,原果一个月内不加工,维生素损失15%左右。原果压榨一般在一个月内完成。因此,要用低温冷藏、低温加工技术,减少有效成分损失。目前大多数工艺采用低温压榨与小分子磁化消毒技术。近期,基本上不采用脱单宁技术,尽量保留其原有营养成分。目前厂商基本上采用原汁小灌装业态。

此外,像"刺力王"无添加剂加工原汁与饮料制品,其核心的差异化策略就是以健康营养为营销主题。

(2)刺梨果脯:果脯与刺梨干是传统的刺梨加工技术。由于是传统技术,在榨取原汁不成功的情况下,果脯与刺梨干是主流的产品业态,利润也丰厚。制作果脯,一般拣个头大的刺梨做材料,一般4斤果能制作1斤刺梨干或者果脯,刺梨干价格80元左右,出口价格是88元。刺梨果脯与刺梨干加工是贵州刺梨产业第三波的主要动力。但是,传统制作果脯与刺梨干的技术存在一些技术缺陷。主要的缺点有两个。一是传统果脯糖分高,与主流健康食品的方向不相符。一般1%的蔗糖果脯能产生0.61atm渗透压,只要糖分达到60%以上果脯就能够长期保存。如果是低糖,糖分30%—40%,是不能够长期保存的,但是采用杀菌以后罐存可以长期保存。另一个缺点是生产期短:采收半个月,原料冷藏一个月,生产一个半月,总共只有三个月生产时间。花色品种单一,且以干态果脯为主。这种干态果脯太硬,营养损失严重。现在主要的方向是低糖湿态果脯。这种果脯还采用加糖且时间短的一次快速蒸煮方法,其要点是温度控制在65摄氏度以下,时间不超过6小时并采用特制送风设备,在3个小时内干燥完毕,使营养尽可能得到保留,而且口感脆,经过护色以后,可以保留原果颜色。这种果脯要趁热包装,60%的糖液:料液比1:1,一次煮沸,趁热包装,当温度高于80摄氏度时,可以不杀菌直接包装。

这种湿态果脯制作时还可以节约成本,节省了烘焙成本。

目前,刺梨果干产品标准化程度较高的是龙里县的加工厂,其刺梨果干已成为地理标志产品。

(3)刺梨酒:刺梨酒是贵州第一波加工业态的主流。刺梨酒比葡萄酒更有果香,单宁充足,风味丰富,颜色金黄、呈琥珀色,且酿制时,因为糖度充足,可以酿造出浓度较高的酒精。今后,发酵酒、露酒等是刺梨酒发展的方向。酒类品牌做好以后,还可以做酒庄,发展刺梨酒文化。

(4)刺梨面包。刺梨面包是一种新的加工产品,这种面包主要是在主要原料中加入了刺梨汁,也就以面粉加刺梨汁为主料,并加入酵母、鸡蛋、油脂和糖、盐等辅料,发酵成型,经过烘焙冷却后即成。这种面包芳香浓郁,酥软爽口。

(5)其他相关的产品创新包括刺梨精粉和冻干粉、刺梨维生素 C 片、刺梨维生素含片、刺梨茶。尤其是刺梨维生素 C 片、刺梨维生素含片等是附加值极高的产品。有关刺梨产品综述性研究可见唐玲(2013)的文献。

2. 产业模式创新

刺梨这个品种不能再像其他产业那样,因为随意施加化肥、农药、除草剂等,出现产品的安全性下降的现象。同时,在加工端,大量的残渣需要处理,如榨汁、酿酒等环节。这种残渣如果随意堆放,也可能影响环境。而有机种植端又缺乏质量可靠的肥料。因此,像刺力王这样的公司,就开始了产业模式的创新,就是循环农业。公司将榨取原汁以后的材料和酿制刺梨酒以后的一些糟粕集中放到一个车间进行加工,做成有机肥,为农户和种植合作社提供廉价的甚至免费的肥料,降低种植成本,激励这些种植户和合作社进行有机种植。

3. 产权模式创新

与其他产业一样,散小种植户很难保证公司得到优质和大量的鲜果。好的做法就是"公司 + 基地 + 合作社 + 农户"。尤其是保证基地控制在公司的手中。因此,好的做法就是将农地流转给公司,然后由公司与种植合作社签订协议,明确责任。然后由合作社进行农户的种植管理。

六盘水是"三变"比较成功的地方,这里的涉农企业对三变的运用可谓得心应手。

宏财聚农公司是盘州市的一家平台公司。盘州市地处贵州的西大门,位于六盘水西南部,占地面积 4056 平方公里,下辖 27 个乡(镇、街道),聚居着 28 个民族,人口 120 万。盘州市近几年来运用林业和石漠化治理资金等,打造刺梨产业。宏财聚农公司于 2016 年年底负责投资和运营刺力王刺梨项目,充实平台公司转型内容。为了使平台公司运作的项目极具可持续性,同时又能解决农户增收和贫困问题,公司决定运作刺梨产业全产业链。首先要保证鲜果来源,公司计划种植

80 万亩刺梨。

刺梨种植原本是前几年林业部门按照政府要求推进的一个项目,前几年整合包括退耕还林的资金在内的几项资金,推进了十多万亩面积的刺梨种植。在公司开始建立全产业链项目的计划下,整个项目土地流转采用"三变"方式,即由农民把土地流转给合作社,然后由合作社转给公司,量化成资金入股公司,每一亩作价400—600 元进行量化。

农户不仅仅获得土地流转收益。公司雇用基地工人时会优先考虑这些入股农户,每年付给农户管护费 370 元/亩。在鲜果成熟以后,公司按照 2 元/斤的价格收购这些鲜果。同时,农户还有得到二次分红的机会,即按鲜果价格的 30% 进行分红。

合作社负责对农户进行技术指导和培训;负责基地的前期投资、种苗投入、肥料等;负责按照约定价格收购基地鲜果。

合作社是由农户自发成立。合作社的主要任务是组织农户进行管护。公司把分配给农户的红利发放到合作社,再由合作社发放到农户。

当然,在农户工资计算方式上,公司具有多方面的困难。参与这一产业的农户相当多,总共 17 万户。现在采取计时工资制。但是这种制度在实际运行时,就出现问题。因为是计时工资,所以这些农户有的就偷懒、拖延,尽量多产生工日。

宏财聚农对于刺梨产业的投入也不是一般私人企业能承受的。前三年刺梨不挂果,没有任何收益项,但是必须兑现收益分红。对此,公司鼓励农户进行林下种植与养殖,为农户和合作社增加收益。

三变方式在育苗阶段也普遍推行。高质量加工品,必须有高质量原料产品。为保持原材料质量的一致性,必须实施标准化种植。为此,公司与合作社进行合作,以三变方式流转土地,建立刺梨采穗圃。刺梨的果核外壳坚硬,用种子发芽种植技术难度较大,目前种苗的供给方式更多采用扦插方式,因此,要建立采穗圃,培育扦插条。目前,公司主要推广的品种是"贵农 5 号"。

4. 种植标准化与地理标志保护产品

种植的标准化是贵州刺梨产业发展的重要推手。贵州刺梨鲜果中维生素是周边地区刺梨含量的 2 倍以上。因此,贵州地理环境与相关品种的特性联系显得非常紧密。

最先提倡标准化种植和示范性种植的是龙里县。龙里县隶属黔南布依族苗族自治州,位于贵州省中部,扼守贵阳市的东大门。据《贵州图经新志》记载,龙里取境内龙架山之龙,乡里之里,而得"龙里"之名。全县总面积 1521 平方公里,辖 5 个镇 1 个街道 79 个村(社区),居住着汉、布依、苗等 20 余个民族,总人口 23.5

万,少数民族占41%左右。2000年开始,乘着退耕还林的政策之风,龙里县鼓励农户种植刺梨。但是,刺梨效果不能够直接消费,没有进行加工需要的技术,使产业一度陷入困境。帮扶龙里县乡镇的一些金融机构扶持种植大户以及一些合作社进行加工,如制作刺梨干等,但是刺梨种植不规范,品种参差不齐,结果导致鲜果形状不规范。还有一些农户直接以野生品种为种资源种植。野生刺梨固然具有有效成分高、有机生态的特点,但是,对于当时以刺梨干加工为主的龙里县来说,鲜果不利于标准化加工,主要原因是果形较小,而且果形差异太大。还有一个问题是野生品种产量较低。再加上加工技术也没有标准化,产品声誉不高。金融机构对这样的种植户进行支持和贷款,会对其自身的贷款质量与信用评级产生影响。

从2008年开始,该县力图使刺梨产业朝着产业规范化方向发展,主要着手解决两个问题:种植规范化和刺梨加工规范化。

首先是种植品种的规范化。龙里县与贵州省农科院等单位合作,从品种选育入手,选育出优良品种贵农5号、7号作为规范推广品种,鲜果果形标准化有所改善。同时,在土地、地形选择方面都进行了探索。

其次是选择种植积极性高、加工和种植技术较好的村寨进行种植规范化探索,如在茶香村,进行成片种植,形成"十里刺梨沟",并被评为4A级景区。将种植与加工连接,在接下来又发展刺梨旅游,终于为刺梨产业找到了幼苗培育、"卖鲜果+刺梨产品深加工+农家乐+新农村观光旅游"带动产品销售的链式发展路径。

同时,金融机构积极引入规模加工企业,丰富了刺梨加工品种,除了传统的刺梨干,还引入压榨企业,进行刺梨饮料、原汁、浓缩汁、刺梨酒等生产,终于将当地刺梨种植产能消化,使农民能够依靠刺梨种植增加收入。目前,龙里县的刺梨果脯、刺梨干、刺梨原汁、刺梨口服液、刺梨维C片、刺梨精粉、刺梨胶囊等10余种产品远销一线城市以及日本、韩国、东南亚等国家。

2012年,龙里县基本上已经完成在谷脚、哪嗙、醒狮、洗马、巴江等乡镇建成总面积达6.5万余亩的刺梨种植示范基地建设。同一年,第一个由县级政府牵头成立的省级学会——贵州省刺梨学会成立。在学会的帮助下,完成《龙里县刺梨产业2012—2020发展规划》,以及龙里刺梨地理保护标志的地方规范文本的编制,并得到贵州省质量检验监督局的批准。按照地理保护规范文件,该种植规范包括如下方面:保护的品种包括龙里境内的野生品种以及贵农5号、7号。同时对立地条件等进行规定。种植方法是扦插方法,每公顷每年施用腐熟有机肥不少于1吨。农药、化肥等的使用必须符合国家的相关规定,不得污染环境。其次,对产品的理化指标等进行了规定。刺梨学会不仅编制规划与规范文本,同时,针对刺梨种植与加工业态中出现的问题进行研究,并负责种植与加工户的培训,推动了产业的规范化发展。

2016 年龙里刺梨成功通过国家质检总局的评审。龙里的刺梨干也成为中国地理标志保护产品。目前,龙里被誉为中国刺梨之乡、中国刺梨名县。2018 年,龙里恒力源刺梨鲜果和原汁获得中国有机产品认证。

5. 刺梨产业的研发业态

刺梨研发业态也在创新。除龙里县的政府推动成立刺梨学会的成功模式外,在盘州也出现了一种新型的产业融合模式。将传统的基本由专业农科院、农业学院主导投入的模式,转变为由企业主导的专业化研发。如宏财聚农目前投入 15.7 亿元投资兴建中国刺梨产研示范中心,包括中国刺梨研究院。

此前,刺梨汁产业发展存在着几个特别的困难。如采用传统的压榨取汁法,存在果汁混浊、杂质含量高、原料利用率低、加工氧化褐变、维生素 C 损失大等问题。盘州、六枝等地对刺梨研发的投入,解决了刺梨汁加工过程中出现的这些问题,使得宏财聚农有信心进行更大规模投资。

研究院虽然由公司全额投资,但是允许研究院进行开放式研究,其研究品种与信息收集可以面向公司以外的企业。

(四)业态创新与面对的问题

1. 刺梨种子与种植规程的标准化问题

标准化是产业化的基础,没有标准就没有产业。刺梨种植产业也是如此。因为刺梨是必须加工以后才能够消费,鲜果产品必须符合下游加工企业对于产品质量的要求,所以不同类别的加工品种就有可能对鲜果产品有不同的要求。如用于加工成刺梨汁的产品就要求刺梨干出汁率、可食率以及可溶性固形物含量都要比较高。而这些指标与果形大小并无显著关联,甚至在有些研究实验中发现,果形小,反而这些指标值还要高一些。因此,在选育用于榨汁的刺梨品种时,可能主要选择这些理化指标高一些的品种,而用来加工成果干、果脯等刺梨就要求是果形大的品种类型。

面向不同产品就可能有不同的标准。这些品种的质量与鲜果质量之间可能存在某些对应关系,也就有可能因此需要制定相应的鲜果产品标准。针对鲜果的不同标准,选择相应的品种以及种植流程的标准,因为鲜果质量可能与遗传特性、施加的肥、药以及水土、气候条件等相关。对于面向不同产品的鲜果也就要求有相应的品种与种植规程保证。这样一来,标准体系因此有可能非常复杂。制定标准的科学性,要求有非常扎实的科学与研究基础,并且有相当严格的检测技术与流程作为支撑,否则就有可能使规程和标准无法落实。反过来,如果品种、规程与鲜果质量水平之间、鲜果质量水平与最终加工品质量水平之间的关系弄不清楚,就难以保证最终产品的质量,影响消费者对于整个产业健康发展的信心。没有严格的检测流程和可靠的技术支持,同样无法向消费者证明产品质量水平的可靠性,同样影响消费者的选择。

甚至于鲜果的采收技术、储运条件与技术都有可能影响鲜果的质量。如鲜果出现果面损害,包括机械损伤、虫害伤口等,如果用来加工果干和果脯就有可能不符合质量要求。

对于药用、特医产品的原材料鲜果,就必然对其中的关键性含量有着特殊要求。对产品安全性可能有着比一般产品更高的要求,因此,在各个环节上要求都比较苛刻。

因此,标准体系建设先要从终端加工品的质量体系建设入手,然后回溯,分别得到各面向果实分类标准、产品品种标准、种植管理规程和储运标准等。最后针对不同品种建立自身的标准。

不同的标准要求与不同的投入要求相对应。如果没有各种标准与规程,往往就很难得到稳定一致的符合最终加工品要求的鲜果。因此,亟待建立刺梨的面向各类加工品、不同质量水平的刺梨品种、种植规程、储运、加工等一系列标准和规程。

质量与规程的严格程度,对应着技术水平的高低、投入品以及管理的质量水平。产品质量要求实际上就是一种技术与投入品质量壁垒。因此,这种地方标准的指定也应与地方原材料生产环境、条件以及相关生产者能力相适应,如果质量标准过高,入市合格产品少,就会直接影响产业发展规模,并最终影响产业的可持续发展。产品质量标准由行业协会在充分调研的基础上,在适当时机进行修改,保持标准与市场需求、产业发展实际相适应。

质量体系在本质上就是一个控制产品入市的基本制度,它直接决定了能够入市的资源投入量和最终产出量。但同时,这种质量标准也是对消费者要求与对质量估值的总体水平的依据,因此不能脱离市场对产品质量的总体要求,应在产出与需求之间求得平衡。关于符合市场预期的标准,有两种办法进行匹配。一种是以普遍较高的要求制定标准,以此刺激行业技术与投入品的质量,这在投入品与技术水平普遍较高的情形下可以采用这一策略。另一种办法是采用定制化策略,针对不同质量水平订单来确定不同水平的投入量。

2. 产品的市场定位与技术难点

总结前面分析的业态分布情况可以知道,贵州大多数刺梨加工企业比较集中的产品是刺梨汁和刺梨干。涉足深度加工的特医食品、药品、食品、烘焙食品、美妆营养保健品的企业相对较少。主要原因在于技术问题,许多领域技术不成熟。此外单个企业涉足,有可能单独负担在宣传和推广方面的成本,单个企业负担的成本会比较高。

对于加工品的标准体系,应坚持由企业或者行业制定产品标准。专业的人干专业的事,在招商引资的过程中,由不同业态中经营的企业来决定是否能够投资他们专业领域内的业态,可能是最妥当的办法。产品、技术与流程开发的可行性、质量标准体系等也由相应行业的企业集体制定,单纯由政府部门来解决肯定不是一个妥帖的办法。因为这些专业领域里的企业进行产品开发时,需要按照行业的规矩和自身的能力来制定标准,其成本也远比新进入的企业制定标准成本要低得多,标准也可能要更合理一些。

药品开发需要较长周期。这就使得在短期内要得出产品质量标准以及是否可以进入市场,必须依据国家法规来决定。

市场定位的另一个原则,就是差别化原则。作为第三代新型水果,其最重要的区别性在于其丰富的维生素等功能成分含量。在市场定位上以便于消费者吸收有用成分、能够含有更高的有效成分为区分策略。所以在标准制定上要充分体现这种差别。刺梨在口感上与传统水果制品比较,很难找到优势,因此,在定位上要更加体现功能成分上的优势,在技术上就是能够使这种功能性成分含量、浓度增加。

3. 对于大多数刺梨加工品要改善口感

虽然功能性成分是刺梨的优势,但是,如果口感上相差太远,也不便于产品推广。如刺梨汁推出市场多年了,但是,由于其苦涩味比较突出,市场推广难度加大,一直以来在饮品市场占有率偏低。在不损失其功能性成分的情况下,进行口感改良也是必要的。

目前的实验是对原汁配兑其他果汁或者水分等。按照刺梨汁占 20% 进行配比,口感最佳。但是如果去掉一些生物碱、萜类等,既减少了功能性成分,也使得口感变淡,风味不足,所以如何保持风味和有效成分,还值得更多投入研发解决。

4. 有必要对刺梨分品系的成分进行调查

这是一项基础性工作。不同品系可能在功能成分上有差别。针对不同品系刺梨的功能成分含量做相应的功能性强化并进行产品开发,是最大可能增加其附加值空间的有效途径。因此,可以在此基础上,分类选择价值品系进行培养。尤其要考虑不同区域中不同品系的优势。如果这些功能性成分在不同区域内差异很大,就可以考虑按区域规划不同品系的种植与加工,依据自然优势就可以区分不同区域的产品优势,很自然地进行区域的差别化。

（五）信息化与产业发展支持政策

1. 政府政策支持

（1）尽可能地支持刺梨的基础性研究和产业共性技术研究。刺梨生产技术在贵州区域范围内外溢,可以使这一区域特色优势产业在区域经济发展中发挥更大的作用。先不说高端深加工产品的巨大价值空间,仅刺梨干、刺梨原汁的加工,就足以大大扩展产业增值空间。目前,还没有完成刺梨产业的全部标准化改造,仅凭现有的刺梨生产规程与方式,这两项加工就使得在这一环节的增值空间拓展了5到10倍。如果采用精加工,如高浓度维生素C,以及抗癌防癌功能的开发,这一产品的增值空间可以增加几十倍。基于这种潜力,政府应增加研发领域的投入,以便得到良好的经济与社会效益。目前这些产品在东南亚、东亚地区就取得了良好的市场效应。随着进一步的研究与推广的进行,一旦在欧美打开市场,其市场潜力将会更大。

但是,产品在相关成分的分离与萃取、产品含量的稳定性方面,还存在诸多问题,企业投入风险较大。我们可以建立相关的研发基金,并加大自然基金立项支持力度争取早日将这些问题解决。尤其是前一节描述的各类困难,可以鼓励企业自行研究解决,政府可以对解决这些问题的企业进行奖励,实施优惠政策。

像龙里、盘州等县级市单位建立的平台公司,对这一产业的研发给予了较大支持。但是,县市级财政能力相对较弱,要增大对刺梨的研发投入力度,还需得到州市、省乃至中央支持。

（2）增加对产业的宣传力度和推介力度,以赢得更广泛的消费者与投资者的支持。刺梨的宣传力度远远不及省内其他特色产业,目前主要宣传停留在县市一级。这个独特的产业,知名度较低,只有局部范围人们理解这一产业产品,显然不利于产业更大地释放其发展潜力。

尤其是这一产业只在贵州的少数民族地区做得比较突出,而少数民族地区对外网络往往相对较窄,更需要通过外界力量推动这一产业网络的扩展。

贵州省在刺梨的前面三波失败的发展中,除了在技术与产品上存在着较大缺陷以外,缺乏强有力的媒体与宣传推介也是重要原因。

要加强推广,不仅仅要在大众传媒上加大推广,还应在学术研究推广、与地方文化相结合以及更大范围的与刺梨有关的文化活动等方面增加创意,以便于人们更加深入、准确了解刺梨产品与产业。

更深更远地推广刺梨产品,就有必要使其形成一种文化。就与传统饮料、茶和酒一样,通过培养消费者一种感官上的记忆,自然而然地形成文化。

(3)建立研发平台,加强知识与信息的共享,促进行业内的交流与合作,尤其在标准化建设方面。

2. 企业与信息化

(1)在加大产业的规范化与标准化的同时,要完善产业的标准与编码体系,并进行数据记录与归档,以便于进行数字化与智能化管理,降低信息化框架构建的难度。同时,可以通过这种行为,动员企业上下对产品质量、流程改造及其标准化而努力。

(2)从种植环节的种资源建设开始,进行产品溯源系统建设,增强生产信息与产品质量信息的透明度。目前,刺梨生产基本符合绿色化、有机化生产标准,但是,还需要对产品生产过程、加工过程、配送过程进行溯源管理,以便于产品的品牌推广。

在品牌推广过程中,一是建立质量标准体系和质量信息传播体系,引导消费者对产品进行正确估值;二是形成刺梨文化,对刺梨知识、保健功能等进行推广,同时,加强刺梨产品符号设计,并尽量将刺梨产品推向国际市场。

在大面积推广种植刺梨时,对于刺梨种植区域要进行网格化自动监控,强化绿色防控的检测。同时,进一步加强对刺梨绿色防控手段的研发。

(3)强化加工环节的标准化建设和智能化建设。在刺梨酒、刺梨汁、刺梨干等产品开发过程中,对产品质量等级标准进行确定,以便于标准化生产。同时,在产品压榨、酿造、干燥等过程和环节加强智能化控制的研发,使得产品质量能够依据标准等级进行标准化控制,使得质量产品能够稳定。

刺梨汁加工厂中,已经实现了数字化与自动化。但是,刺梨酒的酿造、刺梨干的烘焙等环节智能化程度不高,乃至于产品质量不能够在较高水平上稳定下来。通过将现有技术结合智能化和数字化控制手段研发,才有可能使产品稳定在较高水平。

(4)加强营销环节的智能化与网络化,包括电子商务应用。在开展多种营销策略的基础上,加强电商营销,扩大影响网络。

刺梨产品目前通过旅游景点与旅游商店、"黔货出山"项目等推广,取得了较好的效果,还可以进一步强化电商推广以及实体连锁销售投入,并通过数据挖掘,进一步改善营销策略。

(5)解决刺梨产业可持续发展的其他现实问题。刺梨果采收目前主要依靠人工,而果实带刺,刺梨又大多种在坡地上,采摘者劳动强度大,并且作业时容易被刺伤等,在进行大规模人工采收时,劳动力需求量大。在劳动力日趋紧缺的情况下,产业持续发展就需要找到替代人工采收的机器人。

刺梨一直以来以野生为主,为了提高人工种植的效率,还需要进行刺梨品种的改良和进一步的品种丰富研发。对于标准化种植流程的开发、产品质量改进的关键技术等都还需要进一步加大投入。

刺梨产品口感也还有待改善。在保持刺梨良好的保健功效的前提下,对刺梨产品进行成良好的口感的改进,还是一个大课题,只有口感较好,才有可能更好地进行市场推广。

二、云南文山三七及其新业态

(一)三七发展简史

1. 三七简介

三七,五加科人参属植物。主产地在中国云南省文山州境内,海拔 1200—2000 米,俗称文山三七或者文三七,包括按规范技术种植、采收的三七根、茎叶、花及其初加工品的三七粉和三七切片。其规格用"头"来表示,指质量为 500 克的干燥三七主根个数。

三七与人参一样,属于名贵药材,我国古代药典均有记载。各药典对其功效记录如表 6.14:

表 6.14 药典中的三七功能描述

药典	对三七功效与用法描述
《本草纲目》	止血散血定痛,金刃箭伤、跌扑杖疮、血出不止者,嚼烂涂,或为末掺之,其血即止。亦主吐血衄血,下血血痢,崩中经水不止,产后恶血不下,血运血痛,赤目痈肿,虎咬蛇伤诸病
《本草求真》	专入肝胃。兼入心大肠。又名山漆。时珍曰。或云能合金疮。如漆粘物也
《本草从新》	散血定痛。治吐血衄血。血痢血崩。目赤痈肿
《本草纲目拾遗》	人参补气第一,三七补血第一,味同而功亦等,故称人参三七,为中药中之最珍贵者

三七含有 24 种三七皂甙、77 种挥发油、17 种氨基酸以及三七多糖、三七黄酮等多种生理活性物质。现代医药研究发现了三七预防和治疗心脑血管疾病方面的作用,在中药中得到广泛运用。2009 年《国家基本药物目录》(基层医疗机构

版)》收录三七胶囊(片)、注射液等三七药剂及复方制剂共 10 个品种,占中成药
102 个品种的近 10%,骨伤科用药 8 个品种中有 5 个配方含三七。

2. 地理保护商标

2002 年,国家质量监督检验检疫总局批准对文山三七实施原产地域产品保
护,2008 年列入中国地理标志产品,并列出了保护范围:云南省文山壮族苗族自治
州现辖行政区域(包括 8 个县市:文山市、砚山县、西畴县、马关县、麻栗坡县、丘北
县、广南县、富宁县)。并发布 GB/T 19086 - 2008《地理标志产品——文山三七》
规范文件。保护企业文山康源三七产业有限责任公司、云南金泰得三七产业股份
有限公司、云南特安呐三七产业股份有限公司、云南金不换(集团)有限公司药业
分公司等 9 家。

3. 三七历年种植面积

1923 年广南地志资料记载三七当时产出约数万斤,可能是鲜三七。1937 年
《全国通邮地方物产志》指出当时云南出产的三七约 3.16 万公斤。新中国成立后
三七种植的发展经历了以下三个历史阶段。

第一个阶段是 1950—1979 年。1951 年三七种植面积 785 亩;1974 年种植面
积 3000 公顷,产量由 6000 公斤发展到 67.5 万公斤,其产值达 6976 万元,占当年
全州财政收入的 49.8%;从 1975 年起,国家采取了若干限制性的措施限制三七生
产,到 1979 年三七在地面积减到 800 公顷,产量减到 12.6 万公斤。

第二阶段是 1980—1992 年。家庭联产承包责任制实施以后,国内外市场对
三七商品的需求量增大,三七生产发展迅速。高峰时期的 1989 年三七在地面积
达 6850 公顷,产量达 136 万公斤。由于广泛地使用化学农药和化肥,三七生产的
普遍产品农残和重金属超标,出口遭到抵制,从 1988 年 10 月开始三七价格急剧
下滑,由 221.1 元/公斤跌到平均每 55.1 元/公斤,大大低于当时的生产成本,到
1992 年三七在地面积和产量分别只有 1860 公顷和 38.6 万公斤。

第三阶段从 1993 年至今。国家逐步提出了"无公害三七""绿色三七""有机
三七"的概念,文山三七获得国家三七原产地的保护,企业的种植基地通过 GAP
认证;出现了一大批三七深加工企业,以三七为原料提取的血塞通系列产品畅销
全国;三七种植面积逐步由 1860 公顷恢复到 4000 公顷左右,价格也逐步回升到正
常水平。近几年,云南省三七产量占据我国三七产量的 90% 以上,近几年云南三
七产量如表 6.15 所示:

表 6.15 2007—2015 年文山三七种植面积和产量及价格情况

年份	种植面积(万亩)	采挖面积(万亩)	产量(吨)	均价(元/KG)
2007 年	12.0	5.6	9166	56
2008 年	12.1	5.1	8840	72
2009 年	6.9	2.8	4450	165
2010 年	8.4	3.5	4930	340
2011 年	9.7	3.1	4700	400
2012 年	15.5	5.0	7000	700
2013 年	29.2	6.9	10000	350
2014 年	30.0	14.0	28000	110
2015 年	45.23	26.15	33861	472
2016 年	45.64			
2017 年	100.18			

资料来源:根据中国制药网公开资料整理

4.三七的市场需求

三七是我国中药的重要原料,统计表明仅国内就有 1302 家企业以三七为原料,生产 400 多个产品,获 3626 个生产批文,其中中成药品种超过了 300 多个。几乎涵盖了所有的中药制药企业。例如,云南白药、昆明制药、天力士和白云山等企业生产的知名中药都以三七为原料制成。

2012 年,三七市场份额迅猛扩大,使得对三七的需求有增无减。整个三七原料市场需求量在 9000 吨左右,2015 年国内需求增长至 9600 吨。(见图 6.4)

5.三七产区变迁

(1)产区变迁:文山形成集散中心,主产区转移到红河州及周边。2000 年后,受限于三七本身不能连作的特性,传统种植区文山州宜种土地枯竭,部分七农开始走出文山。红河州的建水、蒙自、泸西、弥勒、屏边等县市每年产出的三七总量,已经达到全国三七产量的 49% 左右,但这些产区也开始出现无地可种状况,生产面临萎缩。红河的石屏、个旧、开远、金平、绿春和元阳县,以及曲靖中南部各县、版纳州的澜沧县等地三七种植业也逐渐发展起来,在 2015 年三七产能最高峰时可达到全国总产量的 42% 以上。2017 年,曲靖产区出现严重涝灾和病虫害,亩产普遍下降 50% 左右。种植方式在发生变化,澜沧等地发展的无公害林下仿野生三七种植已经成功,可能会成为三七生产的新模式。

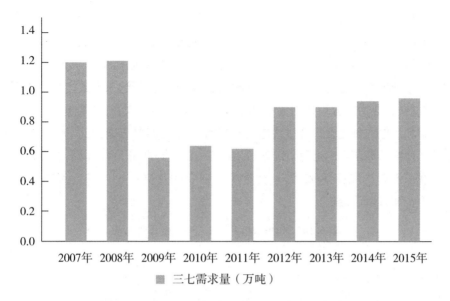

图 6.4 2007—2015 年我国三七行业市场需求统计

资料来源:公开资料整理

文山产能不足,是全国三七集散中心。文山老产区已失去生产功能,原有地块主要开展育苗。由于历史因素、产业链完善和品牌影响,文山形成了云南乃至全球规模最大的三七交易集散中心,其交易量已占到全国三七一手交易量的80%以上,初步成为全国名副其实的三七集散中心、交易中心和价格形成中心。

(2)种植面积变迁:面积暴涨暴跌,产能大上大下。2011年以前三七的可种植面积从未超过10万亩。2012年实现历史性突破,可种植面积达19.2万亩,是此前最高数据7万亩的两倍有余。而2013年的三七可种植面积,则进一步暴涨至100万亩左右(注意:可种植面积并非实际种植面积,部分种苗会不移栽长成直接播种长成的三七,造成实际种植面积相对下降)。2014年,随着三七价格回落种植面积快速萎缩。到2016年,理论种植面积回升到20万亩上下。2017—2018年,是三七产量近7年来最低谷;2019年有所反弹,但到2020年可能再次萎缩。

(3)生产主体变迁:生产主体由农户种植变为多种形式参与。自2010年以来,随着三七价格的上涨,三七种植业的高收益吸引了越来越多的农户和资本投入其中。三七产业链条在这一过程中日渐成熟,特别是多种模式的基地建设和规模化种植。目前,云南产地的三七种植模式主要有两种。一是种植户自产自销;二是药企或是大户建立的生产基地。种植户主要有三类:一是专业培育三七种苗的三七种苗户;二是自行育种、自行种植三七种植户;三是主要靠购买种苗来种植三七的种植户。表2中可见,从2012年开始,种植户数量快速增长,到2014年达到历史最高峰。多种模式的生产基地快速发展:生产基地则是在三七高价期间,伴着三七种植业创造的奇迹和财富所激发热情,快速发展起来。大户为了更大的经济效益,企业为了合理控制成本,生产基地应运而生。现在,越来越多的制药企业开始和产地的种植大户合作共建生产基地,如三七科技云南白药、天津天士力、黑龙江珍宝岛和苗乡三七等。到2017年,三七的生产主体,百亩以下的散户提供了35%—40%产能;而种植大户、企业基地,产能占比高达65%以上,牢牢掌握着三七生产和行情话语权。

表6.16 2010—2014年三七生产主体变化表

年份	生产基地	大户(千亩以上)	中户(百亩以上)	小户(一亩以上)	采挖面积
2010	2	2	10	1100	1.7万亩
2011	3	2	15	1500	2.5万亩
2012	5	3	25	2200	4.2万亩
2013	10	10	55	5000	7.1万亩
2014	15	15	95	10000	19.2万亩

(二)三七生产的标准化业态

三七受到市场追捧以后的一段时期,出现了几个方面的问题。

第一,有些黑心商家与种植户为了增加利润,带土干燥。再在干燥的土层上面着色,让人分不清三七实体到底有多大。这可以起到两方面的作用:一方面,可以增加三七重量;另一方面,可以把个体小的三七装扮成个体大的三七,使得当三七按照每个个体的平均重量计量等级的方法评级时,产品价格上升。带土干燥还很难使三七实体真正变干燥,当水分过多,三七就有可能腐败。一时间,消费者对三七价格与等级定位很不以为然。对购买三七时的防范手段没有信心。这时,"柠檬市场"效应起作用了。消费者把所有三七定位为低等级产品,生产者也只顾生产劣等三七上市,而对于质量和品级要求较高的消费者最终退出市场。结果,三七价格严重下跌。

第二,主要产地偏离原产地,也就可能带来严重的问题。人们质疑这些新产地产品是否与原产地质量保持一致性,或者是否可以通过控制手段,使之达到原产地产品质量水平。地道药材一般就是地理标志产品,这种标志产品与原产地的某些地理环境特征相关联。这种关联因素很多是难以测度的,主要是什么因素影响产品质量很难确定。换一个产地,其环境因素尤其是影响主要功能成分含量的因素,是否与原产地相符,很容易引起人们怀疑。正是基于这样的原因,人们可能会把新产地的三七定位为低质量产品。

第三,三七价格的火爆是基于三七能够防治许多慢性疾病,而且受到国际市场的关注。国际需求既扩大了需求总量,同时,由于出口需要严格的质量认证,特别是安全性认证,这就给国内消费者一个信号,三七不仅仅具有非常高的功能效应,也具有很高的安全性。但是,新产地的某些特征,使得三七在生产期间,抗虫害能力变弱。因此,前些年,在三七种植过程中,存在大量施加化肥、大量使用农药,结果,这些产品很难通过国际食品安全认证,导致出口量锐减。同时,这些信号反馈回来,引起国内消费者对三七的安全性也担心,这时,消费者就会对三七的品质认同感下降,估值就降低。

第四,三七原产地转移,主要是基于原产地可种地减少。三七生长周期长,前三年,还只能长出三片叶,这时三七根部个体较小,要7年以后再能长出7片叶,此时较为成熟,故称为三七。采收以后,要经过十来年或者十几年的时间才能够重新种植,否则,连种或者间接时间不长接着种植,产量不高,或者根本无法种植。自然人们的想法就是能不能有办法改变这种现状,于是就缩短生长期或者休歇期,从而导致产品品质下降。

第五,不同组织形式的生产者组织,由于投入与价值观念不同,其质量水平也参差不齐。由公司龙头企业组织的生产活动,一般按照有机、绿色生产标准进行。如云南苗乡三七实业有限公司,提倡有机种植,通过垦荒新耕地种植三七,同时精选三七品种,选择产量高、抗病能力强、生长健壮的三七苗,并对二年、三年七进行移栽,采用物理除虫方式。这样种出来的三七品质好、安全性高。药厂指导的基地大户种植技术与安全性控制也相当严格。但是,一般经营户与散户为了节省投入,一度过量使用农药和化肥等,造成安全性的声誉较差,也为整个三七市场产品质量释放了很多噪声,使消费者优劣难辨。

针对这些情况,文山州地方政府为了促进三七产业的发展,负责组织编制了三七的相关标准,并向上级逐步申请,乃至向国际标准认证机构申请文山三七的质量标准认证和规程的标准化认证。

1. 标准化加工

2016年云南省质量技术监督局以《云南省地方规范备案公告》(2016年第12号)文件批准《文山州三七原产地初加工操作规程》作为云南省地方规范备案并公告实施。

《文山州三七原产地初加工操作规程》(以下简称《规程》)主要结合当前三七

市场的实际和发展需要进行制定,对鲜三七根部、茎叶、花的拣选、修剪、清洗、干燥、分级等规范操作进行了界定和规定。《规程》的制定和出台旨在规范三七初加工工艺和市场交易行为,改变三七传统带土干燥初加工模式,维护和提升文山三七品牌形象,打造文山三七道地品牌。

茎叶、根部修剪标准。为了防止其他功能成分不够的部位作为三七实体售卖,按照规程要求,对根茎叶的拣选与修剪时,对根须、支根、根茎的剪口离主根的距离都做了明确要求。

洗涤的用水、方法、工具以及时间要求。要求洗干净,但是洗涤时间不能过长,否则会将有效成分溶解,降低这些功能性成分的含量。

干燥方法要求。干燥方法有常规方法、太阳能干燥和烤房干燥。常规方法就是自然曝晒与风干,主要是要薄摊、翻动、防雨防湿、干燥、堆捂回水,其中,堆捂回水是指三七主根及根茎在自然光下连续晾晒数天(一般头子为11—12天,根茎为13—14天),进行含水量测定,当含水量降为20%左右时,用赶板、铁铲将其堆拢,按每堆长宽约1—1.5米,高不超过1米的规格堆捂后,用塑料布盖上。堆捂5—6天(期间应每天检查三七情况)后摊开继续干燥。这是为了防止外干内湿,影响三七储存。

太阳能大棚干燥方法规定大棚要清洁,在干燥之前,先要洗净入棚平铺,不堆放,并除湿,这一阶段也是关键,温度不能过高,控制在50摄氏度以下,湿度控制在80度以下,否则容易造成腐败。定时翻动,并堆捂回水,物料在大棚内连续干燥,时间与常规干燥方法不同,一般头子为7—8天,根茎为9—10天,进行含水量测定,当含水量降为20%左右时,用赶板、铁铲将其堆拢,按每堆长宽约1—1.5米,高不超过1米的规格堆捂后,用麻袋盖上以不透光为宜。堆捂5—6天(期间应每天检查三七情况)后摊开继续干燥。须根、支根在干燥工程中不需要堆捂回水,可一次性干燥出棚。

烤房干燥是使用专用烤三七设备干燥,一般在清洁烤房以后,用物料装入烤盘内,置于推车上,推入烤房内。先进行预热,将温度设置为40℃~45℃,逐渐加温,烘烤8小时;此时鲜三七中水分较高,烤房车间内湿度不能低于80%,防止出现"外干内湿"的现象。保持烘烤温度不变,持续烘烤8小时,在烘烤过程中三七块根内部快速脱水,为保证烘烤效果,水分必须及时有效地排出,烤房内的湿度由70%逐步递减至30%。然后将烤房温度调整到40℃,湿度保持在30%,持续烘烤8个小时,三七块根质地逐渐变硬,烘烤干燥至水分含量小于或等于13%,将物料运出烤房。烤干以后,所有方法的干燥要求是水分低于13%。然后整形、分级、包装储存。

加工高标准出台以后,为三七的市场准入提供了一个技术门槛。这些技术目前还存在诸多困难,常规干燥方法,时间长,受空气质量等影响大。七农们又发明了隧道干燥法,但是,易受燃煤热风炉污染。近来研究机构在考虑太阳能空气集热器,温室采光集热以及电加热辅助能源集成一种新的干燥方法,可以提高干燥环节效率,提高三七的质量。

尽管如此,这种规程仅仅用于指导生产者加工出干制品,对于消费者来说,如何检测这种三七是合格的,仍然需要专业检测机构的专业技能来支撑。这意味着三七入市之前仍然需要进行专业检测,才能保证消费者的权益不受侵害。

2. 标准化种植

GAP 种植标准是中药五大标准 GAP、GLP、GCP、GMP 和 GSP 的基础,即中药材生产质量管理规范的英文简称,这是通过控制影响药材质量的各种因子,规范药材各生产环节,以达到药材"真实、优质、稳定、可控"为目的的一种基本准则和技术性规范。1996 年,美国食品、药品监督管理局(FDA)起草了《关于植物制品药物研究指南》,欧共体制药协会在 1998 年出台药用植物 GAP 标准,日本、韩国、新加坡等都先后制定了相应的标准。世界卫生组织认为:植物药制剂的质量控制,应从原料药材的种质开始到半成品和最终制剂成品的过程,尤其是要推进 GAP 和 GMP。针对这些情况,文山州率先进行 GAP 的研究与实验,文山三七科研所于 1998 年进行了《三七道地性及质量标准研究》项目研究,同时进行三七 GAP 栽培的环境质量评价、三七有效成分的积累规律、三七的 DNA 指纹图谱和化学指纹图谱分析。2000 年 4 月,由文山州三七科研所起草的《文山三七综合标准》正式颁布实施,这是三七 GAP 基地建设和认证的核心标准。同年,实施《2000 亩三七 GAP 试验示范》项目。

国家制定 GAP 认证标准以后,还需这种原则性的标准加以细化并制定出相应的操作规程(即 SOP),只有按这些操作规程生产加工的药材,才能在符合产品质量标准的同时,满足产品质量的可控和可追溯性的要求。结合国内外 GAP 研究的成果和要求,文山州科研机构制定出了"三七良种生产标准操作规程""三七育苗技术标准操作规程""三七农药使用准则""三七主要病害防治技术标准操作规程"等 10 个核心操作规程。在此基础上,又制定了包括区划、布局、选地环境、质量检测和监测、技术培训、种植采收过程、产品质量检测、初加工、仓储、运输、包装及人员和设备管理共 198 项规程,基本覆盖了三七 GAP 种植和质量控制的各个方面,并对三七 GAP 基地建设选择"中成药生产企业 + 科技 + 基地 + 农户"的建设模式。

基于这些研究和规范、种植经验的累积,2016 年《文山州三七种植技术规程》出台。该规程制定了三七良种生产、育苗、大田栽培、农药使用准则、主要病害防治、害虫及有害动物防治、施肥共七个部分核心操作规程,内容涵盖了三七种子、育苗、大田管理、农药肥料使用、病虫害防治等三七种植管理全过程。

良种选择就是为了能够选择出高产、抗病虫害能力较强的种子,为实施绿色有机种植打下基础。近几年来,红籽成为一种业态,在种业兴旺时,红籽可以卖到每千克上千元的价钱,如 2012 年,红籽产量 4700 吨,每千克最高达到 1600 元。

良种培育规程就是留种株,规定采收时间,即为每年 11 月,并规定种子的标准重量,如 1000 粒种子重量必须达到 100 克以上。育种田间隔设置以及对不符合要求的弱、病植株花蕾摘除,尤其是开花期,田间必须保持较高的湿度,即 75%—80%,同时喷施 1—2 次 0.1%—0.5% 的食糖或蜂蜜溶液于三七花蕾上,吸引昆虫前来授粉,为防止产生药害,在制种田三年生三七花期使用农药浓度为常规用量的 2/3。三七果实于 11 月上旬开始陆续成熟,对色泽鲜红有光泽的成熟果实分批及时采收,并分批贮藏供生产使用;选择达到一、二级种子质量标准要求的种子,用“湿沙层积”方法贮藏 45—60 天,以促使三七种子通过休眠期完成其生理后熟作用。具体方法:将洗去外皮的三七种子与河沙分层置放于竹制容器中,贮藏在洁净、通风的环境中,保持河沙的含水量为 20%—30%;每间隔 15 天检查一次,以清除腐烂、霉变的三七种子或观察湿度以控制种子发芽。种子经过后熟作用后,视种子萌芽情况适时下播。种子生产的几个关节点都要有相应的数据记录并存档,包括制种田大气、水源、土壤的质量检测结果;制种田的施肥种类、施用量、次数;制种田病虫防治的用药种类、施药方法、时间、次数;制种田的各种农事管理措施;种子的采收批次、时间、贮藏方法、时间。

育苗的规程中首先规定的是环境。包括:最适宜区域与适宜区域;大气、水源、土壤;适宜条件,包括光照、温度、土壤水分。其次,是育苗技术,包括选土、选地、整地、土壤处理、造园,其中,土壤处理为预防根部病害,当土壤 pH 值在 5.5—7.0 时,在播种前,结合土壤翻犁过程,每公顷施用 750—1000 公斤熟石灰以及规程中允许使用的农药进行土壤处理。起墒、播种密度、时间、选择的种子、墒草覆盖、田间管理与起挖每一个环节都做了详细规定,对于种子覆盖的肥料都是农家肥。对于育苗同样需要记录每一个环节的数据,并存档。大田栽培有类似的规程。

在以上几个环节中,强调了三七安全性要求。一是对环境、大气、土壤的严格要求,必须是无污染。水质要求二级以上标准。二是施加肥料是有机肥。

对于田间管理,防病虫害时重要的技术。三七主要的病虫害包括:根腐病(又叫臭七、鸡屎烂），这是三七最严重而又最普遍的病害，其主要原因是种苗与土壤带病，与土壤轮歇时间、湿度、温度、荫棚透光率、施肥技术、地势等因子有关，其他的病还有疫病、立枯病、炭疽病、锈病、白粉病等，虫害主要有地老虎、蚜虫、蚧壳虫、鼻涕虫、螨虫等。在 GAP 标准中，主要控制农药的使用，包括农药种类的控制和使用量的控制。

对于农药的使用，规程提出了几条原则，其一是有害生物防治原则。以保持和优化农业生态系统为基础，建立有利于各类天敌繁衍和不利于病虫草害滋生的环境条件，提高生物多样性，维持农业生态系统平衡。优先采用农业措施或者尽量使用物理和生物措施，农业措施包括过选地、育壮苗、非化学药剂种子处理、加强栽培管理、中耕除草、深翻晒土、清洁田园、轮作倒茬等。物理与生物措施如用灯光、色彩诱杀害虫，机械捕捉害虫，释放害虫天敌，机械或人工除草等。在不得已的情况下，才合理使用低风险的农药。能够使用的农药符合相关的法律法规，并获得国家农药登记许可和农药登记规范的农药产品；对主要防治对象有效，对三七生长低风险农药品种，提倡兼治和不同作用机理农药交替使用。剂型宜选用悬浮剂、微装悬浮剂、水剂、水乳剂、微乳剂、颗粒剂、水分散位剂和可溶性粒剂等环境友好型剂型。优先选择使用植物源、微生物源药剂。规程列出了禁止使用的农药。

按照这些规程，就是要打造高端三七标准化原料种植基地，解决消费者对产品质量和安全信心不足的现象，为产业的可持续发展打下基础。

这些种植规程，就是三七生产的专用知识集成。每一步规定非常细致。

3. 三七连作障碍突破与信息化支持

三七连作障碍的存在严重制约着三七种植业的发展，目前，需要更多的专业知识与技能的投入。文山苗乡三七股份有限公司与文山学院文山三七研究院联合打造三七连作障碍研究平台，吸引国内外优秀科研团队共同科技攻关，大大加快了该领域的研究进展。找到连作障碍的原因及其解决的办法，是保障三七产业持续健康发展的重要前提，也为人参属药用植物连作障碍机制的解决提供借鉴。

胡展育等（2011）对此做过研究，他们按照日本泷岛提出的植物连作障碍的"五大因子学说"，即土壤养分的消耗、土壤反应异常、土壤物理性状的恶化、来自植物的有害物质、土传病害和线虫模型，对文山三七连作障碍的几个原因进行归纳假说①。

杨建忠等人（2016）则是通过土壤微生物培养、土壤酶活性检测、土壤理化性

---

① 胡展育，游春梅，张铁. 三七连作障碍的探讨[J]. 文山学院学报，2011，24(3)：6－11.

状分析和三七根际化合物分析,得出三七连作障碍主要源于土壤理化性状恶化、土壤微生物群落演变、土壤酶活性下降和三七根际自毒物质积累,提出的消减技术为了调酸、减肥、通气和微生物修复①。

2018年11月昆明理工大学云南省三七可持续发展利用重点实验室等科研机构经过多年的试验研究,研发出以三七种子种苗病原菌分子快速检测技术为基础、无病种苗培育、轮作降氮、土壤熏蒸处理、中后阻截技术为核心的三七高效轮作栽培技术体系,成功突破了三七连作障碍生产难题,将三七轮作年限由原来的15—20年缩短到3—5年。这项三七栽培技术已经完成了两个三七生长周期共6年的试验示范、在文山老产区实施试验示范面积已达1000余亩。与新地种植相比,实现增产15%以上,三七总皂苷含量与传统种植相比无差异;三七产品经过云南省出入境检验检疫局检测,250种农药残留仅检测到2种极微量农药残留,且远低于国家标准规定的限量标准,显著提升了三七的产量和品质。

这些研究成果表明三七种植业态将会在信息化、物联网以及其他生物技术的支持下继续创新。同时,这些技术的突破,有可能使文山三七原产地的产能快速恢复,增强整个市场对三七购买的信心。

4. 三七全株开发业态与标准化

实施文山三七国家标准、三七GAP种植的基础上,相继制定和实施了干制三七花、三七茎叶两项云南省食品安全地方标准,《中医药——三七种子种苗》一项道地药材国际标准,《无公害三七药材及饮片农药与重金属及有害元素的最大残留限量》一项中国中药协会团体标准,以及《文山州三七种植技术规程》《文山州三七原产地初加工操作规程》两个地方规范,形成了种植上以三七标准化种植技术规程为主,初加工以三七原产地初加工操作规程为主,精加工以GMP为主、流通上以GSP为主的一系列配套的三七产业标准,通过标准化引领三七产业转型升级跨越发展。

标准的开发,推动了三七全株的产品开发,首先是三七花、茎叶作为地方特色食品,文山州共开发三七地上部分特色食品24个。其中文山市开发13个,包括三七花袋泡茶、三七花口含片、饮料产品1个(专利号CN06942561A)、保健食品系列、三七花茶、三七花固体饮料。砚山县开发6个,包括三七花酒、三七健康茶、三七花茶、三七花饮料、三七速溶茶等。富宁县开发2个,分别是三七茎叶片、扁桃压片糖果。麻栗坡县开发3个,分别是三七花叶袋泡茶、三七花叶液体饮料、三七

---

① 杨建忠,官会林,刘大会,等. 三七连作障碍发生机理及消减技术研究[J]. 北方园艺,2016(14):160 – 163.

花叶速溶粉。

目前,云南正在推动三七须根食品的安全标准,突破三七须根进入食品领域政策瓶颈,打造三七产业全产业链。

文山等地三七加工企业、掌控企业发展所需的各种资源要素和渠道,形成了云南三七科技、特安呐制药、七丹三七、华信三七等一批外联市场和内联基地且具备一定规模和实力的企业群体,从单纯的产品生产销售向全产业链企业转型发展,向标准化基地建设、产品研发、产品销售、仓储物流等上下游产业链延伸发展。

5. 国际标准与信息化

三七产业标准化的最大突破是,国际标准化组织(ISO)正式出版并颁布实施三七种子种苗国际标准。这是我国继人参种子种苗之后制定的第二个中药材种子种苗质量标准,也是云南省相关技术机构主导制定并颁布实施的第一个国际标准。

2013 年 12 月,昆明理工大学联合澳门科技大学、中国中医科学院中药资源中心向国家中医药管理局提出了制定三七种子种苗、三七药材 2 项国际标准的申请。经国家中医药管理局评审推荐进入,2014 年 6 月第五届国际标准化组织中医药技术委员会全体委员会进行答辩,于 2015 年 1 月获 2/3 成员国赞成立项。该标准立项后,三七国际标准研究团队研究并制定国际标准草案。通过近三年的艰苦努力,三七种子种苗国际标准草案经答辩及多次成员国集体投票后,最终于 2017年 1 月 16 日获国际标准化组织 ISO 正式出版并颁布实施。

国际标准的进展,不仅表现为国际标准的出版,近几年来,许多企业还通过物联网信息化建设,推动国际认证。

文山三七产业中的龙头企业大多已意识到追溯体系建立及质量品控的重要性,并已开始做初步尝试。其中,苗乡三七通过建立动态物联网追溯系统,并进行日本 JAS 有机、欧盟 EU 有机、美国 NOP 有机、中国有机等国内外有机认证后,实现了三七产品价值持续提升、出口贸易量连年增加并始终排在全省第一,在品牌打造方面也获得了巨大收获,体现了严格产品控制对企业和整个产业发展带来的市场效益。

利用物联网与信息化体系,进一步可能解决的问题是,建立标准对三七产品品质进行等次划分和品质鉴定,推动三七产业的良性发展及品牌建设。文山三七产业发展还要以三七物联网追溯体系建设为契机,借助认证认可和标准化制定手段来实现对三七产品的质量把控与品质分级,继续推动各项标准认证,掌握三七市场话语权,促进三七产业转型升级。

（三）物联网溯源与"三标"业态

1. 高标准、高价值以及制假、贩假

高质量标准，意味着低质量产品不能进入。同时，高质量标准也就意味着市场上类似产品少，如果消费者要支持这类产品持续生产，就有必要付出较高价格，作为对生产者持续进行质量创新的激励。同时，从较多人追逐较少产品的拍卖原理，也支持高质量产品的溢价可能性。

当存在标准和规程，能够生产出高质量成品，还需要消费者持续以高价格支持这种创新。但是，如果质量标准制定以后，不能够严格控制所有进入市场渠道的入口的质量，那么就有可能让一些不法之徒以假冒伪劣冒充高质量产品，牟取较高利润。

也有一些生产者，可能没有掌握操作规程和把控质量生产能力，或者生产加工品场地不清洁，或者温度湿度控制不好，或者防雨防湿措施不力等，从而导致生产出低劣的产品，本来不能进入市场，但是想要挽回损失，就只能以次充好。在前几年三七市场出现"臭七"就属于这种情况。伪劣产品以种种手段掩盖质量真相，往往以假乱真，造成消费者质量信息生产成本高，影响市场效率。

2. 产品知识信息的难度与市场效率

创建高质量标准和检测、认证体系，最根本的目的是推动质量创新，促进产业的可持续发展。赫尔普曼（1993）就认为，只有质量创新才能够促进经济无限增长。但是，在质量创新投入与获得利润空间之间，生产者就有可能进行权衡。当企业累积了丰富的生产经验和较强的创新能力，就有可能在继续创新的过程中，能够以相对较低的成本提升质量。在考虑问题时，我们就假定以这种最强能力作为参考，使得质量创新的成本固定，那么，质量创新的利益决定于消费者的认知与认同，也就是决定于消费者的估价。

质量鉴定通常是要付出较高成本的，或者要以消费者实现付出成本累积知识和收集知识的能力。当消费者累积知识不够，或者所运用手段不能够充分挖掘质量信息，消费者对质量信息的辨别就具有很大的不确定性。当付出的信息成本不能够取得预期的可靠的信息，而做出错误决定得到可能性较大时，消费者就有可能放弃收集此类信息，并拒绝进入市场。产品真实质量与真实的质量需求者不相匹配，市场效率就降低。

反过来，市场范围较小，不能支撑生产者质量创新的预期收益。当这种预期收益低于较低质量生产的收益时，生产者不得不放弃高质量生产策略。这时，市场上充斥劣质品。

这一版本,当然不同于阿克洛夫的柠檬市场效应。这是基于高信息成本导致的市场低效率,强调高信息成本造成质量创新效率的损失。

当信息成本降低,消费者以较低成本收集信息,只要信息质量达到他的预期,对于产品质量的认知,与真实信息质量基本相符,他也就获得了预期的价值。对于高质量产品,当消费者收入水平下的质量预期与这种产品质量吻合,且具有较高估价时,产品质量创新就有可能因为消费者的真实意愿显示而实现。生产者得到应有的利益,质量创新就有可能持续下去。

这也就说明,越是高级别质量产品,就越需要降低消费者质量信息成本。

3. 物联网农业与三标业态

配合各类生产标准的出台,云南省、文山州各级政府,及时提出智慧三七农业的建设口号,得到产业界的响应,为重振三七产业的声誉,找到了另一条途径。

其中,最突出的是,文山三七农业物联网公共服务平台操作系统于2017年完成初试,这是国家中药材(文山三七)流通追溯体系试点项目,是商务部安排的第二批国家中药材流通追溯体系建设项目,于2017年6月底建成运行,2017年9月通过商务部验收,目前项目共建成95个节点,覆盖了文山州23个三七企业和60个三七市场经营户,项目实施以后,运行正常并取得较好成效。该系统借鉴国际先进经验,使用了卫星通信、物联网等先进的信息技术作为支撑,涵盖企业分布、三七种植分布、物联网分布、气象数据分布、病虫害分布等三七种植的关键环节实时动态信息收集、整理与发布,并嵌入专家实时服务及质量检测,形成生产和质量的可控可追溯体系,构建了三七种植业的"智慧型"管理模式,达到信息电子化、流程自动化、过程可视化、终端移动化、分析智能化、管理精准化的应用效果。

为了便于购买者和期货金融市场的参与者降低信息成本,三七交易物联网信息将流向电子商务市场和期货交易市场。目前,三七交易借助"互联网+"加快发展,在淘宝、天猫、阿里巴巴、京东、文山三七商城等电商平台注册销售文山三七的网店达3867家,而且文山三七商城是文山州第一家三七专业电商平台。

在物联网平台测试投入使用以后,政府部门随即对申报审核通过的文山州23家三七企业和6户三七市场经营户颁发国家中药材(文山三七)流通追溯体系一标识授权证书。这样,文山三七就拥有了三个标志,即文山三七地理标志保护产品专用标、地理标志证明商标、国家中药材(文山三七)流通追溯体系一标识。

虽然获得三七地理保护标志与地理标志证明商标,但是因原产地转移诸多原因,有可能造成以下现象。一是可能适宜的土壤条件比原生地相对要差一些,更容易使得三七生长出现"营养不良"以及有效含量发生变化。二是防病防虫技术的熟练程度可能由于种植者发生变化,另外,种植面积的陡然增加,单个七农管理面积增加,或者新增七农过多,技术不熟练,导致三七质量下降。三是价格陡然上升后,可种面积减少,有些七农不惜缩短轮歇时间,导致三七病害增加。如前几年臭七比例增加等现象就可能是这些原因造成。四是农药等滥用也直接导致了对三七安全性的质疑,在推行GAP种植认证之后,三七病虫害防治的习惯性手段受到限制,规程的不熟练也影响三七的质量。五是原生地转移而地理标志保护仍然沿用原来产地,给现场采购者带来疑惑,也有可能影响消费者信心。

通过推行"三标"联用,尤其是将文山三七产品质量追溯体系,纳入质量标志中,并将国家中药材(文山三七)流通追溯体系实现了将三七种植企业、经营企业、专业市场、饮片生产企业、饮片经营企业、医疗机构及零售药店纳入溯源系统,实现三七在流通过程中"来源可知、去向可查、责任可究"的溯源目标,使得消费者能够以非常低廉的成本获得产品的来龙去脉,以及每一个环节的技术和管理信息,从而推断产品的安全性与质量,提升消费者消费意愿。

市场对质量创新的信心,将会在价格、销售量上有力支持生产者的质量创新,促进三七产业的可持续发展。

(四)种植的连锁农场业态

文山苗乡三七股份有限公司2017年投资3.98亿元开工建设三七产业融合发展项目,融合了三七的种植业、加工业及市场推广三个产业,并进行三七连锁农场产业化生产基地建设。

连锁农场其实就是农场与企业共建基地,实行高度标准化生产的一种加盟连锁方式,是农场与龙头企业的强强联手。这种强强联合的目的,就是要解决下游加工企业有比较稳定的、有特定质量要求的原材料供给。要有稳定的供给,就要有规模种植做保证,有一定的土地规模集中到生产者手中。其次,必须有统一的质量标准、统一的规程,统一销售给下游企业。

这一业态与传统的"公司+基地+农户"不同。传统业态下,如果标准相对较为宽松,尤其是质量标准,某些指标的门槛值允许有一定的波动或者不确定,那么,分散生产的产品就能够获得市场准入,或者加工方会一并收购。但是,这种产品的安全性就有赖于其他因素的控制,而不是通过统一农法控制。在分散生产的过程中,各个环节不同农户对于规程有不同的理解,乃至于控制的时候,强调的解决方式不一样,结果就有可能出现每一家对某些指标控制很严,而对另一些指标控制较松。然而,检测的时候,要求的是每一项必须达标,只要有某一项指标不合格,就会失去进入某些市场的机会。比较严谨的办法,当然是统一控制生产流程和农法。如果生产分散,农法统一控制,就依赖于控制者愿意和能够付出的监测成本。如果监测的人力与成本不够，同样会出现分散生产、统一标准下的情形。因此，要保持质量上的高标准，就必须在统一决策和管理、统一标准控制手段下完成生产，在这一过程中，生产单位的每一个参与生产过程的人必须对质量控制标准与质量价值观保持高度统一。

在下游的生产厂家，尤其是药物生产厂家，为了保证药物疗效，并且产品符合国家食品安全标准，另外，为了充分利用自身的知识与经验，释放生产潜力占领市场，经营规模就要得到保证。一般散户或者生产大户要么质量难以达到要求，要么规模上不去，达不到下游厂商的质量与规模双门槛。

文山苗乡三七股份有限公司在政府的规划支持下，进行了较大规模的土地流转。截至 2017 年，公司自建 14000 余亩基地，种植规模化、规范化，并开展"定制农场"产销一体化合作。经营方式采用连锁农场的业态。该业态以科技为先导，投资 1.5 亿元建成占地 500 余亩的三七科技示范园，成为吸引人才、资源共享和联合攻关的三七科研工程平台，与国内外 30 多家科研院所开展合作，建成院士工作站 2 个，专家工作站 1 个，合作单位参与科研工作人员达 300 余人，常驻的博士研究生、硕士研究生及科研工作人员 50 多人。在企业生态中，科技园通过汇集连锁农场基地的各种技术问题，在科技园立项解决，再反馈到连锁农场应用，对连锁农场形成持续的技术支撑。

苗乡三七股份有限公司依据每一个基地的优势，分别采用有机、绿色、无公害等几类生产产品等级别的认证。所有生产都按照 GAP 标准和流程进行。苗乡三七从 2001 年开始进行各类有机产品认证，相继并持续获得日本 JAS 有机认证、欧盟 EU 有机认证、美国 NOP 有机认证、中国有机产品认证，这些有机认证充分证明了公司质量创新达到较高水平。

基于产品质量水平，公司推出了定制化生产。每一个基地依据自身能力与下游加工企业预先签订协议，由加工企业按质论价，收购基地产品。基地农场由投资者加盟，农场架构基本相同：投资者与种植户加盟基地农场，负责种植，公司派驻技术员进行种植指导，按照公司种植规程进行种植，并由公司及时监测，做到标准统一，下游公司收购以后，利润由公司与农场分成。

三七示范科技园的标准化种植，由文山学院三七学院学生负责种植，培养了新的种植专业技术人员，为标准化种植规程、有机种植技术的推广与执行累积雄厚的技术力量。

文山苗乡三七有限公司的新业态和模式创新可以概括为"公司＋科研平台＋基地＋连锁农场"。

（五）文山三七价格波动与三七电子交易业态

1. 文山三七价格的波动

从 1985 年以来,文山三七名义价格出现了几次大的波动。这里的价格都是指 120 头三七每公斤价格。大致分为以下几个阶段。（见图 6.5）

从 1985 年到 1988 年第二季度,价格都是向上涨的。这一阶段最高价就是 1988 年 8、9 月份,其最高价格是 290 元。到 1989 年第二季度开始下跌。9 月份最低价格为 40 元。

1990 年到 1996 年为第二阶段。这一阶段最高价为 125 元,价格处于缓慢上升阶段。

1997 年到 2004 年为第三阶段。这一阶段最低价格是 2003 年是 12 月、2004 年 1 月,价格为 40 元。

第四阶段:2004—2005 年价格试探性上涨,高峰时价格接近 110 元。其时三七供求矛盾尚不突出,大盘走势并没有大的改变。随后三七价格重回低位徘徊,直到 2008 年达到最低谷。

第五阶段:2009—2010 年,跌宕起伏酝酿高峰。2009 年,三七生产又进入低谷。多年积累的产需矛盾集中爆发。在短短一年半时间里,三七价格从 60 元起步,一路上涨。到 2010 年初,云南全境干旱,三七短时间骤然暴涨至 490 元。到 2010 年 5 月,三七价格再次迅速回落。最低跌到 240 元左右。

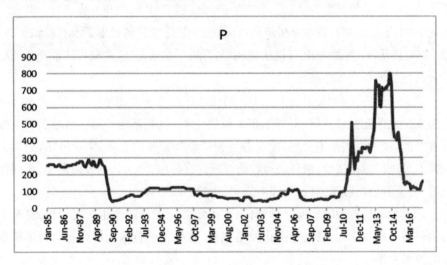

图 6.5　1985—2017 年文山三七月度价格走势

数据来源:智研咨询的报告

第六阶段:2012—2013年。2012年1月—2013年7月,第三个波峰形成。并且这次比前两波来势更猛。价格一路上涨至600元以上。高位多次震荡后,价格一度冲到760元以上的历史最高位。但到2013年7月,三七价格大幅下滑。到11月时,三七价格连连跳水,两度遭到"拦腰斩断"。2014年10中旬,三七价格已经从前期760元的高位掉到110元左右。

第七阶段:2015年11月—2016年12月。资本强力推高后套利。2015年时,三七价格持续下行,到2016年三七价格触底到110元低位;而此时,众多需求企业库存空虚,超过50亿元以上资本开始强力介入,迅速拉升行情。到2016年产新时,三七行情再次反弹至280元高位。随后三七行情开始逐步回落。到2017年10月产新时,竟然下滑到215元低位。

2. 三七价格波动对产需平衡的影响

三七生产周期长。当出现产需矛盾时,供求双方调整所需周期长。当产能大于需求,价格下降,七农因为长期垫付资金,不得不急忙抛售,导致价格进一步下跌,并调整育种、育苗的数量。但是,一旦调低产出,产量低的周期较长,这样为资本炒作提供机会。同时,近几年来中药制品价格上扬,尤其是与三七有关的成药品种急剧增加,刺激三七价格上涨。从而,形成一波又一波的价格周期。这是一个典型的蛛网模型。

另外,在近几年价格波动明显增强,则不能仅仅用供求矛盾来说明,更重要的是要从信息有效性来解释。随着这几年资本热炒的风气加重,市场交易者信息异质性增强。通过反复交易,人们不断调整自己的知识与信息,但同时由于调整的预期与实际价格出现反复的不一致,从而导致价格波动增强。表6.17的数据对应了这种理论分析。

表6.17 2004—2013年云南文山三七供需状况

年份	2004年	2005年	2006年	2007年	2008年	2009年	2010年	2011年	2012年	2013年
出土面积(万亩)										7.1
年产量(吨)	5000	7030	8946	9166	8842	4454	4934	4707	6300	10000
年需求量(吨)	6000	6100	7000	7000	7000	6500	6500	6000	6500	10000

右上角：续表

年份	2004 年	2005 年	2006 年	2007 年	2008 年	2009 年	2010 年	2011 年	2012 年	2013 年
产需缺口（吨）	-1000	930	1946	2166	1842	-2046	-1566	-1293	-200	0
节余量（吨）		-1000	-70	1876	4042	5884	3838	2272	979	779

从上表可以清晰看出，需求的快速增长加上炒作资本介入，三七产需矛盾 2009—2011 年间达到顶峰，造成历史天价行情。据智研咨询测算，2004—2013 年，三七的年产量增长速度为 11.1%；而需求增长速度为 4.58%，需求增长并不明显。所以，价格的上升更多是因为炒作资本的增加。炒作资本增加，导致名义价格快速上涨，并引导七农对价格进一步上涨预期，从而不断增加产能。不仅如此，其间，某些种植者质量控制能力或者质量意识差，造成三七市场鱼目混珠，并使得三七价格下降较快。

表 6.18　2014—2020 年云南文山三七供需状况

年份	2014 年	2015 年	2016 年	2017 年	2018 年	2019 年	2020 年
出土面积（万亩）	19.2	56	15	13	11	20	12
年产量（吨）	25000	55000	20000	16000	15000	24000	15500
年需求量（吨）	16000	20000	24000	26000	28000	30000	32000
产需缺口（吨）	9000	35000	-4000	-10000	-13000	-6000	-16500
节余量（吨）	9779	44779	40779	30779	17779	11779	-4271

从表 6.18 中可以看出，由于前期高价带给七农更高的实际与预期收益，种植面积增加，三七的产能在 2014—2015 年达到历史顶峰，两年累积剩余库存 4.88 万吨。但大量资本入市，加上三七行情大幅跳水后，刺激了需求增长，当年三七需求量增幅近 60%，最终造成其行情在 2015 年新三七入市后，价格不降反升，这波高位行情一直持续到 2016 年 12 月份。随后市场开始消化过量产能和库存，价格也出现掉头，一路下滑。

3. 三七的生产成本及地板价

三七生产成本，会随着红籽价格、种苗价格不同而发生变化。行情走好时，红籽需求量增加，种苗价格也上升，三七生产成本上升。据智研咨询调研，2014 年，受三七红籽和种苗成本下降影响，三七统货折合成本价为 140 元上下；但到 2016

年,成本价重新上升到213元左右。如果企业和投资者建设生产基地,则每亩成本达2.95万以上。按亩产120公斤算,则每公斤三七统货折合成本价达到245.8元。近两年价格逼近成本,甚至跌破成本。

价格的过度炒作,是三七价格暴涨暴跌的重要原因。需求与价格引导的生产收益的预期,刺激七农生产的投入收缩与扩张。但是因为生产周期长,往往投入以后要有几年才能采收,这种价格在几年以后很难预测,有可能导致相当长一段时间产需不一致。因而,导致在生产量过多的年份,价格暴跌,但是,仍然不能够降低次年或者接下来更多年份的采收面积,使得这种暴跌时间持续较长。价格上涨也是如此。这种情形对三七产业的健康发展是极为不利的。

灾害对三七产能也有影响,并且同样因为生产周期长,这种灾害带来的影响同样会有较长的持续时间。因此,三七价格可能在某一段时间波动特别大,在某一段时间又相对较为稳定。这也从另一个方面说明三七市场价格波动可能存在聚簇的现象。

4. 市场信息效率与三七价格聚簇波动检验——基于 ARCH 模型

根据1985—2016年三七月度交易价格(120头),我们通过检验三七市场价格是否存在波动聚簇,说明市场信息效率以及价格风险状况。

设月度 t 的三七价格为 p_t,又令 $R_t = \log p_t - \log p_{t-1}$。

检验 R_t 的单位根的存在性。

假设 $R_t = \beta_0 + \beta R_{t-1} + \varepsilon_t$

其中, $\varepsilon_t — IID(0, \sigma^2)$

首先进行水平单位根检验。原假设是 Rt 有带截距单位根。即 $\beta = 1$;对立假设 $\beta < 1$。

表6.19是估计检验结果:

表 6.19　三七价格单位根检验

		系数	标准误	t	Prob.
β		− 0.683576	0.048378	− 14.12979	0.0000
β_0		− 0.000771	0.004668	− 0.165055	0.8690
ADF 统计检验量				− 14.14671	Prob = 0
临界值	1% 水平			− 2.570951	
	5% 水平			− 1.941644	
	10% 水平			− 1.616150	

根据以上结果,β 是显著异于 0,而 β_0 并不显著。显然,ADF 统计量是 – 14. 14671,即使是 1% 的水平都没有检测到单根的存在。

ADF 统计量 – 14.14671,小于 1% 、5% 、10% 的临界值,存在单位根的概率几乎为 0,但由于 β_0 并不显著,在检验无截距水平模型。得到结果如下,存在单位根概率几乎为 0。该序列是平稳的。(见表 6.20)

表 6.20　对 R_t 单位根时间序列检测结果(无常数项)

	系数	标准误	t	Prob.
β	– 0.683462	0.048312	– 14.14671	0.0000
ADF 统计检验量			– 14.14671	Prob = 0
临界值	1% 水平		– 2.570951	
	5% 水平		– 1.941644	
	10% 水平		– 1.616150	

检查数据也没有明显的趋势。所以也不会存在差分序列单位根。用没有趋势、没有截距的一阶差分序列单位根检验都检测不到单位根存在。因此,差分序列是平稳的。一般地,在没有趋势的情况下,只要水平序列是平稳的,差分序列也就平稳。以下结果可以进一步证实。表 6.21 是 R_t 一阶差分序列单位根检测结果表,R_t 一阶差分序列单位根 ADF 检验。

表 6.21　R_t 一阶差分序列单位根检测结果

		t	Prob. *
ADF 统计检验量		– 15.59431	0.0000
临界值	1% 水平	– 2.571014	
	5% 水平	– 1.941653	
	10% 水平	– 1.616145	

ADF 统计检验量小于 1% 水平临界值,在 1% 水平下一阶差分序列检测不到单位根的存在,一阶差分序列平稳。

其次,检验波动聚簇现象。一般,如果波动情况出现成群的现象,实际上有可能出现异方差。

假设

$$R_t = c + \delta_t \qquad\qquad (1)$$

δ_t 的方差 σ^2 符合 $\sigma^2_t = \alpha_0 + \sum_i \alpha_i \sigma^2_{t-i}$

在用 OLS 估计(1)得到的残差图如图 6.6

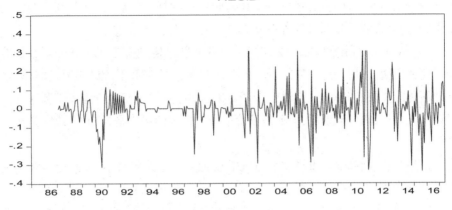

图 6.6 残差图

从图中 6.6 看到了残差的波动呈现聚簇。并在残差检验异方差性过程中,用 ARCH 的三阶滞后检验,得到表 6.22:

表 6.22 ARCH 检验结果

异方差性检验:ARCH			
F - 统计量	21. 35635	Prob. F(3,381)	0.0000
$n * R^2$	55. 42192	Prob. Chi - Square(3)	0.0000

从 F 检验和卡方检验的结果来看,残差平方一、二、三阶滞后项系数以及常数项不可能同时为 0。

表 6.23 为条件方差方程估计参数:

表 6.23 条件异方差波动方程参数估计

系数	估计值	标准误	t -	Prob.
α_0	0.004600	0.001388	3.315025	0.0010
α_1	0.243352	0.050690	4.800749	0.0000
α_2	0.122300	0.051886	2.357099	0.0189
α_3	0.147031	0.050735	2.898022	0.0040

从估计结果看,所有系数都是显著的。这就说明残差的波动有滞后三阶的影响。这也与前述的观察结果是吻合的,价格波动能够有较长时期的影响。

模型说明了三七交易市场有以下特点:

(1)一旦价格有波动,则波动影响有较长时间段。也就是说,市场上一旦出现需求或者供给冲击,引致价格发生变化,则有较长时间影响。在这些调整的时间段里,人们有可能反复调整自身决策。

(2)从信息的角度来看,如果市场上出现信息,则这些信息的消化需要较长时间。这就说明,市场信息效率较低。由于市场信息效率低下,市场参与者对于信息的消化需要较长时间,一则说明市场对需求冲击调整的工具有限,或者这些工具调解乏力;二则可以说明,三七市场价格冲击带来的影响是长期的,成本是相当高的。

正是基于这些原因,市场交易方式需要创新。近几年来,云南三七市场不断创新,主要的标志性事件有两个。

第一,2016年文山三七已在天府商品交易所上市交易,构建了三七交易新业态和产品销售新渠道,为搭建文山三七期货交易市场奠定了基础。

第二,渤海商品期货交易所开始挂牌交易完善三七期货交易。从而使得三七这一传统优势产品、地理标志产品也有了集中的大宗交易业态与期货业态。

5. 三七大宗交易业态

(1)大宗现货交易市场结构、程序与交易规则。天府商品交易所是西南地区最大的农产品商品交易所,与文山三七电子商务股份有限公司合作建立三七电子交易市场,是提供商品网上交易的专业电子商务服务平台,属于现货交易电子市场。参与者包括交易商、交收仓库、检验机构、结算银行。在每周一至周五(国家法定节假日除外)09:00—11:30(08:55—09:00为集合竞价时间)、13:30—15:30、19:00—21:00(18:55—19:00为集合竞价时间)集中交易。市场交易系统通过收取交易双方交易手续费维持运转。集中交易时,交易双方达成交易,由市场为交易双方提供结算和交收服务。也可由交易双方自行办理结算和交收,市场免收双方的交收手续费。

交易所对商品依据质量分级体系,进行分级分类,在此基础上进行编码。在现货订单交易系统中,交易商品以商品代码表示。在市场电子交易系统中进行交易的商品都进行交易商品编号,商品代码所代表的内容在电子交易合同中载明。

为了电子交易的便捷和安全可靠,三七交易市场对交易商实行席位代码管理。交易商席位代码由8位数字构成,每一个交易在上市时都给予编码。交易商获得的方式是交易商应向市场书面申请交易席位,经核准后,获得交易席位确定唯一的席位代码。然后,每个交易席位由交易商自行设定与其相对应的交易密码。交易商必须在交易时间内输入席位代码与其席位代码相对应的交易密码,登录本市场电子交易系统后,方可进行交易。交易成交后,市场电子交易系统自动生成标示席位代码和交易时间的电子交易合同。席位代码和交易密码即为交易商的电子签名。因此,交易商对其交易席位发出的所有交易指令及交易结果负责。

交易的前提条件,是交易商卖出商品前在市场注册仓单,在交易时将卖出指令输入本市场电子交易系统。在提交注册仓单的最后期限之前,卖方可以以履约担保金的形式签订电子交易合同。卖方将《仓单注册凭证》交到市场,市场于第二个工作日释放其对应的履约担保金。

市场电子交易系统对输入"订立"合同的交易双方的资金情况进行测算,确认交易商的申报指令是否有效。当交易商交易准备金余额不足时,交易系统拒绝接受其"订立"申报指令。

系统对交易的撮合原则,"价格优先、时间优先"。当买入价大于或等于卖出价则自动成交。成交价为买入价或卖出价中申报时间在先的价格,成交价格为买卖双方签订或转让、受让电子交易合同的价格。

成交信息通过电子交易系统发送至交易商的计算机终端,同时电子交易系统对每一交易商的资金进行测算。当交易商资金余额不足时,电子交易系统不接受其新的订立指令。已成交的合同可以通过本市场电子交易系统进行转让。未能成交的部分指令仍存于市场电子交易系统内,继续参加当日交易。未成交指令可以撤销,如未撤销,当天交易结束后则自动失效。

结算方式为价差结算。电子交易合同在转让时,转让方应按转让价与原订货价之间的差价取得或支付合同转让价差。价差的计算公式为:

买方转让合同应取得或支付的价差为:

(转让价 - 买方订货价) × 转让数量 ÷ (1 + 增值税税率)

卖方转让合同应取得或支付的价差为:

(卖方订货价 - 转让价) × 转让数量 ÷ (1 + 增值税税率)

现货订单交易报价通过电子交易系统设置涨跌限幅,如当日涨跌限幅以上一交易日的结算价为基准价,上下浮动5%。涨跌限幅以外的报价视为无效报价。在达到涨幅上限或跌幅下限时,达到符合强行合同转让条件的交易遵循电子交易合同"转让优先"的原则进行。

市场实行订货总量申报制度:

每一交易商的某一交收月份订货总量超过申报基数,须向该市场进行申报。市场对超过该订货量的交易商有权限制签订新的合同,并协商或强行代为转让其所持的合同数量直到本市场规定的订货量为止。本市场有权调整该限制量。

市场可以对交易商持有的电子交易合同实行强行转让。强行合同转让是指在一定条件下,本市场对该交易商持有的部分或全部电子交易合同予以转让的一种风险防范措施。前提条件是:该交易商交易准备金为负数时,但未能在规定时间内补足的;该交易商货物不足,但未能在规定时间内补足的;订货量不符合本市场订货量申报制度的;该交易商存在交易市场认定的违规行为的;其他应予强行合同转让的。

(2)交易市场的特点及其对交易效率的影响。交易市场是规模化交易、大宗交易和现货交易,反映的是市场当前的信息和供求状况。大宗现货集中交易是近些年来我国农产品市场的新的交易业态。同时,这也是一种标准化交易业态,所有交易的商品都按照统一标准分级分类。但是,交易量没有标准化。也是信息化支持下的匿名交易系统。这种集中交易具有以下影响:

集中交易,有利于公平公正执行交易。由于遵照统一规则执行交易,双方依据自身的知识与经验进行交易,双方是匿名的,交易不受身份影响。

交易所交易有利于双方节约信息成本。一是交易所的仓单注册与交割制度,节省了交易者对于产品的鉴证成本。由于商品品级按照同一标准编码,商品质量已经在注册仓单时就已经检验分类。虽然需要缴纳一定的注册鉴证费用,但是,由于所有交易者共同负担费用,摊分以后成本要低。

集中交易,可以高频率进行买卖转换,这种交易实际是一种信息与知识交换。集中交易因此可以让交易者十分负责地显示自己的偏好与估值信息,并通过交易系统传播到关注这一市场的人,外溢给其他市场角色。

通过大宗交易,可以推广种植标准化与初加工的标准化。由于质量标准按照实施种植与加工流程的执行程度以及执行效果来评价,因此,当这些流程、规程、标准执行得好的生产加工者就有可能生产出质量水平较高的产品,这样,进入交易所注册仓单时就会列入高质量水平的编码系列,也就可以获得市场交易者的相应高估值。标准化生产因此有可能得到认同和执行。

(3)文山三七在文山当地集中交易,对地理标志保护产品的保护有促进作用。首先,让当地掌握了一定价格话语权。这种话语权通过各种规则制定权利得到实现。交易所质量标准与规格是依据当地研究机构研发出来的,必然以促进当地三七产业发展为出发点制定。其次,在检验实施的方法上也依据当地生产规程与标准制作。最后,交易所信息处理交易所内部最先获取,也会首先外溢到当地七农。

近水楼台先得月。当地七农会通过各种较为方便的形式接触相关交易角色,从而更容易低成本获得供求与价格信息,有利于这些生产者、加工者获得低成本信息。

其他市场文山三七的大宗交易情况。2014 年 6 月,60 头文山三七在渤海商品交易上市。与现在文山三七电子交易所的产品设计比较,二者有着明显差异。

第一,是交易所交易的产品规格有差别,天津渤海交易所的交易规格是 60 头,而文山三七交易所没有规定。

第二,渤海交易所不是实时交易。根据渤海交易所流程设计,买入方在竞买日前两天提交竞买商品计划,而卖方在前两日入库并登记。由于不是实时交易,在交易前,可以收集丰富的信息。但是,对于新息的反应比文山交易所要慢得多。同时,交易所与原产地远,原产地生产相关信息获取成本要高得多。

第三,交易所同样有相关产品质量标准,但是,没有统一进行检测、注册。只是规定当双方对质量看法有分歧时,由指定检测机构检验。渤海交易所对于质量分级依据是《地理标志产品——文山三七》的国家标准和中国药典规定,分为一级和二级。除了对 60 头的质量分级标准进行规定,也对剪口、20 头、40 头、80 头的质量等级进行规定。而文山三七电子交易所的商品入库都在交易所指定机构检测以后才能入库。这也就是说,在渤海交易所的三七交易商,尤其是卖方还必须生产所有交易的商品的质量信息,鉴证信息成本并没有因为参与大宗交易而降低。当然,指定地方集中交易最起码也省略了搜索商品信息的成本。

第四,风险控制方面,涨跌幅限制不同。文山交易所的涨跌幅限制为 10%,而渤海交易所为 8%。

因此,从渤海交易所的交易规则设计和撮合方法、交易时间来看,其交易效率可能比文山交易所要差一些。

(六)文山三七业态创新的建议

1. 继续鼓励质量创新

产品与服务的质量创新是业态创新的核心。三七产量短时内难以调整,历次的价格起落,既有政策因素影响,也有需求因素影响,近几年来更有质量因素的影响。任何时候出现产品和服务的质量问题,都有可能诱发产品需求的下降。只要质量放心,哪怕是最传统的业态,仍然有市场扩展的空间。如文山三七在河北安国中药材市场中的参茸街的销售就说明了这样的问题。在这里专门从事三七产品销售的商铺形成了三七销售一条街;销售三七包括清洗干净的各项规格的三七头子、戴帽七、鲜三七以及相关企业深加工产品,交易活跃,成为全国中药材市场的一大交易品种。其交易具有以下特点。第一,在安国中药材市场上销售的三七都是经过清洗和烘干的,而且均按《地理标志产品——文山三七》中的规格标准进行分拣分级,并规范储存销售,销售三七的商铺店内布局规范,没有带土甚至是裹泥销售三七的现象,销售的三七品质有保障。第二,市场中销售的三七,质地很好,没有发现存在以次充好,混淆概念误导消费,或是在好三七中混杂劣质三七甚至是销售胶粘三七和臭三七等不良现象,三七交易行为和秩序比较规范。

随着有机、生态三七上市量日益增多,这些高度安全的产品交易价格和市场占有预期会上升。同时,保证有机、生态三七生产场地的一些新业态有可能进一步创新,如土地整理、立体化工厂化生产等,将有可能成为这一种高质量产品生产的另一种业态。

2. 强化生产者的风险管理意识

对于市场需求的模型还需进一步完善。当前的蛛网模型显然造成巨大的资源浪费。创新产品交易方式,或者生产投入模式,都有可能使生产者风险管理能力上升。如产销角色的利益联结关系更加紧密的机制可能消弭双方的信息差距。如所谓的定制式连锁农场方式,就是将需求信息放在生产投入之前,以销定产,以销定质量水平。这种需求大户对种植大户的利益联结方式,建立在双方对供需结构稳定的强烈预期的基础上。在业态创新过程中,就要围绕着这些预期的挖掘、显示进行,最大可能挖掘信息和显示双方的偏好。也就需要建立一些信息链接机制,先让这些市场角色能够互通信息,并通过各自权衡和相互磋商建立各种相互的利益关系。因此信息共享与互通,是这些利益联结机制建立的基础和前提。

3. 进一步将三七全产业链信息化

尤其是三七的研究和生产的信息化水平要继续加强。其方向包括要素信息生产的智能化和网络化、产品质量信息智能化与网络化、科学研究的信息收集智能化和共享等。近几年的经验表明,三七开发的每一个重大创新,都产生巨大的市场需求,并使得整个产业链价值增值发生巨大变化。如三七在传统治理伤痛和止血的用途上,突破到心血管疾病的治疗,产生巨大的需求,就是一个明显的例证。但是,这种开发需要各种潜在用途场景相异的机构投入资源进行研究才有可能取得突破,因此,同样需要将每一个可能的基础性研究成果信息共享,才有可能将人们的注意力引导到这种研究上来。当然,这就更需要对三七的基础性研究进一步加强,如三七内含成分、原产地土壤特征与有效成分转化等问题的研究,必须要加强。

第七章

业态创新案例比较以及创新中存在的问题

一、案例总结与对比

(一)特色产业业态创新与市场需求趋势

我们从几个案例分析中,得到了特色产业业态创新的一些特点。

1. 有机、安全的质量特征

特色产品业态创新是为了突出特色产业所体现的某些区域的优势,尤其是农业特色产品,更有可能突出地域优势。但不管特色产品在本质上满足人们什么样的需求,也不过是在质量方面有一些突出特征而已,并非不可替代。近年来,由于人们对农产品安全的担忧,安全性需求日益突出,特色产业的传统特征被这种需求掩盖。不论传统优势有多突出,在市场上如果不符合质量安全要求,都会被消费者唾弃。这几个特色产业创新案例都说明了一个市场逻辑,即只要解决了消费者最迫切的需求,产业就有可能得到迅速成长。贵州平塘金山村百香果本身具有独特的优势,产品具有丰富营养,用有机农法就容易找到有利于市场推广的优势,即使是一个新产业,也能够得到供求双方的响应。石阡和记辣椒制品,无论从种植到加工,都体现了有机特色;云南文山三七近年来进行了有机种植改革;贵州瓮安更是打出欧标牌;贵州黔南和六盘水地区的刺梨本身就是野生品种的驯化,在有机种植基础上进行的鲜榨、烘焙、酿造等加工过程,也是循着有机概念发展的产业;从江稻鱼鸭复合生态系统更是运用传统农作与现代绿色防控相结合找到新的有机农法。云贵高原因为长期以来交通不便,重化工等污染产业发展比较落后,再加上近几年国家对该区域功能定位的支持,生态有机生产概念能够在有利条件下形成。有机业态为高原地区少数民族区域传统特色农业产业找到了出路。

2. 贯彻健康理念

符合健康概念的内涵质量也是这些新业态所贯彻的重点。传统上,这些地区许多产品都具有特定内含成分,如百香果、刺梨,适于解决人们健康生活普遍需要补充的成分,如各种各样的维生素。尤其是该地区独有的道地药材,如三七,给这些区域发展特色产业、进行业态创新带来巨大的市场空间。即使是辣椒这样的加工品,在加工成健康产品方面也有很大的潜力。

特色产业需要在增强体验性的同时,增强产业特色资源的复合利用,并有助于产品推广。在这一方面,瓮安欧标茶尝试较为成功。对于有机种植过程、有机生态环境的体验,更有利于消费者对产品生产投入真实性的理解,从而能有助于他们对产品真实价值的评估。在少数民族地区,还可以增加文化体验,如龙里刺梨,以《好花红》民歌作为文化体验导引,有利于刺梨的推广和刺梨生产场景的体验。从江九芶农业就是运用传统稻鱼鸭农业文化为突破口,进行世界农业遗产传承实验,并进行传统农作文化的展示,加强了传统农作的体验感。

有机、健康与体验性是当前特色产业业态创新的重要趋势。

高原地区由于现代化工业发展缓慢,在生态文明的高级阶段,拥有有机绿色生产的独特发展优势,在产业提升、有机绿色生产及其环境体验等方面,还可以挖掘产业发展空间。民族地区由于其文化的独特性,在强化产业发展的体验性上还可以进行业态方面的大力创新,突出地区的文化优势。

(二)业态创新的产业环节

业态创新是专注于产业某一环节、某一方面改进的专业化经营业态。在农业特色产业方面,还有很大的运作空间。

1. 品种选育

传统品种选育就是对传统特色作物、畜禽品种中个体大、抗病性强、品相好的品种选育,或者运用生物工程技术进行改良,如嫁接等。刺梨从野生物种中进行选育,并进行嫁接,选育出贵农 5 号、7 号等,使得刺梨单产大大提高,同时,产品质量也得到提升,尤其是质量稳定性方面,表现很好。从江九芶农业就是运用传统的糯稻选育方式,得到珍贵的糯稻品种。

在育种技术上,大棚智能温室也在特色产业中运用。尤其是,这些产业的育种环节都有标准化规程,将育种过程进行规范化。育种是高度专业化的投入,在大多数情况下,如果企业对产品外观、内涵质量有严格要求,一般由专业机构或者企业自己负责投入和养育,而不是由农户分散培育。

2. 种植养殖

种植养殖环节体现了有机化、智能化趋势,是这些传统特色产业业态创新的重大变化。其基本的做法是,朝着有机认证、地理保护标志文件规范的要求,将种养规程标准化,在选地、施肥、杀虫、采收、灌溉用水等方面进行规范,使生产产品符合有机认证要求。

对于生产者来说,这一过程的投入是其高度专用性的投入,也是获得高质量原产品的关键环节。在防止认证机构禁止检出成分方面,生产企业必须采用专业方法在地、水、药、肥等方面做出非常严格的作业规范要求。只有遵照这些要求才有可能通过相关的有机产品质量认证。

种植方面的智能化监控,欧标茶生产等已经开始起步,但是,对于大多数企业来说,这方面投入巨大,农业企业资金量不够,在近几年农业利润微薄情况下,更是如此,因为特色产业企业限于生产条件,一般规模都不大,无法承担巨量投资。

3. 加工

健康的产业必须有健全完整的产业链,特色产业也不例外。许多农业产业非常薄弱的环节是加工和销售。许多产业在发动时只注意原产品生产,而不重视加工工业的配套发展,使得产业发展缺乏后劲。对于大多数生鲜产品,由于上市时间比较集中,再怎么有特色,在短时间内大量上市,也会造成局部时间供给严重超过需求,价格下跌严重,产业无法持续发展。加工是缓解这一问题的有效途径。

特色农产品加工包括初加工和深加工。大多数特色产业传统上只有初加工。如制成干品、泡酒等。即使是这样,在这几个案例中也可以发现有新业态,如刺梨的湿态果脯、刺梨醋,九芎农业的精米,欧标绿茶加工等。

深加工一般是特色产业的新业态,既有可能体现在加工技术与流程的改进上,也有可能体现在加工配方上。如刺梨汁,就是改造了传统压榨技术发展起来的。不仅仅是压榨,在刺梨中提取多酚物质,则体现了一种更高技术在产业中的运用。

在传统配方与工艺基础上进行改进,是深加工的另一种业态创新途径。如和记发酵辣椒制品,在传统乳酸发酵工艺基础上改良,使得发酵产品质量更加稳定,口感和风味、品相都得到改观。

由于加工环节的发展状况标志着产业发展的状况,因此,特色产业的可持续发展必须依靠加工业态的创新。但是,这种创新的投入同样巨大,不仅仅是资金投入,在人力资本累积、研发时间上投入量都比较大。对于农业企业来说,研发周期更长。在加工业上如何动员社会投入,是一个值得思考的问题。本课题考察的几家企业中,刺梨、三七都有社会资本大量进入的背影。当然,如和记,通过很长时间的学习和研究,也能够取得成功,但是,这种案例非常稀少。

4. 仓储与配送

仓储业态创新主要体现在智能化、系统化上,如云仓储、智能化仓储就是这种趋势的业态。九芎农业改变了传统仓储的做法,进行了温度湿度控制与检测的智能化、仓库作业的自动化与智能化、仓库布局的网络化与优化的智能化,这些业态是现代化信息技术高度集成的运用。

在配送体系中,九芎农业进行 ERP 系统改造,通过运用信息化系统技能,有效缩短从接手订单到产品最终配送到客户手中的时间,同时,还能节约运费运力。

5. 销售与投资

销售环节厂商大多采用直销、电子商务、线下超市、连锁销售等业态。云贵高原少数民族地区的特色产业经营者限于社会网络和经营规模,在营销团队建设、渠道打造方面都受到制约。此外,特色农业与其他农业一样,在品牌打造和营销方面一直是薄弱环节。这种营销方面的专用性投入也就使得这些产业产品面向范围很小。

在我们研究的这几个案例中,大多采用电子商务模式向外宣传、推广。集中交易与线下超市交易也是主要方式。近几年来,利用云贵高原旅游产业蓬勃发展的优势,在旅游商品市场上进行特色产品推广也取得了非常重要的成绩。

刺梨、酸汤鱼等采用全国加盟连锁的方式,也是特色产业中效果比较好的业态创新。

将产品营销与引资相联系,是产业创新的另一个重要的方向。众筹、认种、认养等方式,在本质上,对于认种者、认养者、投资者可以看作是将种养业务外包,而对于生产经营者实际上是通过收取定金进行融资,同时定向销售产品的过程。在有机种养与特色产业中,这些业态将逐步扩大应用范围,在以上案例中,瓮安欧标茶、文山三七的连锁经营农场等都是定型的案例。

(三)信息化支持环节比较

业态创新中,信息技术成为重要的支持手段。信息化与农业、加工、销售及其分析等技能融合,是特色产业业态创新的重要方式。

在特色产业业态研究案例中,信息化支持的主要环节是育种、生产、加工、物流仓储和销售环节。

在育种环节,信息化技术主要用于对育种人工环境控制,提高育种的成功率,如三七、刺梨、辣椒、水稻育种等。生产环节,信息化技术主要用于溯源系统建设以及环境监测,如欧标茶生产的溯源系统建设。加工环节的信息化技术主要是数控加工设备和加工环境的监控以及溯源系统建设,如刺梨、三七的深加工都是使用数控技术设备。物流仓储主要是智能化检测与网络沟通、作业优化等,最典型的做法是九芎农业的智能化仓储与物流。

二、业态创新案例的经验总结

(一)坚持通过业态创新引导产业升级

1. 提升产品与服务的质量

(1)提高质量水平。产品质量水平的提升,是产业持续发展的一个重要特征。业态创新就是在产业局部环节和所有环节进行专业化改进,以提升产品质量内涵和附加的服务水平。对于产品功能成分、有效成分含量的提升,外观的改进以及附加的服务水平的提高等,是需要专用性投入的。除此之外,还要让消费者感受到这种质量提升,在这些方面要分解成许多环节进行投入与运作,甚至要对某些投入要素及其技术形态进行替代和改进,从而表现为业态创新。

这种质量提升当然是基于对市场趋势和需求升级的一种应对。通过业态创新,产品质量提升与需求升级之间形成一种互相促进的关系,在这一过程中,产业组织得到改善,产业因此形成一种良好发展的态势。

在我们考察的产业案例中,大多数业态都是以产品质量提升为目的进行创新的。实现质量兴农,就要从具体业态改进和业态创新入手,引导产业健康发展。

(2)保持高质量水平的稳定性。应用信息化、智能化以及其他农业、生物、工业等技术相结合,打造一个有利于高质量产品生产的人工环境,是业态创新的主要手段,达到的目标不仅仅是出现高质量产品,更要使这种高质量水平稳定下来。不仅仅在产业的局部链条上表现为质量稳定,还需在整个产业链上优化,使得整个产业链各个环节中都创造出高质量产品生产的条件。

在这种稳定性控制因素中,技术条件固然重要,质量的价值观念也是至关重要的。在任何环节上价值观念与高质量价值观不符,就不可能稳定地生产出高质量产品。而且,在制度、标准化体系上应当体现出这种价值观,防止质量生产中的机会主义。

2. 充分挖掘特色稀缺资源的价值

(1)产品创新。特色产业主要以特色资源为基础,产业高级化当然体现为特色资源的充分利用。当然特色产品创新能力以及产品与服务的丰富多样,是产业发展能力的另一个维度。产品创新是基于对现实产业实现某种功能不足,或者成本过高,而进行一种替代资源投入得到的产出形态。产品创新当然就会创新出新业态,因为新产品生产替代老产品,就会表现出产业运作方式的不同。

产品功能定位在产品创新的业态创新中是核心的。

在这种定位指导下,就要设计相关技术、流程、模式。成功的产品创新及其延展,也就是产业链的延展,都必须以合理的技术设计为基础,并将高质量产品生产通过流程、生产模式创新予以稳定下来。如有机生产流程与规范,就是这种业态创新的典范。

产品创新以后,就需要贯彻高质量生产的理念,相应地,就要建立这种产品高质量生产的体系,尤其是基于功能开发与质量观念的体系,包括建立标准体系、检测体系、质量信息传播体系,不可或缺。只有在合理的体系下进行高质量生产,才能够保证产品创新过程中特色资源的充分利用。

重点是要强化标准意识,没有标准就没有产业。在少数民族地区某些局部领域,需要建立自身的标准体系,如苗药。有许多民间的医药瑰宝如果不快速加以开发,有可能就会失传。因此,对于这些少数民族民间特色药方、特色食品加工、特色保健产品与服务,要加强标准化研发,当然也可以按照产品种类制定药、保健品、食品的不同标准体系,进行开发。深加工业态创新过程中,也同样需要标准体系创新予以支持,如刺梨深加工产业,虽然是最新的一种业态,但是同样需要及早出台产品标准体系。没有这些标准体系,产品质量良莠不齐,就有可能使产业走低端化,格雷欣法则就会起作用。

在特色产业业态创新过程中,强化对传统技术、产品、文化的开发意识,尤其要重视现代技术与传统技术、产品结合的手段开发,并累积经验。这里有比较突出的例子可资借鉴,如从江九芎的米业,石阡和记的乳酸辣椒等。

(2)创新经济模式。特色资源的充分利用,可以通过经济模式创新实现。

在业态创新过程中,最重要的经济模式有三种,一是循环经济。如刺梨汁加工以后,通过发酵成为养殖业的饲料,以及种植的有机肥。这种模式为生产过程中产生的固废处理找到一种不仅无成本的处理,还是一种创造价值的处理,对特色资源得到充分利用。

二是资源的复合利用。尤其是土地资源、生态资源的符合利用。其基本的办法就是通过产业融合,如特色产业开发与旅游开发融合。瓮安欧标茶生产环境优美,空气质量好,还可以利用作为生态旅游、休闲度假开发利用,特色环境资源得到充分利用。

三是降格利用。石阡和记公司充分利用秋后不成熟的辣椒,进行发酵开发,虽然加工产品品相不是很理想,但是,在用于烹饪时,口感还是不错,价格便宜,也能够找到消费者购买下来。

（二）业态创新中改变目前产业发展的思维定式

1. 改变传统产业生发与成长的低价思维定式

低价竞争思维模式是在整个国家和地区人均收入水平低,人们购买时只能追量,而不能追质的前提下形成的思维定式。为了降低生产成本,当然就不能进行研发投入,因此大多数只能模仿其他人的产品,进行生产,通过低成本优势抢市场,扩大网络,获得网络优势。

在当前形势下,人们收入水平有明显提升,消费方式也逐步向追求高质量转变。业态创新思维方式也就需要从低价优势的思维定式转向差别化策略,即追求产品功能定位实现与质量水平的提升。业态创新就是从技术层面、运营层面考虑这种思维转换的实现。价值观念也因此需要改变,研究开发、人力专用资本的累积、企业专用知识的积累与管理等都有可能成为企业成功的关键。

在我们关注的几个案例中,并非都是依赖于低价优势而取得成功的。从迎合消费升级趋势角度,以质取胜,以符合大多数消费者追求健康与食品安全的趋势为目标,经过业态创新实现。从可支配收入在不断提高的趋势来看,这种策略将成为业态创新的主流。

从国际趋势来看,我国人均收入增长处于相对较高的水平,意味着劳动力生产与再生产成本增长较快,也体现为工薪收入增长较快。在这种条件下,依赖于劳动力便宜的优势进行生产与经营的发展模式空间不大,必须转向利用劳动者素质提高的优势来不断提高质量水平,从而使得劳动力因此能够获得较高收入水平,企业能够获得较高利润水平来维持产业的可持续发展。这是一个回馈强化的过程。一方面,产品与服务在劳动者素质提升中质量得到提升。另一方面,企业依靠质量提升获得溢价,可以进一步用于人力资本累积与技术革新,为质量水平与创新能力的进一步提升打下基础。这一回馈过程应当有赖于企业或者产业在整个经济体中获得的优势地位来维持。在特色产业领域,还可以依赖于特色资源对高质量生产的贡献进一步强化产业优势。

2. 强化创新动机

创新动机强弱与创新获得的预期收益正相关。需要从两个方面强化这种动机。一是提高创新成功的概率,一是寻求创新成功以后获得加大的收益。因此,创新动机的强化可以从以下角度入手。

（1）创新的熟练程度和知识累积、外溢。与前面我们介绍到消费者对于新产品或者特色产品的质量与功能知识一样,对创新方面的知识越熟练,对于创新成功的概率与收益认知就越准确,就越能够权衡出创新的预期收益。

　　创新知识与技能要靠累积。几个案例中,大多数创新领头人在进入特色产业领域之前都有过创业经验,并且大多已经成功。如苗岭雾海创始人、和记的创始人、九艺农业的创始人、刺梨产业中大部分的加工创业者都有过前期创业成功的经历。有的领头者其前辈就有过成功经验,如苗乡三七。当然也有靠学习其他人经验进行创新的。要进行业态创新之前,当然要理解业态创新过程中如何克服所面临的问题,化解创新的风险。

　　对于产业产品的知识要非常熟练,也是业态创新者成功的重要条件。

　　(2)政策支持。要让行业内人士转向质量创新,当然还需要政策支持。尤其是需要土地、资金等政策支持。大多数特色产业创业者的和业态创新者都经历过土地流转,进行适度规模经营。虽然特色农业经营以家庭经营居多,但是,要使得产业具有竞争力,就需要将家庭小农经济整合。小农经济主要在种植环节运用居多,在加工环节大多由企业或者合作社为主经营。如果对原产品质量要求高,大多数情况下企业可能和种养大户联结。因此,在以质量提升为核心的业态创新中,大多通过企业与种养大户、合作社发动,土地是这种创新过程中首先要解决的要素。政府在这一方面投入组织资源,开展试点,规范土地流转,对特色产业业态创新起着重要的推动作用。

　　资金上,有些产业需要巨量投入,如刺梨深加工与精加工。盘州的经验是通过政府平台公司投入,让平台公司从原来的投资公司建立实体企业,实现转型,同时,也为地方经济振兴建立一个大产业。

　　大多数特色产业的振兴和业态创新是利用产业扶贫的政策、通过地方政府整合涉农资金而得到政府资助。或者通过金融扶贫项目,整合各种资金来源,实现项目投资。

　　(3)政府政策支持产业信息化。贵州提出了大数据战略,并适时推出所谓"七朵云",这"七朵云"中食品安全云、电子商务云等开启了政府支持下的信息化平台为区域特色产业服务的征程。其中,食品安全云项目获得各类资金资助2300万元,贵州但凡有特色、有一定生产规模、需要进行市场推广的特色农业原产品以及加工产品几乎都在云平台中有质量受检记录。或者说凡是接受有资质进行质检机构检测的农产品及其加工品都在该平台上进行发布。这是以云计算平台的方式为中小企业的质量溯源、防伪溯源、品质认定、包装赋码、品牌推介服务,降低了这些企业质量溯源体系的投资门槛。平台上有5.6亿条以上数据接入、22773家企业数据、41000条以上食品数据。提供国家食品(云技术应用)质量监督检验中心的质量检验检测服务,具有CMA参数达到2015个、CNAS参数达到1327个、新化学物质理化、生态毒理参数达到23项,检测参数涉及百姓日常生活各个领域。

该平台通过数据分析向贵州省相关部门报告农产品质量生产状况,并为相关的产业与区域农业规划提供咨询。不仅如此,该平台还成为贵州省与全国知名的质检机构、研究部门沟通的重要渠道,促进特色产业质量检查的技术进步。从技术发展来看,该平台为全国质量检测云平台建设建立了相关的服务标准,并为国家质量监督局和科技部采纳。

贵州省商务部门主持电子商务云建设。各个地州市以及县区等都建立了电子商务园区。镇以及一些村都建设有电子商务服务站,承担电子商务的商品包装、邮寄和接受其他地方到达本地的电子商务交易商品,村、镇还专门指派干部负责这项业务。每个地区在贵州电子商务云上都有自己的特色馆,这些特色馆将本地区特色产业在这些网上虚拟馆中进行陈列。电子商务云还提供电子商务动态、政策宣传、电商创业创新培训、第三方服务、数据分析以及其他技术服务。为贵州农村电子商务服务的项目主要包括培训、人才、实践、产业园、电商政策信息中心服务,其中,电商运营专业性服包括商品拍照、详情页制作、店铺装修、产品包装、物流快递、营销推广等服务。电子商务云还推出旅游助力黔货出山、那家商城等品牌项目。

云南省近几年来将高原特色农业概念提到一个非常的高度,提出用互联网提升农业生产、经营、管理和服务水平。尤其是对云南烟、糖、茶、药、橡胶、菜、花等高原特色中的运用,主要功课领域是信息进村入户、农村电商发展、质量追溯体系。并把网络化、智能化、精细化、现代"种养加"生态农业新模式的培养作为推进农业现代化进程的主要方式。

云南省政府还提出农村电子商务专项政策。为了建设完善的农村电子商务体系,支持第三方平台开展涉农业务,将各类涉农信息平台转型为农村电子商务平台。重点支持和培育一批农业"小巨人"电子商务企业,规范发展大宗农产品现货交易电子商务平台,支持发展一批特色农产品销售和消费品下乡的专业化电子商务平台。支持的办法主要是农村电子商务公共服务平台建设、提高农村电子商务应用水平、健全农村电子商务物流体系、营造农村电子商务发展环境。在农产品加工业促进政策方面,支持构建全链条、网络化、标准化、智能化、可追溯、高效率的农产品现代化物流体系,建立覆盖全省主要产地和销地的冷链物流基础设施体系,支持改善农产品储藏、保鲜、烘干、清选分级、包装等设施装备条件,夯实农产品初加工基础。政策主要支持生物、工程、环保、信息等技术集成应用,加快新型非热加工、新型杀菌、高效分离、节能干燥、清洁生产等技术升级,开展精深加工技术和信息化、智能化、工程化装备研发,提升农产品精深加工水平。

云贵高原地区的政府对农业,尤其是特色农业新型业态的信息化支持政策近几年来逐步完善和细化,形成特色农业信息化政策支持体系。

三、云贵高原少数民族地区特色产业业态创新中出现的问题

（一）土地与生产要素政策、法规执行中出现的问题

企业与种养大户进行适度规模经营过程中,在集中流转的土地上投入资金与其他要素以后,其投资回收就需要较长时间,因此,土地经营权转移以后,合同关系需要稳定较长时间。也就可能出现一些情况,如承包户看到了土地上的项目可以获得比承包合同中给予的更高收益,就想办法要回土地经营权,要不回来就扰乱经营活动。如出现一些土地承包户把经营者种的水果给采摘了,而仲裁或者法院判决时因农户贫困无法赔偿而让这些农户免于赔偿。在相关经营活动中,如果没有政策与法律支持,经营者经营秩序就无法维持。

在我们研究的这些案例中,也有一些企业在经营规模需要扩大时,积极争取政府部门的支持,但是,一些地方政府在明明具有土地开发指标的情况下,不愿积极支持企业生产,使企业经营活动所需土地屡次得不到批准,致使企业经营规模迟迟上不去。或者这种用地批复需要经过好多年的软磨硬泡,才有可能得到批准。

一些涉农项目资金企业也觉得很难用。项目做好以后,各级检查、观摩经常开展,企业负责人又不得不陪同开展活动,企业管理活动就难以正常开展。

（二）区域农业领域的以信息技术为中心的创新能力

1. 农业信息化对特色产业业态创新支持出现的问题

（1）农业信息化对业态创新支持的复杂性与投入门槛高,对业态创新的信息化支持带来的困难十分巨大。许多政策文件都提到要鼓励农业信息化投入。但是农业信息化要求很高,不论是技术要求还是资金要求,都有较高门槛。比如生产领域与质量检测领域,物联网、通信定位系统、计算机网络、大数据分析以及各种云平台链接等,是一个高度集成的系统,建立这种系统异常昂贵。这些体系的经营自成一体,在实际运用中,虽然每一个体系都有自己独有的市场,但是农业信息化过程中,这些体系都要起作用,才能够取得良好的效果,而实际运行中这些系统协调困难。因为农业信息化实际上就是要求对农业生产环节中的土地、水、空气、气候、虫害、能源、作物或者牲畜、交通、机械等各方面的检测信息以及相关作业信息感知、收集、传送、储存和挖掘。在一些高级智能化体系中,这种信息的挖掘和反馈需要人工与自动化体系糅合,体现为一种高度精准、高度智能化、自动化以及对突发意外的人为处理方案的集成。不仅如此,生产过程还需要将现代生态

有机生产的规程、生物工程技术、农业技术以及其他各类技术进行集成,构建的系统极其复杂。这些知识、信息和种植养殖历史资料汇成一体,刻画环境与作物、畜禽、水生动植物的变化趋势,构成一个可测的变量体系信息集,并对种养殖活动进行有效决策。通过这种体系构建,人们能够在准确的信息与知识的指导下,决策、管理、运营与作业,形成感知→信息聚集→信息挖掘与知识合成→决策→管理、运营与作业→感知等知识与运用闭环体系。这些体系集成的信息与知识还需要进行生成有利于经营管理者、运营与作业者能够直观解读的知识与信息可视化、音频以及报告等表达形式,形成复杂的人机对话运营整体。

在设计上,需要处理信息的感知、收集、运用与存储、处理等各个环节的自动操作,但是,不同的农业品种需要的关键性信息并不一致,这种信息化过程很难进行标准化处理。企业、种植户的专业化知识也不一定能够准确定义自己的信息需求。单单这一方面的设计就有可能出现非常复杂的构建框架。

更有甚者,体系运作需要解决的关键性问题,也不一定定义清晰。在我们采访的案例中,大多数经营业主知识水平,尤其是农业的知识水平不是很专业化的,很多的困难都很难说清楚。而信息化就需要对这些关键环节的知识维度需求定义得非常清晰,才可以有针对性地安排感知元器件或者网上的知识接口。在知识输出上也需要找到关键维度相关知识的专家来解读和发现问题,并敏捷地做出反应。

目前,在云贵高原上还很少有对特色产业生产信息化方案做得非常完整的案例。尤其是贵州省,地形复杂,不同条件的土壤分布也异常复杂,进行机械化操作非常困难,如果对生产过程进行自动化智能化操作,需要整个体系识别的参数和感知的参数维度都有可能比其他土地条件相对简单的情况要复杂得多,因此相关系统设计、运作和调试都异常复杂,成本高。

即使能够做成这种系统,维护系统投入更大。如何降低信息化成本,如何支持农业经营者运用信息技术,还需要通过改革信息化服务体制,包括定价体系。

(2)信息消费能力制约着特色产业信息化。云贵高原地区的政府部门主导建立一些信息化平台,但是,这些平台的推广与使用的普及还存在着诸多困难。一般民众不习惯于从这些云平台查阅相关信息为自己的消费决策服务。贵州省政府相关部门建设的这些云平台,使用是相当方便的,用手机下载相关的APP,就能够免费查阅相关信息,检索方便。但是,大多数群众没有下载这些APP。如人们没有习惯从食品安全云上查产品质量信息。在产业生产经营中,即使出现销售困难,也没有向这些平台求助,进行产品推广。

在我们的调查案例中,一般农民与经营户都拥有智能手机,但是,大多数用于电话、游戏,即使有一部分人使用微信,也都不会通过这些社区或者网络进行生产知识、商品知识的收集与推广。

(3)农村生产信息化服务企业少。与信息消费能力弱相对应,信息服务供给能力也相对较弱。在云贵高原地区,除了政府部门主导的云计算、大数据等应用示范项目由政府部门及其所属平台公司负责建设以外,民间资本目前较少进入这些领域。

2. 信息化为中心的创新能力问题

关于贫困与欠发达地区的信息化水平差距问题有许多文献进行了讨论。对于中国贫困问题与信息化差距的测度,荼洪旺、胡江华(2012)提出了几个测度方法。但是,随着信息化推进,以信息化就绪度为核心的数字鸿沟在中国省级层面的差距会越来越小,随之而来的是信息消费及其对区域增长的贡献在扩大,对此,胡江华(2015)也做过类似的研究。不仅如此,国际电联提出的信息化为中心的创新能力测度,称为信息化为中心的数字创新鸿沟。这一概念的提出,意味着贫困地区的差距将有可能更多地体现为信息技术应用能力的差距。

(1)数字创新鸿沟概念

国际电信联盟(ITU),特别是电信发展局(BDT) 2014 年在阿拉伯联合酋长国迪拜举行的国际电联世界电信发展会议(WTDC)上,批准了一项 BDT 战略和业务计划,要求加强国际电联成员国将 ICT 创新纳入国家发展议程的能力,并建立测度信息化中心的创新体系的工具包和测度方案。这个工具包是国际电联进行的一系列报告和活动之一,包括由国际电联工作人员进行的国别审查,分析以信息通信技术为中心的国家创新生态系统;在区域和全球范围内,通过来自不同生态系统的利益攸关方之间联系来分享知识和经验,促进创新生态系统和创新者开展项目和活动。

数字创新鸿沟测度的工具、框架建立在创新体系模型基础上。这个模型反映了创新是一个复杂的过程,涉及许多参与者和他们之间的互动。在这个模型中,创新过程不是线性的,而是像自然生态系统一样的大量复杂的关系和互动,利益相关者相互支持彼此的进步和发展。这些生态系统可以通过为利益攸关方创造有利环境并支持其工作的创新政策来培育。①

数字创新鸿沟的概念意味着,并非所有数字创新生态系统都是平等的,无论是在人才(智力和创造性)、投资和资源的投入方面,还是在技术、社会或金融方面

---

① Telecommunication Development Sector. Bridging the digital innovation divide:A toolkit for strengthening ICT centric ecosystems[R]. ITU,2017.

的产出方面。这意味着,一些领域和生态系统正在开发并受益于新兴技术和以信息通信技术为中心的创新,而另一些领域则依赖于旧技术或根本看不到信息通信技术支持。

创新鸿沟的部分原因是在创新生态系统中资源的使用或分配效率低下,以及缺乏关键的支持、政策和培养环境的其他要素。环境,以及利益相关者之间需要加强合作,才能通过相互协调的支持活动发展一个完整的生态系统。

在这一体系中,私人部门和企业被视为整个创新体系的中心。

在对地区和国家的数字创新能力进行测度时,运用的工具包括两个方面。一是利益相关者映射。即从不同的利益相关者行动的级别分类来反映这种以信息化为中心创新现状或者是数字创新现状。这里的利益相关者包括数字创新生态系统利益相关者群体的角色:公共部门、私营部门、企业家、创业支持网络、学术界和金融界。二是生态系统画布通过七大支柱——愿景与战略、政策与监管、资本与资源、人才与领军人物或龙头企业、基础设施与规划、网络与市场、文化与社区,提供了生态系统状态的概述。这些支柱的健康状况将刻画整个创新概貌。除此之外,还有一个核心支柱,即确定专门为支持生态系统而做的工作,而不是更广泛地支持经济。

利益相关者界面画布将创新体系成长分为预构思、构思、创业、死亡谷(从公司成立到财务上可持续发展的高风险期),分解创新或业务的生命周期,最终成为中小企业,并扩大规模和退出。在每个阶段,它检查每个利益相关者群体应该做什么或正在做什么来支持创新者,以及这一过程有多成功。这成为识别创新生态系统支持缺口的关键工具。画布在本课题中就不再使用。重点研究角色作用。

在电联的角色工具框架中,各自的作用是:

● 企业家:企业家刺激创新,因为他们建立公司来提供新颖的解决方案。他们参与创新生命周期的各个阶段,从构思到规模。企业家可以是生态系统中的领导者和引领人,并得到其他利益相关者的普遍支持。

● 公共部门:这个利益相关者群体包括活跃于创新生态系统的政策制定者和监管者,以及国际组织和公民社会成员。鉴于信息通信技术的横跨多部门,相关的公共部门参与者代表了许多工作领域,如金融、贸易、通信和技术,以及其他可能受到以信息通信技术为中心的创新影响的垂直领域。

● 金融参与者:这一类别将包括支持初创企业生命周期不同阶段的投资者,从初创企业原型到更成熟企业的首次公开发行(IPO)。它们包括天使投资者、种子基金、众筹社区和平台、风险投资家、私人股本投资者、非政府组织等赠款提供者,以及影响力投资者。还包括资助生态系统建设活动的行动者。

•学术界:学术行动者包括各级各类院校,以及研究机构和培训中心。学术机构通过开展初步研究、帮助累积人力资本能力、鼓励年轻创新者的发展来支持生态系统。

•私营部门:私营部门是指代表私营部门利益的大型成熟企业、老牌中小企业和商会等团体。通常情况下,这些公司参与到创新生态系统中,寻找机会来颠覆他们的传统商业模式,或者为其他企业提供服务。

•创业支持网络:这些是生态系统内的组织,如创新中心、孵化器、加速器和协会,他们支持创业者。他们通过引导初创企业度过发展生命周期、创建支持性文化和培育社区来影响生态系统。对于局外人来说,通过研究来识别生态系统中活跃的干系人,与拥有相关干系人网络的当地合作伙伴一起工作。通过访谈、研讨会和其他与当地生态系统进展的互动,其他利益相关者也会卷入创新活动。

•金融参与者:这一类别将包括支持初创企业生命周期不同阶段的投资者,从初创企业原型到更成熟企业的首次公开发行(IPO)。它们包括天使投资者、种子基金、众筹社区和平台、风险投资家、私人股本投资者、非政府组织等赠款提供者,以及影响力投资者。还包括资助生态系统建设活动的行动者。

(2)组成创新生态系统的七个支柱

•愿景和战略:确定生态系统的当前和未来状态是国别审查的关键组成部分。创建一个共同的愿景有助于所有生态系统参与者围绕一个共同的目标团结起来。制定相应的策略可以帮助他们了解自己的角色、其他人的角色,以及他们的活动如何支持共同的目标。这些通常都在政府报告中列出,但对生态系统的展望也可能来自其他来源,比如私营部门或学术网络。鉴于愿景和战略是共同创建的,因此它们必须是详尽的,并包含跨部门的所有涉众投入,这一点至关重要。

•基础设施和项目:这些是创新生态系统的基石。基础设施通常分为软硬两类。硬基础设施包括互联互通、道路、电力和公共交通,而技术中心、培训资源和研究机构等共享知识的基础设施就是软基础设施的例子。项目利用这种基础设施,特别是软基础设施,来支持生态系统。

•人才、领军人物或龙头企业:人才指的是为生态系统提供动力的人力资本,以及增强这种资本的资源。此外,它还包括硬技能,如工程和编程,以及软技能,如管理、通信和管理。除了广阔的人才库之外,每个生态系统都需要特定的领军人物才能茁壮成长。领军人物或者龙头企业是在生态系统中扮演领导角色的人或者企业,通过发起变革,建立基础机构,并鼓励新参与者的贡献。

•资本和资源:初创企业需要资本才能成长和繁荣。在早期阶段,需要天使投资者等风险资本。随着企业的成熟和扩张,风险投资家和私人股本基金等大型投资者的资金有助于推动增长。其中一些可能来自政府或公民社会,但最终多数应来自私人投资者。为了补充直接资助初创企业的工作,支持网络和其他生态系统建设方案需要资源才能成功运作。

表7.1 每个支柱的信息投入

支柱	投入
愿景	共同的目标和关键问题的一致性
基础设施与环境	关于现有"软"和"硬"基础设施类型的信息
人才与领先者	人力资源的强弱、技能的种类和能力建设的途径
资本与资源	了解企业发展和外国直接投资的不同阶段的资本可用性;为生态系统建设活动提供资金
网络与市场	国内外市场需求深度反馈;正式和非正式网络、协会、伙伴关系
文化与社区	创新文化的核心价值观得到了多大程度的支持
政策与规制	公共部门支持和参与生态系统的程度

● 市场和网络:初创企业需要市场为其服务。此外,政府通常是产品和服务的重要购买者,也是新兴企业的合同来源。因此,有效和透明的公共采购过程对初创企业是有用的。生态系统还需要网络和集群,以确保创新者能够获得所需的所有资源和连接。

● 文化和社区:培养创新的、创业的文化包括分享关键价值观,比如冒险精神、对失败的欣赏、愿意反复学习和学习。这些价值观为整个生态系统的行为创造了蓝图,创新者和冠军社区通过活动分享这些价值观。

● 监管和政策:支持性政策和法规可以为企业家和创新者的努力提供肥沃的土壤,而不发达的政策可能会扼杀创新。有许多政策和监管领域对创新生态系统的成功至关重要,包括税收、贸易政策、知识产权法、金融监管和商业监管等。

● 中心支柱:在其他柱子之间有一个中心空间。这个空间包含的活动集中于促进生态系统利益相关者的工作,特别是社区共享创业文化,而不是广泛支持经济的行动,如影响民族文化。表7.1简要描述了在每个支柱中应该要抓住的信息类型。

(3)云贵高原地区以特色产业信息化为中心的创新系统现状。

● 愿景与战略:关于特色产业信息化的愿景,只有在特殊的环节上,云南省与贵州省提得较为清晰。相对来说,云南省对特色产业加工业、冷链物流产业以及地理信息系统在农业中的运用等在相关政府文件中定义得较为清楚。

贵州省提出了特色产业和"泉涌"计划,但是,主要集中在品牌建设领域。至于特色产业的特色如何在生产领域内保持,在相关产业规划与发展文献上提得较少。其中,依赖的主要农法就是有机绿色方法,销售以及有助于营销的溯源体系的信息化技术。

贵州省实施大数据战略,已经在国内外产生了一定影响,但是,农业大数据,尤其是农业生产领域内的大数据目前还没有很明确的规划。

总体来说,从长远规划来看,特色农业领域内信息化战略在当前来看愿景不是很清晰。当然,从国家农业农村部长远的农业信息化规划来看,已经定义得非常清楚,云贵高原地区地方政府部门对此做出相应回应是必需的。

●基础设施与环境:基础设施建设方面,有些运营商过度强调读取地理环境的复杂性对信息化成本的影响,至少一些偏远乡镇与村庄的宽带还没有接入。如九芗农业在进行管理信息化时,都没有办法对分厂网络进行布置,而影响整个系统的响应。云贵地区局部信息化就绪度还没有达到信息化创新系统能够较低成本运作的条件。

在软环境上,对于特色产业的行业标准,包括质量标准、农法规程等还存在问题。尤其在有效成分上,有些产业在原产品、加工产品上没有严格的标准,本身也不利于用严格的智能化、信息化程序进行生产与质量控制。

●人才与领先者:目前农业生产信息化专业人才较少。专门从事农业生产信息化的企业在本区内也不多见。当然,销售领域内,电商人才和相关的企业也有不少,包括知名的电商平台,都深入村镇设立服务点。省内自创平台也逐渐创立。以贵州省的七朵云为代表的云平台也为特色产业质量溯源、电商服务等方面提供了增值服务。但是,目前服务客户还需拓展,尤其是一般的消费者对这些平台知之甚少。

从特色产业案例的调查来看,大多数企业也只重视营销领域内的信息技术运用,并没有特别重视生产领域与整个企业或者整个产业链条同盟的信息化管理。

●资本与资源:目前,云贵地区以政府产业基金作为天使投资鼓励信息化和云平台、大数据开发。但是,针对农业信息化的资助项目较少。对于特色产业企业的信息化,如溯源系统建设有一些资助,社会资本对此并没有表示明确支持。

●网络与市场:云贵地区农户、种养大户、合作社、企业数目众多,行业协会也众多,特色产业领域也是如此。其他特色产业,如云南的三七、咖啡,贵州的薏仁、辣椒、茶等都已经出口到国外。但更多的特色产业国内外需求波动大。生产领域内的信息化需求一直没有观察到。信息化行业协会、专门从事信息化研究的学会以及机构数量并不多。

● 文化与社区：大多数农业特色产业，尤其是少数民族地区农业特色产业一直重视有机生态以及资源的复合利用。近年来，有些特色领域，年轻人进入创业经营的人多了起来。但是，普遍只重视销售环节和管理的信息化，而不重视生产信息化。

● 政策与规制：国家农业农村部专门出台农业农村信息化五年规划，与农业五年规划同步。在《"十三五"全国农业农村信息化发展规划》中，指出了到2020年农业信息化的目标是"互联网＋"现代农业建设取得明显成效，农业农村信息化水平明显提高，信息技术与农业生产、经营、管理、服务全面深度融合，信息化成为创新驱动农业现代化发展的先导力量。着重在生产智能化、经营网络化、管理数据化、服务在线化等方面取得突破。尤其要通过农业生产与信息技术融合应用的加强、农村电子商务与政务的普及与推进、农村信息服务普及便捷、夯实农业信息化支撑基础来实现。

在支持政策上，提出要创新财政支持政策，整合财政支持资金，引导社会资本资源支持信息化及其创新研发，同时，通过农业信息化立法，推动建立依法促进农业农村信息化发展的长效机制。

但是，地方政府层面没有相应的推进规划与政策配套，尤其是农业信息化重大工程方面，还没有明确提出具体措施，按照中央政府的部署进行推进。

从调研的农业特色产业案例来看，如何运用信息技术获取特色产业生产、经营管理以及交易便利方面的优势，业界、学界和政府部门等没有形成一致的看法，在创新死亡谷曲线来看，还处于创意前期、基础的研究阶段，需要在信息化带来的特色产业利益方面深入研究，。

（三）对特色产业业态创新的金融支持缺乏力度

在前述的案例研究中，我们可以看到，在一些案例中不仅没有对特色产业创新特别的金融支持，有的甚至连常规的政策金融支持都很难到位。如粮食收储资金支持，对于实际进行收储和加工的企业都没能够享受到应有的融资便利和实际的融资额度。

当然，在业态创新过程中，也有一些种养企业、合作社以及大户，财务制度不健全，同时，投资的土地经营权不能计入他们的经营资产，不能在贷款中实施抵押，也影响了他们的融资能力。加工企业也存在同样的问题，由于是民营企业，在融资过程中遭遇到一般民营企业的歧视性待遇。

（四）人员培训的效率不高

云贵地区，由于是贫困人口集中区域，政府部门非常重视对从业人员的培训投入,尤其是近几年,政府部门组织力量和专门培训机构将培训服务送下乡。有几种形式开展培训。

1. 专业培训机构送培训下乡

这是通过政府人力资源管理部门立项,向这些培训机构采购服务实现。但是,这些服务主要由专业培训机构来做,科研部门和高效、职业技术院校很少做这些工作,培训服务很多难以做到内容多样化,有些机构的培训师根本没有相应培训资格,只能采集一些对农民技能没有实质性帮助的内容,照本宣科。政府部门对培训的评估机制也不健全,以至于在反复的培训立项中缺乏对培训机构遴选的依据。

2. 农村中一些非遗传承人培训

这种培训既是项目传承人的传承任务,也是非遗推广的重要方式。这一方式在一开始受到欢迎,尤其是当地农民。但是,一旦持续多年,这种培训就开始走样。非物质文化遗产项目是基于项目的技术、创意的古老以及技艺、流程及配方的独特性而显现出项目的稀缺性,而且都是非机械化特征,与主流文化价值或审美观有明显差别。一度这些产品与服务市场出现萎缩迹象。按照分工理论,这时专业化程度就可能降低。较小的市场难以支持专业化分工,市场过小,专业地从事这些生产与服务难以养家糊口。但是从保护文化的多样性来看,以及从创意产品未来潜在的开发价值出发,在这些市场较薄时,需要进行补贴措施,保护这些项目的持续发展,让一部分在这些领域内技艺突出的人继续从事专业活动。

这种补贴当然是为了促进技艺的传承,促进人们在享受这种传承服务以后,能够获得技艺的提高,不过,如果除了这一标准以外,传承人还可以通过其他手段或者付出传承以外的成本获得政府部门的补贴,那么,传承人在传承服务与其他手段后去投资的成本间就有权衡了。传承与培训就可能走样。

初期的培训与传承教学效果较为显著。政府补贴传承人的目的,就是让传承人做好两项工作,一方面是做好技艺教学,另一方面带领人们进行技艺创新。在传承初期,人们预期可以通过学习技艺获得较高收益,就会乐于接受传承培训,学习动力足,学习认真。并且,一开始学习的是一些基本技能,学习效果相对较为显著。从传承人角度来看,这些学习者所做的作品质量远远不及传承人的水平,在市场上,这些初学者的作品的竞争力远不及传承人。从市场推广的角度来看,传承人的作品可能在比较中获得更多人认可,有助于该类文化作品的传播,从而更加凸显了传承人的作品价值。因此,传承初期,传承人有激励推广和传播这些技能。从全社会角度来看,初期,较多人学习了这些技能,技能传承和发扬的可能性大大提高,一些致力于这一技能学习的人获得了市场机会,得到了满足。传统技能的传承与开发,实际上丰富了社会创意的内容与方式。当更多潜在消费人群理解这些技能与作品时,增加了这些消费者群体的消费品种的选择,增加了那些专门从事创新的人群的创新技能种类,提高了创新效率。在民族地区,这种传承活动就意味着一个民族特质的某些方面得以传承。

长期来看,这种传承具有较强的公益性,但是传承者的私人利益有可能弱化。当学习者技能达到一定水平以后,这些学习者的作品就有可能形成对传承者作品的挑战。在通过一定时间的传承或者一定频数的传承以后,传承者在传承活动中得到的收益有可能受到不利的影响。从学习者来看,随着初级技能的熟练,一直以初级技能为传承内容的活动会让受训者的受益越来越少。要让受训者获得更快的进步,传承者就需要进一步提高技能或者创新技能,传承成本相对会提高。如果传承人的报酬不变,传承人在后期进行新的技能的培训激励就会降低。

传承人如果没有对技能进行分级培训,或者分级不明显,也影响后期的传承效果。在这种情况下,后期的培训内容就有可能重复或者更新不多,接受培训者在培训中获益会减少。如果传承者创新技能是为了垄断市场,即使他创新技能,将这种新技能贯彻到培训活动的激励也会减少。因此,传承人在后期的传承活动就有可能降低受训者参与培训活动者的收益。

项目的市场开发前景不佳或者不明朗,也影响传承活动受训者的积极性。大多数支持资助非遗传承活动的人都认为,非遗传承应该要按照原始风格进行下去,但是,如果市场前景不好,传承活动受训者就不可能在传承活动中受益。这样,在后期活动中就会出现种种的不满。如有的政府部门组织的培训活动中,接受培训者故意吵吵嚷嚷,提出各种古怪的待遇要求。

而与此同时,政府部门却积极投入,期待传承项目将继续开展,以便更多人受益。甚至党务部门也开展此类支持活动。传承人只要多花时间与经理区进行各类申请活动,就有可能获得各类资助,改善自身的经济状况。并且,这种资助项目一旦申报成功,就一定可以获得比非遗传承更多的收益,项目的创新与改进的收益也会低于申报资助的收益。这样,传承人就会将精力花在各类项目申报上,而不是传承活动的创新上。有的传承人甚至虚报传承活动受训人数,争取更多的资助。

总体来看,传承活动内涵过于偏狭,传承活动只重视技艺的传承,而没有创意的创新,以及非遗的应用场景研究。即使是技艺传承,也没有等级划分,传承内容重复,不进行传承内容的动态调整。另一个比较明显的现象就是传承的形式与渠道单一。传承活动一般由政府部门以集中培训的形式进行。这种集中现场教学,可能让受训人数迅速增加,但重复示范的可能性较大。

（五）业态创新中的组织效率还有待提升

一些合作社存在诸多问题。有些合作社在运行中,力图将合作社按照以前人民公社制度的办法,将各种决策、经营、管理等方面权利高度集中,结果造成社员不太愿意花太多的时间和精力在合作社的产业发展中。当领导人以各种的风险进行警示时,社员说,哪怕项目垮掉,也不关自己的事。显然,这种组织形式再次出现责任分散的现象,入社的农户家庭责任弱化,这是严重影响社员积极性的。如我们考察的平塘金山村百香果合作社就出现过这样的让合作社领导头疼的事。

合作社治理结构出现问题,就会使合作社集中社员资源来促进产业发展时,社员对这种专用性投入的利益前景不认同。社员之间谈判和实质性专用投入意愿降低,影响产业业态创新的实质性效果。

另外,这些特色产业中的企业大多在管理框架设计上都不够完整。有的企业甚至连销售的专业机构都没有设置,导致企业运作效率低下。

特色产业业态创新过程中,出现创新联盟,如农业企业、村社与科研机构等进行合作创新,这是一种新趋势,有利于创新过程中形成知识与研发的专用性投入。但是,科研机构在这种合作中该负的责任、可以获得的利益,很多情况下不明确,不利于创新联盟的发展。

（六）业态创新过程中对地方文化与少数民族文化的利用不够充分

少数民族地区文化具有浓郁的地方色彩与民族色彩,将民族文化融入农业产品推广和旅游推广,具有十分重要的意义。在我们调查的许多案例中,农业推广没有将相关产业与当地文化结合,产品背后的故事挖掘不够,产品品味上不去,在相关的品牌设计、包装和推广中,一味从产品本身出发讲故事,突出不了地方特色,这是去掉了特色产品一个相当重要的维度,尤其是少数民族地区的特色产品。

尤其是,在某些产品的推广过程中,民族文化元素张冠李戴。贵州的《好花红》本来是当地民族咏颂刺梨的,但是在宣传茶叶时用上。而在刺梨宣传时,居然用不上。

民族文化如何嵌入产品消费中,是一个值得研究的问题。贵阳乌当区将当地民族文化进行发掘,开发泉城五韵旅游主题,获得了较大成功。黔东南地区开发的凯里酸汤鱼、九芎农业开发的农业遗产项目等,都取得了较大成功。开发当地民族的特色文化融入农旅等产品当中,可以提升产品消费的体验感。一些少数民族地区有些产业有将近两千年的历史,如赫章核桃,多年来,产业起起落落,现在进行大规模产业化,却在产品推广方面遇到很大瓶颈。虽然产品质量水平相当高,但是,集中进行产业化运作和产品推广,力量不够,产品推广的专用性投入渠道不多,以至于推广策略不清晰。这一地区优势传统的苗、彝世居区域,核桃几乎成为一种文化,在其居住的地方核桃树大多成作庭院常见的果木林。然而,在推广的时候,居然没有任何民族文化和世居民族对这种产品的依赖性以及由此而形成的一些故事。单纯强调产品的特性,但是,这种特性又拿不出特别的数据来说明产品相对其他区域类似品种的突出特色。多年来,这一产品处于特色不"特"的尴尬境地。甚至于以这种产品为原料加工的核桃乳,一度以质取胜,在成为奥运会指定饮料后,也没有能够成为大品牌。

　　云贵高原地区,少数民族多,民族文化丰富多彩。同时,又是宜耕宜居区域,区域内特色产品品种丰富。这些产品很多已经开发出食用、药用等重要用途。将这些东西融入旅游、文化宣传和产品推广中,会增加对区域文化推广的内容和维度,增加区域内相关产品的消费体验感。这些资源不利用,实际上是对资源的闲置,降低了人们消费产品的福利水平。

第八章

促进特色产业业态创新的政策措施

一、强化以业态创新促进特色优势开发的意识,提升产业交易效率

民族区域特色产业业态创新,从专业化分工深化角度来看,就是要解决两个方面的问题,即优势形成与强化问题,交易效率提升的问题。

(一)累积质量创新投入,形成并强化地方特色产业优势

在前述理论与案例的阐述中,对于特色产业业态创新,要突出产品的质量优势以及蕴含的民族文化特色优势在产品特色形成中的重要作用。在当前的经济条件下,运用地区的生态优势,强化产品在健康、安全方面的优势形成,对于特色产业的优势形成有着十分重要的意义,尤其是形成特色农产品的有机生态农法规程,加强对产品富含的有利于人类健康的成分的生产加工,是特色产业质量创新的重要方向。这些开发方式,既有利于云贵高原民族地区群众脱贫致富,也有利于地区区域功能定位实现。

在这些案例中,业态创新可以在产业链的多个环节发生,当突破产业链的瓶颈时,对于整个产业链的发展有着十分积极的作用,因此,特色产业业态创新需要从关键的瓶颈入手。从产业瓶颈的观察来看,农业特色产业需要通过业态创新强化产品加工,增加附加值,开发保存产品有效成分的有效方式,在营销环节要丰富营销渠道和方式,拓展产业经营者的社会网络。

在业态创新过程中,强化创新联盟的积极作用,创新产业组织。

在当前云贵高原地区强调农业产业结构调整的背景下,应当强调产品质量创新和产业优势资源复合利用,尽可能将质量创新作为产业创新的中心话题。虽然产品创新很重要,但是,当产品创新可以得到较快模仿时,可能会使产品创新的优势和创新利润丧失。因此,在特色产业业态创新过程中,至少应当将质量创新看作是与产品创新同样重要,并创设激励机制鼓励产业经营者累积质量创新投入,并通过金融、财政支持,逐步强化产业优势,形成特色产业领域的地域特色、较强

的专业化优势以及优势品牌。

（二）提升产业交易效率

对于优势特色产品,要积极动员各种资源投入,形成强有力的营销力量来推广产品。

企业与经营者要积极投入资源,加强营销渠道建设,形成自己专用性营销资产。企业要积极进行营销创新,在人力与资本、社会资源的充分利用方面,要以形成自身独有的营销核心资产为目的,加大投入。尤其应注意根据自身的优势特点,确定营销组织方式。在技术选择上,线上线下业务渠道建设方面要同时加大投入。

即使是政府建立的公共营销平台,也需要积极将这种平台市场化,增强其服务地方特色产业的能力。现有的政府平台建设单位,应以加大平台服务能力为中心,进行制度创新,激发这些平台积极转型。

同时,政府部门可以搭建一些交流平台和宣传工作,使相关领域内以营销为核心业务的企业与本区域内特色产业经营者有更多的相互了解与交流,拓展特色产业经营者的社会网络,增加特色产业经营者的营销策略创新机会。

（三）对产业业态创新范例要加强推广

在积极挖掘成功的创新经验的基础上,运用多种渠道推广这些案例。

要建立案例甄选机制。建立案例筛选标准,并由相关部门进行推选、奖励,对这些案例进行推广。综合创新的经济效益、社会效益、生态效益,以及创新案例的创新空间、经营的可持续性等方面,推选案例。同时,运用各种宣传渠道进行推广。

二、积极挖掘民族文化与地方文化在业态创新中的价值

（一）声誉机制与地方文化紧密结合,强化特色产业品牌建设与价值挖掘

运用地理保护标志产品进行业态创新的关键是保持产品质量的一致性,防止地方公共品牌的声誉受损。做好这一工作的关键就是产业组织的创新。如果产品质量直接影响后续产品质量及其声誉,组织创新的关键就是这些链条环节的一体化。其次,建立严格的生产规程,从选育品种、育苗到种养、加工、运输、储存都必须有严格标准,以及第三方严格检测等机制,以保证标准严格执行。在条件许可的情况下,建立可控的生产条件。这些规程与人造环境的研发,需要采用多种途径进行投入。当生产大多数是分散进行时,这种投入只能是政府资助和组织。在有龙头企业参与生产时,应支持龙头企业承担这种投入与管理。

地理保护标志产品的特殊质量水平需要进行测度和描述、宣传,让消费者能够学习和理解。少数民族地区地理保护标志产品的开发还应当与当地民族文化的挖掘联系起来,在品牌创建中找到产品文化内涵。

通过产品质量开发与文化内涵的开发结合,最终才有可能成功地开发品牌。

在产品开发中,还可以结合当地的文化遗产、非物质文化遗产开发,增加与产品相关的文化遗产、非物质文化遗产的关联,用文化遗产与非物质文化表达产品及其品牌文化内涵。

农业遗产与特色产品、特色产业联系更紧。当特色产品生产与农业遗产相关时,就可以运用这种农业遗产为特色产业品牌推广服务。

民族文化注入品牌文化中,有助于特色产业推广到国际市场,并融入全球价值中。推广的步骤,首先是推广民族文化,并在文化推广中嵌入特色产品的宣传。然后,进一步将特色产业品牌与推广的民族文化中被国际上普遍接受的成分联系起来,便于产品品牌得到国际消费者认可。

(二)民族文化在信息化内容中的嵌入

1. 运用民族文化与生产生活智慧创新业态

在少数民族特色产业中,应当提倡运用少数民族文化中有机生态生产的智慧和在独特环境中创造艺术、提升生活质量的智慧在特色产品生产质量控制中的作用。在民族地区特色产业中,很多生产与控制融入了这些少数民族长期的智慧结晶。业态创新应当因势利导,将这些智慧和融合这些智慧的规程、农法、创作活动从生态环境、质量生产等多个角度进行研究与开发,在保持原有智慧内涵的基础上优化这些程序和方法,运用信息化技术进一步进行精准控制与管理,使得生产过程和产品既具有民族文化特色,又能够创造更多文化内涵、更高的质量水平。

尤其是手工艺作品的技术控制与标准化方面,也可以运用信息技术进行监控,捕捉最佳技艺和创意设计的形成,并进行虚拟化模拟改进,提升产品质量。同时,建立创新平台,对产业业态创新过程中吸收的民族文化要素进行集体开发,充分吸收民间智慧,使业态创新更富有民族文化的特色。

2. 利用民族文化、语言、艺术宣传地方特色产品,将相关的仪式与价值观嵌入宣传中

在特色产品推广过程中,对于推广内容的制作,要充分吸收考虑民族文化、艺术、语言中的各种元素,使得各个民族区域的特色产品宣传与地方特色民族文化融合。尤其要将地方特有的、与特色产业相关的具有仪式感的活动与艺术形式,融入产品推广中,增强少数民族地区特色产品质量中独特的消费体验功能,增强

特色产品的质量优势。

为此,宣传部门等相关部门应当开展相关的特色产品推广方案的评选活动,表彰奖励将民族文化融入特色产品推广方案的团队与作品,鼓励产品推广方案对民族文化的吸收和运用。

三、加强区域的数字化为中心的创新体系建设

云贵地区特色产业、农业信息化创新体系建设,还需加强。

(一)选取特色产业为实验样本,定义清晰的农业信息化愿景与战略

云贵地区应以国家农业农村部的信息化规划愿景为蓝图,选用基础条件好、产业链各个环节高度标准化的产业进行信息化投入,以此为示范进行推广。对于特色产业,尤其需要加强标准化建设,为保证信息化可持续推进,可以选择生产标准化程度高、现有信息化基础好的特色产业进行全产业链的信息化投入实验。农业信息化与特色产业信息化的主要目标就是要突出产业的地方优势,提升产业交易效率。

建议地方政府部门制定以突出地方产业特色为目标的农业信息化长期规划,以便于整合社会资源,推进区域农业信息化进程,促进农业现代化建设。

(二)完善农业农村信息化基础设施,提高对特色产业信息化的认识

对一些偏远地区,继续加强信息化基础设施建设,尤其在宽带推广方面,要加大覆盖面,为农业信息化和特色产业信息化打下基础。其次,产品质量提升的条件和控制手段上,加强对信息化手段的应用研发和实验,让产业经营者看到信息化带来的实实在在的利益。研发、管理、销售等环节的信息化程度也可以进一步强化,并运用先进的大数据技术与云计算手段,建立开发与分析平台,助力产业竞争力、品牌推广能力提升。

地方政府应规划农业生产资源的信息化检测的研究,并进行相关的推进实验,为农业、特色产业信息化打下"软"基础。

(三)改善农业数字化服务供给能力

培养农业信息化专门人才,培育特色产业信息化示范企业、合作社与大户。

一方面,积极培育信息化龙头企业,或者引入信息化龙头企业的团队入驻云贵高原地区,策划区域农业信息化项目。另一方面,积极支持特色产业龙头企业进行信息化投资改造,如,对进行信息化的企业进行资金奖励和声誉奖励。

积极培育农业信息化专门人才,这些人才应当适应农业信息化解决方案的制定、农业信息化系统与技术的运用与运作。

（四）扩大特色产业生产者与经营者网络

以信息化支持特色产业业态创新为主题,形成各类联盟和协会。通过对每一个特色产业发展的问题进行准确定义,通过组建研发同盟,解决产业中存在的问题。尤其是,对于智能化控制、生产、物流、仓储等问题,通过产业联盟、协会进行标准化和解决方案的研究与开发,并通过价值链、供应链等整合,提升整个产业链的竞争力和技术水平。政府部门及时总结成功做法,进行奖励和推广。

（五）通过形成农业现代化的文化氛围吸引人才

开展农业信息化创新创业竞赛,鼓励青年人学习农业信息化专门知识,吸引人才进入特色农业信息化领域。

通过产业信息化吸引更多青年技术人才从事特色产业信息化研发和运作,提高产业人才整体素质。特色产业信息化人才队伍可以采取技术联盟方式进行建设,由信息技术人才、信息系统集成人才、特色产业专业技术人才组成。

（六）加强大数据在特色产业各个环节的应用

加强对物联网技术在特色农产品生产过程中土地营养成分管理、田间绿色防控管理、加工环节质量控制管理、溯源系统等方面的研究开发,每一个环节都涉及多个信息系统的集成,根据产业需求,可以先尝试在某些单个环节进行信息化管理,提升管理效率,并进一步过渡到所有环节的信息化。运用物联网对生产过程中关键信息进行连续收集,对作物生长状况与环境进行连续监控,通过数据累积、挖掘,为建立改善生长条件控制模型进一步改善生长条件,做好数据收集基础。同时,加强对适宜于山地工作的采收机器人等轻简智能工具开发,提高关键环节的劳动效率,为进一步进行采收、物流、储存精准管理做好技术准备。

相关数据系统与专家决策系统建立联系,充分地将专家知识融入产业的经营管理决策支持系统中。为此,需要培育或引入农业信息化技术集成服务的供给商,为特色产业业态创新的信息化支持提供各种个性化的、有效的集成方案和实施的管理方案。信息化技术集成方案与管理方案设计与供给必须放到同等重要的位置,在系统建成以后,还需提供系统的管理方案,以便于经营者能够运用好系统,为提高效率效益服务。

四、促进区域特色产业组织创新,培育新型产业经营组织

运用多种手段,推进特色产业组织创新。产业组织创新的核心就是扩大产业经营者网络。通过扩大网络,增强产业经营者的创新知识与政策知识获取能力、资金获得能力以及整个产业经营规则的形成能力。

组织创新中需要处理好一些关系。

(一)农业特色产业中,要处理好经营农户与新组织之间的关系

要充分发挥经营农户的积极性,激发农户承担一部分市场风险的愿望。

防止组织内经营户或者参与者责任分散。激励家庭与经营户对产业经营中的专用性知识和资产进行投入,即将专用性投入与产出价值直接挂钩,或者经营户可以看到经营成果与自身投入的直接关联性。

如特色产业合作社,就应当让合作社具备单户不能够达到的功能。如质量标准化研究开发、规模化经营以及公共设施、准公共设施投入等。农户采取严格的技术规程保证产品符合质量标准要求。

企业与基地经营农户之间可以通过市场化手段进行利益联结。即按照产品质量,由企业收购农户产品,但是,企业可以制定产品质量标准,并让农户清楚产品质量生产方式以及验收方式,防止公司与农户之间相互的机会主义。

特色产业从传统的小农经济逐步转型发展过来,依然难以脱掉农户单户的直接利益关联,因此,在组织创新设计时,必须使农户看到组织中农户直接利益的改进。

(二)处理好前后端经营者之间质量生产利益关系

在特色产品质量生产中,尽量使前后端经营者之间的利益具有高度一致性。对于产业链条短的特色产业,可以采取相对分散的经营组织形态,而对于产业链条长的产业需要尽量采取一体化经营方式,更能保证特色产品生产质量。

(三)新型组织与当地党组织、村镇之间的关系

合作社与非合作社成员农户之间的关系还需借助当地村镇力量,因此,合作社的运作还需加上等地党组织等力量。如"党组织 + 合作社 + 农户"就是围绕着这些利益关系构成。在与村镇关系的处理中,尽量通过党组织融入这种新型经济组织中,而不是政府。

在少数民族地区,党的领导是号召农户组织起来的最好发动者。从相关特色农产品生产组织发动的过程来看,党组织在组织建立过程中起到了相当大的推动作用。

(四)重视科研机构在新兴业态组织中的作用,处理好科研机构与新型组织之间的关系

创新活动的许多技术难题的解决方案来自科研机构,这些科研机构为业态创新提供了技术支持。质量创新等是一个持续的过程,科研机构与新型产业组织之间的关系需要进行动态调整。

五、形成少数民族地区特色的产业人才培训体系

(一)明确少数民族地区特色产业人才培养目标

1. 产业人才具有产业知识和创新意识

培养特色产业人才要具有产业产品开发投入意识、质量提升意识、标准化生产意识以及充分借力于政策进行产业创新的意识。这些人才要具有市场开发技能,少数民族地区经营人才还要特别具有扩展社会网络的意识。创新最终就是将与特色产业有关的市场机会变为创造利润的显示,必须在创意、生产与市场开发等各个环节具有创新魄力,才有可能最终推动特色产业可持续发展。

2. 组织管理才能

在脱胎于小农经济的特色产业组织中,尤其是民族地区特色产业组织中,需要有较强管理才能的领头者。尤其是要善于沟通和组织,并能够有效地构建处理各种利益关系的管理框架。

在产业组织中,管理者需要在融资、知识获取、人员聚集和其他生产要素聚集方面具有较为娴熟的技能。

3. 数字技术意识

在现代信息社会,产业管理者与经营者必须有利用信息技术获取信息和管理组织、管理各种社会关系的能力。尤其是特色产业中,管理者与经营者需要有运用数字化集成技术进行生产质量管理、控制和推广产品的强烈意识。

4. 民族文化运用于产品推广的意识

少数民族地区经济组织的管理者必须要有充分利用当地特色文化、构建产品推广方案的能力,引导消费者在消费特色产品时体验地方民族特色文化。

(二)建立分级培训体系

在各级地方政府与培训机构构建针对少数民族区域的特色产业经营者与管理者时,需要建立有等级的培训内容体系,对这些人员的培训要分期、分级进行培训,防止简单重复。同时,要跟踪培训效果,跟踪受训人员在产业经营管理实践中对培训技能的运用。

参考文献

[1]中华人民共和国交通运输部.集中连片特困地区交通建设扶贫规划纲要(2011—2020年)[A/OL].新华社,2012 - 07 - 13.

[2]王家嘉,林昌虎,何腾兵.人类活动对贵州喀斯特石漠化地区的影响[J].水土保持研究,2006,13(5):276 - 277,279

[3]刘建忠,韩德军,顾再柯,等.贵州喀斯特地区的资源优势与生态问题分析[J].中国水土保持科学,2007,5(6):53 - 57.

[4]HARAGUCHI N. The One - Village - One - Product (OVOP) movement:What it is, how it has been replicated, and recommendations for a UNIDO OVOP - type project[EB/OL]. UNITED NATIONS INDUSTRIAL DEVELOPMENT ORGANI- ZATION,2018.

[5]NGUYEN T A. One Village One Product (OVOP) in Japan to One Tambon One Product (OTOP) in Thailand[J]. Journal of Social and Development Sciences, 2013,4(12):529 - 537.

[6]胡江华.传统文化产品质量创新策略与扶贫增长战略:来自东南亚国家的经验[J].经济研究参考,2013,8(1).

[7]农业部等九部门联合印发《贫困地区发展特色产业促进精准脱贫指导意见》[EB/OL].中华人民共和国中央人民政府网站,2016 - 05 - 27.

[8]张文建.旅游服务经济与业态创新[M].北京:北京大学出版社,2012.

[9]国土资源部与发展改革委员会.关于深入推进农业供给侧结构性改革做好农村产业融合发展用地保障的通知[A],2017.

[10]G. M. 格罗斯曼,E. 赫尔普曼.全球经济中的创新与增长[M].何帆,等译.北京:中国人民大学出版社,2003.

[11]约瑟夫·熊彼特.资本主义、社会主义与民主[M].吴良健,译.北京:商务印书馆,2009.

[12]国家统计局.新产业新业态新商业模式统计分类[EB/OL].国家统计局

网站,2018 - 08 - 21.

[13]SUN G Z. Identification of Equilibrium Structures of Endogenous Specialization: a Unified Approach Exemplified. Yew – Kwang Ng, Heling Shi and Guang – Zhen Sun ,The Economics of E – Commerce and Networking Decisions[C]. First published 2003 by PALGRAVE MACMILLAN Houndmills, Basingstoke, Hampshire RG21 6XS and 175 Fifth Avenue, New York, N. Y. 10010 Companies and representatives throughout the world,195 –212.

[14]加里·斯坦利·贝克尔.家庭论[M].王献生,王宇,译.北京:商务印书馆,2007.

[15]ROSEN S. Substitution and the division of labor[J]. Economica,1978, 45, 235 –50.

[16]YANG X. A Microeconomic Approach to Modeling the Division of Labor Based on Increasing Returns to Specialisation[D]. Princeton University,1988.

[17]YANG X, NG Y K. Specialization and Economic Organization: a New Classical Microeconomic Framework[M]. Amsterdam: North – Holland,1993.

[18]SUN G Z, YANG X,YAO S. Theoretical foundation of economic development based on networking decisions in the competitive market[A]. Harvard Center for International Development Working Paper,1999(17).

[19]SUN G Z, YANG X,ZHOU L. General equilibria in large economies with endogenous structure of the division of labor[A]. working paper, Melbourne:Monash University,1999.

[20]SACHS J, YANG X, ZHANG D. Globalization, dual economy and economic development[J]. China Economic Review,2000 11(2):189 – 209.

[21]LI G. The emergence of the multinational enterprise: a model formalizing Dunning's eclectic paradigm[EB/OL]. Melbourne:the International Symposium of Economics of e – Commerce and Networking Decisions at Melbourne,2001.

[22]SUN G Z. Readingsin the e – Economics Division of Labor: The Classical Tradition[M]. World Scientific Publishing Co. Pte. Ltd. ,2005.

[23] XENOPHON. Oeconomicus: A Social and Historical Commentary. [M]. Translated by Sarah B. Pomeroy. Qxford:Clarendon Press,1994:141,143,145,147.

[24]COOPER J M, HLITCHINSON D S. Plato: Complete Works[M]. Indianapolis: Hackett Publishing Company, 1997:1008 – 1013.

[25]ROSS W D,JOWETT B, FORSTER E S,et al. The Works of Aristotle. Vol.

X[M]. Oxford：Clarendon Press,1921：1257.

[26]亚当·斯密.国民财富的性质和增进的原因［M］.郭大力,王亚南,译.北京:商务印书馆,1997.

[27]RICARDO D. The Principles of Political Economy and Taxation[M]. London：J. M. Dent & Sons Ltd. , 1965：81 – 82.

[28]SACHS J,YANG X K . Development Economics：Inframarginal versus marginal analyses[M]. Blackwell , 2000.

[29]OHLIN B. Interregional and International Trade[M]. Cambridge：Harvard University Press,1933.

[30] DIXIT A, NORMAN V. Theory of International Trade [M]. Cambridge：Cambridge University Press,1980.

[31]SCHUMPETER J. The Theory of Economic Development[M]. New York：Oxford University Press,1934.

[32]YOUNG A . Increasing Returns and Economic Progress[J]. The Economic Journal, 1928,38：527 – 42.

[33]COASE R. The Nature of the Firm[J]. Economica, 1937, 4；386 – 405.

[34] NORTH D. Institutions, Institutional Change and Economic Performance [M]. New York,Cambridge University Press,1990.

[35] NORTH D. Measuring the Transaction Sector in the American Economy [M]//EUGERMAN S,GALLMAN R. Long Term Trends in the American Economy. Chicago：University of Chicago Press,1986.

[36]埃瑞克·G.菲吕博顿,鲁道夫·瑞切特. 新制度经济学[M].孙经纬,译. 上海:上海财经大学出版社, 1998.

[37]奥利弗·E.威廉姆斯.资本主义经济制度[M].段毅才,王伟,译.北京:商务印书馆,2002.

[38]WANG N. Measuring Transaction Costs：An Incomplete Survey[EB/OL]. February 2003, Ronald Coase Institute Working Papers, Number 2013.

[39]RIVERS G S. An Indirect Approach to the Identification and Measurement of Transaction Costs [M]//NG Y – W,SHI H L,SUN G Z. The Economics of E – Commerce and Networking Decisions. Basingstoke：Palgrave Macmillan,2003：267 – 297.

[40]EGGERTSSON T. The Cost of Transacting and Allocation of Resources, Economic Behavior and Institutions[M]//FREEMAN R B,MEDOFF J L. What do Unions Do? New York：Basic Books,1990.

［41］HALLWOOD P C. Transaction Costs and Trade between Multinational Corporations： a Study of Offshore – Oil Production［M］. Boston： Unwin Hyman,1990.

［42］诺斯,托马斯. 西方世界的兴起［M］. 厉以平,蔡磊,译. 北京：华夏出版社,2009.

［43］ABDEL – LATIF A M,NUGENT J B. Transaction Cost Impairments to International Trade： Lessons from Egypt［J］. Contemporary Economic Policy, 1996,14（2）： 1 – 14.

［44］ALSTON L J,GILLESPIE W. Resource Co – ordination and Transaction Costs：A Framework for Analysing the Firm/Market Boundary［J］. Journal of Economic Behavior and Organization,1989,11（ 2）： 191 –212.

［45］CHEUNG S N S. The Contractual Nature of the Firm［J］. Journal of Law and Economics,1983,26（1）： 2 – 12.

［46］BAER W. E. Winning in Labour Arbitration［M］. Chicago, IL： Crain Books,1982.

［47］PLOWMAN D H. Australian Wage Determination： Select Documents［C］. UNSW Industrial Relations Resource Series, 1992.

［48］TIROLE J. The Theory of Industrial Organization［M］. Cambridge： The MIT Press,1989.

［49］JOSKOW P L. Asset Specificity and the Structure of Vertical Relationships ［M］// WILLIAMSOW O, WINTER S. The Nature of the Firm . New York： Oxford University Press ,1988.

［50］NAM K, RAJAGOPALAN S, RAGHAV R H,et al. A Two – Level Investigation of Information Systems Outsourcing［J］. Communications of the ACM, 1996, 36（9）:7 –39.

［51］DENZAU A T. Microeconomic Analysis： Markets and Dynamics［M］. Homewood, IL： Irwin Inc,1992.

［52］SANFORD G,OLIVER H. The Costs and Benefits of Ownership： a Theory of Vertical and Lateral Integration［J］. Journal of Political Economy, 1986,94：691 –719.

［53］ALT J E,CARLSENF,HEUM P,et al. Asset Specificity and the Political Behavior of Firms： Lobbying for Subsidies in Norway［J］. International Organization, 1999, 53:99 – 112.

［54］董万鹏,罗充,龙秀琴,等. 低温胁迫对西番莲抗寒生理指标的影响［J］.

植物生理学报,2015,51(5):771-777.

[55]苏维词,潘真真,郭晓娜,等.黔南 FAST 周边典型喀斯特峰丛洼地石漠化生态修复模式研究:以平塘县克度镇刘家湾周边为例[J].中国岩溶 2016,35(5):503-512.

[56]CHADDAD F R, COOK M L. Understanding New Cooperative Models: An Ownership Control Rights Typology[J]. Review of Agricultural Economics ,2004,26(3):348-360.

[57]CHADDAD F R,MICHAEL L,COOK M L. The Emergence of Non - Traditional Cooperative Structures: Public and Private Policy Issues[C]. The NCR - 194 Research on Cooperatives Annual Meeting. Kansas City,2003-10-29.

[58]ILIOPOULOS C. Ownership, Governance and Related Trade Offs in Agricultural Cooperatives[J]. Dovenschmidt Quarterly, 2014(4):159-167.

[59]CHADDAD F R,ILIOPOULOS C. Control Rights, Governance and the Costs of Ownership in Agricultural Cooperatives[J]. Agribusiness: An International Journal, 2013,29(1): 3-22.

[60]ROSSITER D. Digital Soil Mapping[C]. Global Workshop on Digital Soil Mapping. Montpellier: International Union of Soil Sciences,2004.

[61]ASIS (Africa Soil Information Service). Digital Soil Mapping[EB/OL]. ASIS,2010.

[62]AgriCord. Farmers Fighting Poverty: Strengthening Farmers[C]. Organisations in Developing Countries. Leuven,2010.

[63]BRAMLEY C. A review of the socio - economic impact of geographical indications: considerations for the developing world[C]. WIPO Worldwide Symposium on Geographical Indications , Peru:Lima,2011-06-22.

[64]CORREA C M. Protection of geographical indications in Caricom Countries [EB/OL]. Caricom,2002.

[65]CHON M. Intellectual Property and the development divide[A]. Cardozo Law Review, 2006,27(6).

[66]MOSCHINI G, MENEPACE L, PICK D. Geographical indications and the provision of quality in agricultural markets[J]. American Journal of Agricultural Economics,2008,90(3).

[67]BARJOLLE D , SYLVANDER B. PDO and PGI products: Market, supply chains and institutions[R]. Final Report, FAIR 1 - CT95 -0306, European Commis-

sion, Brussels, 2000.

[68] REVIRON S, THEVENOD - MOTTET E, EL - BENNI N. Geographical indications: creation and distribution of economic value in developing countries[A]. NC-CR Working Paper, 2009.

[69] HAYES D J, LENCE S H , STOPPA A. Farmer owned brands? Centre for Agricultural and Rural Development[R]. Iowa State University. Briefing Paper 02 - BP 39, 2003.

[70] BERENGUER A. Geographical origins in the world[C]// Proceedings of the Montpellier Workshop. Washington DC: World Bank Group; Paris: MAAPAR; Montpellier: CIRAD, 2004.

[71] TRAN T T. La reference au terroir commesigne de qualite: cas des produit-sagroalimentairesvietnnamiens[A]. Masters Thesis, Montpellier, 2005.

[72] PACCIANI A, BELETTI G, MAESCOTTI A ,et al. The role of typical products in fostering rural development and the effects of regulation (EEC)[J]. 73rd Seminar of the European Association of Agricultural Economists, ANCONA, 2001:28 - 30.

[73] ZOGRAFOS D . Geographical indications and socio - economic development [A]. IQ Sensato Working paper ,2008.

[74] GOPALAKRISHNAN N S, NAIR P S, BABU A K. Exploring the relationship between geographical indications and traditional knowledge: An analysis of the legal tools for the protection of geographical indications in Asia[A]. ICTSD Working Paper, 2007.

[75] LARSON J. The relevance of geographical indications and designations of origin for the sustainable use of genetic resources[A]. Study commissioned by the global facilitation unit for underutilised species. Italy: Rome, 2007.

[76] BIÉNABE E, LECLERCQ M, MOITYMAIZI P. Le rooibos d'Afrique du Sud: comment la biodiversités'invite dans la construction d'une indication géographique [J]. Autrepart, 2009, 50(2).

[77] LYBBERT T. Commercialising Argan oil in Southwestern Morocco: Pitfalls on the pathway to sustainable development[C]// PAGIOLA S, BISHOP J , WUNDER S . Buying biodiversity: Financing conservation for sustainable development. World Bank, 2002.

[78] NELSON P. Information and Consumer Behavior[J]. Journal of Political Economy, 1970, 78(2):311 - 329.

[79] TIROLE J. The theory of industrial organization [M]. Cambridge: MIT Press,1988.

[80] SHAPIRO C . Consumer Information, Product Quality, and Seller Reputation[J]. The Bell Journal of Economics, 1982, 13(1):20 – 35.

[81] ZAGO A M , PICK D H . Labeling Policies in Food Markets: Private Incentives, Public Intervention, and Welfare Effects[J]. Journal of Agricultural & Resource Economics, 2004, 29(1):150 – 165.

[82] JENA P R , GROTE U . Changing Institutions to Protect Regional Heritage: A Case for Geographical Indications in the Indian Agrifood Sector[J]. Development Policy Review, 2010, 28(2):217 – 236.

[83] BOWEn S . Development from Within? The Potential for Geographical Indications in the Global South[J]. Journal of World Intellectual Property, 2010, 13(2): 231 – 252.

[84] DAS K . Socio – economic implications of protecting geographical indications in India[C]. Centre for WTO studies, 2009.

[85] YEUNG M T , KERR W A. Increasing Protection for GIs at the WTO: Clawbacks, Greenfields and Monopoly Rents [EB/OL]. CATPRN Working Papers 2008 – 02, Canadien Agricultural Trade Policy Research Network (CATPRN),2008.

[86] CIRAD. The challenges relating to geographical indications (GIs) for ACP countries[R]. A Joint CTA, AFD and CIRAD workshop report, Montpellier,2009.

[87] 陈林华, 倪吾钟, 李雪莲,等. 常用肥料重金属含量的调查分析[J]. 浙江理工大学学报, 2009, 26(2):223 – 227.

[88] KABASHI A H,WALKER K,UNDERWOOD J,et al. Wireless Sensing for Development: An Integrated Design Approach[C]. The 3rd International Conference on Next Generation Mobile Applications, Services, and Technologies,2009.

[89] DARGIE W, ZIMMERLING M. Wireless Sensor Networks in the Context of Developing Countries[C]. The 3rd IFIP World Information Technology Forum. Addis Ababa,2007.

[90] DEPIENNE F. Wireless Sensor Networks Application for Agricultural Environment Sensing in Developing Countries[R]. Semester Project Report. Ecole Polytechnique Fédérale de Lausanne,2007.

[91] FUKATSU T ,HIRAFUJI M ,KIURA T,et al. Long – Term Monitoring System Using Field Monitoring Servers[C]. Proceedings of the 2004 AFITA/WCCA Joint

Congress on IT in Agriculture, 2011.

[92]LESTER D. Sensors, Software Send Ag Alerts to Farmer Phones[EB/OL]. Seattle Times,2011.

[93]MUNYUA H. ICTs and Small – Scale Agriculture in Africa: A Scoping Study[EB/OL]. Ottawa: International Development Research Centre (IDRC).2007.

[94]KUMAR P. S. K. Mapping and Preliminary Evaluation of ICT Applications Supporting Agricultural Development: An IFC sponsored Study in Uganda, India, and Indonesia[R]. ACDI/VOCA, 2011.

[95]HOFFMANN R. A Wiki for the Life Sciences where Authorship Matters[J]. Nature Genetics,2008,40(9):1047 – 1051.

[96]田红, 麻春霞. 侗族稻鱼共生生计方式与非物质文化传承与发展:以贵州省黎平县黄岗村为例[J]. 广西科技师范学院学报, 2009, 24(6):14 – 17.

[97]崔海洋. 重新认识侗族传统生计方式的生态价值:以黄岗侗族的糯稻种植与水资源储养为例[J]. 思想战线, 2007, 33(6):135 – 136.

[98]王成发. 刺梨之化学成份与丙种维生素含量之研究[J]. 实验卫生,1943.

[99]罗登义. 刺梨中丙种维生素之利用率[J]. 中国化学志,1945,(12): 27 –32.

[100]胡展育, 游春梅, 张铁. 三七连作障碍的探讨[J]. 文山学院学报, 2011, 24(3):6 –11.

[101 杨建忠, 官会林, 刘大会,等. 三七连作障碍发生机理及消减技术研究[J]. 北方园艺, 2016(14):160 – 163.

[102]Telecommunication Development Sector,Bridging the digital innovation divide: A toolkit for strengthening ICT centric ecosystems[R]. ITU,2017.